PUBLICATIONS DE L'ÉCOLE DES LANGUES ORIENTALES VIVANTES

DOCUMENTS ARABES RELATIFS A L'HISTOIRE DU SOUDAN

TEDZKIRET EN-NISIĀN

FI

AKHBAR MOLOUK ES-SOUDĀN

TRADUCTION FRANÇAISE

PAR

O. HOUDAS

PROFESSEUR A L'ÉCOLE DES LANGUES ORIENTALES VIVANTES

PARIS
ERNEST LEROUX, ÉDITEUR
LIBRAIRE DE LA SOC.ÉT IATIQUE
DE L'ÉCOLE DES LANGUES ORIEN VIVANTES, ETC.
28, RUE BONAPARTE, 28

1901

PUBLICATIONS

DE

L'ÉCOLE DES LANGUES ORIENTALES VIVANTES

IVe SÉRIE. — VOL. XX

TEDZKIRET EN-NISIĀN

IMP. ORIENTALE A. BURDIN ET Cie, ANGERS.

TEDZKIRET EN-NISIĀN

FI

AKHBAR MOLOUK ES-SOUDĀN

TRADUCTION FRANÇAISE

PAR

O. HOUDAS

PROFESSEUR A L'ÉCOLE DES LANGUES ORIENTALES VIVANTES

PARIS
ERNEST LEROUX, ÉDITEUR
LIBRAIRE DE LA SOCIÉTÉ ASIATIQUE
DE L'ÉCOLE DES LANGUES ORIENTALES VIVANTES, ETC.
28, RUE BONAPARTE, 28

1901

INTRODUCTION

Ce second volume de *Documents arabes relatifs à l'Histoire du Soudan* contient : 1° un dictionnaire biographique intitulé : *Tedzkiret-en-Nisiân*; 2° un fragment très court de l'*Histoire du Sokoto*, ou, pour mieux dire, la biographie de trois princes qui régnèrent sur cette contrée au début du XIXe siècle.

Le premier de ces ouvrages est de beaucoup plus important que le second, non seulement par son étendue, mais surtout par l'intérêt des informations qu'il renferme sur l'occupation marocaine à Tombouctou. Ces renseignements, en effet, font suite à ceux fournis par le *Tarikh-es-Soudân*, tout en étant présentés sous une forme un peu différente.

C'est à l'obligeance de M. le capitaine Gaden que je dois d'avoir eu à ma disposition l'unique manuscrit connu du *Tedzkiret-en-Nisiân*. Durant un premier séjour au Soudan, alors qu'il n'était encore que lieutenant, et avant d'avoir pris plus tard une part active à la prise de Samory, M. Gaden avait eu l'heureuse idée de faire copier un ouvrage arabe qu'il avait vu entre les mains d'un chef soudanais et qu'on lui avait dit contenir des renseignements historiques. Lors de son premier retour en France, M. Gaden s'empressa de me communiquer la copie qu'il avait fait exécuter et, avec une complaisance et une bonne grâce dont je ne saurais le remercier trop vivement, il m'a permis de faire usage de son manuscrit en m'autorisant à le déposer ensuite en son nom à la Bibliothèque nationale, dans les collections de laquelle figurera dorénavant cet intéressant document.

Avec une discrétion et une modestie qu'on retrouve assez rarement ailleurs, les auteurs soudanais semblent peu empressés de faire connaître leurs noms à la postérité. L'auteur du *Tedzkiret-en-Nisiân* n'a pas sans doute voulu rompre avec cette tradition, car il a omis de renseigner ses lecteurs sur ses noms et qualités. Tout au plus s'est-il contenté de dire, en passant, l'époque de sa naissance — entre le 18 juin et le 18 juillet 1700 — et de mentionner le nom de quelques-uns de ses parents. Ainsi, page 5, il indique la date de la mort de deux de ses arrière-grands-pères, l'un du côté maternel, l'autre du côté paternel. Plus loin, page 21, il signale la date de la mort d'une femme ou d'une concubine de son grand-père et enfin, page 113, la date de la mort de son oncle paternel. A cela se borne tout ce que nous savons de lui ou des siens.

Le seul point sur lequel nous soyons fixés relativement à notre auteur est le nom de son grand-père. Ce dernier s'appelait Moḥammed-ben-El-Amîn-ben-Moḥammed-Ṣoud. Encore ce dernier nom de Ṣoud n'est-il pas bien certain, car il pourrait se lire sur le ms.

Moud ou Moudi, nom que l'on rencontre ailleurs et qui paraît être spécial au Masina. Cette contrée pourrait donc être la patrie de la famille de l'auteur, si l'on admet l'hypothèse de la lecture Moud ou Moudi.

La rédaction du *Tedzkiret-en-Nisiân* a été achevée le 19 juillet 1751. Toutefois la dernière date fournie pour la déposition du pacha Babeker est le 29 novembre 1750 et il n'est pas fait mention de la date de l'élection de son successeur au pachalik. Mais, comme dans une liste récapitulative des pachas de Tombouctou donnée par l'auteur il existe cinq pachas dont les biographies ne se trouvent point dans le *Tedzkiret-en-Nisiân*, on peut admettre soit que cette liste a été mise à jour par un premier copiste, soit, ce qui est assez vraisemblable, que c'est l'auteur lui-même qui l'aura complétée sans vouloir remanier son ouvrage pour y insérer à leur ordre alphabétique les biographies de ces cinq personnages. Cette addition d'ailleurs ne permettrait guère de se faire une idée de la longévité de l'auteur, les pachas à cette époque tourmentée ne demeurant parfois qu'un petit nombre de jours au pouvoir. Enfin, pour en terminer avec ces détails peu précis il faut admettre que le père de l'auteur vivait encore en l'année 1751, sinon la date de sa mort n'eût pas manqué d'être relatée par son fils.

Le *Tedzkiret-en-Nisiân* n'est point rédigé sous la forme d'un véritable ouvrage historique ; c'est simplement un dictionnaire biographique de tous les pachas de Tombouctou depuis l'année 1590 jusqu'en l'année 1750. Sauf dans quelques passages formant obituaire et contenant quelques détails très succincts sur certaines personnalités du Soudan, l'ouvrage ne s'occupe que des pachas.

Toutes les biographies sont rangées dans l'ordre alphabétique ; mais le classement des lettres est des plus singuliers. Il commence par la 5e lettre de l'alphabet suivant l'ordre oriental, puis il passe successivement à la 24e, à la 18e, à la 12e, à la 6e, à la 28e, à la 2e, à la 1re, à la 25e, à la 9e et enfin à la 11e. Cet ordonnancement bizarre est expliqué assez vaguement par l'auteur. Il a dressé une liste par ordre d'importance des principaux pachas, puis il a pris la première lettre de chacun de ceux qui n'avaient pas la même initiale et c'est d'après les lettres obtenues ainsi qu'il a opéré son classement. Le pacha Djouder, le conquérant du Soudan, se trouvant naturellement en première ligne, c'est par la lettre arabe *dj* que le dictionnaire a commencé ; Maḥmoud-ben-Zergoun venant ensuite dans l'ordre d'importance, la lettre *m* a suivi, et ainsi de suite. On trouvera à la table des matières une liste par ordre alphabétique de tous les pachas, ce qui permettra sans peine au lecteur français de retrouver la biographie des personnages dont il aura besoin.

Les notices des pachas mentionnés dans le *Tarikh-es-Soudân* ont été reproduites textuellement par le *Tedzkiret-en-Nisiân*. Aussi n'ai-je pas cru devoir les réimprimer ni dans le texte, ni dans la traduction, me contentant d'indiquer la page où elles figurent soit dans le texte, soit dans la traduction du *Tarikh-es-Soudân*. On voit par là que, ainsi qu'il le dit lui-même, l'auteur du *Tedzkiret-en-Nisiân* avait à sa disposition l'ouvrage d'Es-Sa'dî et qu'il y a puisé largement pour toute la période antérieure à 1656.

Nous sommes moins bien renseignés sur les sources qui ont servi à établir les biographies des pachas à partir de l'année 1656. L'auteur a eu certainement d'autres ouvrages à sa disposition puisque, page 61, il dit : « Suivant une autre copie », ce qui donne à entendre non seulement qu'il avait sous les yeux un ouvrage, mais encore qu'il en avait plusieurs copies. Toutefois il ne cite aucun titre, ni aucun nom d'auteur et il se pourrait qu'il ne s'agît que de notes analogues à celles dont il parle et qui avaient été prises par son père. Ces cahiers de notes ne sont point très rares en pays musulmans. Bien des personnages instruits inscrivent au jour le jour les événements importants auxquels ils assistent ou qui leur sont racontés par des témoins oculaires dignes de foi. Il y a une vingtaine d'années j'ai eu occasion de voir à Mascara un de ces cahiers modernes qu'on m'avait signalé comme un ouvrage historique.

L'auteur du *Tedzkiret-en-Nisiân* a dû de bonne heure suivre l'exemple de son père et enregistrer tous les événements dont il était le contemporain. Jamais il ne dit qu'il a entendu raconter telle ou telle chose par une personne digne de foi, ce qui laisse à penser qu'il n'a guère usé de ce moyen d'information et qu'il a plutôt consulté tous les documents écrits qu'il a pu se procurer dans sa famille ou ailleurs. On remarque aussi qu'à partir de l'année 1716 les dates sont généralement mieux précisées qu'auparavant, ce qui semblerait indiquer que dès l'âge de seize ans il avait commencé à tenir une sorte de journal.

Les biographies des pachas sont de longueur fort inégale. Les unes mentionnent sèchement le nom du personnage, la date de son élection et celle de sa chute. D'autres, au contraire, sont très développées ; elles sont pleines de détails et d'informations et fournissent de précieux renseignements sur toutes sortes de matières. C'est surtout quand les choses se sont passées du vivant de l'auteur que le récit en est vif et animé. Il y a même tout lieu de croire que si, renonçant à embrasser une aussi longue période et à adopter la forme d'un dictionnaire biographique, l'auteur s'était borné à écrire une chronique des événements de son temps, nous aurions eu une œuvre bien supérieure à celle qu'il nous a laissée.

Certes le style et l'orthographe laissent beaucoup à désirer dans le *Tedzkiret-en-Nisiân*. Toutefois, dans son ensemble, le récit est clair et la pensée souvent mieux développée qu'elle ne l'aurait été par un musulman du nord de l'Afrique. D'ordinaire, en effet, les biographes arabes sont d'une concision excessive et d'un singulière monotonie. Ils ne dépeignent leur personnage que par quelques épithètes ronflantes et banales. Ils se contentent de tracer une sorte de canevas qu'ils laissent au lecteur le soin de remplir avec leurs souvenirs empruntés à des légendes courantes qui se transmettent de bouche en bouche et font l'objet de ces longues causeries, la principale sinon la seule distraction de ces peuples qui sont privés du plaisir de la lecture. Les Soudanais semblent avoir mieux compris la tâche du biographe et, lorsque les matériaux ne leur font pas défaut, ils n'hésitent pas à parler avec une certaine abondance.

Il se pourrait d'ailleurs que la plupart des fautes de style et d'orthographe, que j'attribue à l'auteur, fussent l'œuvre des copistes qui, d'ordinaire, sont gens fort peu instruits et qui sont, pour le moins, aussi embarrassés que nous pour lire les noms propres surtout. L'écriture maghrébine du Soudan favorise singulièrement les erreurs de ce genre. Rien de plus aisé à confondre, — si les caractères ne sont pas nettement tracés, — qu'un م (*m*) avec un ص (*ṣ*); un د (*d*) avec un ر (*r*), etc. Quand on a plusieurs manuscrits ou qu'il s'agit de noms arabes, les rectifications sont assez faciles à faire, mais, avec une copie unique ou lorsque les noms sont étrangers à la langue arabe, il faut le plus souvent renoncer à retrouver la véritable orthographe. En outre les voyelles qui devraient fixer la lecture sont mises avec une telle désinvolture par les scribes soudanais qu'il vaut souvent mieux n'en tenir aucun compte.

Bien que les dates soient toujours écrites en toutes lettres dans le *Tedzkiret-en-Nisiân* les scribes ne paraissent pas toujours les avoir bien reproduites. Dans leur précipitation et aussi dans leur insouciance, il leur arrive d'omettre les unités dans le millésime d'une année, d'écrire *sept* pour *neuf* ou réciproquement, etc. Même pour les noms de mois les erreurs sont fréquentes et l'on voit très bien djomada Ier pour rebiʿ Ier ou *vice versâ*.

Pour remédier à ce dernier inconvénient et aussi pour mieux rectifier quelques fautes typographiques qui ont échappé à la correction, j'ai pensé qu'il était utile d'établir dans un appendice, qui termine ce volume, un tableau chronologique des pachas de Tombouctou. Mais, en dépit de mes efforts, je suis loin d'être sûr d'avoir réussi à fixer toutes les dates exactes des élections et des dépositions des pachas.

L'examen attentif de ce tableau sera du reste très suggestif. On remarquera qu'à mesure que l'on s'éloigne du moment de la conquête la durée de chaque pachalik tend de plus en plus à diminuer. Certains pachas ne font pour ainsi dire qu'apparaître et disparaître et l'on en trouve dont le règne est véritablement éphémère. En outre, on verra de fréquentes périodes durant lesquelles aucun pacha ne figure au pouvoir. Ces sortes d'interrègnes sont à certains moments d'une longueur excessive et l'on en rencontre un qui dure plus de trois années consécutives.

Cet état de choses montre quelle anarchie régnait à Tombouctou à la fin du XVIIe siècle et au commencement du XVIIIe. Depuis le moment où les pachas marocains cessèrent d'être nommés par la métropole pour être élus par l'armée, nulle autorité impérieuse n'exista plus pour mettre fin à leurs conflits personnels. Pour s'assurer l'affection des troupes, il fallut tolérer les vexations qu'ils exerçaient sur les populations. En outre, les partis rivaux, qui aspiraient à nommer un des leurs au pachalik, firent appel aux Touareg qui saisirent avec ardeur cette occasion de molester et d'accabler de leurs avanies les malheureux habitants de Tombouctou. Enfin les choses en vinrent à ce point que les pachas contribuèrent dans la plus large mesure à la ruine du pays qu'ils avaient charge d'administrer. Ils furent puissamment aidés dans cette tâche singulière par ces nomades pillards, les Touareg, qui semblent avoir un tel attrait pour le désert qu'ils le créent là où il n'existait pas.

Les empires noirs indigènes avaient été détruits par les Marocains; ceux-ci, à leur tour, vont disparaître devant les Touareg, et le Soudan central, vivement ébranlé par toutes ces secousses successives, devra, pour recouvrer le calme et la sécurité, attendre que la France vienne lui apporter sa bienfaisante protection.

Si la conquête marocaine a eu de déplorables conséquences pour le Soudan, il serait injuste néanmoins de nier qu'elle ait été sans exercer quelque influence favorable à certain moment. Tant que les pachas ont été nommés par l'empereur du Maroc et qu'ils ont eu à côté d'eux un contrôle financier, la situation des habitants du Soudan fut plus heureuse qu'elle ne l'avait été précédemment. Le commerce fut plus florissant et les relations entre les rives du Niger et les côtes de la Méditerranée devinrent plus importantes et plus nombreuses. La plus grande diffusion de l'islamisme exerça de son côté une sensible amélioration en restreignant l'esclavage dans une certaine mesure, la loi musulmane décidant que le fidèle, né libre, ne pouvait jamais devenir esclave.

Le niveau intellectuel et moral des habitants de la région de Tombouctou s'éleva à une plus grande hauteur, en sorte qu'ils conquirent dès ce moment une supériorité marquée sur les autres peuplades nègres du Soudan. Le mouvement littéraire, dont Aḥmed-Bâbâ fut un des plus glorieux représentants, paraît avoir persisté sous la domination marocaine, sans cependant qu'on puisse assurer qu'elle y contribua beaucoup. C'est à cette époque en effet que remontent les deux seules chroniques importantes qui nous soient parvenues sur ces contrées : le *Tarikh-es-Soudân* et le *Tedzkiret-en-Nisiân*.

Le fragment relatif à l'histoire du Sokoto ne comprend en réalité que l'histoire des trois princes : Moḥammed-Bello (1817-1832); 'Atîq, ou suivant la prononciation locale, 'Atîqou, le frère du précédent (1832-1837), et celle de 'Ali ou 'Aliou, fils de Moḥammed-Bello, de 1837 à 1849. Au cours de son récit, l'auteur de ce fragment nous apprend, dans un passage où il est interpellé directement, qu'il se nomme Hâdj-Sa'îd et qu'il exerça les fonctions de lecteur du Coran auprès de 'Ali. Aucune date ne figure dans ces quelques pages, mais comme les événements sont rapportés année par année, cette lacune est facile à combler. D'après une indication, un peu vague il est vrai, Hâdj-Sa'îd était originaire du Masina et c'est dans cette contrée qu'il rédigea sa brève chronique. Les faits qu'il relate sont en partie connus par les relations de Clapperton et de Barth. Il m'a cependant paru qu'il n'était pas inutile de reproduire cette plaquette dans la série de *Documents arabes relatifs à l'histoire du Soudan* dont j'ai commencé la publication.

Pour expliquer quelques incertitudes, je tiens à rappeler que je n'ai eu qu'un seul manuscrit moderne à ma disposition et que j'ignore la valeur du manuscrit sur lequel il a été copié. Il se peut donc que le texte renferme des lacunes ou des interpolation dont je n'ai pas été à même de constater l'existence. Mais j'estime que, dans son ensemble, il est assez correct et qu'il y aura peu de choses à retoucher lorsqu'on réussira à se procurer un nouvel exemplaire plus ancien ou d'une autre famille. Seuls les noms propres de personnes et de localités prêteront peut-être à des rectifications d'une certaine importance.

Sous ce dernier rapport il convient de signaler une autre source de confusion. Par exemple, les noms de Aḥmed et Ḥammedi sont souvent employés l'un pour l'autre pour certains personnages, alors que chez d'autres on trouve toujours Aḥmed ou toujours Ḥammedi. Est-ce la faute du copiste? Est-ce, au contraire, que ces deux noms s'emploient indifféremment l'un pour l'autre? Il est bien difficile de se prononcer à ce sujet. Quant à Brahîm et Ibrahîm, il est plus vraisemblable qu'ils ne forment qu'un seul et même nom bien ou mal orthographié.

Quoi qu'il en soit, lorsqu'on voudra utiliser ces matériaux pour rédiger une Histoire du Soudan, il sera utile de choisir une forme unique de tous ces noms, en adoptant celle que l'on rencontre le plus souvent; on évitera ainsi de dérouter le lecteur européen qui est habitué à une plus grande précision.

Les musulmans, on le sait, font assez rarement usage de noms patronymiques. Aussi, pour préciser l'identité des personnages, leur a-t-il fallu s'astreindre à une longue énumération de noms qui, le plus souvent, ne sont guère variés. La raison de cette monotomie tient au désir que l'on a de ne donner aux enfants que des noms de bon augure, c'est-à-dire ceux qui ont été portés par le Prophète et les premiers personnages considérables de l'islamisme. On a donc renoncé à user des nombreuses ressources qu'offre l'ancienne onomastique arabe.

Parfois même un père a tenu à donner à deux de ses fils le nom de Moḥammed et, pour les distinguer l'un de l'autre, il y a ajouté les épithètes de El-Kebîr, l'aîné, et d'Es-Seghîr, le cadet, et, au besoin, il a pu encore attribuer ce nom préféré à un troisième fils en altérant légèrement la physionomie du mot qui, au lieu de se prononcer Moḥammed, s'est prononcé Maḥammed ou Mehemet suivant les pays.

Dans ces conditions on conçoit sans peine qu'un auteur, pour abréger le discours, ne reproduise pas constamment la série des noms qui appartient à un même personnage et qu'il n'en conserve qu'une partie quand il sait qu'il n'y aura pas confusion dans l'esprit du lecteur; mais, pour peu que le copiste oublie une quelconque des fractions de ce nom, il résulte parfois de ce système que deux personnages, homonymes en partie, sont confondus l'un avec l'autre.

Afin d'éviter ce danger, et aussi parce que ce volume contient deux récits d'époque différente et ne se rapportant pas à un même pays, il m'a paru nécessaire d'établir deux index séparés, un pour chacun des documents traduits. En outre j'ai cru devoir ranger sous le nom complet tous les passages se référant à un même personnage, que son nom fût donné en abrégé ou qu'il eût toute l'ampleur nécessaire à en caractériser sûrement la personnalité.

Toutefois, dans les deux index, il m'a semblé inutile de noter, pour l'article consacré spécialement à un même personnage, toutes les pages auxquelles son nom est mentionné et les chiffres gras sont là pour indiquer ces articles. Enfin il ne m'a pas paru nécessaire de faire figurer dans l'index la récapitulation des noms de pachas qui se retrouve reproduite dans le tableau chronologique que j'en ai dressé dans l'appendice.

Je terminerai ces quelques lignes en émettant le vœu que tous nos administrateurs civils et militaires du Soudan veuillent bien suivre l'exemple qui leur a été donné par M. le général Archinard et M. le capitaine Gaden et qu'ils profitent de toutes les occasions pour se procurer l'original ou la copie des ouvrages historiques que le hasard mettra sous leurs yeux. Non seulement ils feront ainsi œuvre utile pour la connaissance de l'histoire de l'humanité, mais ils contribueront encore dans une large mesure à répandre le goût de notre langue, en permettant de donner une traduction française de ces divers écrits.

Beaucoup de Soudanais, en effet, seront heureux de connaître le passé de leur pays et comme, en général, la lecture d'un texte arabe leur sera souvent plus difficile à acquérir que celle d'un texte français, ils trouveront avantage à étudier notre langue qui leur fournira, dans ces traductions, des faits plus intéressants à leurs yeux que les récits de notre histoire ou les études morales de notre littérature. Plus tard, cette première initiation terminée, la curiosité, tout au moins, les engagera à chercher ailleurs des plaisirs plus raffinés en lisant les chefs-d'œuvre de notre langue.

TRADUCTION

DU

TEDZKIRET EN-NISIÂN

FI AKHBÂR MOLOUK ES-SOUDÂN

OU

BIOGRAPHIES DES PACHAS DU SOUDAN

Au nom de Dieu le Clément, le Miséricordieux! Qu'Il répande ses bénédictions sur notre seigneur Mahomet, sur sa famille, sur ses compagnons et qu'Il leur accorde le salut!

Louange à Dieu, le Maître des mondes! Que le salut et la bénédiction soient sur le seigneur des Envoyés, sur les vertueux personnages de sa famille et sur ses Compagnons purs et éminents!

Nous avons disposé ci-dessous les noms des pachas en suivant l'ordre des caractères de l'alphabet dont la première lettre est l'*alif* et la dernière le *ya*[1]. Mais, dans cette énu-

1. Autrement dit : l'alphabet arabe. Toutefois l'auteur n'a suivi ni l'ordre alphabétique habituel oriental ou occidental, ni l'ordre dans lequel on dispose encore les lettres d'après leur valeur numérique en en formant des séries groupées portant les noms de ابجد ou ابقش. Le classement qu'il a adopté paraît absolument arbitraire.

mération, il se trouve qu'il n'y a que onze séries de noms commençant par des lettres différentes.

La première lettre mentionnée est le *djîm*, à cause du nom de Djouder; la deuxième est le *mîm*, à cause des noms de Maḥmoud-ben-Zergoun, Moḥammed, Mesa'oud, Manṣour; la troisième est le *'ain*, par suite de la présence des noms 'Ali, 'Abdallah, 'Abderraḥman; la quatrième est le *sîn* qui commence les noms de Seliman, Sâ'îd ; la cinquième est le *ḥâ*, première lettre des noms Aḥmed[1], Ḥamîd, Ḥaddou; la sixième est le *yâ*, à cause des noms de Yousef, Yahya; la septième est le *bâ*, première lettre des noms Ibrahim[2], Bâ-Ḥaddou, Bokarna, Bâ-Bokar, Bâ-Aḥmed, Boubeker; la huitième est l'*alif*[3] qui commence les noms de El-Fa', El-Mobârek, El-Ḥasen; la neuvième est le *noûn*, à cause du nom de Nâṣir; la dixième est le *dzâl*[4], première lettre du nom de Dzou'n-Noun; enfin la onzième est le *zâ* qui commence les noms de Zanaka et Zenka.

Telles sont les onze lettres différentes sous lesquelles sont rangés les noms des pachas. Celui-là donc précèdera son

1. Puisque, partout ailleurs, l'auteur n'a tenu aucun compte de la racine des noms pour déterminer son classement, il aurait dû mettre le nom de Aḥmed sous la rubrique de l'*alif*. Mais il convient de remarquer que très souvent il emploie indifféremment pour un même personnage les formes احمد et حمد. Le dernier nom, d'après le *Tarîkh-es-Soudân*, devrait se prononcer Ḥammedi, nom qui existe en effet chez les Arabes de Maghreb. La forme Ḥammedi est donc une variante de Aḥmed comme Maḥammed est une variante de Moḥammed. Au lieu de Ḥammedi, on pourrait prononcer Ḥammed, mais cela est peu probable.

2. Même observation ici que pour le nom de Aḥmed. Quant aux noms précédés de Bâ, abréviation de Baba, sorte de titre honorifique, il eût été aussi logique de les classer d'après la seconde partie du nom.

3. L'*alif* étant toujours celui de l'article défini, c'est par *e* qu'il sera transcrit, cette voyelle représentant exactement la prononciation de l'alif initial de l'article aussi bien dans le langage courant que dans la lecture du Coran et des textes littéraires.

4. Le texte donne à cette lettre le nom de *dzâ* au lieu de celui de *dzâl* que l'on emploie d'ordinaire. Est-ce une erreur du copiste ou une dénomination particulière aux Soudanais? je ne puis le déterminer, n'ayant eu qu'un seul manuscrit en ma possession.

collègue qui aura pour initiale de son nom une lettre placée plus avant dans l'ordre indiqué ci-dessus. L'ensemble des noms réunis dans ces onze catégories en commençant par le *djîm* et en finissant (۲) par le *zâ* est de 98, ce qui, en tenant compte de la répétition d'un certain nombre d'entre eux, forme un total de 145 noms de personnages dont nous donnerons, à la place que leur assigne leur initiale, l'histoire et la biographie, s'il plaît à Dieu.

Il arrivera parfois qu'une catégorie alphabétique ne contiendra qu'un seul nom ; c'est ainsi que celle du *djîm*, par exemple, ne renfermera que le nom de Djouder. D'autres en auront plusieurs : il en est qui n'en contiendront que trois, deux ou même un seul, telle la lettre *dzâl* sous laquelle on ne trouve que le nom de Dzou'n-Noun-ben-El-Ḥâdj-El-Mokhtâr-ben-Bou-Youkhef[1]-Ech-Chergui.

Je donne à ce travail le nom de *Tedzkiret en-nisiân fi akhbâr molouk es-Soudân*; c'est un recueil en prose ordinaire dont les perles sont dispersées çà et là[2]. Je demande à Dieu, le Très-Haut, son aide et son concours pour cette œuvre. Lui seul suffit à tout; quelle admirable providence Il est! Il n'y a de force et de puissance qu'en Dieu le glorieux, le puissant.

Lettre djîm (dj).

Djouder[3]. — C'était un homme de petite taille, au teint

1. Ailleurs on trouve بيوقف au lieu de بيوخف. La confusion du ق avec le خ se retrouve plus loin pour le mot قباء qui remplace toujours la forme régulière خباء. Elle est fréquente au Soudan.

2. Les Arabes comparent les mots disposés en vers à des perles formant un collier. Quand il s'agit de la prose on dit que ces perles sont éparpillées ou répandues au hasard.

3. La biographie détaillée de Djouder est donnée dans le *Tarîkh-es-Soudân* où l'on trouvera également la biographie d'un certain nombre de personnages in-

clair[1]. Il fut le premier pacha qui vint de Merrâkech au Songhaï où il arriva en l'année 999 (30 octobre 1590-19 octobre 1591). Il exerça son autorité neuf mois, de moharrem au 26 du mois de chaouâl de cette année (novembre 1590-17 août 1591), puis il fut déposé. Durant son pachalik il fit une expédition dans le Songhaï et livra combat à l'askia Isḥâq-ben-Askia-Daoud dont il défit les troupes en un clin d'œil. Il se rendit ensuite à Tombouctou (٢) et s'installa tout d'abord sur l'emplacement du marché qui est à l'est de la ville en un endroit appelé Djouder-Kanghoniya. Après être resté là deux ou trois mois, il entra dans la ville et y bâtit la casbah. Maḥmoud-ben-Zergoun, qui arriva plus tard de Merrâkech avec le titre de pacha, déposa Djouder.

Lettre mîm (m).

Maḥmoud-ben-Ali-ben-Zergoun (v. le *Tarîkh es-Soudân*, p. 225).

Maḥmoud-Ṭâba'-El-'Euldji (v. le *Tarîkh es-Soudân*, p. 271).

Maḥmoud-Lonko-El-'Euldji (v. le *Tarîkh es-Soudân*, p. 291).

Moḥammed-ben-Aḥmed-El-Mâssi (v. le *Tarîkh es-Soudân*, p. 342).

Mesa'oud-ben-Manṣour-Ez-Za'eri (v. le *Tarîkh es-Soudân*, p. 396).

Moḥammed-ben-Moḥammed-ben-'Otsmân-Ech-Chergui (v. le *Tarîkh es-Soudân*, p. 403).

diqués plus loin. Il a paru inutile de les reproduire aussi bien dans le texte arabe du *Tedzkiret-en-nisiân* que dans la traduction.

1. Le mot ازرق peut à la rigueur se rapporter à la couleur des yeux de Djouder et indiquer qu'il avait les yeux bleus; cependant, comme le mot « yeux » n'est pas exprimé en arabe, il paraît plus probable qu'on ait voulu parler de son teint « clair » ou « couleur d'un fer de lance ».

Moḥammed-ben-Mousa (v. le *Tarîkh es-Soudân*, p. 480).

Moḥammed-ben-El-Qâïd-Aḥmed-ben-Sa'doun-Ech-Chiâḍemi (v. le *Tarîkh es-Soudân*, p. 483).

...Le pacha Moḥammed-ben-Aḥmed[1] entreprit une expédition contre Faraman, village du Kati-Cherif (ع), en l'année 1067 (20 octobre 1656-9 octobre 1657). A son retour de cette expédition, et alors qu'il était en cours de route, il révoqua l'askia El-Ḥâdj de ses fonctions et nomma à sa place l'askia Daoud-ben-Haroun dont les gens du Songhaï acceptèrent l'autorité. Ce fut après son retour de cette expédition que le pacha Moḥammed fut déposé, le lundi, 10 du mois de djomada II de cette même année (26 mars 1657); il était resté en fonctions deux années entières.

Moḥammed-ben-El-Ḥâdj-ben-Daoud-Ech-Cheṭouki. — Ce personnage, plus connu sous le nom de : le caïd Bouya, fut élevé à la dignité de pacha après Moḥammed-ben-Aḥmed dont il vient d'être parlé ci-dessus, c'est-à-dire à la fin de l'année 1067 (1657). Sous son pachalik il mourut un très grand nombre de personnes : Dieu seul en sait le chiffre exact.

Parmi les notables et gens d'importance qui moururent à cette époque on cite : 1° le jurisconsulte Moḥammed-ben-Moḥammed-ben-Abou-Bekr-Ṣâdeq, le grand-père de ma mère, Ouṭana[2], c'est-à-dire le père de son père; 2° le grand-père de mon père nommé El-Fa'-El-Amîn-ben-Moḥammed-Ṣoud, le maître d'école (Dieu lui fasse miséricorde!). Sa mort eut lieu vers la fin de l'année; 3° le jurisconsulte, le cadi 'Abderraḥman, fils du jurisconsulte, du mufti, Aḥmed-Mo'yâ (Dieu

1. Ou : Moḥammed-ben-El-Qaïd-Aḥmed-ben-Sa'doun-Ech-Chiâḍemi. Le paragraphe, qui suit, manque dans le *Tarîkh es-Soudân*.

2. Les voyelles ne sont pas indiquées dans le ms. Il y a, je crois, une erreur du copiste; il aura mal lu le groupe وهو qui devait être dans l'original et qui écrit à la hâte peut très bien se lire وطن dans l'écriture maghrébine. Si l'on adopte cette hypothèse, le nom de Ouṭâna doit disparaître de la traduction.

lui fasse miséricorde!). Si je ne me trompe, il succomba au commencement de l'année 1070 (18 septembre 1659-6 septembre 1660); 4° 'Abderraḥman-ben-El-Ḥâdj-Moḥammed-ben-El-Amîn-Kânou (Dieu lui fasse miséricorde!) qui mourut également cette même année; 5° le jurisconsulte, l'imam Aḥmed fils du jurisconsulte, l'imam, Moḥammed-Kourdi[1] (Dieu lui fasse miséricorde!) qui mourut aussi cette année-là; 6° enfin, encore cette même année, si je ne me trompe, mourut le Kabara-Farma[2] Ḥammou, fils du Kabara-Farma Ibrahim-Djâmi' (Dieu lui fasse miséricorde!). Cette épidémie de peste appelée la *grande calamité* dura deux ans.

Au début de l'année 1071 (6 septembre 1660-27 août 1661), Bouya fut déposé et remplacé le jour même par 'Allâl-El-Ḥarousi. Puis il revint au pouvoir une seconde fois, lorsque le pacha 'Ammâr-'Adjeroud[3] fut à son tour déposé. Personne auparavant, c'est-à-dire avant Bouya, n'avait exercé à deux reprises différentes les fonctions de pacha.

Investi pour la seconde fois du pachalik en l'année (٥) 1077 (4 juillet 1666-23 juin 1667), Bouya, le mercredi, 18 du mois de djomada Ier (16 novembre 1666), révoqua le lieutenant-général[4] Aḥmed-Rouaïdesi qui fut remplacé par le lieutenant-général 'Abdelqâder-ben-El-Ḥasen. Le jeudi, 13 du même mois (13 novembre), il avait déjà révoqué le lieutenant-général Ṭalḥaouï-ben-Mousa et mis à sa

1. La lecture de ce mot n'est pas fixée par des voyelles. On pourrait aussi bien lire : Kourd, Kaouered, etc.

2. Ou : chef de Kabara.

3. Le ms. donne ailleurs la forme *'Adjeroued*, en indiquant les voyelles. Il semble cependant que ce nom doit être le même que celui de la petite rivière de Adjeroud, qui forme une partie de la frontière de l'Algérie et du Maroc. Cela est d'autant plus vraisemblable que la personne était un *Chergui*, c'est-à-dire originaire de l'est du Maroc ou de la partie de l'Algérie qui avoisine les frontières de l'empire chérifien.

4. Ce titre signifie d'habitude : « adjoint », « second ». Le mot de lieutenant-général, avec la valeur qu'il avait en France il y a une cinquantaine d'années, paraît le rendre assez exactement ou, pour mieux dire, le représente d'une manière assez approximative.

place le lieutenant-général Nâṣir-ben-ʿAli-ben-ʿAbdallah-Et-Telemsâni.

Le vendredi, 22 du mois de chaouâl[1], un des derniers mois de cette année (17 avril 1667), nous eûmes[2], au mois de mars, une pluie qui dura depuis le matin jusqu'au coucher du soleil. C'était en l'année 1077.

Le pacha Bouya fut ensuite déposé après n'être, cette seconde fois, resté en fonctions que fort peu de temps.

Moḥammed-ben-Aḥmed-El-Koïḥil[3]-Ech-Chergui. -- Il succéda comme pacha à Nâṣir-ben-ʿAli-Et-Telemsâni, le mardi, 2 du mois de djomada II de l'année 1082 (6 septembre 1671).

Dans la nuit du mardi, 4 du mois de ramadan de la même année (4 janvier 1672), la crue du Fleuve atteignit Maʿdoko le 24 décembre[4]. Le septième jour de ce mois de ramadan (7 janvier), il y eut des coups de tonnerre après la prière de l'après-midi. Au cours de cette année il y eut une grande mortalité dans la population.

Ce fut également à cette époque que la discorde éclata entre le caïd ʿAli-ben-Moḥammed et le caïd El-Ḥasen-ben-Mellouk. Les partisans des deux caïds formèrent deux camps séparés et ils en vinrent à un tel degré d'inimitié que, tandis que l'un des partis se rendait à Kabara, l'autre allait s'établir à Amzagho. Le caïd El-Ḥasen demeura le chef des

1. Le texte dit : le *dernier* mois, ce qui est inexact; dans la pensée de l'auteur cela signifie seulement *un des derniers*. De même plus loin on verra le *premier* pour *l'un des premiers* mois.

2. L'auteur n'était pas né à cette époque. L'emploi qu'il fait de la première personne montre seulement qu'il a copié textuellement le texte d'un autre ouvrage ou une note écrite par un de ses parents. Il parle plus loin d'une note écrite par son père d'où il a tiré certains renseignements.

3. Les voyelles de ce mot ne sont pas toutes fournies par le ms. Cela semble bien être un diminutif.

4. L'écart que l'on remarque ici entre la date fournie par l'auteur et la concordance indiquée de l'année musulmane provient de ce que la réforme grégorienne est inconnue de la plupart des musulmans ou qu'ils n'en tiennent aucun compte.

gens de Kabara jusqu'au moment où Moḥammed-Boulîdi mourut à Amzagho. Alors une réconciliation s'opéra entre les deux partis.

Quant au pacha, il fut déposé, mais j'ignore le temps qu'il resta en fonctions[2].

Moḥammed, fils du lieutenant-général ʿAli-El-Mobârek-Ed-Derʿi. — Il succéda au pacha précédent dans la soirée du lundi, dernier jour du mois sacré de dzou'l-qaʿada de l'année mentionnée ci-dessus, c'est-à-dire de l'année 1082 (29 mars 1672). D'autres disent que son élévation au pachalik eut lieu à la fin du mois de chaouâl (28 février); cette seconde opinion me paraît la plus certaine[3].

Le 7 du mois sacré de dzou'l-qaʿada (6 mars), le caïd Aḥmed-Rouaïdesi[4] fut nommé caïd-amîn. Les grains et les produits comestibles des jardins se gâtèrent[5] (٦) cette année-là, aussi ce temps fut-il appelé *Dzou-Zebîb*[6]. Le lieutenant-général Moḥammed-Es-Selenki fut nommé à cette époque. Le pacha fut ensuite déposé, le lundi, 15 du mois de djomada

1. Je suppose que Boulîdi est un nom de personne. Cependant on pourrait le prendre pour un nom de localité et traduire alors : Moḥammed mourut à Oulîdi dans Amzagho.

2. Puisque, au début de l'article, l'auteur dit que ce pacha fut remplacé à la fin du mois de dzou'l-qaʿada ou à celui de chaouâl par Moḥammed, fils du lieutenant-général ʿAli, la durée du pachalik de Moḥammed-ben-Aḥmed aurait été de six ou sept mois.

3. Si la nomination de Aḥmed-Rouaïdesi a été vraiment faite par ce pacha à la date indiquée, la seconde version donnée pour l'élection du pacha est seule possible.

4. Le texte porte : دويدس ; la confusion du د (*d*) et du ر (*r*) est fréquente dans l'écriture maghrebine. En outre, les Soudanais omettent souvent les lettres faibles finales qui ne représentent à l'oreille qu'un simple son-voyelle et qu'ils jugent alors inutile de marquer dans l'écriture.

5. Cette expression signifie sans doute : « séchèrent sur pied », ce qui explique le nom donné à cette année et qui en arabe équivaut à l'expression française : « l'année aux fruits secs ».

6. Le ms. a دو au lieu de ذو ; le point diacritique a été omis. Dans l'usage vulgaire le nom signifie : « aux raisins secs ».

Ier de l'année 1084 (28 août 1673), après être resté au pouvoir un an et sept mois.

Moḥammed-ben-Bâ-Redouân-El-'Euldji, connu sous le surnom de Mâmoy[1]-Berouân. — Il succéda à Dzou'n-Noun-ben-El-Ḥâdj-Ech-Chergui, le dimanche, 12 du mois de redjeb l'unique de l'année 1090 (19 août 1679) et il fut déposé, quatre jours après, dans la nuit du mercredi, 24 du mois (22 août). Nommé ensuite de nouveau aux mêmes fonctions, après le pacha Zenka-Bou-Zenâd, le vendredi, 7 du mois de redjeb l'unique de l'année 1095 (20 juin 1684), il resta cette fois trois mois au pouvoir et il l'exerçait encore quand il mourut le vendredi soir, vers la fin de la nuit, le 4 du mois sacré de dzou'l-qa'ada (13 octobre 1684).

Moḥammed-ben-Cheikh[2]-'Ali-Ed-Der'i. — Il succéda à Dzou'n-Noun-ben-El-Ḥâdj lorsque celui-ci fut déposé pour la seconde fois, le 17 du mois de rebi' Ier de l'année 1093 (26 mars 1682). Il fut déposé au mois de chaouâl (octobre) vers la fin de cette même année. Il avait exercé ses fonctions huit mois ou, selon une autre version, cinq mois[3].

Manṣour-ben-Mesa'oud-ben-Manṣour-Ez-Za'eri, connu sous la dénomination de caïd Senîber[4]. — Il succéda au pacha déposé, le caïd El-'Abbâs-ben-Sa'îd-El-'Amri, vers le milieu de l'année 1099 (avril 1688). A cette époque, à la tête d'une colonne dite *Ouṭoulo*[5], il fit une expédition contre

1. Le ms. donne les voyelles. Il ne faut donc pas confondre ce nom avec celui de Mâmi que l'on rencontrera plus loin.

2. Le mot « cheikh » ici fait partie du nom propre.

3. Les deux chiffres sont inexacts, aussi bien celui de huit mois que celui de cinq mois. Si l'on garde le mot « chaouâl », la durée serait de plus de six mois. Il se pourrait que le mot « chaouâl » ait été mis par erreur et qu'il fallût lire *le dernier* mois de l'année tout simplement : on aurait alors les huit mois indiqués.

4. On retrouve ce nom au Maroc sous la forme Zeniber.

5. Les voyelles sont fournies par le manuscrit. On verra, par d'autres passages, qu'il était d'usage de donner un surnom particulier à chacune des expéditions que les pachas entreprenaient. Ce surnom rappelait sans doute certaines parti-

Kaokao[1], et chassa les Touareg de cette ville. A son retour il rejoignit les Touareg, fit mettre à mort leurs chefs, et emmena captifs leurs enfants, leurs femmes et leurs familles (v). Puis, poussant devant lui leurs troupeaux de vaches[2], il ramena le tout avec lui.

A peine de retour de cette expédition, le pacha fut déposé le 4 du mois sacré de moḥarrem, le premier mois de l'année 1100 (29 octobre 1688). Il était donc resté en fonctions sept mois. Durant cette année 1100, il éclata dans le pays une épidémie de peste qui fit périr un grand nombre de personnes. Le Ciel nous préserve de semblables fléaux!

Le pacha Manṣour fut réintégré dans ses fonctions quand le caïd 'Abdallah-ben-Nâṣir-Et-Telemsâni, alors pacha, fut déposé, c'est-à-dire le vendredi, 5 du mois de rebi' Ier de l'année 1110 (11 septembre 1698). Le lendemain de ce jour, il fit mettre à mort, sur le marché, Senîber-ben-El-Ḥâdj-Moḥammed-ben[3]-Ṭâleb-Ibrahim-Ed-Der'i. Cette exécution le fit redouter par la population.

Le dimanche, 29 du mois de cha'bân de cette année (2 mars 1699), après la prière de l'asr, mourut le jurisconsulte, le cadi, Ibrahîm, fils du jurisconsulte 'Abdallah, fils du saint de Dieu, Seyyid Aḥmed-Mo'ya (Dieu lui fasse miséricorde!). Le jour de sa mort il avait environ soixante-quatorze ans[4]. Il eut pour successeur, dans ses fonctions de cadi, son fils, le jurisconsulte, le cadi Seyyid Aḥmed (Dieu le dirige dans sa conduite!) qui fut nommé au mois de chaouâl, un des derniers mois de cette année-là, et qui, à cette époque, était âgé d'environ trente-huit ans.

cularités qui s'étaient produites dans la colonne expéditionnaire au moment de sa formation ou quand elle était en cours de route.

1. Les voyelles sont indiquées dans le texte.

2. Le texte emploie le mot « vaches », mais c'est vraisemblablement une faute d'orthographe et il faut dire « bœufs » d'une manière générale.

3. Le mot « ben » n'est pas dans le ms.; il se trouve dans le ms. 5259.

4. En années lunaires, ou soixante-douze en années solaires.

Durant son second passage au pouvoir, le caïd Senîber marcha contre Tinghalhaï[1]; il cerna la contrée, en fit périr les habitants mâles, détruisit les réserves d'eau, combla les puits et emmena en captivité nombre de femmes et d'enfants des Touareg. Il entreprit ensuite une expédition contre la tribu de Soudoub, entièrement composée de Foulâni, et la razzia.

Vers cette époque, au mois de chaouâl, le dixième mois de l'année 1111 (22 mars-20 avril 1700), accompagné de l'askia Moḥammed-ben-el-Ḥâdj, il se rendit en personne, à la tête d'une armée à Dienné où il fit arrêter Aḥmed-ben-Cherif et 'Ammâro[2]-Douonâï; il exila l'un et ordonna de donner la bastonnade à l'autre. Il trouva dans la ville des richesses considérables et se rencontra là avec le Djinni-Koï 'Ammâr qui était en fonctions à cette époque. Puis, il s'en retourna et ce fut à ce moment que les Foulâni habitants de Sanqara mirent à mort El-'Arab-ben (ʌ)-El-Caïd-Mâmi, ainsi que le lieutenant-général 'Abdelkerîm-ben-El-Ḥasen-El-'Euldji. Trois mois environ après cette expédition, le pacha Senîber était déposé.

A la même époque, au mois de moḥarrem, si je ne me trompe[3], en l'année 1112 (18 juin-18 juillet 1700) naquit l'auteur de ce recueil.

La déposition du pacha, à ce que je crois, avait eu lieu au mois de djomada Ier (14 octobre-13 novembre 1700). Il était donc resté en fonctions deux ans et deux mois. Il ne survécut que six mois à cet événement et mourut (Dieu lui

1. Nom d'une tribu touareg.

2. Ce nom est marqué dans le ms. d'une voyelle finale *o*. C'est un usage d'ajouter aux noms arabes la terminaison *o* ou *ou* dans une partie du Soudan. C'est ainsi qu'on dit Aḥmadou pour Aḥmed. En arabe on prononce 'Ammâr.

3 Les musulmans n'ayant point d'état-civil ne savent qu'approximativement leur âge d'une façon générale. Cependant dans certaines familles on inscrit la date de la naissance des enfants sur un carnet ou sur un des feuillets de garde d'un livre. L'hésitation ici ne porte que sur le mois et non sur l'année.

fasse miséricorde!) le 5 du mois de dzou'l-qa'ada, l'avant-dernier mois de l'année indiquée ci-dessus (13 avril 1701).

Parmi les notables personnages ou jurisconsultes (Dieu leur fasse miséricorde!) qui moururent sous son pachalik on peut citer : Senîber-ben-El-Ḥâdj-Moḥammed-ben-Ṭaleb-Ibrahîm, mort le dimanche 29 du mois de cha'ban, après la prière de l'asr ; le très docte cadi Ibrahim, fils de 'Abdallah, fils du très docte Aḥmed-Mo'yâ ; sa mort eut lieu au mois de redjeb l'unique de l'année 1111 (janvier 1700) ; le jurisconsulte Moḥammed-Tâ, fils du jurisconsulte 'Abdelkerîm, fils du cadi 'Abderraḥman, fils du très docte Aḥmed-Mo'ya ; l'honorable (Dieu lui fasse miséricorde!) Aḥmed-Touri-ben-El-Ḥâdj-Moḥammed-Touri ; il mourut à Dienné pendant le glorieux mois de ramadan de cette année (mars 1700) ; enfin le caïd Senîber, fils du caïd Moḥammed-Bouya (Dieu lui fasse miséricorde!), décédé au cours du brillant mois de cha'bân de l'année 1112 (janvier 1701).

Manṣour, connu sous le nom de Bâbâ-Seyyid, fils de Ṭâleb-Aḥmed-Ech-Chergui. — Il succéda au caïd Ibrahim-ben-Ḥassoun, au mois de rebi' II, ou, suivant une autre opinion, au mois de djomada Ier de l'année 1104 (décembre 1692 ou février 1693). Il demeura dans ces fonctions cinq ou sept mois, car il fut déposé au mois de chaouâl de la même année (juin 1693) (٩).

Moḥammed-ben-Moḥammed-Seyyidi. — Un seul jour[1] il exerça les fonctions de pacha après le caïd El-Mobârek-ben-Aḥmed-ben-'Ali-Ed-Der'i, et cela au mois de djomada Ier de l'année 1109 (15 novembre-15 décembre 1697). Réélu de nouveau le dernier jour du mois brillant de cha'bân ou, suivant d'autres, du mois de redjeb de l'année 1116 (29 novembre au 30 octobre 1704), il fut déposé pendant le glorieux mois de ramadan (28 décembre 1704-27 janvier

1. Ce passage est mal rédigé ; peut-être y a-t-il ici quelque erreur de copiste.

1705). Il ne resta donc en fonctions que vingt-deux jours[1]. Cette seconde fois, il avait remplacé le pacha déposé, le caïd Moḥammed-ben-Sa'îd-ben-'Omar qui, lui, avait été élu pour la seconde fois au mois de rebi' II de l'année précitée[2].

Moḥammed-ben-Sa'ïd-ben-'Omar-El-Fâsi. — Il succéda au caïd Yousef-ben-'Abdallah-Ed-Der'i, le 2 du mois de moḥarrem, le premier des mois de l'année 1114 (29 mai 1702). Huit mois après son élection il fut déposé. Durant son pachalik, il y eut un certain nombre de gens notables qui moururent, entre autres : Moḥammed, fils du jurisconsulte, du cadi Ibrahîm, décédé le 20 du mois de safar de cette année (16 juillet 1702) (Dieu lui fasse miséricorde!); le jurisconsulte El-Ḥabîb-Bâbâ, connu sous le nom de Senîber et fils de l'imâm-Sa'd-ben-El-Ḥabîb-Bâbâ-ben-El-Hâdi-El-Oueddâni (Dieu lui fasse miséricorde!) qui mourut le 2 du mois de rebi' II de la même année (26 août 1702); le même mois mourut le jurisconsulte Abou-Bekr-ben-Mostafa-El-Ouankori (Dieu lui fasse miséricorde!); l'askia Moḥammed-ben-El-Ḥâdj-Moḥammed, fils de l'askia Mena-Neker[3], fils du Balama' Ṣâdeq, fils d'Askia-Daoud, rendit l'âme (Dieu lui fasse miséricorde!) dans la soirée du dimanche, 23 de djomada II de la même année (14 novembre 1702). Alors il se produisit un conflit entre les gens du Songhaï ayant à leur tête[4] le Kormina-Fâri 'Ammâr et

1. Si l'on admet la date du mois de cha'bân, ce ne serait pas vingt-deux, mais trente-deux jours qu'il faudrait lire.

2. La date exacte est le 30, comme on le voit par l'article biographique suivant. Dans ce cas ce ne serait pas au mois de redjeb qu'il aurait été élu la seconde fois, mais au mois de djomada Ier qui suit le mois de rebi' II. On peut supposer aussi qu'il y a eu une interpolation et que ce serait la première élection de Moḥammed-ben-Moḥammed qui aurait eu lieu au mois de *redjeb* 1109, tandis que la seconde se serait produite au mois de *djomada* Ier 1116.

3. Ces deux mots sont sans voyelles dans le ms., la prononciation en est donc incertaine.

4. Ces mots : « ayant à leur tête » ne figurent point dans le texte; le sens seul semble en indiquer la nécessité.

les enfants de Mena-Neker dont il vient d'être parlé.

Dans la matinée du lundi, 28 de redjeb l'unique de cette année (18 décembre 1702), mourut également le jurisconsulte, l'imam Aḥmed-Bouso, fils du très docte jurisconsulte, du savant, du saint, du vertueux Moḥammed-ben-Aḥmed-ben-Maḥmoud-ben-Abou-Bekr-Baghyo'o-El-Ouankori (Dieu très haut lui fasse miséricorde! Amen!).

Enfin le mardi, 6 du mois brillant de cha'bân de cette année (26 décembre 1702), mourut le jurisconsulte, l'imam El-Mokhtâr, fils de l'imam Aḥmed, fils de l'imam Sa'îd, fils de l'imam Moḥammed-Kidâdo (Dieu lui fasse miséricorde! Amen!).

Moḥammed fut de nouveau élu pacha (١٠) après la déposition du caïd Mâma[1]-ben-'Ali-Et-Tezerkîni, le 10 du mois de rebi' II de l'année 1116 (9 août 1704); mais il ne conserva ses fonctions que vingt jours et fut déposé à la fin du mois.

Moḥammed-ben-'Ali-ben-Moḥammed-ben-'Abdallah-Et-Tezerkîni. — Il est plus connu sous le nom de Mâma-ben-'Ali[2]. Il succéda au caïd Sentâ'-ben-Fâres, le 22 du mois de chaouâl, ou, selon une autre opinion, du mois de dzou'l-qa'ada, à la fin de l'année 1115 (28 février ou 28 mars 1704).

Sous son pachalik, la crue du Fleuve atteignit Ma'doko. La peste et la disette régnèrent à cette époque dans le pays et cette période fut appelée *Bânâ-Fâsa*[3]. Ce pacha demeura au pouvoir environ quatre mois, puis il fut déposé le 20 du mois de safar, un des premiers mois de l'année 1116 (24 juin 1704)[4]. Il fut de nouveau appelé au pouvoir après la déposi-

1. Dans le ms. il y a ici Mâḥi : le ms. 5259 a Mâdj ou Mâdji. A l'article bibliographique suivant, consacré à ce personnage, le nom est écrit et voyellé Mâma.

2. Cette phrase a été omise dans le texte imprimé.

3. Ou : « Fasaï ».

4. On a vu plus haut que l'auteur se sert des mots *premier* et *dernier* dans le sens de : un des premiers ou des derniers.

tion du pacha Sa'îd-Bou-Ziyan, au cours de la première décade du mois de redjeb l'unique de l'année 1117 (19-28 octobre 1704).

Durant son second passage au pouvoir, immédiatement après sa réélection, le 27 du mois qui vient d'être dit (14 novembre 1704), il nomma 'Abderraḥman, fils du Kormina-Fâri 'Ammâr[1], à la dignité d'askia, à la suite des troubles qui s'étaient produits pendant trois ans, ainsi qu'il a été dit plus haut, après la mort de l'askia Moḥammed-ben-El-Ḥâdj. Ce fut seulement au cours du mois pendant lequel cet askia mourut, dix-huit jours s'en étant écoulés, que la paix fut rétablie[2]. Aussitôt que l'askia eut été nommé, Tenka[3]-Bokar prit la place du Kormina-Fâri 'Ammâr et chaque fonctionnaire reprit son poste normal.

Vers cette époque le pacha entreprit une expédition contre Bẹnko et la colonne qui l'exécuta prit le nom de « colonne de *Linki* »[4]. Au retour de cette campagne le pacha fut déposé durant le mois sacré de dzou'l-hiddja, le dernier mois de l'année 1118 (6 mars-4 avril 1707); cette fois il était resté au pouvoir un an et six mois. Ce fut à ce moment que les Touareg de Tadmekket tuèrent le fils de son frère, le lieutenant-général Ben-El-Ḥâdj, fils du caïd Ḥammedi-ben-'Ali.

Après la déposition du caïd Mesa'oud-ben-Manṣour, au mois de dzou'l-hiddja (١١) le dernier du mois de l'année 1124 (30 décembre-1712-28 janvier 1713), ou, suivant une autre version, au début de l'année 1125 (28 janvier 1713), Mâma fut, pour la troisième fois, élevé aux fonctions de pacha, puis il fut déposé, au mois de rebi' Ier (28 mars-27

1. Ici ce nom est voyellé 'Amar; plus haut sa forme est 'Ammâr qui paraît être la véritable orthographe.
2. Il s'agit de la mort de l'askia Moḥammed-ben-El-Ḥâdj, mais le texte est ambigu en cet endroit.
3. Ce mot est sans voyelles dans le ms.
4. Les voyelles du nom de cette colonne sont indiquées par le ms.

avril 1713), après être resté en fonctions cette fois-là pendant trois mois.

Moḥammed, fils du caïd Ḥammedi-ben-'Ali-ben-Moḥammed-ben-'Abdallah-Et-Tezerkîni. — Le 27 du mois sacré de dzou'l-qa'ada de l'année 1120 (7 février 1709), il succéda au pacha déposé, le caïd 'Ali-ben-Raḥmoun-El-Monebbih. Sous son pachalik on apporta l'argile[1] nécessaire à la construction de la grande mosquée. L'opération commencée à la fin du mois de moharrem, le premier mois de l'année 1121 (12 avril 1709), prit fin au mois de safar (12 avril-11 mai). Le pacha Moḥammed assista à l'achèvement du monument, en fit l'inauguration et ce fut le jurisconsulte, le cadi Aḥmed, qui appela sur lui la bénédiction du Ciel[2]. L'imam de la mosquée à ce moment-là était l'imam 'Otsmân, fils de l'imam Aḥmed.

Au mois de rebi' II (10 juin-9 juillet 1709), le pacha fut déposé après être resté en fonctions durant six mois; puis il fut de nouveau réélu au mois de redjeb l'unique de l'année 1127 (3 juillet-2 août 1715), en remplacement du pacha déposé, le caïd Bâ-Ḥaddou. Ce fut au temps de ce second pachalik que Moḥammed fit mettre à mort El-Fa'-Beniya[3], fils du caïd Ḥammedi-El-Khalîf, ainsi que 'Abdelqâder-ben-El-Ḥasen-Semmi et 'Abdallah-Kouba[4]-ben-Konba. Les deux premiers : El-Fa'-Beniya et 'Abdelqâder furent tués dans les écuries[5] et leurs corps enfouis[6] en cet endroit où ils étaient

1. On sait que les constructions de Tombouctou sont faites en briques d'argile séchée au soleil ou *adobes*; c'est pour fabriquer ces briques qu'on avait apporté de l'argile.

2. Le pronom *lui* peut se rapporter dans le texte aussi bien à la mosquée qu'au pacha. Si, ce qui est probable, il se rapporte à ce dernier, c'était un honneur souverain qui lui était ainsi rendu.

3. Ou « Beniyi ».

4. Le ms. 5259 écrit : « Ghonba ».

5. C'est par erreur que le copiste a écrit : الزوای. Les écuries servaient fréquemment de lieu de détention et d'exécution.

6. L'expression employée semble indiquer que les honneurs funèbres ne furent pas rendus, sinon on aurait vraisemblablement fait usage du verbe دفن.

restés emprisonnés quelques jours. Quant à ʿAbdallah-Konba-ben-Konba il fut amené sur le marché; on lui trancha la tête à l'endroit où l'on attache les ânes et son corps fut suspendu par les pieds à l'une des perches[1] dressées là pour l'usage des bouchers. Cela se passa pendant le glorieux mois de ramadan de cette année-là (31 août-30 septembre 1715), à l'heure du crépuscule[2].

Au même moment le pacha expédia des troupes de secours vers le bourg de Cheïbi. Ces troupes furent placées sous les ordres de deux lieutenants-généraux : le lieutenant-général Ben-El-Gheffâr, fils du caïd-ʿAli-Et-Tezerkìni et le lieutenant-général Moḥammed-Baḥḥou[3], fils du caïd Senîber-ben-(١٢) Manṣour. Le pacha leur enjoignit de livrer combat aux gens de Cheïbi, de s'emparer de leur chef, le tyran injuste, le gouverneur ʿAli, de le charger de chaînes et de le lui amener. Mais celui-ci, ayant eu connaissance de ces desseins, prit la fuite et se déroba à la poursuite dont il était l'objet.

Les lieutenants-généraux se rendirent à Cheïbi et, dès le moment de leur départ de Tombouctou, ils se préparèrent au combat. Ils avaient avec eux des canons[4] djoudériens[5] qui

1. Ces perches ou poteaux servent à suspendre les animaux tués pour les écorcher et les débiter; tantôt ces perches sont dressées au moment du marché, tantôt elles sont à poste fixe.

2. Le mot n'est pas précis. Il sert à désigner le moment de la journée où on distingue à peine les objets, que ce soit le matin ou le soir. C'est à ce moment que les musulmans cessent de manger le matin et rompent le jeûne le jour de ramadan.

3. Le mot est sans voyelles dans le texte, mais il paraît analogue aux noms : Ḥammou, Ḥaddou, etc.

4. Ou : « obusiers », « mortiers ». D'ordinaire ce mot s'emploie dans le sens de « pétard » et s'écrit avec un ط au lieu d'un ظ : la véritable orthographe exigerait un ض.

5. Cette épithète semble indiquer que les canons avaient été apportés par Djouder lors de la conquête; pourtant on aurait pu aussi leur donner cette qualification en souvenir seulement de Djouder. On ne voit pas bien la nécessité d'avoir répété cette épithète après le mot « chaîne ». La syntaxe exigerait aussi que ces épithètes fussent accompagnées en arabe de l'article défini.

furent traînés par des chaînes djoudériennes de la casbah de Tombouctou à Cheïbi. Ces canons devaient servir à bombarder la ville. Aussitôt qu'il eut connaissance de cette expédition, le gouverneur de Cheïbi abandonna son poste et, prenant la fuite il alla se réfugier à Douko, un des bourgs des païens du Bambara, et réussit ainsi à s'échapper.

Quand les troupes de secours arrivèrent à Cheïbi elles n'y trouvèrent plus le gouverneur. Elles séjournèrent quelque temps dans cette localité, puis elles retournèrent à Tombouctou. Les canons furent abandonnés à Cheïbi où ils restèrent gisants sur le sol depuis ce jour jusqu'à l'époque où le Kabara-Farma ʿAbdallah, fils du Kabara-Farma ʿAbderraḥman vint dans cette ville. Le Kabara-Farma donna alors l'ordre de transporter les canons à Kabara où ils restèrent un certain temps avant d'être transportés de nouveau à la casbah de Tombouctou où ils sont encore actuellement.

Le pacha fut déposé vers la fin de cette même année au mois de chaouâl (30 septembre-29 octobre 1715). Il avait conservé ses fonctions quatre mois, suivant les uns, sept mois, suivant d'autres qui disent que sa déposition n'eut lieu qu'au mois de safar, au début de l'année 1128 (26 janvier-24 février 1716). Dieu seul sait exactement ce qu'il en est. Il fut réélu une troisième fois le jeudi, 14 du mois de djomada II de l'année 1147 (11 novembre 1734); il succéda alors à son frère déposé le caïd El-Ḥasen, fils du cadi Ḥammedi, après un interrègne de un an et cinq mois pendant lequel personne ne fut investi de l'autorité de pacha.

Revenu au pouvoir pour la troisième fois, Moḥammed se hâta de nommer l'imam Bâbâ-El-Mokhtâr, fils du cadi Moḥammed, aux fonctions de cadi de Tombouctou. Cette nomination fut faite au *mechouâr*[1] en présence d'un grand

1. Le mot « mechouâr » signifie exactement l'endroit où se tient un conseil.

nombre de fidèles musulmans, le samedi, 16 du mois (١٣) précité (13 novembre 1734). Le pacha imposa ensuite une contribution de 4.000 mitsqal d'or aux musulmans et la perçut en entier. Puis les soldats perçurent une partie de cette somme que Dieu voulut leur départir[1].

A ce moment les noix de kola[2], faisant défaut dans la ville, devinrent extrêmement chères; on les paya jusqu'à deux cents cauris pièce. Mais, peu après, le prix baissa et cette cherté ne fut pas de longue durée. Le dimanche, 28 du brillant mois de cha'bân de cette année (23 janvier 1735), le pacha fut déposé. Il était resté en fonctions deux mois et demi.

Liste des principaux personnages qui moururent à cette époque :

Nâna-Bîn[3], fille de l'imam 'Abderraḥman, fils de l'imam Sa'îd, fils de l'imam Ḥammedi-Kidâdo-El-Foulâni, décédée dans la nuit du dimanche, 21 de ce mois (16 janvier 1735). Dieu lui fasse miséricorde!

Le lieutenant-général Moḥammed-Fodou, fils du caïd 'Abdallah-ben-El-Ḥâdj (Dieu lui fasse miséricorde!), mort le vendredi, 26 du même mois (21 janvier 1735).

Le caïd 'Abdallah-ben-El-Ḥâdj, dont il vient d'être parlé. Il mourut dans la nuit du samedi, 4 du mois vénéré de ramadan (28 janvier 1735) et fut enterré le lendemain de bonne heure.

'Abdelkerîm-ben-Ṭâleb-Ibrahîm-ben-El-Ḥâdj-Moḥammed

Au Maghreb on fait parfois usage de ce mot pour désigner la résidence d'un souverain ou d'un chef de district. Quelquefois le mechouâr est une vraie citadelle royale, par exemple, le mechouar de Tlemcen.

1. La phrase est très ambiguë dans le texte. On ne dit pas d'ailleurs comment les soldats prirent ou reçurent une partie de cette contribution.

2. Ou : « gourou », nom de la kola à Tombouctou.

3. Peut-être faut-il lire Bîr. A la fin d'un mot, dans l'écriture maghrébine, le ر et le ن se confondent aisément.

mort le dimanche, 12 du mois[1] (4 février 1735). Dieu lui fasse miséricorde.

Nâna-Ḥafṣa-bent-El-[2] Fa'-Aḥmed-Zerrouq, fils du jurisconsulte Aḥmed-Mo'yâ, fils du très docte jurisconsulte 'Abdallah-ben-Aḥmed-Mo'yâ (Dieu lui fasse miséricorde !), décédée le vendredi, dans la matinée du 5 du mois sacré de dzou'l-ḥiddja, le dernier du mois de l'année ci-dessus indiquée (28 avril 1735).

Nâna-Omm-El-'Aïd, fille du jurisconsulte, le cadi Seyyid-Aḥmed, fils du cadi Ibrahîm (Dieu très-haut lui fasse miséricorde! Amen!). Elle mourut le dimanche, vers midi, le 28 de ce même mois de dzou'l-hiddja (21 mai 1735).

Le caïd Moḥammed-Baḥḥou, fils du caïd Senîber (Dieu lui fasse miséricorde!), décédé le mercredi, après la prière de l'après-midi, le 23 du mois sacré de moḥarrem, le premier mois de l'année 1148 (15 juin 1735).

Nanâ-Raḥma, fille du caïd 'Ali-Et-Tezerkîni (Dieu lui fasse miséricorde!), décédée au commencement de la nuit du mercredi, 30[3] du mois de moharrem (22 juin 1735).

Nâna-Mouchi, fille du caïd Moḥammed-Bouya (Dieu lui fasse miséricorde!), morte le lundi, 4 du mois de cha'bân de cette même année (20 décembre 1735) (١٤).

Le caïd Mesa'oud, fils du caïd Senîber-ben-Mesa'oud (Dieu lui fasse miséricorde!). Il mourut dans la soirée du mercredi au moment du coucher du soleil, le 4 du mois vénéré de ramadan de cette année (18 janvier 1736).

1. Le nom du mois n'est pas indiqué d'une façon précise. Il s'agit du mois de ramadan très vraisemblablement.

2. « El-Fa' » ou « Alfa' » est un titre analogue à celui de Si ou Sidi chez les Arabes. Il se donne à toute personne ayant une certaine instruction ou quelque renom de piété.

3. Le texte dit : « la nouvelle lune du mois de safar », mais il ne faut pas oublier que, dans le système de supputation des Arabes, la nuit précède le jour dont elle porte la date.

Nâna-Fâṭima-Ṭâgh[1], fille du chef des panégyristes[2], le jurisconsulte Moḥammed, fils du jurisconsulte, le savant Seyyidi, fils du très docte Seyyid Aḥmed-Bâbâ (Dieu lui fasse miséricorde! Amen!). Sa mort eut lieu dans la nuit du vendredi, 20 du même mois (3 février 1736).

El-Fa'-Ṭâgh, fils de El-Fa'-Ali, fils du jurisconsulte, l'imam Moḥammed-Kourdi (Dieu lui fasse miséricorde!) Il était le chef des panégyristes de la grande mosquée et il mourut le mardi, dans la nuit qui précéda la fête de la rupture du jeûne (13 février 1736).

Yem-Raḥma, la concubine[3] de mon grand-père El-Fa'-Moḥammed-ben-El-Amîn-Ṣoud (Dieu lui fasse miséricorde!) décédée le lendemain matin, mercredi (14 février 1736).

Moḥammed fut une quatrième fois réélu pacha le jeudi, 24 du mois de djomada Ier de l'année 1150 (19 septembre 1737). Ce fut à la suite de l'affaire de Ta'ya et après la mort du pacha Ḥammedi qui succomba à la tête de ses troupes. Aussitôt réinvesti de ses fonctions, le pacha Moḥammed nomma Bâbâ-Seyyid, fils du caïd Zenka, lieutenant-général des gens de la garde[4]; il nomma également, à Kabara, Maḥmoud, fils du caïd Senîber-ben-Moḥammed-Bouya et

1. Ou « Ṭâ' ». Les Soudanais et les Touareg confondent aisément le ع avec le غ.

2. Faute d'autre mot, ce terme sera employé ici pour désigner celui qui récite des poèmes en l'honneur du prophète Mahomet, surtout à la fête de la Nativité. Les fêtes de la Nativité ont été organisées au Maroc en 671 de l'hégire par Yousef-ben-Ya'qoub le Mérinide.

3. Le mot du texte s'emploie à la fois pour dire : femme légitime, servante, concubine ou femme quelconque. Il est peu probable que ce soit une femme légitime, sinon on aurait mis زوجته.

4. Le ms. et le texte imprimé ont : الدين qui signifierait « de la religion ». Il paraît bien évident qu'il faut lire الدارة, nom de la garde ou sorte de corps de gendarmerie ; c'est ce qu'on appelle au Maroc et en Algérie *mekhâzeni*, *khiâla* ou *daïra*.

chargea Ḥammedi-ben-Tingharâsi des fonctions de ḥâkem de la ville[1].

Au mois de djomada, c'est-à-dire, dans ce même mois, le lieutenant-général Ibrahîm, fils du caïd Ḥammedi-ben-'Ali, arriva de la ville de Benba. Il en était parti à la suite d'une lettre qu'il avait reçue du pacha Ḥammedi; en même temps que la lettre celui-ci avait envoyé des soldats pour défendre le pays[2]; puis il se mit lui-même en route à la tête d'une colonne expéditionnaire.

Pendant le mois de djomada II, le mercredi, 21 (16 octobre 1737), au moment où ils se retiraient, les Touareg tuèrent, sur la route du port[3], le caïd El-Ḥasen, fils du caïd Ḥosaïn (Dieu lui fasse miséricorde!). Ce fut également à la même époque que, sur l'ordre du pacha, le gouverneur de Cheïbi fut tué à Kabara par le Kabara-Farma.

Le dimanche, 17 du mois de redjeb l'unique (10 novembre 1737), le caïd 'Ali-ben-El-Djesîm attaqua les troupes de l'armée[4] et leur livra un combat qui dura de midi au coucher du soleil. Puis les deux partis se réconcilièrent et la paix fut conclue le mercredi 27 du mois (20 novembre 1737).

Le mercredi, 11 du mois brillant de cha'bân (4 décembre 1737), qui était le septième jour de la pluie[5], l'eau du Fleuve atteignit An-Irbodo[6]; le lundi, 23 du même mois (16 décembre) il y eut une légère averse, puis dans la nuit (١٥) du jeudi 26 (19 décembre) la pluie tomba torrentielle avec une

1. Il s'agit, selon toute probabilité, de la ville de Tombouctou et non du bourg de Kabara.

2. Ou défendre le pays surtout contre les attaques des païens et des infidèles.

3. Du port de Kabara.

4. Les combats entre deux fractions de l'armée étaient choses fréquentes au Soudan.

5. C'est-à-dire : « de la saison des pluies ». Le même mot arabe signifie pluie et saison d'hiver.

6. Ou : In-Irbodo ou Aribodo.

extrême abondance. On était alors au 8 décembre[1]. Le dimanche, 28 du mois de ramadan de cette même année (19 janvier 1738), la crue du Fleuve atteignit Dja'far-Benka et le lundi, 6 du mois de chaouâl (6 février 1738), elle arriva jusqu'à El-Khemchi.

Au moment où le soleil allait se coucher, le vendredi, 1er du mois sacré de dzou'l-qa'ada, l'avant-dernier mois de l'année 1150 (20 février 1738), Maulaï-Dzehebi, Maulaï-Moḥammed-ben-Maulaï-Er-Rechîd et Maulaï-Sa'îd-ben-Qâsem-El-Andalosi se rendirent à la porte de la maison du lieutenant-général Ḥammedi-El-Fa'-Manṣour; ils trouvèrent ce dernier sur le pas de sa porte au moment où il sortait de chez lui; ils lancèrent contre lui leurs javelots, le blessèrent et s'enfuirent ensuite pour aller se réfugier dans leur quartier de Kisimo-Benkou[2]. A la suite de cette agression une lutte s'engagea entre les deux partis; puis ils firent la paix avec les soldats[3] et jurèrent d'observer leur convention en présence du pacha Moḥammed.

Plus tard, le pacha envoya aux deux principaux agresseurs, Maulaï-Dzehebi et Maulaï-Moḥammed, un messager leur intimant l'ordre de quitter la ville, ce qu'ils firent aussitôt en se joignant à Oghmor[4]-ben-Alel-Et-Targui. Ils se mirent en route le dimanche, 10 du mois de dzou'l-qa'ada (1er mars 1738), emmenant avec eux Sa'îd.

1. Et non le 2 décembre. Le texte imprimé, par suite de l'usure des caractères, semble avoir ثانية, au lieu de ثامنة, qui est la vraie leçon.

2. Kisimo paraît signifier « quartier » et Benkou pourrait se prononcer Benkoua.

3. Les soldats marocains qui étaient en lutte contre les chérifs firent la paix avec eux. Le titre de Maulaï s'applique à la fois aux chérifs et aux membres de la famille souveraine au Maroc. Les personnages dont il est question ici agissaient à l'instigation du Maroc, selon toute vraisemblance.

4. Oghmor est peut-être une forme altérée de 'Omar, nom que les Berbères prononcent volontiers A'omar, en changeant le ع en غ.

Arrivés au Maghreb[1], Maulaï-Moḥammed-Er-Rechîd et Sa'îd revinrent sur leurs pas. Quant à Maulaï-Dzehebi, il se rendit vers un campement[2] d'Arabes de la contrée qui étaient installés à l'ouest de Oualata et s'y étaient fixés à demeure. Parvenu dans cette tribu, il s'y fixa, y prit femme et se rendit ensuite au pays[3] de Seyyid Sa'îd où il fonda une ville nouvelle et aujourd'hui encore il est fixé là en état de révolte.

De son côté, Maulaï[4]-Sa'îd prit la route du Fleuve, assurant qu'il se rendait à Dienné. Il monta donc sur une embarcation, mais, arrivé à Cheïbi, il alla à Baro-Cheïbi-Ḥaousa[5], monté sur son cheval qu'il avait emmené avec lui dans son embarcation. De là il alla rejoindre Maulaï-Dzehebi, violant ainsi le serment qu'il avait fait.

Le dimanche, 16 du mois sacré de dzou'l-hiddja, le dernier mois de l'année susdite, c'est-à-dire de 1150 (6 avril 1738), les gens de Kabara, ayant leur imam à leur tête, arrivèrent dans la ville pour voir le pacha. Ils se rendirent à la maison de celui-ci, mais ne purent être admis en sa présence car, à ce moment, il était atteint d'une maladie mortelle. Ils se présentèrent alors chez le lieutenant-général Ḥammedi-ben-El-Fa'-Manṣour et lui exposèrent ainsi les motifs de leur venue : « Si, dirent-ils, nous avons quitté la ville de Kabara, c'est (١٦) à cause de la crainte et de la terreur que nous inspirent les Touareg. Nous sommes vivement tourmentés de notre situation et ne pouvons demeurer

1. Le mot « Maghreb » ici désigne une région du Soudan à l'ouest de Tombouctou.

2. Le texte porte محلة, mais je traduis comme s'il y avait حلة, nom donné aux campements des nomades.

3. Dans le texte il y a le mot « ville »; le copiste aura vraisemblablement mis بلد, au lieu de بلاد.

4. Le mot « Maulaï » ne figure pas toujours dans le texte, ni dans le ms.

5. Ces trois mots paraissent ne former qu'un seul nom propre de localité; rien ne dit cependant qu'il ne s'agisse pas d'un personnage.

en cet état. Le Kabara-Farma réside à Tombouctou, en sorte que nous n'avons avec nous d'autres soldats que ceux des gens[1] de Kabara. En conséquence, nous venons vous demander de détacher un corps de troupes qui viendra demeurer parmi nous; sinon, nous allons tous émigrer et nous rendre ici chez vous. »

En entendant ces paroles, le lieutenant-général donna aussitôt l'ordre à un messager de se rendre auprès du Kabara-Farma et de lui enjoindre d'envoyer un détachement de cinquante soldats qui irait habiter avec les gens de Kabara. Mais le Kabara-Farma s'opposa à cette mesure. « En ce moment et pour l'instant, dit-il, il m'est impossible de faire la chose. » — « Si tu ne peux te charger de la chose, répliqua le lieutenant-général, alors résigne tes fonctions pour les mois de cette année qui restent à courir et je donnerai à ces gens un chef qui résidera parmi eux. » Le Kabara-Farma refusa de souscrire à cette proposition et un conflit armé fut sur le point d'éclater entre ces deux personnages. Peu de temps après cela, le lieutenant-général nomma gouverneur de Kabara 'Ali-ben-El-Djesìm sous l'influence de la fraction merrakechienne[2].

Le vendredi, vers midi, le 21 du mois dont il vient d'être parlé (11 avril 1738), le pacha Moḥammed mourut en fonctions (Dieu lui fasse miséricorde!). Cette fois il avait occupé le pouvoir pendant neuf mois.

1. Ou plutôt : « les gens de Kabara eux-mêmes ». Le mot اهل est souvent employé dans ce texte avec le sens de soldats d'origine marocaine. On pourrait donc traduire : « d'autres soldats que la garnison de Kabara ».

2. Les soldats marocains étaient partagés en trois grands groupes qui réunissaient chacun les gens de la même région. Il y avait une division de Fez, une de Merrâkech et une de Cheraga, cette dernière moins considérable que les deux autres. Chaque division avait une sorte d'autonomie et élisait à tour de rôle le pacha, exerçant ainsi à un moment donné une influence prépondérante dans la direction des affaires. Un lieutenant-général commandait chacune de ces divisions. Il y avait encore d'autres groupes moins importants.

Manṣour-ben-Mesa'oud-ben[1]-Manṣour-Ez-Za'eri[2], plus connu sous le nom du pacha Kouri. — Il fut élevé au pouvoir le mardi, 28 du mois de rebi' II de l'année 1124 (4 juin 1712); il succéda au pacha déposé, le caïd 'Ali-ben-El-Mobârek-Ed-Der'i. C'était un homme excellent, très beau de visage, d'élégante stature et de teint brun. Esprit ouvert, d'une grande habileté et d'une intelligence très vive, ses pareils furent rares parmi les pachas du Soudan. Il était fils de la fille du prince[3]. Il était brave et spoliait[4] tout homme qui, par un moyen quelconque, avait amassé de la fortune, car il aimait beaucoup l'argent. Toutefois il n'était pas généreux en raison de son opulence et pourtant il n'y a aucun mérite à être généreux quand on est riche.

Aussitôt élu, le pacha expédia un détachement de troupes à Kirâï pour s'emparer de Sanqari[5]. A la tête de ces troupes il avait placé son cousin paternel[6] le caïd El-Bâchâ, fils du caïd El-Mobârek. Non seulement le but de cette expédition ne fut pas atteint, mais encore (١٧) les soldats subirent de grandes pertes et revinrent en pleine déroute.

A la fin du mois de cha'bân (fin septembre 1712), le pacha fut déposé, mais il n'accepta pas cette déchéance et continua de résider dans sa demeure, exerçant le pouvoir et tenant conseil. Or, c'était une ancienne coutume que durant le mois de ramadan, il y eut à la casbah une lecture du

1. Le ms. met tantôt Mes'aoud-ben-Manṣour, et tantôt Manṣour-ben-Mes'aoud.

2. Le ms. porte partout « Ez-Zeghri »; cet ethnique doit être lu Ez-Za'eri; il vient du nom de la tribu marocaine des Zo'aïr, dits vulgairement Zaères, qui jouissent d'une réputation justifiée de brigands et de détrousseurs de route.

3. Ou : « roi » si l'on s'en rapporte au texte. Peut-être y a-t-il une faute de copiste qui aura mis le mot « roi » à la place d'un nom propre qu'il n'aura pas bien déchiffré.

4. Tout ce passage est obscur et mal rédigé. Au lieu de « spolier », il y a en réalité « mettre à pied ».

5. Ou : Sanqara.

6. Dans quelques passages, entre autres celui-ci, on trouve : « son frère et cousin paternel »; l'un des mots est de trop.

Ṣaḥîḥ de El-Bokhâri faite aux pachas. Ce fut là la cause du conflit, car le pacha ne s'était pas rendu à la casbah; aussi tout le monde était-il unanime à vouloir le déposer. Alors on lui adressa 'Abdallah, fils du Kabara-Farma 'Abderraḥman, qui alla le trouver et discuta la question avec lui[1].

A la suite de cette entrevue, le pacha installa une tente au dehors devant la porte de sa maison. Ce fut sous cette tente qu'il tint son conseil et qu'il reçut les caïds et lieutenants-généraux qui venaient y assister et qui exécutaient du reste ses décisions. Toutefois c'était sans la moindre conviction que ces personnages lui disaient : « C'est à Dieu d'abord, puis à toi ensuite, qu'il appartient de décider[2]. »

Cette situation dura depuis le moment où l'on avait prononcé ces mots : « nous n'en voulons plus », c'est-à-dire de la fin[3] du mois de cha'bân au commencement du mois de ramadan. A ce moment, le cadi, les notaires et les panégyristes vinrent pour procéder, selon la coutume, à la lecture du *Ṣaḥîḥ* de El-Bokhâri et allèrent à cet effet dans la maison du pacha. Mais, à la fin du mois, le caïd Bâ-Ḥaddou s'étant rendu à Sankoré auprès du cadi Seyyid-Aḥmed[4], lui interdit de continuer cette lecture de El-Bokhâri et de se rendre dorénavant dans la maison du pacha, celui-ci étant, lui dit-il, déposé. Dès lors on s'abstint d'aller à la maison du pacha, chacun resta chez soi et le pacha cessa de tenir conseil, de jouir de ses prérogatives[5] et de faire acte de gouvernement,

1. La rédaction de ce paragraphe et des deux paragraphes suivants est des plus confuses. Il semble que la lecture de El-Bokhâri n'était qu'un prétexte; en réalité on trouvait mauvais que le pacha ne résidât pas dans la casbah où il se trouvait mieux sous la dépendance immédiate des troupes.

2. C'est la formule que l'on emploie d'ordinaire quand on s'adresse à une autorité quelconque.

3. Ou plus exactement : « des derniers jours ». La formule : « nous n'en voulons plus » était celle prononcée pour la déposition des parties.

4. La lecture de El-Bokhâri n'était pas nécessairement faite par le cadi.

5. Le mot تناكث que l'on trouve à plusieurs reprises, semble être formé du

car il était bien évident à ce moment qu'il était déposé. Son élévation au pouvoir avait duré cinq mois.

Quelques années après, le lundi, 15 du mois de redjeb l'unique de l'année 1128 (5 juillet 1716), Manṣour fut de nouveau élu pacha en remplacement du caïd 'Abdallah-ben-El-Ḥâdj-El-'Imrâni[1]. Il se montra un souverain si redoutable que personne n'osait plus seulement remuer la tête en sa présence. Il fut élu à la suite de graves désordres et il n'arriva au pouvoir qu'après avoir usé de ruse, de promesses d'argent, de serments et de perfidie envers bon nombre de gens qu'il réussit à acheter[2].

Une fois en possession de l'autorité, il ne trouva plus personne pour la lui contester ou lui faire opposition. Il en usa durement envers ses subordonnés et ceux-ci se trouvèrent désormais dans une situation misérable, abjecte et avilie. Ils cessèrent de pouvoir se procurer leurs profits habituels, la porte des abus leur fut fermée et ils n'eurent plus la ressource de remplir leurs coffres des sommes qu'ils percevaient sur la terre ou sur le Fleuve à titres de « coutumes »[3]. Sauf quelques grands personnages, chacun dut se contenter de ce qui lui était attribué bénévolement comme traitement, indemnité de vivres ou cadeaux.

Cette époque ne fut pas très prospère (١٨); il n'y eut ni récoltes plantureuses, ni abondance de vivres. La seule chose qui fut très florissante ce furent les abus de pouvoir, en sorte que rien ne fut rare[4] dans ce genre sous son pachalik, pas même les exactions et les avanies.

mot باشا suivant un procédé étranger à la langue arabe. Il signifie les fonctions et prérogatives du pacha.

1. Le nom complet de ce pacha était, ainsi qu'on le verra plus loin : 'Abdallah-ben-El-Hâdj-ben-Sa'îd-El-'Imrâni.

2. La phrase est loin d'être claire en arabe.

3. C'est-à-dire : péages, redevances coutumières, cadeaux, etc.

4. L'auteur aurait pu dire plus simplement : Il n'y eut ni disette, ni abondance de vivres et les abus seuls furent très florissants.

Les abus et les misères, à ce moment, furent surtout dus aux esclaves noirs du pacha; ils harcelèrent les populations de leurs pillages, de leurs déprédations, de leur tyrannie, et cela nuit et jour. Personne n'avait été nommé aux fonctions de ḥâkem, ni à celle de sultan[1] de Kabara. Ce fut un des esclaves noirs qui, de concert avec El-Mordo-ben-'Ammâr, gouverna Kabara, tandis que l'office de ḥâkem était rempli par Moḥammed-Sorgho[2]-ben-El-Mobârek-Boubo-El-Fâsi, qui n'avait pas été investi régulièrement de cette autorité[3].

Cette anarchie s'étendit de tous côtés : à l'est, à l'ouest, au nord, au sud, sur terre, sur le Fleuve, ainsi que dans les villes, villages et îles de toute la région du Tekrour qui se trouvaient au pouvoir des Marocains, des frontières du pays de Kikoï à celles du territoire de Dienné. Cela s'étendait même à la ville de Araouân dont le lieutenant-général comme aussi le Koronkoï-Farma furent contraints de remettre aux esclaves noirs jusqu'à des paquets de poisson sec, redevance qui, d'ordinaire, était perçue par le chef des écuries, jamais par le pacha lui-même. De même pour le kharadj, la dîme du mil[4], etc. que les gens de Bokoubîr[5], de la région de Benka, devaient payer aux conseillers du pacha, c'était encore le pacha lui-même qui s'attribuait ces impôts. S'il arrivait que quelque village du Kîso ou tout autre bourg eût à payer le prix du sang, c'était toujours le pacha qui s'en emparait. Ainsi faisait-il encore quand une succession vacante ou quelque chose d'analogue devait échoir au domaine public. La cupidité du pacha s'exerçait également à l'égard de toute succession sur laquelle un soldat marocain avait un

1. Ce mot « sultan » signifie souvent « gouverneur », « chef d'une ville ou d'un district », ici par exemple.

2. C'est l'orthographe donnée plus loin, car ici le mot est sans voyelles.

3. Les esclaves noirs ou *legha* trafiquaient de ces situations.

4. Ce mil était appelé dans le pays *kanaï*.

5. La première partie du mot est surchargée en sorte que la lecture en est un peu douteuse.

droit, soit du fait de sa femme, soit pour la restitution d'un dépôt[1]; rien de cette succession n'était laissé au soldat.

S'il agissait ainsi c'est ce que Dieu lui avait donné force, pouvoir et domination sur ses soldats et qu'il voulait se venger d'eux et de toute la population[2]. Quand un esclave noir insultait par une expression malsonnante un soldat ou une personne quelconque, c'était la victime qui était frappée, ou l'un de ses parents; on lui extorquait une partie de ses biens et elle ne pouvait se plaindre au pacha (١٩), car celui-ci, quand il recevait une plainte contre un de ses esclaves, se gardait bien de lui en parler ou de lui défendre de recommencer ses méfaits, que le plaignant fût un jurisconsulte ou un chérif; à plus forte raison quand ce n'était qu'un simple soldat.

Tous ces abus provenaient du désir qu'avait le pacha de se venger des misères que lui avait fait endurer l'armée autrefois, misères dont le souvenir s'était à jamais gravé dans sa mémoire. On nous a raconté, en effet, que les soldats l'avaient humilié et insulté et qu'ils étaient même allés jusqu'à le frapper. Aussi, depuis ce moment, avait-il résolu de les humilier à son tour et de tirer vengeance des affronts qu'ils lui avaient fait subir. Dans toute sa façon d'agir à leur égard, il n'avait d'autre préoccupation que de satisfaire sa rancune. De là la conduite qu'il tint envers ses soldats et qui s'étendit à tous les musulmans sans exception. Dieu nous préserve de vivre sous un pareil régime!

Non content d'avoir enlevé toute autorité à ceux qui en étaient les dépositaires, il ne laissa à personne la libre jouissance de ses biens. Ce fut au point que personne n'était, en

1. Le dépôt n'entre jamais dans l'actif d'une succession puisqu'il reste toujours la propriété du déposant. C'est pour cela que l'auteur cite ce fait comme constituant un abus des plus graves de la part du pacha.

2. On trouvera plus loin, à la biographie de 'Abdallah-ben-El-Ḥâdj-ben-Sa'îd les raisons qu'il avait d'être irrité contre l'armée et la population.

réalité, maître de ses esclaves mâles ou femelles et tout cela à cause de ses esclaves noirs appelés *legha*[1]. Chaque fois qu'un homme ou une femme esclave abandonnait le toit de son maître, c'était toujours dans la maison de ces legha que le fuyard trouvait asile et jamais le legha, à qui on venait réclamer un esclave en fuite, que celui-ci fût mâle ou femelle, ne le rendait à son légitime propriétaire.

Le nom du pacha se répandit à l'est comme à l'ouest; il dépassa en renom celui de tous les autres personnages à tel point qu'à cette époque on n'entendait citer d'autre nom que le sien ou celui de ses esclaves noirs. Une ou deux fois, il reçut un messager porteur de lettres de félicitations ou de compliments envoyés par le sultan. Dans ces lettres il n'était question que de lui[2] et nulle mention n'était faite des caïds, des lieutenants-généraux ou de l'armée. Il renvoya ensuite ces messagers avec des cadeaux pour le sultan.

L'influence du pacha, sa puissance, son autorité et son prestige allèrent sans cesse en croissant. Au cours de son pachalik il amassa des richesses considérables et il eut en réserve d'immenses approvisionnements des objets qu'il recevait à titre de redevance. Quelle que fût la chose qu'il désirât il la trouvait emmagasinée dans sa propre demeure.

C'est ainsi qu'il avait chez lui, de l'or, de l'argent, des pépites d'or (*ofiouz*)[3], du drap, du linge, des peaux tannées

1. Ce nom de *legha* est sans doute d'origine soudanaise. Cette institution des esclaves noirs paraît empruntée à l'organisation imaginée à cette époque au Maroc par Maulaï Isma'il, qui s'était formé une garde noire à l'aide d'esclaves amenés du Soudan.

2. A cette époque le pacha était en réalité tout à fait indépendant de la cour marocaine qui n'intervenait en aucune façon dans son élection. Le gouvernement marocain n'avait donc plus à avoir de relations avec les fonctionnaires du Soudan. Toutefois il cherchait à laisser croire que le pacha était son vassal et son subordonné et c'est pourquoi de temps à autre il lui envoyait des messages. Le cadeau que le pacha envoyait dans ces circonstances pouvait être considéré comme un tribut.

3. Le ms. porte nettement عفيوز qui m'avait paru d'abord être une altération

rouges et jaunes, des baudriers de sabre, des broderies d'or[1]; des cauris blancs en nombre considérable, de grands vases (٢٠) en cuivre jaune et rouge, du fer, du plomb; des armes de toutes sortes : fusils, sabres, arcs, carquois et javelots[2]; des outils et ustensiles de ménage de toute nature : pioches, pelles, mortiers avec pilons, marmites et peaux de bœufs[3] en grand nombre; du poisson sec, des vivres de toute sorte : blé, riz blanc et non décortiqué, bechna[4] et kanaï en grande quantité; des coussins, des grands tapis, des nattes et même des chaussures faites de peau de bœuf battue et amincie. Enfin il y avait là des ballots en nombre considérable.

On trouvait également dans la demeure du pacha des chevaux, des mulets, des ânes, des chameaux, des bœufs et des moutons. Dix chevaux bais étaient constamment attachés au piquet[5] dans la cour de sa maison. Tout ce que, selon la coutume, on conduisait[6] devant lui lorsqu'il se rendait à cheval aux réjouissances qui avaient lieu sur le mosalla le jour d'une grande fête et le septième jour suivant[7], devenait sa propriété personnelle, chose que ses collègues faisaient rarement à cette époque[8]. Pour donner une idée de ce qu'il

de عفيون; mais cette leçon ne saurait guère convenir. Aussi ai-je traduit par « pépites d'or », en lisant عقيان.

1. D'après le ms. il faudrait lire مجدود ou مجرود, mots qui ne donneraient pas un sens approprié. J'ai traduit comme s'il y avait مجبوذ, forme vulgaire de مجذوب nom donné au fil d'or et aux broderies en or fin sur cuir ou sur étoffes.

2. Ou « lances ».

3. Ces peaux de bœufs étant rangées parmi les articles de ménage, il faut entendre par là des outres.

4. Le bechna est fort commun en Algérie; c'est une espèce de sorgho. Quant au kanaï, cela paraît être une variété du mil ou du sorgho.

5. Ces dix chevaux étaient ceux spécialement affectés à l'usage personnel du pacha.

6. A l'occasion des fêtes il était d'usage d'offrir des cadeaux que l'on exhibait dans le cortège; ces cadeaux consistaient en objets et en animaux.

7. Chez les musulmans le septième jour d'une fête est également férié.

8. Il était d'usage que le pacha distribuât à son entourage tout ou partie des cadeaux qu'il recevait. Comme on le voit, Mansour ne se conformait point à cette tradition.

recevait il suffira de rappeler la quantité d'or que le caïd Bâ-Ḥaddou dut faire transporter chez le pacha lorsqu'il fut exilé : il y en avait pour la valeur de 12.000 mitsqâl. Or à cette époque personne n'avait 4.000 mîtsqâl d'or en sa possession.

Manṣour prenait tout ce que ses fonctionnaires percevaient à titre de redevance, péage, coutume, droit de drapeau[1], et il agit ainsi dès le jour où il fut élevé au pouvoir. Quant aux fonctionnaires, ils ne recevaient rien de tout cela et le pacha n'en donnait que ce qu'il voulait à ceux d'entre eux qu'il affectionnait plus particulièrement.

Aucun de ceux qui, sous son pachalik, occupèrent des fonctions[2] de lieutenants-généraux ne fut nommé par lui. Ainsi le lieutenant-général Yaḥya-El-Hindi était déjà, avant l'avènement du pacha, lieutenant-général des gens de Fez[3], le lieutenant-général Aḥmed, fils du caïd Bâ-Ḥaddou-ben-Sâlem, était également à la tête des gens de Merrâkech avant cette époque; de même encore le lieutenant-général Mohammed, fils du caïd Ben-Ibrahîm-ben-Ḥassoun, était lieutenant-général de la garde[4] ainsi que son frère, déjà nommé, Bâbâ-Seyyid, fils du caïd Senîber; tous avaient été investis de leurs fonctions antérieurement à l'avènement du pacha. Manṣour avait donc trouvé tous ces personnages en place et il ne fit d'autre nomination de ce genre que celle du lieutenant-général El-Mobârek, fils du caïd Bâkarna, qu'il éleva

1. Le texte porte simplement « les étendards », sans spécifier de quelle sorte de redevance il s'agissait.

2. Le mot traduit par « fonctions » est écrit الموضاة dans le ms. Je suppose que c'est la forme altérée de الموضعات avec substitution de l'alif au ع, substitution fréquente au Soudan.

3. C'est-à-dire de la division de Fez. On a vu plus haut (p. 25, note 2) que les troupes étaient partagées en trois fractions principales.

4. Comme on l'a vu plus haut (p. 21, note 4), la garde ou دائرة *daïra* faisait office de maréchaussée et de courrier.

au poste de lieutenant-général des gens des Cherâga[1].

Il nomma (٢١) à la garde du chemin du port son fils, Seyyid 'Ali, afin qu'il en perçût tous les droits. Il aurait redouté de nommer tout autre à ces fonctions[2]. Or, selon la tradition, cette surveillance revenait au ḥâkem. Le ḥâkem 'Azrâ devint donc ainsi le subordonné de Seyyid 'Ali. Quant à Moḥammed-Sorgho il n'avait aucune autorité de ce genre, car il ne s'occupait que de certaines parties des fonctions de hâkem. C'était donc en réalité le fils du pacha Seyyid 'Ali qui exerçait la plupart des attributions du ḥâkem, celle de surveillant du port, par exemple, et d'autres du même genre.

Manṣour pratiqua le premier un certain nombre de choses nouvelles : par exemple, il appliqua la peine de la bastonnade à des personnages dont la situation ne comportait pas un pareil traitement. C'est ainsi qu'il fit frapper El-Fa'-'Abdallah, fils du jurisconsulte, de l'imam Ibrâhîm-ben-Moḥammed-Ouankorba[3], et le chef des âniers, l''Ara-Koï Bilâl, fils de l'Ara-Koï Mousa. Il fit, dit-on, donner le fouet à ce dernier et à plus forte raison en fit-il autant pour les simples âniers qui étaient dans une situation moins élevée. Chaque jour il en agissait ainsi à leur égard.

Enfin il lui arriva l'aventure suivante : un jour qu'il se trouvait sur le chemin du port, il s'emporta contre un des âniers et donna l'ordre à ses esclaves noirs de le saisir ; mais celui-ci réussit à leur échapper et alla se réfugier dans le mausolée du saint de Dieu, le très-haut, du jurisconsulte Aḥmed-Mo'yâ. Les esclaves abandonnèrent alors le fugitif

1. Le texte porte « Cherâg » ; mais il est bien évident qu'il faut lire « Cherâga ». Les Soudanais omettent volontiers le ة qu'ils ne distinguent pas de la voyelle *a* ordinaire, laquelle ne s'écrit pas habituellement.

2. Ce passage eût été incompréhensible s'il n'avait été légèrement développé. Mot à mot il y a : « Il nomma au chemin du port son fils Seyyid 'Ali, afin de percevoir ce qui sortirait de lui, à cause de sa crainte ».

3. Le mot est sans voyelle dans le ms. ; la lecture en est par suite incertaine.

dans son asile, n'osant point pénétrer eux-mêmes dans le sanctuaire. Un instant après Seyyid 'Ali arriva à son tour en cet endroit et menaça les esclaves de sa colère s'ils ne pénétraient pas dans le mausolée. Ils y pénétrèrent donc, saisirent le fugitif et essayèrent de l'entraîner de force; celui-ci accrocha sa main à un des pieds du catafalque, mais en le tirant les esclaves brisèrent à la fois et la main de l'ânier et le pied du catafalque. On entraîna ensuite le fugitif au dehors et là on le frappa.

A peine peu de jours s'étaient-ils écoulés depuis cet événement que Seyyid 'Ali se cassa la jambe pendant qu'il était sur la route de Kerân. Son cheval s'étant cabré, Seyyid 'Ali tomba sur le sol les pieds engagés dans les étriers; il demeura ainsi suspendu, tandis que le cheval s'emportait. Enfin il resta sur le sol et en réchappa grâce à la toute-puissance de Dieu[1]. On le transporta alors dans sa maison souffrant et il ne sortit plus de chez lui sauf le jour où le pacha fut chassé de la ville; ce dernier vint alors se présenter à la porte de sa maison avec ses chevaux; il fit charger son fils sur un cheval et l'emmena avec lui, abandonnant dans sa demeure toutes les richesses dont elle était remplie[2].

Durant son passage actuel au pouvoir, le pacha Manṣour entreprit trois expéditions : pendant la première de ces expéditions dirigée sur Bara, il attaqua Deba, ville des païens de Bambara, dans les conditions suivantes. Comme son armée était arrivée près de la ville de Deba, le caïd 'Ali, fils du lieutenant-général Sa'ìd-ben-Yaḥya, lui demanda d'en combattre les habitants, de fondre sur eux (٢٢) et de les expulser de cet endroit parce qu'ils l'incommodaient, lui le caïd

1. Le copiste avait oublié une partie de la phrase qui a été rétablie en marge par une autre personne. Malgré cette restitution le sens n'est pas encore bien net, si l'on s'en tient au texte.

2. La confusion produite par les pronoms est telle que l'on n'est pas sûr du sens.

'Ali, dont la ville nommée Arkora[1] était voisine de là. Telles étaient les raisons pour lesquelles le caïd demandait au pacha de chasser les gens de Deba. Le pacha répondit que les musulmans n'avaient le droit de combattre les païens qu'après leur avoir proposé d'embrasser l'islamisme ou de payer l'impôt de capitation[2]; ce n'était que dans le cas où les païens refuseraient de souscrire à l'une de ces propositions qu'il serait de son devoir de les combattre et alors, ajoutait-il, je les combattrai et les exterminerai jusqu'au dernier, s'il plaît à Dieu.

Le pacha Manṣour était un homme instruit, habile, saisissant vite les choses et ayant toujours une réponse prête. Très éloquent, il parlait la langue arabe d'une façon remarquable au point qu'il était plus disert que bien des Arabes. Il fréquentait volontiers les Arabes, allait chez eux dans leurs tentes et souvent il avait pris femme parmi eux[3]. Quand il voyait un savant il le traitait avec les plus grands honneurs et lui posait nombre de questions juridiques. Il en agissait de même avec les ṭâleb auxquels il adressait aussi des questions et demandait l'interprétation de choses énigmatiques. Il ne les quittait qu'après s'être rendu compte de leur valeur scientifique et du degré de leur instruction. Quand l'un d'eux restait court sans pouvoir répondre, il s'en moquait et faisait parade de sa propre science.

Manṣour avait passé de longues heures à étudier sous la direction des jurisconsultes[4]; il fréquentait les ṭâleb pour

1. L'orthographe du nom de cette localité est donnée de deux façons différentes : Arkora et Arkoza.

2. La loi musulmane relative au *djihâd* interdit d'attaquer un peuple païen avant de l'avoir sommé au préalable, ou d'embrasser l'islamisme, ou de payer un impôt de capitation.

3. La lecture de ce passage n'est pas certaine.

4. Le mot فقيه traduit par « jurisconsulte » signifie aussi au Maroc et dans l'ouest de l'Algérie tout homme instruit ou même habile dans une profession

étudier et s'instruire et cela avant qu'il ne fût arrivé au pouvoir. A cette époque, il prétendait qu'il ne voulait en rien avoir affaire avec les soldats, qu'il rejetait leur fréquentation pour s'en tenir uniquement à la société des savants; c'était au point qu'on l'avait surnommé zâouï[1]-pacha et cette existence dura des années. Plus tard, comme les soldats qui nommaient le pacha l'avaient déposé secrètement, Manṣour, qui avait eu connaissance de ce fait, revint au milieu d'eux et c'est alors qu'il fut nommé pacha pour la première fois, ainsi que cela a été dit plus haut. Ensuite, la conduite qu'il tint à l'égard des soldats qui l'avaient nommé pacha, l'avait fait déposer secrètement, puis il avait été de nouveau élu au pouvoir et c'est de cette période dont nous parlons.

Pour en revenir à l'achèvement du récit commencé plus haut, nous dirons que, pendant le séjour[2] qu'il fit à ce moment à Deba, le pacha n'accéda pas au désir du caïd ʿAli qui ne l'avait fait venir là qu'à cause du préjudice[3] que causaient les habitants de Deba à la ville de Arkora; il avait donc demandé au pacha de ruiner Deba par surprise. Mais le pacha n'en usa pas ainsi; il envoya le Bara-Koï aux habitants de Deba pour les engager à embrasser l'islamisme ou, à défaut de leur conversion, à payer la capitation. « Nous acceptons votre proposition, répondirent ceux-ci à l'envoyé du pacha; nous nous soumettons à l'autorité de Dieu d'abord, à celle de l'askia ensuite et, enfin, à celle du pacha. Si vous

manuelle. Toutefois on s'en sert plus souvent pour désigner les théologiens, jurisconsultes et grammairiens.

1. Le ms. porte ظاوي, qui serait pour ضاوى « éclairé »; mais je lis زاوي; qui signifie « séminariste », « étudiant », et alors le surnom voudrait dire : « pacha-séminariste », « pacha-étudiant ». La zaouïa, d'où est formé le mot *zaouï*, est, comme on le sait, une sorte de séminaire ou de couvent servant à la fois de collège et d'asile pour les malheureux.

2. Le pacha n'était pas à Deba même, mais seulement près de cette localité.

3. Le préjudice, dont on veut parler, était plus exactement la rivalité commerciale des deux localités dont il est question.

nous donnez l'ordre de vous remettre tout ce que nous possédons, nous le ferons sur l'heure » (٢٢). Telle fut la réponse faite par les gens de Deba à l'envoyé du pacha. Cet envoyé, qui était le Bara-Koï, dont il vient d'être question, s'en retournait auprès du pacha pour lui rendre compte du résultat de son message, lorsque le caïd ʿAli vint au-devant lui, le rejoignit en route avant qu'il ne fût de retour auprès du pacha et lui demanda ce qu'avaient répondu les gens de Deba.

Comme le Bara-Koï lui répétait les paroles qui ont été rapportées plus haut, le caïd ʿAli lui demanda de ne point les transmettre ainsi. « Il faut, ajouta-t-il, que tu lui dises les choses les plus désagréables au nom des gens de Deba et que tu transformes leur discours de la manière que voici : « Le chef de Deba m'a chargé de vous faire en son nom la « réponse suivante : Si tu es un homme, moi aussi je suis « un homme comme toi. Si tu as des hommes avec toi, moi « aussi j'ai des hommes avec moi ; si tu as des fusils, moi « j'ai un arc et des flèches empoisonnées. Par Dieu, nous ne « te donnerons absolument rien. »

Le Bara-Koï se rendit auprès du pacha et lui répéta mot pour mot ce que le caïd ʿAli l'avait engagé à dire sans rapporter la véritable réponse des gens de Deba dont le pacha n'eut jamais connaissance. Celui-ci, d'ailleurs, n'était pas parti en campagne contre les gens de Deba tout d'abord ; son expédition était dirigée contre les gens de Doboro ; mais le caïd ʿAli était allé trouver ceux-ci et, après plusieurs démarches, pour réconcilier les gens de Doboro avec le pacha, il avait réussi à obtenir cette réconciliation, grâce à ses efforts personnels. Les gens de Doboro avaient donné au pacha, par l'entremise du caïd ʿAli, quarante chevaux, quarante esclaves[1] et cent vaches. C'est ainsi que le caïd

1. Mot à mot : « serviteurs ».

avait conjuré l'orage qui menaçait les gens de Doboro et avait tourné la colère du pacha contre les gens de Deba.

Dès qu'il eut entendu les paroles que lui rapporta son envoyé, le Bara-Koï, le pacha donna l'ordre de distribuer de la poudre et réunissant ses soldats il leur enjoignit d'attaquer aussitôt la ville de Deba; ceux-ci, en un clin d'œil, entourèrent la ville de tous côtés et l'emportèrent d'assaut; ils détruisirent toutes les maisons, massacrèrent hommes et femmes, et emmenèrent en captivité les enfants et quelques femmes. Dieu seul sait le chiffre exact de ceux qui furent tués ce jour-là et la ville devint déserte. Dieu a dit dans le Coran : « ... Tu aurais vu alors le peuple gisant sur le sol pareil à des troncs de palmiers évidés[1] » ; et le Prophète, en parlant de l'histoire des Adites : « ils pillèrent toutes leurs richesses. »

L'armée du pacha, dans cette affaire, ne perdit que six hommes; deux d'entre eux appartenaient à la division de Fez : Sa'îd-ben-El-Ḥâdj-El-'Imrâni, le frère du caïd 'Abdallah-ben-El-Ḥâdj et l'odabâchi[2] Mousa; deux appartenaient à la division de Merrâkech : 'Abderraḥman, fils (٢٤) du lieutenant-général Abâ-ben-El-Ḥâdj et le bachouṭ Moḥammed-El-'Ankebout; enfin deux appartenaient à la division des Cherâga : Ghanber-El-Aṭrech et le caïd Ben-Nâṣer-Idji. En somme le nombre des morts, à ce que l'on assure, fut au total de quatorze personnes; mais, en dehors des six personnes qui viennent d'être nommées, tout le reste ne comprenait que des gens de la basse classe et des esclaves.

Le pacha en quittant Tombouctou à la tête de ses troupes pour cette expédition s'était rendu au port de Koronzofiya[3]

1. *Coran*, sourate LXIX, verset 7. Les paroles qui suivent et qui sont attribuées au Prophète font partie d'un hadits.
2. Mot turc signifiant : capitaine.
3. Ce mot est tantôt écrit Koronzofiya et Korondzofiya.

au mois de rebi' II de l'année 1129 (15-mars-13 avril 1717). Après avoir séjourné en cet endroit et y avoir pris quelques jours de repos, il s'était remis en marche et il était de retour à Tombouctou à la fin du mois vénéré de ramadan. Son entrée dans cette ville eut lieu le 27 du mois précité (4 septembre) et, selon l'usage, il fit le tour de la ville[1]. Grâce au Ciel il était revenu sain et sauf et chargé de butin.

Vers cette époque, avant qu'on se mît en marche pour cette expédition et alors que les préparatifs n'en étaient pas terminés, les Touareg Tadmekket volèrent les chevaux du pacha; ils profitèrent de la nuit pour s'avancer jusqu'à la partie extérieure de la casbah, puis franchissant les murs de la citadelle ils pénétrèrent à l'intérieur, ouvrirent la porte, détachèrent deux chevaux dans les écuries et réussirent à sortir et à emmener ces animaux sans que personne s'en aperçût avant qu'il fît jour.

Les montures volées étaient deux chevaux de selle du pacha; chacun connaissait ces magnifiques bêtes ayant étoile au front et balzanes, admirables de formes et superbes d'aspect. Le pacha fut vivement affecté de ce larcin qui lui causait un préjudice et une sorte de déconsidération[2]; des hommes furent expédiés pour les réclamer de bon gré et les lui ramenèrent plus tard; mais les Touareg leur ayant fait saillir toutes leurs juments, ces chevaux n'avaient plus la moindre force. Ce fut à cause de ce fait que le pacha fit une expédition contre les Touareg.

L'expédition contre Kaokao fut entreprise ensuite. Le pacha se mit en marche à la tête de ses troupes et quitta Tombouctou le lundi, 4 du mois brillant de cha'bân de l'an-

1. Il était d'usage, au retour de chaque expédition, de faire une sorte de promenade triomphale autour de la ville.

2. Les Touareg montrant ainsi qu'ils n'avaient aucun respect pour la personne du pacha et le tournant en dérision aux yeux de ses administrés.

née 1130 (3 juillet 1718). Les troupes ayant reçu leur solde se mirent en route par terre pour se rendre à Kâgho. Après avoir accompli là ce qu'il y fit, le pacha se dirigea du côté des Touareg Tadmekket; il les pourchassa vivement, mais ceux-ci fuyant devant lui, on ne put leur prendre qu'un petit nombre d'animaux et on ne fit qu'un maigre butin des objets qu'ils abandonnaient dans leur fuite. La poursuite se continua jusqu'à Adâgh, les Touareg fuyant toujours à toute vitesse devant le pacha qui, ne réussissant pas à les joindre, revint sur ses pas. Le retour à Tombouctou eut lieu au mois vénéré de ramadan (٢٥) de cette année et l'on y arriva le jour de la rupture du jeûne (28 août).

L'armée revenait saine et sauve, mais sans butin. Aussi crut-on que le pacha n'avait pas voulu atteindre l'ennemi, afin qu'on ne lui pût point enlever ses troupeaux[1]. Cette opinion, émise par certaines personnes, n'était en aucune façon exacte : le pacha avait seulement considéré que ses troupes n'étaient pas en état de résister et de combattre avec succès les Touareg et c'est pour cela qu'il n'avait pas voulu les atteindre, craignant que l'armée ne fût défaite pendant qu'il était au pouvoir et qu'il ne lui arrivât ce qui devait advenir à son frère Ḥammedi à Toghaï. C'était comme une sorte de pressentiment.

On rapporte que le pacha raconta lui-même quelque chose d'analogue et qu'il se serait alors exprimé ainsi : « J'ai entendu des sages vieillards dire que, dans un temps éloigné, un des petit-fils du pacha Mesa'oud-ben-Manṣour se mettrait en marche à la tête d'une armée, que ce petit-fils, alors pacha, ferait une expédition contre les Tadmekket; qu'une rencontre aurait lieu et qu'à la suite de ce combat les Touareg met-

1. Les troupeaux formaient l'unique richesse des Touareg. Le pacha craignait en les lui enlevant d'exaspérer la tribu qu'il pourchassait et d'ameuter par suite les autres Touareg contre lui.

traient en fuite l'armée du pacha après l'avoir vaincue et lui avoir infligé une honteuse défaite; qu'un grand nombre de soldats du pacha périraient dans cette rencontre en sorte qu'ils seraient exterminés presque tous jusqu'au dernier; enfin que les Touareg tueraient le pacha. J'ai craint d'être moi-même le pacha auquel faisait allusion ce discours. »

En entendant ces paroles, le caïd Nâṣir, fils du caïd ʿAbd-allah-ben-Nâṣir Ed-Deraʿi, dit au pacha : « Ce que tu viens de rapporter pour l'avoir entendu toi-même est exact. Toutefois, ce n'est pas toi le pacha auquel il est fait allusion, mais quelqu'un qui est dans ta maison, un de tes frères, et cela se passera à une époque à laquelle ni toi, ni moi ne serons présents. » Cependant quelques-uns prétendent que ces paroles du pacha ne furent prononcées qu'au sujet de l'expédition contre Anasa, la troisième expédition qu'il entreprit dans la région de l'ouest.

Pendant que le pacha était en route vers Koronzofiya[1], à la tête de ses troupes et avant qu'il n'eût encore procédé à son départ pour l'expédition[2], il nomma El-Mokhtâr-ben-Chems à la dignité d'askia et l'emmena avec lui dans son armée.

La troisième expédition du pacha fut dirigée du côté de l'ouest vers Ras-el-Ma, où se trouvait Anasa-ben-Chenbekfi-Et-Targui. Celui-ci prit la fuite avec tous les Touareg qu'il avait avec lui et décampa devant le pacha qui ne put l'atteindre. Malgré le petit nombre de ses soldats, le pacha avait fait environ quarante prisonniers qu'il laissa au camp avec les Touareg Ouldi-ʿAlân[3] qu'il avait avec lui. On rapporte

1. Le mot est orthographié ainsi كرن ظفى ; mais il s'agit bien de la localité indiquée un peu plus haut.

2. C'est-à-dire que le vrai départ de l'expédition n'avait commencé qu'à Koronzofiya qui n'était qu'un point de concentration des troupes. C'est dans cette dernière localité qu'on avait décidé définitivement la campagne qu'on allait entreprendre.

3. Tout ce passage est si mal rédigé qu'il est impossible d'être sûr du sens.

que le pacha avait ainsi exprimé son opinion dans une conversation : « Une expédition contre les Touareg ne doit être faite avec les soldats marocains qu'autant que ceux-ci se seront adjoints neuf dixièmes de Touareg (٢٦), en sorte que l'effectif des soldats réguliers ne soit que d'un dixième ; alors tout Touareg qui fera une action d'éclat n'en aura pas le mérite qui reviendra seulement aux soldats réguliers. » Aussi chaque fois qu'il se mettait en marche pour une expédition, le pacha convoquait toutes les tribus touareg moins celle qu'il combattait[1] et il emmenait avec lui des tribus telles que les Foulâni, les Touareg Ouldi-'Alân, des Arabes, des Bambara, etc., c'est-à-dire tous ceux qui lui étaient fidèles.

Le pacha revint ensuite ramenant avec lui les Ouldi-'Alân. On avait fait un butin plus considérable que celui rapporté de l'expédition contre Oghmor. Ce butin consistait en vaches, moutons, esclaves mâles et femelles. Toutefois on n'avait pas réussi à atteindre l'ennemi en personne. Je n'ai trouvé aucune indication sur le nom donné à la colonne[2], non plus que sur le quantième en mois et en jour de la date du retour de cette expédition; je sais seulement qu'elle eut lieu en l'année 1131 (24 novembre 1718-14 novembre 1719).

Les legha du pacha opprimaient les musulmans et les dépouillaient de leurs biens en pleine rue quand ils les y rencontraient. La nuit ils perçaient les murs des maisons et chaque jour la population avait à subir de nouveaux méfaits de leur part : actions ignobles de toute sorte, procédés tyranniques abominables, dommages matériels, avanies et molestations indiscutables[3]. Ils allaient jusqu'à détrousser sur

1. Le texte dit : « moins une tribu ».
2. On a vu plus haut que chaque colonne expéditionnaire prenait un nom particulier.
3. C'est-à-dire : constituant d'une manière indiscutable des infractions à la loi musulmane.

la route tous ceux qui se rendaient au marché ou à la mosquée. Nul ne passait devant eux, allant au marché, sans être dévalisé et quiconque se rendait à la mosquée pour y faire sa prière était sûr d'être dépouillé de ce qu'il portait sur lui. Ce fut au point que personne, à cause d'eux, ne put plus assister à l'office du vendredi. Pour les prières de l'acha et du maghreb, chacun les faisait dans sa maison[1], renonçant par crainte de ces legha à faire, dans la mosquée, les prières de l'acha, du maghreb et de l'aube.

On ne pouvait plus fréquenter les rues ou les routes si l'on tenait quelque vase à la main, si l'on portait dans son vêtement une bourse, ou dans sa manche[2] quelques cauris ou n'importe quel objet, car aussitôt on était en un clin d'œil dépouillé de toutes ces choses. Personne n'était épargné : ni l'homme de la plus haute noblesse, ni le personnage le plus honorable, ni celui dont la beauté faisait sensation, ni celui qui se distinguait par sa bienfaisance et sa piété. Les legha ne faisaient aucune distinction et ne s'inquiétaient pas de regarder la figure des gens qui étaient tous égaux à leurs yeux pour ce qu'ils voulaient leur faire. Ils ne se disaient jamais : « Voilà un personnage tel qu'on ne saurait lui infliger un affront (٢٧), lui faire une avanie ou l'injurier. » Tout au contraire ils invectivaient grossièrement tout le monde, que ce fût un chérif ou un jurisconsulte, à plus forte raison quand c'était un simple soldat.

En somme ils ne respectaient pas les personnes les plus honorables et humiliaient quiconque jouissait de quelque considération. Ils étaient violents, turbulents, commettant sur terre toute sorte de méfaits. Ils pénétraient dans les

1. Le musulman n'est tenu de faire à la mosquée que la prière solennelle du vendredi. Cependant il est de bon ton de faire le plus possible ses prières à la mosquée.

2. La manche joue souvent le rôle de poche.

maisons des saints et des hommes pieux; ils leur manquaient d'égard jusque chez eux et les outrageaient dans leurs propres demeures. Ainsi agirent-ils dans les maisons des enfants de Sidi Maḥmoud, dans celles des petit-fils de Sidi Aḥmed-Bâbâ et dans d'autres du même genre qui se trouvaient dans la ville. Ils y accomplirent des actes ignobles de tyrannie et de pillage. Dieu nous préserve de telles choses!

Une certaine nuit, ils avaient pénétré, pour y voler, dans la maison de El-Faʿ-ʿAbdallah, fils du jurisconsulte, le saint Moḥammed-ben-Bâbâ-ʿAbderraḥman-ben-Aḥmed, le modjtahid[1]. Les gens de la maison s'étant réveillés, les legha leur livrèrent combat et leur tuèrent un tout jeune enfant qu'ils foulèrent aux pieds jusqu'à ce que mort s'ensuivit. Un autre jour, ils s'introduisirent dans la maison des enfants de Sidi Aḥmed-Bâbâ et emportèrent tout le mobilier, ustensiles, vases et jusqu'aux titres de propriété de ces maisons[2] qu'ils dévalisèrent toutes à fond en n'y laissant absolument rien.

A cette époque le propriétaire d'une boutique ne pouvait plus l'ouvrir, ni se livrer à son commerce à cause de ces legha. Nul ne pouvait davantage aller par la ville offrir à vendre comestibles ou marchandises sans qu'on les lui prît de force. Cette tyrannie, cette méconnaissance de tous droits, cette arrogance, ces violences, cette oppression, ces dégâts de toute nature, ces actes ignobles et cette spoliation des gens allaient chaque jour grandissant. Cela se passait à toute heure et dans n'importe quel endroit. Le pauvre lui-même n'osait revêtir ses bons vêtements et se contentait de porter de vieilles loques usées, trouées et misérables. Même

1. Le titre de « modjtahid » se donne à tout personnage dont la science est telle qu'il lui est permis d'innover en matière de législation, voire même d'autoriser certaines pratiques religieuses nouvelles, sous la réserve, bien entendu, que rien de tout cela ne sera formellement interdit par le Coran ou la Sonna.

2. On veut parler, sans doute, des rescrits qui avaient conféré à Aḥmed-Bâbâ la propriété des emplacements où il avait établi sa demeure et qui passèrent par voie de succession à ses descendants.

un jour de fête il ne lui était pas loisible de porter un costume fraîchement lavé (٢٧), et tout cela à cause des legha. Car si un pauvre avait quelque vêtement fraîchement lavé ou neuf et qu'il s'avisât de le revêtir un jour, les legha, dès qu'ils l'apercevaient, s'informaient de sa demeure, s'en allaient vers lui la nuit suivante et, s'ils le trouvaient chez lui, ils le lui enlevaient. S'ils ne le rencontraient pas chez lui, ils emportaient tout ce qu'ils trouvaient dans la maison, n'y laissant absolument rien. Puis ils battaient cet individu ainsi que toutes les personnes qui étaient là; ou encore, ils faisaient mettre nues toutes les personnes de la maison, les blessaient à coups de piques et ne laissaient sain et sauf que celui que le Dieu très-haut tirait lui-même du danger.

Ces legha faisaient montre en la ville des choses les plus extraordinaires et les plus extravagantes en matière de tyrannie et de méchantes actions. C'est ainsi qu'ils buvaient du vin ouvertement et publiquement nuit et jour; qu'ils entraient de force dans les maisons des commerçants, leur demandant les objets qu'ils voulaient; si on ne leur donnait pas de plein gré, ils employaient la violence et la contrainte. Impossible à ces victimes de se plaindre au pacha qui entretenait ces esclaves dont l'audace allait jusqu'à frapper les commerçants et à les obliger de décharger de leurs épaules[1] leurs clés quand ils les rencontraient dans la rue.

Un jour El-Mebârr[2]-Bouri-Kendi, connu pour être le chef des legha, soufflleta si violemment El-Ḥâdj-Aḥmed-ben-Djelloul[3] que celui-ci tomba sur le sol; on le traîna par terre ensuite. Enfin, dans les derniers temps, les legha sortaient

1. Les clés sont si volumineuses et si massives qu'elles constituent un véritable fardeau que l'on porte sur les épaules.

2. Le mot « mebarr » transcrit comme un nom propre est peut-être un nom commun signifiant chef en langue soudanaise.

3. Telle est la leçon du ms. 5259, qui paraît préférable à Djeloun ou Djelloun.

le matin et s'installaient sur la route du marché afin d'y guetter tous ceux qui passaient pour s'y rendre. Dès que quelqu'un arrivait devant eux, quel que fût d'ailleurs ce passant, ils se ruaient sur lui et le frappaient avec des fouets qu'ils avaient à la main.

Chaque nuit, ils se réunissaient pour se livrer à leurs ébats et dès qu'ils avaient achevé leur jeux, ils se précipitaient par la ville, volant, pillant et maltraitant tous les musulmans. Ainsi firent-ils nuit et jour dans la ville depuis le moment où ils arrivèrent et encore n'ai-je plus présents à la mémoire bien des méfaits qu'ils commirent.

Tandis qu'ils étaient dans cet état de tyrannie, commettant violences et préjudices, il leur arriva de tuer Maulaï[1]-Hâchem-ben-Maulaï-Aḥmed-Boudi, le frère de Maulaï-'Abdallah-ben-Maulaï-Ḥammedi (٢٩), de Maulaï-Moḥammed et de Maulaï-'Ali, tous issus d'un père commun. Voici dans quelles circonstances ce meurtre fut commis. Maulaï-Hâchem se trouvait un jour présent au moment où les legha, ayant rencontré un pauvre diable porteur d'une charge de bois à brûler, voulurent la lui prendre de vive force. Le malheureux appela alors à son aide le défunt Maulaï-Hâchem, qui s'avança pour lui porter secours et le délivrer des mains de ses agresseurs; mais ceux-ci tuèrent aussitôt Maulaï-Hâchem et s'enfuirent ensuite chez eux.

Cet événement, qui se passa le vendredi, dernier jour du mois de chaouâl de l'année 1131 (15 septembre 1719), fut le dernier des exploits de ces legha et occasionna un conflit entre leur maître et les chérifs dont le principal alors était Maulaï-'Abdallah, le frère aîné de la victime, qui se mit à la tête de la révolte. Dès qu'il apprit le meurtre de son frère, Maulaï-Hâchem, Maulaï-'Abdallah enleva son bonnet[2] de

1. Le fait de tuer un chérif est considéré comme le crime le plus abominable.
2. Prendre la résolution de ne plus porter de coiffure équivaut pour un mu-

sa tête et jura devant Dieu qu'il ne l'y replacerait jamais tant que Dieu n'aurait pas décidé entre lui et le pacha Manṣour. Et il resta en effet le chef nu depuis le moment où son frère avait été tué par les legha jusqu'au jour de la déposition du pacha Manṣour. Alors il remit son bonnet sur sa tête.

Aidé des principaux chérifs, de leurs enfants et de leurs familles, Maulaï-ʿAbdallah prit toutes ses dispositions pour la lutte. Ainsi firent également tous ceux qui avaient quelque grief contre le caïd Manṣour et ses legha. Les principaux chérifs qui étaient là à cette époque étaient, si je ne me trompe : Maulaï-Moḥammed, Maulaï-ʿAli, frère de Maulaï-ʿAbdallah, Maulaï-Moḥammed-ben-Aḥmed, père de Maulaï-Saʿîd, Maulaï-Ḥammedi, Maulaï-Er-Rechîd, Maulaï-Aḥmed-ben-Cherîf, Maulaï-El-ʿArbi et Maulaï-Bou-Beker. Quant à Maulaï-ʿAbderraḥman, un des frères du défunt, il était alors à Dienné et, au moment du meurtre, il ne se trouvait pas à Tombouctou.

Tous les chérifs de lignée authentique ainsi que leurs esclaves, ou pour mieux dire leurs serfs[1], se préparèrent au combat. Des renforts leur arrivèrent, composés de leurs confrères d'Araouân et du Tafilelt[2], et le pacha Manṣour éprouva des craintes sérieuses (٢٠) ; mais il les dissimula et les garda par-devers lui. Cependant un jour que son frère, le conseiller[3] Bâbâ-Monîr, était venu le voir et l'entretenait de la situa-

sulman à celle que prendrait un personnage européen de ne plus porter de chaussures.

1. Mot à mot : « leurs esclaves qui sont leurs harṭâni. » Ce mot harṭâni signifie « affranchi », d'après l'auteur de كتاب الاستقصا لاخبار دول المغرب الاقصى qui donne de ce mot une étymologie fantaisiste (cf. t. IV, p. ٢٧). En général le harṭâni est un métis plutôt qu'un nègre pur et sa condition est fort voisine de celle du servage.

2. L'orthographe تفلاة pour تفلالت est assez fréquente.

3. Le مشاورى ou مشاور, cette seconde forme étant plus régulière, est quelque chose d'analogue à un conseiller d'État ou conseiller intime. La parenté de Bâbâ-Monîr avec le pacha ne résulte pas du texte d'une façon certaine, le mot « frère » s'employant pour dire aussi « collègue » ou « confrère ».

tion, le pacha lui demanda avis et conseil et lui dit : « Que pensez-vous qu'il faille faire en cette occurrence? — Je ne vois pas autre chose à faire, répondit Bâbâ-Monîr, que de livrer aux chérifs le coupable et de mettre à mort dix autres d'entre vos legha. Ce sera une satisfaction donnée aux chérifs. Quelques questions que vous me fassiez maintenant à ce sujet je n'ai pas d'autres solutions à vous proposer. »

A la suite de cet entretien, le pacha manda Moḥammed-ben-Tingharâsi et lui fit part des paroles du conseiller. Dès qu'il eut entendu ce propos, Moḥammed dit au pacha : « Que signifient un pareil avis et une telle résolution? Ce serait une honte pour vous et une lâcheté. N'êtes-vous donc pas le maître de ce pays et son souverain? Je ne suis pas d'avis, en conséquence, que vous suiviez le conseil qui vous a été donné et que vous tuiez dix de vos legha. Toutefois si les chérifs se contentaient de la mort d'un seul legha, alors oui il faudrait en faire exécuter un. »

Aussitôt qu'il eut entendu l'opinion de Moḥammed au sujet de l'avis formulé par le conseiller Bâbâ-Monîr, le pacha décida d'agir conformément aux indications fournies par Moḥammed. Il fit alors saisir un de ses legha, le plus jeune[1] d'entre eux, bien que celui-ci ne fût désigné par aucun grief spécial et qu'il ne pût se douter du motif de son arrestation. Puis, montant à cheval, le pacha Manṣour poussa devant lui ce jeune legha jusqu'à la place du marché, et là il le mit à mort[2]. On assure que, en jaillissant, le sang de la victime atteignit le pacha qui cependant était resté sur son cheval.

Cette exécution ne servit à rien. Les chérifs continuèrent

1. Ou : « le plus infime », le mot du texte ayant ces deux significations.

2. Comme on se sert de la même expression pour dire « mettre à mort soi-même » ou « faire mettre à mort », on pourrait à la rigueur accepter la seconde interprétation quoiqu'elle ne paraisse pas expliquer aussi naturellement le jet de sang atteignant le pacha.

les préparatifs commencés pour la lutte, assurés que le pacha ne leur donnerait d'autre satisfaction que la mort de ce jeune esclave. Cependant, comme ils doutaient de leurs propres forces et qu'ils voyaient qu'ils ne pouvaient rien par eux-mêmes s'ils n'avaient pour les appuyer quelqu'un de l'armée marocaine, les chérifs demandèrent au caïd Bâ-Ḥaddou de se joindre à eux. Un accord fut conclu avec lui et il fut décidé qu'on verserait au caïd la somme de cinq cents mitsqâl d'or ; mais, plus tard, celui-ci fit aux chérifs remise de cet argent, en considération de leur ancêtre Mahomet (que Dieu répande sur lui ses bénédictions et lui accorde le salut !).

Leurs préparatifs terminés, les chérifs allumèrent le feu de la révolte qui bientôt empourpra la face de leurs visages. Tous ceux de leurs confrères[1] qui se trouvaient dans la ville vinrent les rejoindre dans leur quartier de Kisimo-Benkou[2] et la concentration s'opéra en cet endroit, à la fin du mois sacré de dzou'l-qa'da de l'année (٢١) 1131 (16 novembre-15 octobre 1719).

Dans la soirée du jeudi, 27 de ce mois (12 octobre 1719), le pacha Manṣour donna l'ordre à un crieur public de lancer la proclamation suivante : Que tout chérif sorte immédiatement pour se rendre dans la ville ; que ses suivants fassent de même et que personne d'entre eux ne reste dans le quartier des chérifs, car cette ville est leur propre ville[3].

Le lendemain matin, vendredi, 28 du mois, le caïd Bâ-Ḥaddou prit les armes contre le pacha et, sans bruit, se mit en marche, suivi de tous ses partisans, soldats marocains, esclaves, gens de son quartier, notables et populace de Tom-

1. Ou : « des conjurés ».
2. Le mot transcrit « Benkou » est sans voyelles dans le ms.
3. La proclamation du pacha est assez amphigourique. Il veut dire que les gens réfugiés dans le quartier de Kisimo-Benkou ou y habitant devront le quitter immédiatement et s'établir dans la ville même de Tombouctou.

bouctou; puis tirant un coup de fusil il s'écria : « Qu'il n'y soit plus heureux[1] ! »; formule que l'on employait, selon une coutume ancienne, quand on voulait déposer un pacha.

Aussitôt que le pacha Manṣour entendit ces paroles il s'écria : « Bâ-Ḥaddou se fait grande illusion; il court à sa perte. Bientôt, s'il plaît à Dieu, on m'apportera sa tête. » La révolte s'étendit à toute la ville de Tombouctou qui tout entière se leva contre le pacha. On assure même que le caïd Bâ-Ḥaddou fit monter en chaire dans la mosquée de El-Djozouli quelqu'un qui invita la foule à combattre le pacha et à entreprendre contre lui la guerre sainte au nom de Dieu[2].

Le jour même de sa démonstration[3], le caïd Bâ-Ḥaddou rentra chez lui. Aussitôt qu'il y fut de retour, la lutte à outrance fut résolue et la compétition fut franchement ouverte entre le caïd et le pacha. Dès le lendemain, samedi, dernier jour du mois de dzou'l-qa'ada ci-dessus indiqué (14 octobre 1719), les révoltés engagèrent le combat de très bonne heure; ils cernèrent le pacha dans le quartier de la grande mosquée et le bloquèrent étroitement. Débouchant ensuite par toutes les voies qui donnaient accès à ce quartier, ils réussirent à s'introduire dans la maison du beau-fils du pacha Moḥammed-ben-Et-Tingharâsi et la dévalisèrent en un clin d'œil; puis ils cherchèrent à pénétrer dans la maison du pacha lui-même. Celui-ci, monté sur la terrasse, se dé-

1. Le texte de cette formule a été traduit plus haut d'une façon différente. Comme il s'agit d'une formule d'arabe parlé, je crois qu'il vaut mieux lire : ما هنّا فيه « Qu'il n'y soit pas heureux ! » dans le sens de : « A bas ! » On remarquera que cette exclamation était précédée d'une décharge de coups de fusil dans la direction de la casbah.

2. Ce passage montre nettement que le *djihâd* peut être dirigé contre un musulman. En effet, la *guerre sainte*, comme nous appelons le *djihâd*, doit être faite chaque fois que l'islamisme est en danger, sans distinguer si ces attaques viennent du dedans ou du dehors, d'un infidèle ou d'un musulman d'origine.

3. C'est-à-dire le jour où il avait fait la démonstration qui servait à indiquer la déposition du pacha en tirant des coups de fusil et en prononçant la formule habituelle en pareille circonstance.

fendit contre eux et fit le coup de feu, allant tantôt du côté des chérifs, tantôt dans la direction des soldats marocains. Bien que ses hommes et ses esclaves fussent dans le quartier[1], il n'avait avec lui, en ce moment, que ses deux beaux-fils, Moḥammed, et le frère de celui-ci, Aḥmed.

Enfin, certain d'être vaincu et ses partisans et ses fidèles assurés, eux aussi, que la victoire ne serait pas pour eux en ce jour, — au moment où les soldats s'étaient enfin approchés de sa demeure, puisqu'ils étaient parvenus jusqu'à la maison du caïd 'Ali-ben-Ibrahim, — le pacha enfourcha son cheval et partit suivi de quelques-uns de ses fidèles, tels que le caïd (٢٢) Yousef-ben-'Abdallah, Seyyid Moḥammed-ben-Tingharâsi, le frère de ce dernier, Ḥammedi, son fils Seyyid-Ali qui était malade ayant eu la jambe brisée ainsi qu'il a été dit plus haut[2], et tous ceux de ses soldats ou autres qui ne pouvaient point se séparer de lui. Il se dirigea du côté de l'ouest, puis il fit un détour pour passer par le port de Kabara et pousser devant lui son troupeau de vaches.

Les chérifs, parmi lesquels se trouvait Râbaḥ-ben-El-Ḥâdj-El-'Imrâni, sortirent de la ville et se mirent un instant à la poursuite du fugitif; bientôt ils revinrent sur leurs pas sans avoir réussi à l'atteindre. Un seul d'entre eux, le lieutenant-général Râbaḥ, arriva à le rejoindre et l'on assure même qu'il laissa partir le pacha déposé, parce que celui-ci lui avait donné une de ses vaches. Ceci se passait le samedi, dernier jour du mois de dzou'l-qa'ada, l'avant-dernier mois de l'année 1131 (14 octobre 1719). Le pachalik de Manṣour avait duré trois ans et cinq mois.

Mahmoud-ben-El-Caïd-Moḥammed-Bouya-ben-El-Ḥâdj-ben-Daoud-Ech-Cheṭouki[3]. — Il fut élevé au pouvoir

1. L'attaque avait été si soudaine que les troupes du pacha n'avaient pas eu le temps de le rejoindre.
2. Voir ci-dessus, p. 35.
3. Originaire de la tribu des Cheṭouka au Maroc.

le dimanche, 8 du mois de chaouâl, un des derniers mois de l'année 1138 (9 juin 1726); il succéda au pacha, le caïd 'Abdallah-ben-El-Ḥâdj-El-'Imrâni, lorsque celui-ci fut déposé pour la cinquième fois. Maḥmoud ne fit aucune expédition militaire et il fut déposé un mercredi[1] dans la deuxième décade du mois de dzou'l-qa'ada, un des derniers mois de l'année précitée (18 juillet 1726). Son pachalik avait duré trente-huit jours.

Moḥammed-ben-El-Caïd-Manṣour-ben-El-Pacha-Senîber[2]-ben-Manṣour-Ez-Za'eri, connu sous le nom de : le caïd Moḥammed-Baḥḥou.

Il fut investi du pouvoir après la déposition du caïd 'Abdallah-ben-El-Ḥâdj-El-'Imrâni, lorsque celui-ci fut déposé pour la septième fois, le vendredi, 28 du mois de rebi' Ier de l'année 1145 (18 septembre 1732). Sa nomination fut résolue par les troupes alors qu'il était à Kîso, absent de Tombouctou. On lui manda aussitôt de venir, ce qu'il fit, et il arriva dans la soirée du jeudi 27 du mois indiqué ci-dessus. Tout cette nuit-là la garde[3] veilla à la porte de sa maison et le lendemain matin, vendredi, on le nomma pacha.

Il renouvela les commissions des divers fonctionnaires[4]. Ainsi (٢٧) il nomma El-Ḥasen-ben-El-Caïd-Ḥammedi-ben-'Ali-Et-Tezerkini, lieutenant-général de la division de Fez; Moḥammed-ben-El-Caïd-Bâ-Ḥaddou, lieutenant-général de la division de Merrâkech; El-Fa'-Ibrahîm-ben-El-Caïd-Ḥammedi-Et-Tezerkîni, lieutenant-général de la garde; Sa'îd-ben-El-Caïd-'Ali-Et-Tezerkîni fut ḥâkem ; Ḥammedi-

1. Si la durée de trente-huit jours, indiquée plus bas, est exacte, ce mercredi dont le quantième n'a pas été écrit, était le 18 du mois de dzou'l-qa'da.

2. Le ms. porte Mesa'oud au lieu de Senîber que donne le ms. 5259. Le nom de Senîber est certainement le vrai.

3. C'est-à-dire des soldats de la garde.

4. L'expression employée est si ambiguë qu'on ne sait exactement s'il nomma de nouveaux titulaires ou s'il confirma les anciens fonctionnaires dans leurs postes. La première hypothèse semble préférable à la seconde.

ben-El-Caïd-Senîber, frère du pacha, devint conseiller; Bâbâ-Seyyid-ben-El-Caïd-Aḥmed-Zenka eut la dignité de Kabara-Farma. Chacun d'eux reçut sa commission le mercredi, 3 du mois de rebiʿ II (23 septembre 1732).

Sept jours[1] après l'avènement du pacha Moḥammed, les Touareg Tadmekket firent une incursion dans l'île de Yendobogho; c'était le mercredi, 10 du mois. Ils pillèrent tout ce qui se trouvait dans l'île et enlevèrent seize ou dix-sept troupeaux appartenant aux habitants et parmi lesquels se trouvaient les vaches du caïd Manṣour. Ils enlevèrent également trente troupeaux de moutons et trente et un bergers[2]. Le nombre total des esclaves[3] qu'ils emmenèrent s'éleva à cent moins un. En outre ils tuèrent deux des habitants de l'île et enlevèrent leurs montures. Tout ceci se passa après l'avènement du pacha dénommé plus haut.

Le pacha imposa une contribution de 1.000 mitsqâl d'or aux négociants; il perçut cette somme et n'en donna pas la moindre partie à aucun des soldats marocains. Il fut déposé le mercredi, 15 du mois de djomada Ier (3 novembre 1732), n'étant resté en fonctions que un mois et dix-sept jours.

Maḥmoud-ben-El-Caïd-Senîber-ben-El-Caïd-Moḥammed-Bouya-Ech-Cheṭouki. — Son avènement au pachalik eut lieu le vendredi, 23 du mois de rebiʿ Ier de l'année 1159 (15 avril 1746); il succéda au caïd Bâbâ-Seyyid-ben-El-Caïd-Aḥmed-Zenka, un an après[4] le second passage au pouvoir de celui-ci. Après quatre jours de fonctions il fut déposé le mardi 27 du même mois.

1. Le texte ajoute fautivement « cinq jours » après avoir dit « sept jours ». La date indiquée plus loin confirme la version adoptée dans la traduction.

2. Mot à mot : « domestique », « serviteur ».

3. Ces esclaves étaient sans doute des femmes. Le mot وصائف paraît être le pluriel de وصيفة, forme féminine qui ne s'emploie généralement pas en Algérie tout au moins, où le mot وصيف pour signifier nègre est d'usage courant.

4. Le ms. a من عام ماضية qui a été remplacé dans l'édition imprimée par من عام ماض. Ni l'une, ni l'autre de ces deux lectures n'est bien correcte.

Lettre ain (ʿ) (٢٤)

ʿ**Ammar**-El-Feta (v. l'*Histoire du Soudan*, p. 277).

ʿ**Ali**-ben-ʿAbdallah-Et-Telemsâni (v. l'*Histoire du Soudan*, p. 335).

ʿ**Ali**-ben-Abdelqâder-Ech-Chergui (v. l'*Histoire du Soudan*, p. 348).

ʿ**Ali**-ben-Mobârek-El-Mâssi (v. l'*Histoire du Soudan*, p. 379).

ʿ**Abderrahman**-ben-El-Caïd-Aḥmed-ben-Saʿdoun-Ech-Chiâḍemi (v. l'*Histoire du Soudan*, p. 392).

ʿ**Allâl**-ben-Saʿîd-El-Ḥarousi.— Il fut nommé pacha après la déposition du caïd Moḥammed-Bouya; il ne resta en fonctions qu'un seul jour, car il fut déposé le jour même de son avènement.

ʿ**Ali**-ben-ʿAbdelaziz-El-Feredji. — Il fut élevé au pouvoir vers le milieu de l'année 1071 (6 septembre 1660-27 août 1661), à la suite de la déposition du pacha Ḥammou-ben-ʿAbdallah. Ce fut sous son pachalik qu'eut lieu la bataille de El-Feq-Ṭandaï[1]. Il envoya une colonne pour faire une expédition contre les Touareg Ghâli-Mousa. Il fut déposé le mardi, 12 du mois de djomada Ier de l'année 1072 (3 janvier 1662), après avoir exercé le pachalik environ onze mois.

ʿ**Ali**-ben-Bâchouṭ-Moḥammed-ben-ʿAbdallah-Et-Tezerkîni, plus connu sous le nom de Ibn-Akhrâz.—Il devint pacha le jour où le pacha déposé, ʿAli-ben-ʿAbdelazîz, abandonna le pouvoir, le mardi, 12 du mois (٢٥) ci-dessus mentionné de l'année 1072 (3 janvier 1662). Il garda le pouvoir trois mois, puis fut déposé au cours de cette même année, c'est-à-dire en 1072. Il ne fit aucune expédition militaire.

ʿ**Ammâr**-ben-Aḥmed-ʿAdjeroud-Ech-Chergui-Er-Râ-

1. On pourrait aussi lire : Kandaï; la première lettre est mal formée et peut se lire ك ou ط.

chedi. — Il fut élevé au pachalik durant la deuxième décade du mois de djomada Ier de l'année 1073[1] (22-31 décembre 1662), après la révocation du pacha 'Ali-ben-Moḥammed-Et-Tezerkini. Aussitôt investi de l'autorité, il entreprit une expédition contre Djâouer[2] et la mena à bien, Dieu lui ayant assuré la victoire. Il fit un grand butin des richesses des gens de Djaouer.

Il fut déposé le samedi, 26 du mois de safar au commencement de l'année 1077 (28 août 1666), après être resté en fonctions trois ans, neuf mois et neuf jours. Ce fut à ce moment que commença le renouvellement de la fonction suprême entre les mêmes mains et qu'on vit revenir au pouvoir une première, une deuxième, une troisième, une quatrième et une cinquième fois un pacha précédemment déposé; on en vit même qui rentrèrent en fonctions une huitième fois. Le premier qui jouit de cette prérogative fut le caïd Moḥammed-Bouya-ben-El-Ḥâdj, qui succéda au pacha déposé dont nous venons de parler, 'Ammâr-ben-Aḥmed-'Adjeroud. Quant aux pachas précédents, aucun d'eux n'avait été appelé plusieurs fois au pachalik.

'Abderrahman-ben-Sa'îd-El-Andalosi, surnommé Ibn-Sa'îd-Ounedâm[3]. — Il fut appelé au pachalik le mardi, 9 du mois de rebi' II de l'année 1078 (28 septembre 1667), après la déposition du caïd Nâṣir-ben-'Abdallah-El-A'amechi. Il resta en fonctions une année et fut déposé à la fin du mois de rebi' II de l'année suivante 1079 (commencement d'octobre 1668).

1. Comme on ne dit pas qu'il y eut un interrègne d'un an entre la nomination de 'Ammâr-Ben-Aḥmed et la déposition de 'Ali-ben-Moḥammed-Et-Tezerkini, il se pourrait que la date fût inexacte et qu'il fallût dire 1072 au lieu de 1073.

2. Cela paraît être un nom de localité. A la rigueur cependant, ce pourrait être un nom de personne.

3. Ce nom paraît berbère ou soudanais. Peut-être faudrait-il traduire *Ou* par fils et faire du mot suivant un mot arabe نظّام *neḍḍâm*.

ʿ**Abderraḥman**-ben-Moḥammed-Kiraï-Ech-Cher-gui-El-Andâlosi. — Il succéda au pacha Moḥammed-ben-Ali-El-Mobârek-Ed-Derʿi, dans la matinée du mardi, 23 du mois de djomada Ier de l'année 1084 (3 septembre 1673) : il resta au pouvoir quarante jours, après quoi il résigna ses fonctions.

ʿ**Ali**-ben-Ibrahim-Ed-Derʿi. — Son élévation au pachalik eut lieu le quatrième jour du mois de redjeb l'unique, le septième mois (٧٦) de l'année 1084 (15 octobre 1673) ; il succéda au pacha ʿAbderrahman dont il vient d'être parlé ci-dessus. Il fit une expédition contre les Oulad Ghorko et partit avec ses troupes le dimanche, 20 du mois de safar le bon, au début de l'année 1085 (26 mai 1674). Le 4 du mois de rebiʿ Ier (8 juin) il quitta le port emmenant avec lui l'askia Moḥammed-Ṣâdeq, alors que Moḥammed-ben-Ṭâhar s'était mis en route dans la matinée du jeudi, 28 de moḥarrem (6 mai).

Les troupes attaquèrent les Oulad-Ghorko, les vainquirent grâce à Dieu et revinrent à Tombouctou sans encombre et chargées de butin. Le samedi, 21 du mois de chaʿbân de l'année 1086 (10 novembre 1676), le pacha fut déposé après avoir être resté au pouvoir deux ans et deux mois.

ʿ**Abdallah**-ben-Moḥammed-ben-El-Caïd-Ḥassou[1]-Ed-Derʿi, nommé Ibn-El-Caïd-ʿAbdallah-Ḥassou. Élevé au pouvoir le samedi, 17 du mois de djomada II de l'année 1089 (6 août 1678), il fut le successeur de Saʿîd-ben-ʿOmar. L'époque à laquelle il exerça ses fonctions est appelée *Bâchourkoï*[2]*-Idji*.

Le dimanche, 18 du même mois (7 août), le minaret de

1. Au lieu de Ḥassou on pourrait peut-être lire Ḥassoun, mais le ms. reproduit à plusieurs reprises la première orthographe.
2. Ou : « Bâsour-Koï-Idji ».

la mosquée de Sankoré écroula et tout un côté de la grande mosquée fut également détruit[1].

Le pacha 'Abdallah demeura une année en fonctions; il les conserva jusque vers la fin de l'année 1090. Il y fut rappelé une seconde fois à la fin de cette même année et y resta alors environ sept mois.

'A**bderraḥman**-ben-Bâchouṭ-Bou-Zenâd, surnommé Zenka. Il succéda au caïd El-Fa'-Benkânou[2], à la fin du mois sacré de dzou'l-qa'ada de l'année 1094 (milieu de novembre 1685) et après la répression de la sédition de Tinaouer[3] qui avait commencé le mercredi, 13 du mois de dzou'l-qa'ada, ci-dessus mentionné (3 novembre 1683). Ces deux événements se produisirent la même année. Le pacha 'Abderraḥman fut déposé dans le courant du mois de djomada Ier vers le milieu de l'année 1095 (17 avril-16 mai 1684), après être resté au pouvoir six mois.

'**Ali**-ben-Ḥamîd-El-'Amri. — Il fut élu après la mort du pacha Mâmi-El-'Euldji à la fin de (٢٧) l'année 1095 (20 décembre 1683-8 décembre 1684). Il demeura en fonctions une année. Sous son pachalik l'askia Moḥammed-ben-El-Ḥâdj fut élevé à la dignité d'askia en titre, et ce après un désaccord et un conflit qui s'étaient produits entre ce dernier personnage et le Kormina-Fâri 'Ammâr.

Le pacha 'Ali confirma dans son poste, en lui délivrant une commission, le cadi Ibrahim, fils du jurisconsulte 'Abdallah qui avait été désigné auparavant par le pacha Moḥammed-ben-Bâ-Reḍouân. Cette nomination devint donc

1. D'après le contexte on pourrait croire que c'est le minaret de Sankoré qui, dans sa chute, aurait détruit tout un côté de la grande mosquée, tandis qu'en réalité ce sont deux événements simultanés se passant dans des endroits différents.

2. Le ms. écrit ici : Benkanou; ailleurs la terminaison *ou* n'est pas indiquée.

3. Les habitants du bourg de Tinaouer se livraient à la piraterie. La localité était donc sur le bord du Fleuve.

ainsi définitive. Ce fut à la fin de cette année, c'est-à-dire de l'année 1096 (fin 1685), que le pacha 'Ali fut déposé.

'Abdallah-ben-El-Caïd-Nâsir-El-A'mechi. — Il fut nommé à la suite de la déposition du caïd Senîber-ben-Moḥammed-Bouya, au mois de djomada II de l'année 1107 (7 janvier-5 février 1696); il ne resta en fonctions que cinq mois, car il fut déposé au mois de chaouâl vers la fin de la même année (fin mai).

'Ali-ben-El-Caïd-Moḥammed-ben-Cheikh-'Ali-Ed-Der'i.— Il succéda au caïd Moḥammed-ben-Moḥammed-Seyyidi un un jour après la nomination[1] de ce dernier, au mois de djomada Ier de l'année 1109 (15 novembre-15 décembre 1697), ou, suivant certains récits, au mois de djomada II (15 décembre 1697-13 janvier 1698). Il conserva le pouvoir six ou sept mois et fut déposé au mois de dzou'l-qa'ada vers la fin de la même année (11 mai-11 juin 1698).

Rappelé au pouvoir une seconde fois après la déposition du caïd Yaḥya-El-Fechtân[2], au mois de redjeb l'unique de l'année 1122 (26 août-25 septembre 1710), il n'y resta que peu de jours et fut déposé; il fut réélu une troisième fois, après la déposition du caïd Moḥammed, fils du caïd Ḥammedi-ben-'Ali, au mois de safar, dès le début de l'année 1128 (26 janvier-24 février 1716), puis de nouveau déposé, quelques jours après, au mois de rebi' Ier (24 février-25 mars 1716).

'Abdallah-ben-El-Caïd-Nâṣir-ben-'Ali-ben-'Abdallah-Et-Telemsâni. — Il fut élu après la déposition du caïd Yaḥya-El-Fechtân, au mois de safar, au début de l'année 1110 (9 août-7 septembre 1698); il resta un mois et quatre jours au pouvoir, puis fut déposé au mois de rebi' Ier, le troisième

1. C'est ce que porte le texte. Peut-être y a-t-il eu ici un *lapsus calami* et serait-ce « après la déposition » qu'il faudrait lire. La biographie de Moḥammed-ben-Moḥammed-Seyyidi ne fournit à cet égard aucun renseignement.

2. Ce mot paraît être l'altération de Fichtâli, originaire de Fichtala au Maroc.

mois de cette même année (7 septembre-7 octobre). Il revint au pachalik cinq fois; la seconde, à la suite de la déposition du caïd Ḥammedi(٢٨)-ben-'Ali[1], après le troisième pachalik de ce dernier. Je n'ai trouvé nulle part la date de son entrée en fonctions. Trois mois après il fut déposé à la fin du mois de rebi 'II, de l'année 1113 (fin septembre 1701).

Son troisième pachalik eut lieu après la déposition du caïd Yaḥya-El-Fechtân, au mois de moḥarrem, si je ne me trompe, le premier des mois de l'année 1117 (25 avril-25 mai 1705). Déposé de nouveau au mois de safar, le second des mois de cette année (25 mai-23 juin), il fut réélu le 4 du mois sacré de moḥarrem, le premier des mois de l'année 1120 (26 mars 1708) ou, selon certains auteurs, à la fin de ce mois, après la déposition du caïd Nâṣir-ben-'Abdallah-El-A'mechi. Il resta en fonctions cette fois deux mois et quelques jours, puis il fut déposé au mois de rebi' Ier (21 mai-20 juin) de la même année.

Ce fut au cours de ce dernier mois qu'eut lieu l'expédition contre le bourg de Tinaouer, dont les habitants étaient accusés de dévaliser les voyageurs qui passaient en cet endroit sur le Fleuve. L'armée demeura cinq mois devant ce bourg; puis, au mois de redjeb l'unique (16 septembre-16 octobre), les ulémas et les jurisconsultes de la ville se rendirent au camp et demandèrent à négocier la paix. Les chefs de l'armée refusèrent d'accepter toute négociation tant, dirent-ils, qu'ils n'auraient pas choisi quelqu'un parmi eux pour en faire[2] un pacha. Quand, sur l'avis unanime des troupes, 'Ali-ben-Raḥmoun-El-Monebbih eut été élu pacha, on l'amena devant la ville et on termina l'affaire[3].

1. Ce nom ne figure pas ainsi dans la liste donnée.

2. Le texte porte يعلموه qui doit être rétabli en نعملوه, ou en corrigeant la faute d'orthographe نعمله.

3. On ne dit pas comment, mais vraisemblablement on négocia la paix.

Le caïd 'Abdallah-ben-Nâṣîr-Et-Telemsâni fut nommé pacha une cinquième fois au mois sacré de moḥarrem, le premier des mois de l'année 1124 (9 février-10 mars 1712). Cette fois il ne demeura qu'un jour au pouvoir, car le même jour il fut déposé.

'**Ali**-ben-Mobârek[1], fils du lieutenant-général 'Ali-ben-Mobârek-Ed-Der'i. — Il succéda au pacha déposé, Bâbâ-Aḥmed-ben-Manṣour, au mois sacré de moḥarrem, le premier des mois de l'année 1115 (17 mai-16 juin 1703); deux mois après avoir exercé le pouvoir, il fut déposé, puis réélu une seconde fois après la cinquième déposition du caïd 'Abdallah-Et-Telemsâni, au mois sacré de moḥarrem, le premier des mois de l'année 1124 (9 février 1712-28 janvier 1713). Suivant une autre copie[2], c'eut été au mois de safar le bon (10 mars-8 avril) de cette même année. Cette fois encore il resta deux mois en fonctions, puis (٢٩) il fut de nouveau déposé au mois de rebi' Ier de cette année (8 avril-8 mai).

Sous son pachalik, le dimanche, 19 du mois de rebi' Ier de cette année (26 avril 1713), le bourg de Amzagho fut détruit par les Touareg Tadmekket qui, à cette époque, avaient à leur tête Akzâm-ben-El-Al[3]. Ce bourg est encore abandonné aujourd'hui.

'**Ali**-ben-Rahmoun-El-Monebbih. — Il fut élu après la quatrième déposition du caïd 'Abdallah-Et-Telemsâni. Son élection fut faite sur l'avis unanime des troupes qui se trouvaient alors devant le bourg de Tinaouer, au mois de redjeb, l'unique, de l'année 1120 (16 septembre-16 octobre 1708). Dès qu'il fut investi de ses fonctions il fut conduit dans le bourg de Tinaouer dont il régla définitivement la situation.

1. Il manque ici le mot *ben*. Le nom exact est : 'Ali-ben-Mobârek, fils du lieutenant-général 'Ali-ben-Mobârek.

2. Cette indication montre nettement que l'auteur se servait d'un ouvrage écrit par un auteur précédent.

3. Ou : Akrâm-ben-El-Aouel ; mais cette leçon paraît moins bonne que celle donnée par le ms. n° 5259, qui est reproduite ici.

Aussitôt après son élection, le nouveau pacha fit mettre à mort, sur la place du marché, El-Filâli-ben-'Aïssa-El-Berbouchi. Le motif de cette exécution fut que El-Filâli avait tué Maulaï-Ḥammedi, surnommé le chérif Biro-Koï, et c'est pour cela que le pacha ordonna son supplice.

Au cours du mois brillant de cha'bân (16 octobre-14 novembre) le pacha 'Ali fut déposé après avoir été en fonctions pendant deux mois. Personne, pendant les trois mois qui suivirent, ne fut appelé au pouvoir suprême.

Le 5 du mois de dzou'lqa'ada, vers la fin de l'année 1120 (16 janvier 1709), 'Abderraḥman-ould-Ḍzonkoul tua Eṣ-Ṣeddiq, fils du caïd Mâmi. Il lui lança son épieu et l'atteignit à l'épaule. Eṣ-Ṣeddiq, qui était à cheval, tomba mort sur le coup. La foule s'ameuta avec la famille de la victime, se jeta sur le coupable et lui fit subir le jour même la plus horrible mort.

Le caïd 'Ali-ben-Raḥmoun fut élevé au pachalik une seconde fois après la troisième déposition du caïd Mâmi-ben-'Ali, au mois de rebi' II de l'année 1125 (27 avril-26 mai 1713). Ce fut à cette époque que Ag-Cheikh[1], le chef des Alimîdân[2], vint à Tombouctou; il envoya au pacha un cadeau consistant en deux chevaux, un bai, l'autre blanc, et en vêtements; puis il retourna dans son pays. Après être resté au pouvoir pendant environ quatre mois, le pacha 'Ali fut déposé au mois de redjeb (24 juillet-23 août).

'Abdelqâder-ben-'Ali-ben-Moḥammed-ben-'Abdallah-Et-Tezerkîni. — Il devint pacha après la seconde déposition du caïd Yousef, au mois de redjeb ou, suivant d'autres, au mois de cha'bân de l'année 1123 (ع٠) (15 août-14 septembre ou 14 septembre-13 octobre 1711). Sous son pachalik il y eut une

1. Le texte dit : « Kecheikh », mais il est probable que c'est une mauvaise transcription.

2. Les voyelles sont données par le ms. Il s'agit des Touareg Aouelimidden.

grande disette qui fut appelée *mina-kikoï*; elle s'étendit dans tout le pays et acquit la plus grande intensité. Le change tomba à 700 cauris. A ce moment, on commença à Tombouctou à faire usage de la mesure dite *qadaḥ*[1]; elle contient quarante rations[2] et est encore employée aujourd'hui. Auparavant tout le monde vendait au plateau à pied[3] et ce fut seulement depuis cette époque que l'on connut le qadaḥ. Cette famine dura sans interruption pendant sept ans et elle ne cessa que dans l'année 1128 (27 décembre 1715-16 décembre 1716). Dieu nous préserve de ce fléau et d'autres du même genre!

Le pacha 'Abdelqâder fut déposé au mois sacré de dzou'l-qa'ada, vers la fin de l'année 1123 (19 février 1711-9 février 1712); il était resté en fonctions cinq mois, car sa déposition eut lieu à la fin du mois.

'Abdallah-ben-El-Ḥâdj-ben-Sa'ïd-El-'Imrâni. — Autant que j'ai pu m'en assurer, il occupa le pouvoir suprême sept fois. La première fois, il fut élu au mois de redjeb, l'unique, de l'année 1125 (24 juillet-23 août 1713), après la seconde déposition du caïd 'Ali-ben-Raḥmoun. Il reçut la visite de El-Ouâfi-ben-Ṭâlibina[4], petit-fils de Seyyid Aḥmed-Aghâdou et le nomma cadi de la ville de Araouân.

Il avait envoyé à Dienné le lieutenant-général de la garde avec les soldats de Moḥammed, fils du caïd Ibrahim, qui était alors investi des fonctions de lieutenant-général. Les habitants de Dienné ayant refusé de les laisser pénétrer dans la ville, ceux-ci revinrent à Tombouctou. A peine s'étaient-ils éloignés de Dienné que les jurisconsultes de cette ville, c'est-à-dire de Dienné[5], partirent sur leurs traces et arrivèrent

1. Mot à mot : « coupe », « gobelet ».

2. Le texte dit : نفقة *nefaqa* qui d'ordinaire signifie « pension alimentaire ».

3. Je suppose qu'il s'agissait de ces plateaux avec pied en sparterie dont les nègres faisaient usage en Algérie.

4. Ce nom signifie : « notre ṭâleb ».

5. Cette redondance est dans le texte.

ainsi à Tombouctou. Ils se rendirent auprès du pacha, implorant le pardon pour les troupes de Dienné qui s'étaient conduites envers son envoyé de la façon qui vient d'être dite[1]. Le pacha se montra plein d'indulgence et ne donna pas suite à cette affaire. Ce fut lors de cette venue des jurisconsultes à Tombouctou que je vis l'un d'entre eux, le jurisconsulte Moḥammed-Tenânṭâʿa[2] ; depuis je ne le revis plus jamais. Les jurisconsultes se remirent de suite en route et retournèrent dans leur cité.

Le pacha ʿAbdallah fut ensuite déposé (٤١) au mois de dzou'l-hiddja, le dernier mois de l'année 1125 (8 décembre 1713-7 janvier 1714), après avoir exercé le pouvoir durant six mois. La seconde fois qu'il fut élu ce fut après la déposition du caïd Bâ-Ḥaddou-ben-Yaḥya, au mois de chaouâl de l'année 1126 (10 octobre-8 novembre 1714) ; puis, trois mois après environ, au mois de dzou'l-hiddja à la fin de cette année (8 décembre 1714-7 janvier 1715), il fut déposé.

Une troisième fois, ʿAbdallah fut nommé pacha à la suite de la dernière déposition du caïd ʿAli-ben-Moḥammed-ben-Cheikh-ʿAli ; son élévation eut lieu dans la soirée du mercredi, 23 de rebiʿ Ier de l'année 1128 (17 mars 1716) ; il venait alors d'être blessé par un coup de feu à la cuisse. Ce fut ce jour-là que fut tué le caïd Bâch-Benba dans les circonstances suivantes :

Le caïd Mesaʿoud avait fait sortir sa tente[3] avec tous les

1. Les troupes de Dienné avaient refusé de recevoir les envoyés du pacha. Cette rivalité entre les garnisons importantes des grandes villes devint funeste aux Marocains. On voit par ce passage que les habitants de chaque ville faisaient cause commune avec l'armée installée dans leurs murs.

2. Ou : « Tenâ-Neṭâʿa », en deux mots. Peut-être aussi Senṭâʿa.

3. Le copiste a mis قباء au lieu de خباء « tente », ce qui ne donnerait aucun sens ; mais il faut remarquer que les Soudanais confondent volontiers dans la prononciation les lettres ق et خ et l'orthographe indiquée répond à la prononciation locale.

Le pacha ne se mettait lui-même en route qu'après avoir fait installer son campement et celui des troupes qu'il emmenait avec lui.

soldats qui étaient rangés sous sa bannière et avait donné le commandement de cette troupe à Seyyid Mohammed-ben-Tingharâsi en lui enjoignant de se rendre au port de Kabara, d'arrêter là toutes les barques qui s'y trouvaient et d'attendre qu'il s'y rendît en personne. « Toute barque qui arrivera à Kabara, dit-il, ne devra pas décharger ses marchandises avant que je ne sois là; elle ne paiera pas non plus la redevance[1] qu'elle doit payer avant que j'arrive parmi vous. Soyez cette nuit même à Kabara et passez-y la nuit. »

Tous ces agissements du caïd étaient motivés par son désir d'arriver au pouvoir suprême. Sa troupe passa donc la nuit à Kabara, mais il ne la rejoignit que dans la matinée du mercredi, 23 du mois de rebi' Ier (17 mars 1716). Le caïd Mesa'oud, au moment de partir, prétendit que tous les soldats de Tombouctou[2] voulaient se révolter; mais les gens de Tombouctou, qui avaient eu vent de son dessein, se réunirent pendant la nuit et, après en avoir délibéré, ils jurèrent qu'ils iraient attendre le caïd sur la route quand il se rendrait à Kabara et qu'ils le chasseraient ou lui livreraient combat.

En conséquence, dès le matin, les soldats de Tombouctou s'équipèrent et se rendirent sur la route de Kabara. Les notables de la ville, les jurisconsultes et les chérifs se joignirent à eux. Il y avait là des gens tels que le caïd Seyyid Aḥmed, ses assesseurs, les imams[3] des mosquées, certains caïds de l'armée, les lieutenants-généraux avec tous les soldats équipés et armés.

Parmi ceux qui assistèrent à cette affaire ce jour-là, on

1. Ce passage est assez obscur; cependant il semble qu'il s'agit du péage perçu sur les embarcations.

2. Autant qu'on peut comprendre ce récit mal rédigé, le caïd voulait justifier son départ de Tombouctou, en assurant que les troupes de cette ville voulaient se révolter; cependant à la rigueur il pourrait s'agir des troupes qu'il avait envoyées à Kabara.

3. Le mot « mosquée » étant au pluriel dans le texte, il aurait donc fallu que le mot « imâm » y fût aussi.

peut citer : comme caïds, le caïd Aḥmed-Zenka, le caïd Moḥammed, fils du caïd Ḥammedi, le caïd ʿAbdallah (٤٧)-ben-El-Ḥâdj, le caïd Yousef-ben-ʿAbdallah, le caïd Nâṣir, le caïd Bâ-Ḥaddou et le caïd Bâch qui fut tué ce jour-là; comme lieutenants-généraux, le lieutenant-général ʿAli-ben-Saʿîd-ben-Yaḥya, le lieutenant-général El-Mobârek, fils du caïd Mesʿaoud, le lieutenant-général Rebbaḥ[1]-ben-El-Ḥâdj et le lieutenant-général ʿAbdelgheffâr-ben-ʿAli; puis d'autres personnes de l'armée de rang moindre; des chérifs tels que Maulaï-El-Kebir-ben-ʿAbderraḥman, Maulaï-Bou-Beker-ben-Ḥammedi, Maulaï-ʿAbdallah-ben-Ḥammedi-Boudi et son frère Maulaï-Ḥammedi; enfin des jurisconsultes, des notables de la ville et toute la foule qui était venue pour voir ce qui se passerait. En réalité, les jurisconsultes et notables étaient venus là pour concilier les choses et obtenir un arrangement avec le caïd Manṣour[2], quand celui-ci se mettrait en route pour Kabara.

A peine toute cette foule s'était-elle groupée sur le chemin de Kabara en un endroit appelé Siʿya-Kiroï[3] qu'elle essuya trois coups de feu tirés à balle. L'une de ces balles atteignit à la tête le caïd Bâch qui était à cheval; il tomba mort sur le coup, sans qu'on sût qui avait tiré; une autre balle frappa le cheval du lieutenant-général ʿAli, fils du lieutenant-général Saʿîd, fils du pacha Yaḥya. L'animal atteint fut tué du coup. Le lieutenant-général monta alors le cheval du caïd qui venait d'être tué et rentra chez lui. Enfin la troisième balle atteignit à la cuisse le caïd ʿAbdallah; elle y resta logée et ne put en être retirée que lorsqu'il mourut.

Aussitôt que le caïd Bâch-ben-Mobârek eut été tué, la foule

1. La lecture de ce nom est incertaine.

2. Ici et plus loin le ms. écrit Manṣour; auparavant il y avait Mesaʿoud, qui est une erreur.

3. Ces mots sont écrits sans voyelles dans le ms.

se dispersa de tous côtés et s'enfuit en désordre jusque dans la ville, tandis que le caïd Manṣour poursuivait sa route vers Kabara où il allait rejoindre ses soldats et ses esclaves. Le cadavre du caïd tué fut abandonné sur le sol jusqu'au soir[1]. A ce moment, on le transporta derrière le mausolée de Seyyid Abou'l-Qâsem, puis, après l'avoir lavé, on l'ensevelit en cet endroit. Quant au caïd Manṣour, après être allé à Kabara, il ne revint chez lui que après le coucher du soleil.

Les troupes, rentrées (٤٧) dans la ville, tinrent une réunion dans laquelle elles discutèrent la nomination d'un pacha; elles tombèrent d'accord pour élire le caïd 'Abdallah et le nommèrent pacha pour la troisième fois. Vers la fin de la journée, le jour même de son élection qui fut aussi celui de la mort du caïd Bâch, fils du caïd El-Mobârek, le nouveau pacha 'Abdallah se rendit avec l'armée à la demeure du caïd Manṣour encore à Kabara à cette heure. On enleva alors de la maison de Manṣour tout ce qui put être emporté : meubles, vêtements, ustensiles.

Cette opération dura jusqu'après la prière du coucher du soleil. Pendant qu'on s'y livrait le caïd Manṣour surgit tout à coup accompagné de ses soldats et de ses esclaves. Comme les arrivants poussaient de grands cris et faisaient résonner leurs tambours et leurs trompettes, les soldats du nouveau pacha s'enfuirent de la maison. Les uns montèrent sur la terrasse et, sautant de l'autre côté de la maison, prirent la fuite; les autres se réfugièrent dans les maisons du quartier et les quittèrent dès que la fuite leur fut possible. Quant au pacha, il retourna chez lui, ayant, dit-on, laissé ses chaussures dans la maison du caïd dans la hâte qu'il mit à partir dès que Manṣour fut arrivé à la porte de la maison du jurisconsulte El-Ḥâdj-'Abderraḥman-ben-Isma'il-Youro.

1. Après « le soir », le ms. ajoute « le milieu de l'après-midi ». Il est impossible de savoir duquel de ces deux moments il s'agit en réalité.

Le pacha, avant de quitter précipitamment la maison du caïd, avait donné l'ordre de sceller au moyen de clous les serrures des portes qui donnaient accès au magasin[1]. Ce fut Bâbâ-Djem, le forgeron, qui fut chargé de cette opération. C'était un vieux nègre, horriblement laid et l'un des petits-fils de Djem-Kiraï. Après avoir cloué toutes les serrures, Djem était parti chez lui et s'était couché ; il ignora jusqu'au matin que le caïd Manṣour était revenu et aussi que le pacha ʿAbdallah était sorti de la maison du caïd[2]. Le lendemain, en se levant, il se rendit à la demeure du caïd Manṣour, y pénétra sans se douter qu'il allait l'y rencontrer et le trouva installé chez lui. « C'est toi, lui dit le caïd, qui as scellé les portes de ma maison sur l'ordre de ʿAbdallah, fils du lieutenant-général El-Ḥâdj? » Tout troublé à ce moment et tremblant de tous ses membres, le forgeron répondit : « Si je viens chez vous à cette heure c'est uniquement, pour vous saluer. — Débarrasse-nous de ta présence, s'écria Manṣour ! » Le forgeron partit aussitôt sans qu'il lui arrivât aucun mal.

Les esclaves de Manṣour tuèrent un chérif du nom de (٤٤) Abou-Bekr-Ech-Cherif : c'était un homme qui avait l'esprit troublé. Il fut tué sur le seuil de la porte de la maison de Manṣour au moment où celui-ci rentrait chez lui ce soir-là. Le caïd tenait à la main une bougie[3], mais il ne sut rien cependant, ni de ce qu'avaient fait ses esclaves, ni des personnes qui étaient venues chez lui ou en étaient sorties[4].

1. C'est-à-dire l'endroit où Manṣour serrait toutes les choses qu'il possédait et qu'il tenait sous clef.

2. Tout ce récit est confus et, parfois, certains faits sont difficiles à concilier. On ne comprend guère, par exemple, que le forgeron ait ignoré la venue du caïd Manṣour alors qu'il s'écoula fort peu de temps entre le pillage de sa maison et son arrivée, puisque le pillage commença au moment où le soleil commençait à perdre de son éclat et que le retour du caïd eut lieu au coucher du soleil.

3. Le texte dit : « un flambeau de cire ».

4. L'auteur veut sans doute insister sur ce fait que le meurtre du chérif eut lieu à l'insu du caïd.

Le lendemain, le caïd Manṣour manda chez lui l'imam de la grande mosquée, l'imam ʿAbdelkâfi, fils de l'imam ʿAbd-erraḥman et lui dit : « Dieu soit loué ! c'est donc toi, ô ʿAbdelkâfi, qui es venu hier chez moi faire l'inventaire de ce que je possède pour ʿAbdallah, fils du lieutenant général El-Ḥâdj. » — « Certes oui, répondit l'imam, je suis venu chez toi et y ai dressé l'inventaire de tes biens. Mais, je n'y suis pas venu de moi-même ; je n'y suis venu que sur l'invitation d'un messager qui m'avait été envoyé chez moi et qui m'a dit : Le pacha te demande et il est en ce moment dans la maison du caïd Manṣour. Si toi de même, ô caïd Manṣour, tu te rendais dans la maison du caïd ʿAbdallah et que tu m'envoyasses chercher par un de tes messagers, il me faudrait bien aussi répondre à ta convocation et me conformer à l'ordre de me rendre dans cette maison. » Cela dit, l'imam se tut sans rien ajouter.

Le lendemain du jour où le caïd Manṣour fut rentré chez lui, le conflit éclata entre lui et les troupes[1]. Dieu nous préserve de tels événements ! On s'attaqua tout d'abord à la maison du caïd ʿAli, fils du pacha Yaḥya-El-Gharnâṭi ; on se précipita sur cette maison, on y fit une brèche par derrière, on y mit le feu, puis on y tua un des frères de ce caïd ʿAli, nommé le lieutenant Maʿî qui appartenait à la fraction des Andalous[2]. C'était un homme fort courageux et qui, malgré qu'il fût seul, lutta contre la masse des assaillants.

Quant au caïd ʿAli, dont il vient d'être parlé, il était, au moment du combat, dans le quartier de Sâri-Kaïna[3], chez le caïd Aḥmed-Zenka. Il vint ensuite sous le minaret de Sidi-

1. Les troupes restées fidèles au pacha.

2. Mot à mot : « un des enfants de l'Andalou ». Le texte porte لندلس, au lieu de الاندلس qui semble être la vraie lecture. Cette division des Andalous était probablement une fraction de celle de Fez.

3. Ou « de Sarî-Kini », mot qui rappelle celui de Saracollet.

Yaḥya, près de la porte de la maison de son grand-père, le pacha Yaḥya et là il pénétra dans diverses rues tenant à la main son fusil. Il attaqua un des esclaves du caïd Manṣour qui chargeait dans les rues et qui se nommait 'Ali. L'esclave attendait que l'on vînt à lui ; puis, comme il tournait le dos, le caïd lui tira une balle entre les deux épaules et le fit tomber mort face contre terre[1].

Cela fait, le caïd 'Ali retourna de nouveau au quartier de Sâri-Kaïna (٤٥), afin de s'assurer de ce qu'étaient devenus sa femme, ses enfants et toute sa famille. A partir de ce moment il revint habiter dans son quartier de la mosquée de Yaḥya, la maison de El-Fa'-'Ali-ben-El-Fa'-Moḥammed-Moudi ; il abandonna dès lors son ancienne demeure et n'y retourna jamais plus jusqu'à sa mort qui eut lieu dans la maison de son frère aîné Bâbâ-Seyyid. Depuis le moment où il quitta son ancienne demeure, le caïd 'Ali habita d'abord la maison de El-Fa'-'Ali jusqu'à la mort de celui-ci, puis la maison du cadi Meïmoun et enfin celle de son frère Bâbâ-Seyyid dans laquelle il mourut.

Plus tard, quand la paix fut rétablie et qu'il fut devenu pacha, le caïd Manṣour se réconcilia avec le caïd 'Ali et le nomma caïd des Beni-Sa'doun[2]. On dit même qu'il lui donna cinq cents mitsqâl après leur réconciliation.

Le conflit qui venait d'éclater s'aggrava rapidement et dura, dans la ville, quatre mois. Au cours de cette lutte, il se produisit des événements graves, des trahisons, des perfidies inoubliables comme il ne s'en était jamais produit de pareils auparavant. Personne n'avait entendu parler de semblables abominations ni chez les anciens ni chez les modernes. Entre

1. Ce passage est confus dans le texte. L'auteur a voulu dire que le caïd attendit que l'esclave s'en allât pour pouvoir tirer sur lui sans courir le moindre danger.

2. Les Beni-Sa'doun formaient une division de moindre importance que celles de Fez, de Merrâkech et des Cherâga.

autres choses, les Touareg et les païens du Bambara se mêlèrent de la lutte et il en résulta que Oghmor devint leur sultan et le chef de toutes les populations qui leur étaient soumises[1].

Quant au caïd ʻAbdallah-ben-El-Ḥâdj, il resta confiné dans sa maison sans retourner, même une seule fois, à la casbah, tant que la sédition dura, et alors il fut déposé. Au cours de ces troubles, il donna l'ordre de mander Maro, un Bambara de ses amis, afin de lui venir en aide contre les révoltés. Maro arriva avec toutes les personnes de sa suite et il apporta ses grandes trompettes de la taille d'un homme. Quand on soufflait dans ces trompettes le son en était entendu par tous ceux qui étaient dans la ville en quelque endroit qu'ils fussent.

Le pacha resta ainsi pendant ces troubles environ deux mois. Chaque jour, depuis le moment de l'asr jusqu'au coucher du soleil, les Bambara se livraient devant la porte de sa maison, à des jeux de tir à l'arc, frappaient sur leurs tambours et soufflaient dans leurs trompettes. Cela dura jusqu'au jour où la paix fut faite avec les soldats (٤٦). Alors les Bambara rentrèrent dans leur pays sans avoir combattu, fût-ce une seule fois, pour le caïd ʻAbdallah.

De son côté, le caïd Manṣour s'était adressé aux Touareg Tadmekket et à leur chef d'alors, El-Bâqi-ben-Alel, frère de Oghmor et son aîné. Il avait demandé au chef touareg de venir à son aide et celui-ci était accouru suivi de tous ses Touareg. Le caïd les avait logés près de Maʻdoko du côté du nord, sur une place appelée Serkilla-Djînou, c'est-à-dire le mosalla des ancêtres de l'époque de la dynastie Songhaï. Il leur avait installé là des tentes, des tapis, un

1. L'expression est aussi vague dans le texte que dans la traduction. Il faut sans doute entendre que les Touareg soumis autrefois aux Marocains devinrent indépendants.

kerketoun[1] et des tables grandes, nombreuses et bien servies.

Ces Touareg restèrent ainsi auprès du caïd Manṣour. C'étaient eux qui accompagnaient les gens qui allaient à Kabara ou qui en revenaient. Personne, ayant affaire à Kabara, ne pouvait s'y rendre qu'en leur compagnie et sur l'ordre du caïd. Ils restèrent ainsi tout le temps que dura la sédition, gorgés de nourriture et de boisson, recevant vêtements et cadeaux, jusqu'à ce que les haines s'affaiblissant, on fit la paix et on nomma le caïd pacha. Alors El-Bâqi partit avec ses Touareg dans la direction de l'est[2] et mourut peu de temps après son départ. Après sa mort les Touareg Tadmekket choisirent pour chef Oghmor-ben-Alel.

Vers cette époque mourut le Fondoko Djelâdji, seigneur du Mâsina; il eut pour successeur Kidâdo, qui règne encore aujourd'hui. Dieu fasse qu'il vive longtemps dans ce poste. Amen!

Parmi les événements qui se produisirent durant ces troubles, il faut citer des constructions dans les rues de la ville ou des exhaussements de murs de maison dans le but de s'élever pour mieux tirer et se mettre à l'abri des balles des fusils de l'ennemi[3]. On se battait, chaque jour, dans tous les coins de la ville, de tous côtés, dans les rues, sur les places en poussant des cris et des vociférations. Les huttes d'herbes des gens pauvres et des malheureux furent toutes brûlées; les balles, les épieux, les flèches volaient sans nécessité jusqu'au milieu de la ville. On tuait les gens sans le moindre motif alors qu'ils étaient en train de marcher dans la ville. (Nous demandons à Dieu qu'il nous accorde le calme!) Pen-

1. Ce mot ne se trouve pas dans les dictionnaires.

2. Ou : « nord-est », le mot قبلة indiquant au sens strict la direction de la Mecque. En général cependant, au Soudan, ce mot veut dire l'est.

3. La phrase arabe est ambiguë et la traduction n'est pas aussi nette qu'elle devrait l'être.

dant quatre mois, personne ne put plus traverser la place du marché habituel[1], même simplement en passant; aussi l'herbe poussait-elle sur le sol du marché dès qu'il venait à pleuvoir. Plus tard on y bâtit (٤٧) un mur en argile et en briques crues en manière de rempart.

On installa des marchés dans la ville en trois endroits, chacun de ces marchés se tenant un jour différent; l'un d'eux, Boubo-Kaïna, plus grand que le suivant, était affecté aux gens de Sâri-Kaïna; un second, appelé Fintiker[2], était également destiné aux gens de Sâri-Kaïna. Quant au troisième, Askia[3]-Boubo-Kaïna, c'était le plus fréquenté et celui dont l'emplacement était le plus vaste. C'est là que se réunissaient tous les habitants de la ville, du quartier de Sâri-Kaïna et de celui de Sankoré; on y trouvait même des gens du quartier de la grande mosquée qui n'étaient point du nombre des soldats du caïd Manṣour. Les gens du quartier de Kisimo-Benkou tenaient marché dans un endroit appelé Tonkala'a et aussi dans le quartier de la grande mosquée, derrière la maison du caïd Manṣour du côté du nord.

Les habitants de Tombouctou étaient divisés en deux camps : dans un camp on se réjouissait quand le caïd Manṣour était vainqueur; dans l'autre ce même événement attristait.

Quatre caïds avaient fait cause commune avec le caïd Manṣour; ils habitaient dans sa maison et y demeurèrent tout le temps de la sédition. Aucun d'eux ne rentra chez lui avant la fin des troubles et le rétablissement de la paix. Ces caïds étaient : le caïd Yousef, le caïd Ḥoseïn, le caïd El-Mobârek-El-Gharnâṭi et le caïd Bâbâ-Seyyid des Che-

1. Mot à mot : du marché connu. C'est-à-dire le marché qui servait à toute la population.

2. Les deux voyelles *i* sont seules marquées dans le ms.

3. Le texte dit : « Aski », mais cette forme est souvent substituée à celle ordinaire du mot : askia.

râga[1]. Le caïd Bâbâ-Seyyid mourut dans la maison de Manṣour, car sa mort eut lieu avant que la paix ne fût rétablie. Prions Dieu qu'il nous préserve de tous les fléaux qui, de ce moment jusqu'à nos jours, ont affligé la ville bénie!

Tout ceci se passait sous le pachalik du caïd 'Abdallah; mais, bien qu'il se crût souverain depuis le jour de son élection, c'est-à-dire depuis le jour de la mort du caïd Bâch, fils du caïd El-Mobârek, cependant, durant tout ce temps, il ne se rendit pas une seule fois à la casbah. Et ce fut au point que les soldats conclurent d'abord la paix avec le caïd Manṣour et renouvelèrent pendant la nuit la convention avec le caïd 'Abdallah.

A ce moment seulement le caïd 'Abdallah comprit que les troupes l'avaient déposé; il se réconcilia avec le caïd Manṣour tandis que les troupes se réconciliaient avec ce dernier et lui juraient qu'aucun homme parmi elles ne le trahirait. Les soldats lui vendirent[2] ensuite le caïd 'Abdallah qui avait été leur pacha pendant tous ces troubles; puis ils récitèrent la fatiḥa à Manṣour en signe qu'aucun d'eux ne le trahirait et ils lui firent remettre le pouvoir suprême des mains du caïd 'Abdallah. Le caïd 'Abdallah (٤٨) donna l'ordre de retirer de sa maison les sacs[3] de kolas, de les ouvrir et de les distribuer pour marquer qu'il acceptait leur décision.

Cette même nuit, tandis qu'on procédait à la réconciliation, Bâbâ, le fils aîné du caïd 'Abdallah, vint à mourir.

On assure que c'était le caïd Bâ-Ḥaddou et les chefs de l'armée qui avaient été les instigateurs de la sédition à cette époque et que ce furent eux qui trahirent le caïd 'Abdallah et

1. Ou : « Bâbâ-Seyyid-Cherâq ».

2. Par cette vente il faut probablement entendre que Manṣour s'engageait à donner quelque chose en échange du pouvoir qu'on enlevait à 'Abdallah pour le lui transmettre.

3. Le mot employé ici, et dont j'ignore le sens exact, paraît signifier *sac, panier, coffre*.

lui amenèrent le caïd Manṣour dans sa maison ; ils firent leur paix avec ce dernier et lui jurèrent devant le caïd 'Abdallah qu'aucun d'eux ne le trahirait jamais ; par cet acte ils déposèrent l'ancien pacha 'Abdallah. Ils donnèrent ensuite les insignes du pouvoir au caïd Manṣour et reçurent en échange un pot-de-vin qui leur fut remis en secret. Ils lui avaient vendu le caïd 'Abdallah, mais celui-ci, ayant eu soupçon de la chose, fit sa paix avec Manṣour, distribua les sacs dont il a été parlé en son nom et fut ainsi certain que Manṣour ne lui ferait aucun mal et ne lui causerait aucun préjudice[1]. Dieu le préserva en effet de tout mal de la part de Manṣour tant que celui-ci fut au pouvoir.

On rapporte que le caïd 'Abdallah tint le propos suivant à ses familiers : « Dans cette nuit, trois choses douloureuses me sont survenues à la fois en un même instant. D'abord, pendant que j'étais installé chez moi cette nuit-là, le caïd Bâ-Ḥaddou, accompagné des chefs de l'armée, est entré chez moi inopinément, suivi du caïd Manṣour avec qui il venait de se réconcilier. Ils ont de nouveau fait la paix chez moi en ma présence et ont donné à Manṣour la promesse de le faire pacha ; j'ignore de quelle façon ils s'y prendront, car, à mon sens, ils n'ont pas d'autre pacha que moi, et je ne sache pas qu'il y ait eu conflit entre eux et moi, ni que je leur ai fait quoi que ce soit pour qu'ils aient un motif d'agir ainsi à mon égard[2].

Je ne m'étais pas encore séparé d'eux que quelqu'un de ma famille est venu en secret me dire à l'oreille ces mots : Ton fils Bâbâ vient de mourir à l'instant. Peu après cela j'ai

1. Tout ce récit est rédigé d'une façon obscure. Cependant je crois en avoir donné le sens général d'une manière assez complète. Dans cette dernière phrase, la distribution des noix de kola, faite par 'Abdallah au nom de Manṣour, équivalait en réalité à une rançon qu'il lui payait sous cette forme déguisée pour conserver sa liberté et acheter la clémence du pacha.

2. C'est-à-dire : « de me déposer ».

éprouvé une vive douleur[1] d'une dent molaire. Eh! bien, de ces trois choses, celle qui m'a été le plus pénible, c'est la conduite des soldats vis-à-vis de moi lorsqu'ils ont élu le caïd Manṣour. Cela m'a été plus dur et plus sensible que la mort de mon fils Bâbâ et à plus forte raison que mon mal de dent. »

Tels sont les faits qui se passèrent entre le caïd 'Abdallah et les soldats. Ceux-ci s'en allèrent ensuite, le laissant déchu du pouvoir dans sa maison, car il fut évident pour lui (٤٩) qu'il avait été déposé cette nuit-là[2]. Tout son pachalik se passa dans cette sédition qui commença le 24 du mois de rebi' Ier de l'année 1128 (18 mars 1716) et qui dura jusqu'à la première décade du mois de redjeb l'unique de cette même année (21-30 juin 1716).

La quatrième fois que 'Abdallah fut élu pacha, ce fut après la déposition du caïd 'Abdelgheffâr, fils du caïd 'Ali-Et-Tezerkîni, le jeudi de djomada II de l'année 1134 (23 mars 1732). Il partit en expédition avec une partie des troupes seulement, les autres ayant refusé de le suivre et étant restées à Tombouctou ; il marcha contre le bourg de Oukiya[3] pour châtier les fils du caïd Aḥmed-El-Khalîfa qui arrêtaient les voyageurs sur les routes. C'est pour cela[4] qu'il partit avec une partie des troupes seulement.

Il venait à peine d'entrer[5] à Tombouctou que le conflit éclata aussitôt entre lui et ses soldats qui étaient à peine

1. Le texte emploie la singulière expression : « سمعت » dans le sens de percevoir : d'ordinaire ce mot signifie entendre ou entendre dire.

2. La déposition n'avait pas été formelle en effet.

3. Le mot est sans voyelles dans le ms.

4. C'est-à-dire : parce qu'il s'agissait de châtier seulement quelques personnes. A ce motif il faut ajouter le refus d'une partie des troupes, ainsi qu'il est dit plus haut.

5. Le mot employé est طلع, qui signifie « monter » ; il s'agit sans doute de la prise de possession de la casbah et non de l'entrée dans la ville même. Tout ce passage est d'ailleurs singulièrement confus et d'une rédaction déplorable.

installés. Néanmoins il continua sa marche dans ces conditions vers Oukiya, mais là il ne trouva personne, c'est-à-dire ni le lieutenant-général Moḥammed, fils du caïd El-Khalîfa, ni ses frères; ils avaient tous pris la fuite dès qu'ils avaient appris sa venue, se dispersant dans diverses localités et laissant leur bourg vide sans âme qui vive. Le pacha entra dans le bourg et, le trouvant désert, il donna l'ordre de démolir les maisons, de couper les arbres et de détruire les moissons[1]. N'ayant pu s'emparer de personne, il retourna à Tombouctou avec les quelques troupes qu'il avait avec lui et fit son entrée dans la ville le jour de la fête de la rupture du jeûne (14 juillet 1722); il était dès lors déchu et n'entra pas dans la casbah. Il ne fit pas non plus la chevauchée accoutumée autour de la ville et ne se rendit pas au mosalla. Il passa seulement devant la casbah pour regagner sa demeure et, arrivé à la porte de chez lui, il salua les soldats en leur faisant face; puis il leva la main en manière de salut et dit : « Dieu soit loué de ce que vous êtes sains et saufs. » Là-dessus, il rentra chez lui déchu du pouvoir qu'il venait de garder environ quatre mois.

Dans cette expédition, je veux dire dans celle que le caïd 'Abdallah entreprit contre le bourg de Oukiya, le pacha avait emmené avec lui de Tombouctou l'askia El-Mokhtâr-ben-Chems. Arrivé à Oukiya, l'askia, El-Mokhtâr partit un soir en cachette et s'enfuit seul par une nuit obscure, abandonnant sa famille, ses bagages et sa tente. Il marcha jusqu'à ce qu'il arriva dans sa maison au bourg de Kensa; là il groupa autour de lui tous les gens du Songhaï. Cette nuit était celle du mardi 1er du mois vénéré de ramadan, vers la fin de (٥٠) l'année 1134 (15 juin 1722). Le pacha revint ensuite de cette expédition et, après son retour, il fut déposé. On resta alors

1. L'expression arabe est plus large; elle s'applique à tout ce qui est source de produits.

quatre mois sans nommer personne aux fonctions de pacha.

Le 16 du mois de safar de cette même année (6 décembre 1721) avait eu lieu le grand combat que Ghâl-Belboun[1] livra aux enfants du Maghcharen-Koï à Ras-el-Ma et dans lequel il périt beaucoup de monde de diverses tribus. Les troupes du Maghcharen-Koï furent mises en déroute et poursuivies par la cavalerie de Ghâl-Belboun qui les anéantit complètement.

La cinquième fois qu'il fut élu, 'Abdallah se succéda à lui-même[2], car il n'y avait eu personne de nommé après lui; ce fut le vendredi, 3 du mois béni de safar, au début de l'année 1135 (13 novembre 1722). Il conserva le pouvoir environ quatre mois sans faire aucune expédition, puis il fut déposé le vendredi, 13 du mois de djomada Ier au milieu de cette même année (21 mars 1723).

Le vendredi, 2 du brillant mois de cha'bân (8 mai 1723) le caïd Manṣour vint dans la ville de Tombouctou. Il campa à l'ouest de cette localité ayant avec lui nombre d'hommes et de Touareg. Après l'office du vendredi, les notables de Tombouctou, parmi lesquels le cadi Seyyid Aḥmed et d'autres, se rendirent auprès de lui pour le saluer; ils le trouvèrent en cet endroit, lui présentèrent leurs hommages et rentrèrent ensuite chez eux.

Après la prière de l'après-midi, le caïd Bâ-Ḥaddou prit les armes et sortit à la tête de ses soldats pour combattre Manṣour qui avait également ses troupes avec lui. Au moment du déclin du soleil, Manṣour repoussa les assaillants vers la forêt, puis les poursuivit jusqu'à ce qu'ils rentrèrent dans la ville tournant le dos et en fuite. Sa'îd-ben-Moḥammed-Fezzân[3] et Ḥammou-Haddâd furent tués ce jour-là dans la soirée.

1. Ces mots sont sans voyelles dans le ms.
2. En d'autres termes : il revint au pouvoir après un interrègne, sans avoir eu de successeur nommé.
3. Peut-être : Fezzâni.

Enfin le caïd Manṣour pénétra de vive force dans la ville et s'établit dans la maison de El-Ḥâdj-'Abdallah-ben-'Ali-ben-Tâleb-Ibrahim près du lieutenant-général Ḥammedi-ben-Ḥammou dans le voisinage de la porte du marché.

Le feu de la lutte entre Manṣour et le caïd Bâ-Ḥaddou demeura allumé pendant huit mois. Ce fut le caïd 'Abdelgheffâr-ben-'Ali qui fut la cause et l'instigateur de cette sédition parce que le caïd Bâ-Ḥaddou l'avait fait déposer. Il avait alors mandé à Manṣour de venir; celui-ci arriva aussitôt et resta dans la ville environ trois mois, puis il alla au bourg de Tinaouer pour intercepter les communications[1]. Il fut rejoint (٥١) là par tous ceux des soldats qui étaient de son parti, par exemple : Brahim, fils du lieutenant-général Seyyid et tous les siens, Moḥammed, fils du caïd Senîber, fils du caïd Bouya et ses partisans, etc. Son départ avait eu lieu à la fin du mois de dzou'l-qa'da, un des derniers mois de l'année 1135 (fin août 1723) et il séjourna en cet endroit environ trois mois.

Quant aux deux caïds Bâ-Ḥaddou et 'Abdelgheffâr, ils étaient restés à Tombouctou dura ce temps, moitié en bonne harmonie, moitié en état de conflit. Enfin ils commencèrent la lutte ouverte; ils en allumèrent le feu au mois de safar, au début de l'année 1136 (31 octobre-29 novembre 1723), et cela eut lieu de la façon suivante :

Un certain jour du mois dont il vient d'être parlé, le Kabara-Farma 'Abdallah était venu de Kabara au cours de la soirée. Arrivé dans le quartier de la grande mosquée, il y pénétra, ayant avec lui ses soldats et ceux du caïd Bâ-Ḥaddou. Ses hommes ayant tué deux soldats du caïd 'Abdelgheffâr qui se trouvaient à ce moment dans le quartier, Senîber-ben-Qâder et 'Abdallah-ben-'Aïcha, le caïd 'Abdelgheffâr fit

1. Mot à mot : « couper le chemin », c'est-à-dire dévaliser les passants ou les empêcher de poursuivre leur route.

aussitôt ses préparatifs et résolut, dans cette même soirée, d'entamer l'action contre le caïd Bâ-Ḥaddou.

En conséquence il manda au caïd Manṣour de lui envoyer des hommes de renfort et celui-ci lui expédia son frère Ḥammedi et le caïd Sa'îd avec un corps de troupes. Ces renforts, venus de Tinaouer, arrivèrent à Tombouctou le vendredi soir durant ce mois[1], c'est-à-dire au cours du mois de safar de l'année 1136. Le lendemain, ils atteignirent la maison d'un hôte du caïd Bâ-Ḥaddou, un nommé Billi-Ḥasen-Djaḥchi; ils y pénétrèrent et y firent un butin considérable de toutes les choses qu'ils trouvèrent là en quantité : étoffes, sel et *leghbou*[2].

Quant à Billi-Ḥassen-Djaḥchi, le maître de la maison, il était en voyage et on ne le trouva pas chez lui. Il était parti, emportant des marchandises bien plus considérables que celles qu'il avait laissées chez lui avant de se mettre en route. C'était un grand négociant[2]. Ainsi quand il s'était mis en route, son hôte le caïd Bâ-Ḥaddou lui avait dit : « Puisque vous partez en voyage, indiquez-moi le nombre d'hommes armés de fusils que je dois commettre à la garde de ce que vous laissez. — Je ne laisse rien de bien important, avait il répondu, aussi vais-je simplement mettre mes esclaves pour garder tout cela. »

C'est alors que Ḥammedi[3], fils du caïd Senîber, et le caïd Sa'îd, suivis de leurs soldats et de leurs misérables esclaves, arrivèrent la nuit qui vient d'être indiquée, attaquèrent la maison au moment du crépuscule et, n'y trouvant personne (٥٢) sinon les esclaves du maître de la maison Billi-Ḥasen, ils y pénétrèrent.

Dès que le jour vint, le caïd Bâ-Ḥaddou envoya du monde

1. On ne dit pas le quantième. Cette omission se rencontre assez souvent.
2. J'ignore la valeur de ce mot qui, malgré une certaine ressemblance de son, ne paraît pas être le laghbi ou laghmi, vin fait avec la sève du palmier.
3. Mot à mot : un négociant accompli.

pour chasser les gens qui avaient attaqué la maison et un vif combat s'engagea ce matin-là entre les deux partis. Puis Ḥammedi et ses compagnons retournèrent dans la maison, s'y installèrent au milieu des richesses qu'elles contenait, les abîmèrent et les dispersèrent à l'est et à l'ouest dans toute la ville. Ils avaient mis la maison à sac[1].

Tandis que le caïd ʿAbdelgheffâr envoyait environ vingt hommes armés de fusils dans la maison de Brahim-ben-Boumo-Qâṭ, le caïd Bâ-Ḥaddou en faisait autant pour la maison de El-Ḥâdj-ʿAbdallah-ben-El-Ḥasen et[2] celle de El-Ḥâdj-Aḥmed-ben-Ḥammou. Pendant la durée de ce conflit, il se livra entre les deux partis, à maintes reprises, de rudes combats, de terribles et nombreux engagements.

Un certain jour, entre autres, il y eut une bataille très vive. On assure à ce sujet que le caïd Bà-Ḥaddou se rendit à la maison de El-Ḥâdj-Bou-Ṭàher et, s'en approchant par derrière, il donna l'ordre d'y pratiquer une brèche. Cette brèche ouverte, on pénétra dans la maison et on y pilla les biens de la femme de El-Ḥâdj-ben-Ṭàher. On se porta ensuite vers la maison du caïd ʿAbdelgheffâr, mais on ne réussit pas à s'en emparer, les gens qui l'habitaient s'étant aperçus que l'on s'approchait. Alors on s'éloigna sans avoir obtenu le moindre succès et l'on regagna la maison de El-Ḥâdj-Bou-Ṭâher à l'intérieur de laquelle on s'installa. Ce fut à ce moment que Ḥammedi, le fils du Kabara-Farma, fut tué.

A la suite de ces événements le caïd ʿAbdelgheffâr expédia un messager à Tinaouer au caïd Manṣour, lui demandant de nouveaux renforts en hommes pour soutenir la lutte et il donna l'ordre au messager de raconter au caïd Manṣour

1. Le mot du texte n'existe pas; peut-être a-t-on voulu écrire تبيارًا pour تبييرًا.

2. La copule *et* manque dans le ms.

tout ce qui s'était passé le jour où le caïd Bâ-Ḥaddou avait pénétré dans la maison de El-Ḥâdj-Bou-Ṭâher.

On assure que le caïd Manṣour, après avoir entendu les paroles que lui avait fait tenir le caïd ʿAbdelgheffâr, répondit de la manière suivante : « Il n'a encore rien vu, ni rien aperçu, et il n'ose déjà plus rester chez lui. Dès qu'il verra quelque chose il ne saura faire autrement que de prendre la fuite, de se réfugier auprès de nous en abandonnant sa femme, ses enfants et tout ce qu'il possède sans chercher à les défendre. Il va sûrement arriver encore chez nous aussitôt qu'on lui aura fait voir des choses plus graves et plus sérieuses[1]. »

Lorsqu'on rapporta cette réponse au caïd ʿAbdelgheffâr, celui-ci eut le cœur brisé ; il perdit courage, négligea ses affaires et cessa de déployer de l'activité dans la lutte qu'il avait entreprise contre le caïd Bâ-Ḥaddou. Il comprit que Manṣour lui était plus hostile que le caïd Bâ-Ḥaddou. Dans ces conditions il s'abstint dorénavant de prendre part au conflit et de continuer à lutter contre le caïd Bâ-Ḥaddou et l'inimitié commença entre lui et le caïd (٥٣) Manṣour à partir de ce jour. En même temps il se rapprocha du caïd Bâ-Ḥaddou et fit de nouveau amitié avec lui.

L'inimitié du caïd Manṣour contre le caïd ʿAbdelgheffâr avait une cause ancienne. Il l'avait dissimulée jusqu'au moment où il avait prononcé la réponse indiquée ci-dessus. Il prétendait que le caïd ʿAbdelgheffâr lui avait expédié un messager lui demandant de venir à Tombouctou et lui avait promis par l'organe de ce messager de l'aider de toutes ses forces et en toutes circonstances contre le caïd Bâ-Ḥaddou s'il entreprenait de lutter contre lui.

1. Le style de cette réponse est si pitoyable qu'il n'est pas sûr que le sens exact en ait été reproduit dans la traduction. Il se pourrait d'ailleurs que la réponse fût obscure à dessein.

Répondant à cet appel, Manṣour s'était rendu à Tombouctou, et le soir même de son arrivée dans cette ville il avait eu une rencontre avec Bâ-Ḥaddou et lui avait livré combat. Le caïd ʿAbdelgheffâr ne lui avait point prêté un secours efficace contre le caïd Bâ-Ḥaddou, bien qu'il en eût pris l'engagement[1] par l'intermédiaire du messager qu'il avait envoyé.

Manṣour n'avait donc pas trouvé chez ʿAbdelgheffâr ni l'appui, ni l'énergie, ni l'effort qu'il en attendait; aussi après un séjour d'environ trois mois à Tombouctou il avait abandonné son allié et s'était rendu dans le bourg de Tinaouer où ses hommes l'avaient rejoint. Ceux-ci s'étaient alors installés dans cette localité pour y arrêter et dévaliser tous ceux qui passeraient sur le Fleuve en cet endroit.

A cette époque Manṣour s'empara de plusieurs embarcations venues de Dienné. Parmi elles se trouvaient : celles du jurisconsulte Bâbâ-Sayo[2], fils du jurisconsulte Abker[3]-ben-Sayo, fils du jurisconsulte, le cadi Moḥammed-Djem, cadi du Mâsina; celle d'El-Mokhtâr, fils du patron[4] El-Amîn-ben-Ṭâgh, l'architecte; celle d'un individu de Maulaï-Akhâf, un nommé Seyyid-ʿAbdelqâder, si je ne me trompe; on lui enleva tout son or et le malheureux perdit la raison et devint[5] fou à la suite de la prise de son embarcation.

En faisant appel à Manṣour, le caïd ʿAbdelgheffâr n'avait d'autre but véritable que de vouloir se venger du caïd Bâ-

1. Le texte porte : عاهدته qui est sûrement pour عاهده. Ce changement du *d* en *t* est assez fréquent chez les populations d'origine berbère et par suite chez ceux qui ont appris d'eux la langue arabe. Ce pourrait être, il est vrai, un simple *lapsus calami* du copiste.

2. Telle est l'orthographe donnée de ce nom par le ms.

3. Probablement : Abou-Bekr.

4. Dans le sens de maître ouvrier.

5. Au lieu de احتبل que porte le ms., je lis : اهتبل qui semble plus en rapport avec le sens général.

Ḥaddou qui l'avait fait destituer du pachalik et c'est pourquoi, quand Manṣour était venu, il l'avait laissé tête à tête avec ce dernier. De là alors la colère du caïd Manṣour et son départ pour Tinaouer. Ce fut après cela qu'il lui lança la réponse citée ci-dessus qu'il fit au messager que 'Abdelgheffâr lui avait envoyé.

Le vendredi, 18 du mois de rebi' Ier de l'année 1136 (16 décembre 1723), le caïd Manṣour sortit de Tinaouer avec ses hommes et, montés sur des embarcations, ils se dirigèrent tous du côté de Kabara. Quand ils furent près de cette dernière ville et que les habitants de la localité les eurent aperçus, le Kabara-Farma, suivi de ses hommes, se porta au-devant d'eux dans des embarcations et une rencontre eut lieu à Raḥbet[1]-Daï, sur le (ﻉﻩ) Fleuve, au moment des hautes eaux, pendant la saison pluvieuse. Un violent combat, s'engagea entre eux sur le Fleuve. A la suite de ce combat le caïd Manṣour retourna en arrière jusqu'au village de Amzâgho où il débarqua et resta quelques jours, tandis que le Kabara-Farma faisait bonne garde contre lui à Kabara.

Le conflit avait alors lieu à Tombouctou entre le caïd 'Abdelgheffâr et le caïd Bâ-Ḥaddou ; mais bientôt l'honorable jurisconsulte, le cadi Seyyid-Aḥmed, fils du jurisconsulte, le cadi Ibrahim, s'interposa entre eux et aidé des jurisconsultes et des ulémas de la ville il les fit se réconcilier le mercredi, 23 du mois de rebi' Ier de cette année (21 décembre 1723). Dès que le caïd 'Abdelgheffâr eut fait sa paix avec le caïd Bâ-Ḥaddou, il ne s'inquiéta plus du caïd Manṣour, l'abandonna où il était jusqu'au jour où celui-ci mourut ainsi que tous les siens.

1. Le mot *raḥba* signifie « place » et « marché ». Il se pourrait donc que Daï seul fût le nom d'une localité située sur le bord du Fleuve. Mais ce nom pourrait être aussi celui d'une partie du Fleuve, le combat ayant lieu sur des barques.

Une rencontre eut lieu ensuite entre le caïd ʿAbdelgheffâr et le caïd Bâ-Ḥaddou dans la maison du caïd Yousef, le vendredi 25 du mois (23 décembre 1723) et ce jour-là encore ils refirent la paix, en sorte qu'il ne resta plus entre eux ni peu ni beaucoup de haine ou d'inimitié. Cette réconciliation fut vraiment cordiale et dura jusqu'à la mort de ces deux personnages (Dieu leur fasse miséricorde !).

La dimanche ou le lundi, je ne sais au juste, 12 du mois de rebiʿ II (9 janvier 1724), mourut le jurisconsulte Moḥammed-El-Amin, fils du cadi Seyyid-Aḥmed (Dieu lui fasse miséricorde! Amen!). Ce Moḥammed avait fait un cours[1] sur livre de *Ech-Chifa* du cadi ʿIyâḍ durant environ trois ans et ce cours avait lieu pendant le mois de ramadan dans la mosquée de Sankoré. Il mourut âgé d'environ vingt-neuf ans.

Au mois de djomada Ier de cette année (27 janvier-26 février 1724), mourut le ḥâkem Seyyid-Moḥammed-ben-Et-Tinghârasi (Dieu lui fasse miséricorde!). Il était âgé d'environ trente-trois ans. Au cours du même mois mourut Maulaï[2]-ben-Maulaï-El-Kebir-ben-ʿAbderraḥman (Dieu lui fasse miséricorde! Amen!). Qu'en échange de la vie de ce monde Dieu lui accorde les délices du Paradis! le jour où il mourut il avait vingt-trois ans.

Le dernier jour du mois qui vient d'être dit, au cours de l'année 1136 (25 février 1724), mourut l'askia El-Mokhtâr-ben-Chems, fils de l'askia Ismaïl, fils de l'askia Moḥammed-Bâno, fils de l'askia Daoud (••), fils du prince Askia-El-Ḥâdj-Moḥammed (Dieu lui fasse miséricorde!). Il mourut dans la ville de Kensa où il avait habité pendant un an et

1. Il s'agit peut-être d'une simple lecture du texte avec de légères explications, bien que le mot employé signifie « faire un cours ».

2. Il manque sans doute un nom après le mot Maulaï.

neuf mois après s'être réfugié dans ce bourg lorsqu'il avait abandonné la colonne du caïd 'Abdallah.

Au mois de djomada II (26 février-26 mars 1724), si je ne me trompe, des Touareg, autres que les Tadmekket, vinrent dans la ville de Tombouctou amenant des bœufs et des moutons en quantité telle que Dieu seul en sait le nombre. Ils venaient les échanger contre des confections[1], des peaux, des vêtements, etc. Quand ils les virent arriver, les habitants de la ville se hâtèrent d'aller les voir en foule. Mais aussitôt qu'ils furent installés en très grand nombre auprès des Touareg, dans la campagne, ceux-ci se jetèrent sur eux, les dépouillèrent de leurs vêtements et les laissèrent tout nus.

Le nombre de ceux qui furent ainsi dépouillés ce jour-là, d'après une note écrite de la main de mon père (Dieu lui fasse miséricorde!), fut de cent soixante-treize, tant hommes que femmes. Ce même jour les Touareg tuèrent El-Khalîfa-ben-'Abdellaṭif-ben-Bahroun et la servante de Omm-Salîm, fille de l'imâm Ṣâliḥ. Ils emmenèrent avec un certain nombre de ceux qu'ils avaient dépouillés et les renvoyèrent ensuite dans la ville.

Au moment où eut lieu cette aventure il n'y avait dans notre ville de Tombouctou ni gouverneur, ni ḥâkem. Il restait bien les soldats, mais ils n'avaient élu personne depuis qu'ils avaient déposé le caïd 'Abdallah-ben-El-Ḥâdj au mois de djomada Ier de l'année 1135 (7 février-9 mars 1728). Et, après cet événement, ils restèrent quatre ans sans choisir de chef.

Jamais on n'était resté aussi longtemps sans pacha qu'à ce moment, depuis l'époque où le pacha Djouder était venu

1. Ce passage est fort douteux, le mot traduit par *échange* n'étant écrit qu'à moitié dans le ms., si toutefois il n'y a pas erreur de lecture; en outre, le mot traduit par *confections* est en réalité le mot *tailleurs* au pluriel.

au Soudan. En somme, on demeura environ[1] quatre ans sans pacha ou seulement, en comptant exactement le nombre des mois, trois ans et six mois.

La sixième fois qu'ʿAbdallah fut appelé au pouvoir suprême, ce fut le mardi, 5 du mois de rebiʿ Ier de l'année 1140 (21 octobre 1727); il succéda au caïd ʿAbderraḥman, fils du caïd Aḥmed-ben-ʿAli-Et-Tezerkîni qui, après être resté quatre mois et treize jours en fonctions, fut déposé en l'année 1139 au mois de djomada Ier (25 décembre 1726-24 janvier 1727). ʿAbderraḥman n'eut d'autre successeur[2] que le caïd ʿAbdallah, dont nous parlons, lors de sa sixième élévation au pachalik (٥٦).

Ce fut durant ce pachalik que ʿAbdallah, au mois de rebiʿ II, fit tuer Bâbâ-Cherâg, fils du lieutenant-général Sana[3]-Torkâdj et qu'il le fit enfouir dans les écuries. Le mercredi, 26 de ce même mois (11 décembre 1727), après être resté un mois entier en fonctions, ʿAbdallah fut de nouveau déposé.

La septième élection de ʿAbdallah eut lieu après la troisième déposition du caïd Yousef-ben-ʿAbdallah, dans la soirée du lundi, dernier jour du mois brillant de chaʿban de l'année 1142 (19 mars 1730). Voici quelle fut la cause de son élection cette fois-là. Le lieutenant-général Moḥammed, fils du caïd Aḥmed-El-Khalîfa, avait coupé les communications des musulmans[4] et s'était emparé d'une barque de Dienné qui appartenait aux enfants de El-Ḥâdj-Bou-Ṭâher, puis d'une autre barque venant de Tombouctou à Seyyid-

1. Mot à mot : « quatre ans de date », c'est-à-dire du millésime 1135 au millésime 1139.

2. Ou en d'autres termes : il y eut un interrègne entre ʿAbderraḥman et ʿAbdallah et personne ne fut nommé pacha dans l'intervalle.

3. Le ms. donne les voyelles de ce nom, qui pourrait être aussi le mot « San » signifiant « maître ».

4. Mot à mot : « coupé la route ».

Moḥammed-ben-Chayyib. Dans cette dernière barque se trouvait ʿAbdelmalek-ben-Et-Tingharâsi,[1] fils de la fille du caïd Mâmi-El-ʿEuldji et dans la première, c'est-à-dire celle des enfants de El-Ḥâdj-Bou-Ṭâher, se trouvait le fils de celui-ci, ʿAbdelqâder. On avait donc pillé le chargement de ces deux barques et on s'en était emparé.

La nouvelle de cet événement parvint au Kabara-Farma ʿAbdallah pendant qu'il était à Kabara et lui fut communiquée le dernier jour du mois de chaʿban, le huitième mois de l'année 1142 (19 mars 1730). Le soir même, le Kabara-Farma expédia à Tombouctou un courrier porteur d'une dépêche adressée par lui au cadi Seyyid-Aḥmed, à l'armée tout entière et aux négociants. Dans cette dépêche il leur racontait ce qui venait de se passer et les invitait à élire un pacha dès qu'ils auraient lu la teneur de sa missive.

Le courrier ayant transmis au cadi, à l'armée et aux négociants la dépêche, ceux-ci se réunirent, lurent la lettre du Kabara-Farma et convinrent aussitôt de nommer pacha le caïd ʿAbdallah et de lui donner l'investiture. Le Kabara-Farma, dans sa lettre, disait que si on ne nommait pas sur l'heure et à l'instant même un pacha, tous les hôtes négociants[1] qu'il avait à Kabara partiraient immédiatement et iraient s'établir là-bas à Tombouctou. C'est pour cela que les soldats se réunirent, convoquèrent le cadi Seyyid-Aḥmed, lurent la lettre et, sans désemparer, convinrent de nommer ʿAbdallah pacha et l'investirent de ses fonctions dans la soirée même.

Durant ce dernier pachalik, ʿAbdallah nomma aux fonctions d'askia, l'askia El-Ḥâdj, fils de l'askia Bokar, fils de l'askia Moḥammed-Ṣâdeq, fils de l'askia Boubeker, fils du

1. Les riches négociants étaient les hôtes des hauts fonctionnaires qui les logeaient et les protégeaient. Il n'y avait d'ailleurs ni caravanérails, ni fondouq, ni hôtels où les étrangers pussent descendre.

Balama' Ṣadeq, fils du prince Askia-Daoud, fils du prince des Croyants Askia-El-Ḥâdj-Moḥammed. Cette nomination fut faite en (٥٧) conseil[1] par le pacha 'Abdallah-ben-El-Ḥâdj, c'est-à-dire en l'année 1142.

Au mois de chaouâl de cette année (19 avril-18 mai 1730) il arriva une grande caravane de marchands de sel Azlaï[2]. Les soldats refusèrent de les laisser entrer dans la ville et les obligèrent à demeurer sur place à Abrâz pendant deux mois environ. Les marchands de sel ne purent pénétrer dans Tombouctou qu'après la déposition du pacha. Toutefois dès le mois de dzou'l-hiddja, le dernier des mois de cette année (17 juin-17 juillet 1730), on leva l'interdiction qui pesait sur eux et on en laissa entrer quelques-uns isolément. Le pacha fut déposé à la fin du mois précité (milieu du mois de juillet 1730).

'Abdallah avait résolu de faire une expédition contre Oukiya et il avait déjà expédié dans ce but sa tente au port. C'était, dit-on, après les prières de la fête de la rupture du jeûne[3] que cela avait été décidé. Lorsqu'au mois de dzou'l-hiddja, il voulut se mettre en route avec les troupes et accomplir son dessein, celles-ci refusèrent de le suivre et le déposèrent. Il était resté cette fois en fonctions environ trois mois et demi. Ce fut la dernière fois qu'il fut élu et jusqu'à sa mort, il ne reprit plus le pouvoir. On ne trouve pas d'autre pacha que lui seul qui ait exercé ainsi l'autorité à sept reprises différentes.

'Ammâr, fils du caïd Sa'ïd-Bokarnâ, fils du pacha Mo-

1. Le texte porte « conseil », mais il se pourrait qu'il fallût lire « mois » et alors les mots « c'est-à-dire » se comprendraient mieux.

2. Ce mot, dans le texte, peut aussi bien se rapporter aux marchands qu'au sel qu'ils apportaient.

3. Au commencement du mois de chaoual, le 10e mois de l'année musulmane; or le mois de dzou'l-hiddja étant le 12e de l'année, c'était donc plus de deux mois après la résolution prise que l'expédition devait se mettre en marche, sans aboutir d'ailleurs, ainsi que cela est dit. Le texte de ce passage est assez ambigu par suite de sa mauvaise rédaction.

ḥammed-ben-Moḥammed-ben-'Otsmân-El-Ya'qoubi-Ech-Chergui[1]. — Il succéda au caïd 'Abdallah-ben-El-Ḥâdj lorsque celui-ci fut déposé pour la première fois au mois de dzou'l-hiddja, dernier des mois de l'année 1125 (19 décembre 1713-17 janvier 1714). Il ne conserva ses fonctions que vingt-cinq jours, ayant été déposé au mois de moḥarrem de l'année 1126 (17 janvier-16 février 1714). Il fut le dernier des pachas appartenant à la division de Cherâga ; aucun des membres de cette division ne fut, en effet, dans la suite appelé au souverain pouvoir.

'Abdelgheffâr, fils du caïd 'Ali-ben-Moḥammed-ben-'Abdallah-Et-Tezerkîni. — Élevé au pouvoir après la déposition du caïd Bâ-Ḥaddou, le samedi, 17 du mois sacré de dzou'l-hiddja, le dernier des mois de l'année 1133 (23 septembre-22 octobre 1721), il conserva le pachalik environ cinq mois. Il ne fit faire aucune expédition durant ce temps et il fut déposé au mois de djomada Ier de l'année 1134 (17 février-19 mars 1722). Ce fut cette déposition qui le fit entrer en lutte contre le caïd Bâ-Ḥaddou, et fit qu'il lui préféra le pacha Manṣour.

'Abderraḥman, fils du généreux caïd, le père des sultans[2], Ḥammedi-ben-'Ali-ben-Moḥammed-ben-'Abdallah (٥٨)-Et-Tezerkîni. — Il fut nommé pacha après la déposition du caïd Maḥmoud, fils du caïd Moḥammed-Bouya, le jeudi, 15 du mois de moḥarrem, le premier mois de l'année 1139 (12 septembre 1726). Aussitôt élu, il convoqua les négociants et leur imposa une contribution de 4.000 mitsqâl ; puis il prit sur cette somme 2.500 mitsqâl pour lui, après avoir renoncé à son entreprise[3].

1. Le mot « puis » est intercalé entre cet ethnique et le précédent ; ces deux ethniques doivent se rapporter à 'Otsman qui était des Cherâga et de la fraction des Oulad-Ya'qoub.

2. « Père des pachas » serait plus juste.

3. Cette dernière phrase est fort obscure ; le sens de la traduction n'est pas

Ensuite il expédia des messagers vers les villes de Benba, Kâgho, Kîso pour convoquer les soldats qui s'y trouvaient. Tous les soldats vinrent et répondirent à son appel, mais le pacha ne les utilisant point et ne leur donnant rien en fait d'argent, ils retournèrent dans les pays d'où ils venaient.

Le pacha envoya Ḥammedi, fils du caïd Senîber-ben-Manṣour du côté de la ville de Benba. Celui-ci, en y arrivant, trouva qu'un conflit avait éclaté entre le caïd El-Ḥarîr[1] et son cousin[2] Qâder, un des petits-fils de Aḥmed-Souâq[3]. Les Touareg Tadmekket s'étaient rangés du côté du caïd El-Ḥarîr qui avait avec lui tous les Touareg Tadmekket sans exception et en outre tous leurs partisans qui n'étaient point de la fraction des Tadmekket et qui habitaient en dehors de la ville de Benba. Quant à son frère Qâder et à la totalité des soldats marocains de Benba, ils avaient avec eux les Touareg Ouldi-Alen[4] et aussi tous les Touareg du Gourma sans exception.

En somme, quand Ḥammedi, fils du caïd Senîber, arriva dans le pays, le conflit avait éclaté, s'était développé et était en pleine activité ; mais cependant aucun combat n'avait eu lieu entre les deux partis ; ils n'avaient point encore bougé bien qu'il ne leur restât plus qu'à se jeter les uns sur les autres.

Ḥammedi prit parti dans le conflit et fit cause commune avec Qâder et les habitants de Benba ; il devint même leur chef dirigeant dans le conflit, à tel point qu'on prétend que les

absolument certain. La contribution avait été imposée en vue d'une expédition, mais on ne dit pas laquelle.

1. Ce nom écrit deux fois ainsi est donné une troisième fois avec la forme El Ḥarîrî.

2. Plus loin il y a « son frère ». Peut-être le mot « cousin » est-il pris ici dans son sens vulgaire de concitoyen, collègue.

3. Il se pourrait qu'il fallût lire : « Cherâg » et que le copiste eût mal lu le ms. sur lequel il copiait.

4. Les voyelles de ce nom sont indiquées plus loin dans le ms.

Touareg Tadmekket et le caïd El-Ḥarîr lui adressèrent un messager dans la ville de Benba pour lui demander de ne point s'immiscer dans leur conflit et leur querelle et de ne point venir en aide ni aux uns, ni aux autres. « Si, lui firent-ils dire, vous voulez ne vous mettre avec aucun de nous, nous vous donnerons une somme d'argent. Votre rôle ici est celui d'envoyé du pacha[1]. »

Ḥammedi refusa la proposition qui lui était faite et ne voulut rien entendre. Il entra donc dans le conflit avec tous ceux qu'il avait amenés à sa suite et fut cause de leur perte, car ils périrent tous dans la lutte, sauf cinq ou sept personnes, en sorte que de tous ceux qui étaient partis avec lui, il ne ramena à Tombouctou que le petit nombre d'hommes seulement que nous venons de dire.

Quand Ḥammedi revint à Tombouctou, le pacha venait d'être déposé. Quant à lui, il y revenait en déroute, ayant laissé tous ses hommes à Aghendel. Parmi ceux qui avaient péri dans cette défaite figuraient le lieutenant-général Ṭâgh, fils du frère du caïd Bâchâ, fils du caïd El-Mobârek-ben-Manṣour, ci-dessus dénommé ; le caïd (٥٩) 'Ali et son frère 'Abdelqâder, tous deux fils du caïd Yousef-ben-'Abdallah-Ed-Der'i ; 'Abdelaziz, fils du lieutenant-général Seyyid-El-Haddâdji ; Aḥmed-ben-El-Fa'-Maḥmoud-ben-Bâbâ, frère de 'Otsmân-ben-Bâbâ, un des gens[2] de la grande mosquée ; deux harṭâni[3], fils du pacha Manṣour, et d'autres dont je ne connais pas les noms.

Revenons maintenant à l'achèvement de notre récit à partir du moment où les soldats marocains étaient sortis de

1. On ne dit pas pourquoi Ḥammedi avait été envoyé par le pacha. Il se pourrait que l'expédition à laquelle il a été fait allusion plus haut et qui avait été ajournée eût eu pour objectif Benba, et Ḥammedi aurait alors agi en vertu d'instructions secrètes du pacha.

2. Dans le sens « d'habitants du quartier », plutôt que dans celui de personnel attaché à la mosquée.

3. On voit par ce passage que le nom de harṭani était donné à des métis.

Benba ainsi que Ḥammedi, fils du caïd Seniber, dont il a été déjà question. Qâder sortit donc de Benba avec ses soldats contre les Touareg Tademekket pour leur livrer combat, Ḥammedi marchant à leur tête. La bataille s'engagea dans un endroit nommé Aghendel. Au moment du contact, Ḥammedi chargea en personne contre les Touareg Tadmekket; il se jeta résolument sur eux, s'enfonça jusque dans leurs rangs et là, entouré de tous côtés, il fut assailli d'une grêle générale de javelots sans cependant être le moins du monde atteint.

Les Tadmekket vainqueurs firent un grand carnage de leurs adversaires et peu s'en fallut qu'ils ne les exterminassent jusqu'au dernier. Tous ceux qui furent tués dans cette rencontre étaient ou des soldats marocains ou des Soudanais[1]. Les Tadmekket tuèrent ce jour-là les chefs de l'armée de Benba, entre autres le caïd Aḥmed, fils du caïd Bâbâ-Kedâdj, et divers personnages aussi considérables, caïds ou lieutenants-généraux. Ils ruinèrent Benba et tuèrent également ce jour-là Ma'n-ould-Faṭima-bent-'Ali, un des hommes[2] de Ḥammedi, fils du caïd Senîber.

Quant aux Touareg Ouldi-Alen, ils ne résistèrent pas à l'attaque. Ils tournèrent le dos, lancèrent leurs chevaux dans le Fleuve et s'enfuirent en faisant nager leurs montures sur les eaux. Un certain nombre d'entre eux réussit à s'échapper; d'autres, après être entrés dans le Fleuve et avoir nagé, furent atteints par derrière au moment où ils gagnaient l'autre rive et tués aussitôt. Bien peu de soldats[3] de Benba échappèrent à la mort.

Le pacha fut déposé au mois de djomada Ier de l'année 1139 (25 décembre 1726-24 janvier 1727); sa déposition

1. Aucun Touareg Takmekket n'avait donc péri dans ce combat. Les Touareg Ouldi-Alen ne furent atteints que dans leur fuite, ainsi qu'il est dit ci-dessous.
2. Dans le sens de personnage de marque.
3. Le mot « soldat » tout court indique toujours les Marocains.

eut lieu vers la fin du mois. Il était resté en fonctions quatre mois et treize jours.

'Abderrahman, fils du caïd Ḥammedi-Zenka, fils du Kabara-Farma 'Abderraḥman-ben-'Ali-El-Mobârek-Ed-Der'i. — Il fut surnommé Bâbâ-Seyyid et fut élu après la déposition du caïd Yaḥya, fils du caïd Ḥammedi-ben-'Ali-Et-Tezerkîni, le dimanche, 13 du mois de djomada Ier de l'année 1153 (6 août 1640). Au moment de son élection il était caïd des Beni-Sa'doun. Aucun autre caïd de cette tribu ne fut élu pacha depuis cette époque jusqu'à ce jour (٦٠).

La nuit du mardi, 5 du mois de redjeb l'unique de cette année (26 septembre 1740), vers le moment du crépuscule, mourut le caïd Ḥammedi-ben-El-Fa'-Mansour, fils du caïd Moḥammed-ben-'Ali-El-Mobârek-Ed-Der'i.

Le pacha 'Abderraḥman fut déposé le dimanche, 21 du mois vénéré de ramadan (10 décembre 1740), après être resté en fonctions cinq mois. Il fut de nouveau réélu[1] le mercredi, 22 du mois de djomada Ier de l'année 1158 (22 juin 1745). Il voulut alors imposer une contribution aux négociants, mais ceux-ci refusèrent et le déposèrent[2] le mercredi, 28 du mois de cha'ban de cette même année (25 septembre 1745). Il avait cette fois-là exercé le pachalik quatre mois.

'Abdelgheffâr, fils du lieutenant-général Ousâma, fils du caïd 'Ali-ben-Moḥammed-ben-'Abdallah-Et-Tezerkîni, surnommé San-Ho'ai[3]. — Il fut élevé au pachalik après la déposition du caïd Maḥmoud, fils du caïd Senîber, fils du caïd Moḥammed-Bouya, le mercredi, 6 du mois de rebi' Ier de

1. Le texte porte le mot ثم qui semble indiquer que la date n'est pas certaine et qu'il y avait une indication différente fournie par un autre document; il y aurait dans ce cas une omission de la part du copiste.

2. Ou : « le firent déposer »; cette seconde leçon est sans doute préférable, car il est peu vraisemblable que l'armée eût abandonné le droit qu'elle s'était arrogé.

3. Beaucoup de pachas recevaient un surnom en langue soudanaise; « san » signifie « maître ».

l'année 1161 (6 mars 1748). Avant cette nomination il était lieutenant-général de la division de Fez à laquelle il appartenait. Aussitôt appelé aux fonctions de pacha, il nomma son collègue[1] et cousin paternel Bâbâ-ben-Manṣour, fils du caïd 'Ali, lieutenant-général de la division de Fez; et il institua Moḥammed-Ramḍan, fils du caïd Aḥmed-Zenka, en qualité de lieutenant-général de la division de Merrâkech.

Le jour du mercredi, 13 du mois précité (13 mars), il convoqua les négociants et leur imposa une contribution de 4.000 mitsqâl d'or. Ceux-ci la versèrent sans faire la moindre observation à cause de la crainte et du respect naturels[2] que leur inspirait le pacha. 'Abdelgheffâr distribua cette somme aux troupes; chacun des principaux chefs reçut 200 mitsqâl, ceux d'un ordre inférieur, 150. Ceux qui avaient un grade subalterne n'eurent qu'un qarouï[3]. Il distribua également des costumes[4] à ceux qui avaient coutume d'en recevoir, caïds, lieutenants-généraux, gardes[5], huissiers, valets de chambre, chefs d'écurie, les soixante[6], les zemmâm[7], et même les Kachena[8] et les flûtistes.

1. Le texte dit « frère »; ce mot est pris dans le sens de collègue puisque Bâbâ-ben-Manṣour était véritablement le cousin du pacha.

2. Mot à mot : « que Dieu lui avait donnés »; la locution habituelle pour exprimer qu'une chose est naturelle, c'est de dire qu'elle vient de Dieu.

3. Ce mot paraît désigner ici une fraction du mitsqâl. D'ordinaire il s'emploie pour indiquer une mesure de grains, olives et autres fruits.

4. Les musulmans se servent du costume comme insigne d'une fonction ou encore comme récompense honorifique. En Algérie on emploie encore le burnous dit d'investiture, lorsqu'on confère un grade à un fonctionnaire indigène.

5. Ou : personnages de la garde particulière.

6. On trouvera plus loin une indication sur la valeur de ce terme employé pour désigner certains fonctionnaires de la cour du pacha.

7. Le mot du texte, s'il est exactement écrit, se rapporterait au temps et équivaudrait à agent chargé d'établir les dates, ce qui s'expliquerait dans un pays où les calendriers n'existaient pas. Toutefois, je crois plutôt à une erreur de copie et lis زمّام; le mot signifierait alors « celui qui était chargé de la tenue des registres ».

8. Le mot Kachena est un nom de pays. Ici il signifie sans doute musicien ou griot.

La coutume voulait que les riches étoffes fussent seulement données aux caïds, par exemple; d'autres, comme les lieutenants-généraux, recevaient des étoffes de soie; certains, des étoffes lustrées, ou des étoffes de Khomachi[1] rouge, des étoffes de Roum[2], ou du drap (١١), ce dernier réservé à ceux qui portaient le cafetan. Et chacun n'avait droit qu'à des étoffes de sa catégorie, rouge, jaune, verte ou noire. Cette fois, ils en reçurent de toutes les sortes sans exception[3]. Dieu soit béni, lui qui est le meilleur des créateurs, et qu'il soit loué de tout ceci!

Le vendredi, 5 du mois de djomada Ier de cette année, c'est-à-dire de l'année 1161 (3 mai 1748), on reçut des nouvelles de Dienné. On racontait que le lieutenant-général 'Abdelqâder, fils du lieutenant-général 'Ali-ben-Boṣa, avait été cerné par les troupes de Dienné au moment de l'aurore; que les soldats l'avaient tué et avaient ensuite jeté son corps dans un trou qu'ils avaient creusé, sans avoir auparavant procédé au lavage du corps et sans avoir dit de prières. Cet événement s'était passé le vendredi au moment de l'aurore, le 20 du mois de rebi' II (19 avril 1748).

A cette nouvelle, le pacha envoya un messager à Dienné; mais il l'adressa seulement au cadi et aux négociants[4], et le chargea de dire que, aussitôt ce messager de retour à Tombouctou, il partirait lui-même à la tête d'une colonne et marcherait contre eux. Les soldats de Dienné envoyèrent alors mille noix de kola au pacha; celui-ci les leur renvoya à Dienné sur-le-champ. La crainte des troupes allait croissant

1. Je n'ai point trouvé la valeur de ce mot.

2. Ou : étoffe d'Europe. On pourrait à la rigueur lire aussi : « doum », mot qui signifie « palmier-nain » et fibre des feuilles de cette plante.

3. C'est-à-dire que le pacha donna à chacun diverses étoffes en dehors de celle à laquelle son rang lui donnait droit.

4. Au lieu de l'adresser aux troupes elles-mêmes qui étaient les vraies coupables.

lorsque, peu après, le pacha fut déposé le dimanche, 1er du mois brillant de cha'ban (27 juillet 1748). 'Abdelgheffâr avait été pacha pendant cinq mois.

Parmi les personnages qui moururent sous ce pachalik, il faut citer : 'Abdallah, fils du jurisconsulte Abokeni, fils du jurisconsulte, le cadi Moḥammed-ben-El-Mokhtâr-ben-Moḥammed-Zenkan-ben-El-Fâ'-Abeker-El-Meddâḥ[1]; il mourut (Dieu lui fasse miséricorde!) le mardi, 5 du mois de rebi' Ier (5 mars 1748), un jour avant la nomination du pacha 'Abdelgheffâr. Le dimanche soir, après le second acha[2], de djomada Ier de l'année ci-dessus indiquée, c'est-à-dire de l'année 1161 (29 avril-29 mai 1748), mourut Maulaï-Moḥamed-Ṣaḥeb-Tsalets[3].

Le lundi, 6 du mois de djomada II (3 juin 1748), mourut Ammer[4], frère de Nâna-Kemi, appartenant aux gens de Mâdi; il fut tué injustement. C'était un descendant de El-Ḥâdj-Aḥmed-ben-'Omar (La miséricorde de Dieu soit sur lui!). Son meurtrier ne fut pas tué, parce que les gens de Sârti-Kinen[5] le protégèrent contre les soldats et le firent échapper au châtiment du pacha. On prétend que les soldats avaient reçu de l'argent de la mère du meurtrier et qu'à cause de cela, ils intercédèrent en sa faveur auprès du pacha.

Le lundi, 13 du même mois, (10 juin), mourut Moḥammed-El-Fa'-Idji, l'ami du caïd Bâbâ-Seyyid; et le même jour mourut El-Fa'-'Ali-Fadelâdji (Dieu lui fasse miséricorde. Amen!).

1. Ou : « panégyriste du Prophète », si ce mot n'est pas un surnom.

2. Le quantième a été omis; cependant il n'y a pas de lacune dans le ms.

3. Ce mot signifie « troisième »; il se pourrait qu'il fallût traduire « troisième compagnon », en traduisant également le mot qui précède et qui serait alors un titre de fonctions, quelque chose comme « troisième courtisan » ou « troisième conseiller ».

4. Le mot est ainsi voyellé dans le ms.

5. Ce nom est sans voyelles dans le ms.

Le mercredi (١٢), 22 du même mois (19 juin), mourut El-Ḥâdj-El-Mobârek, le muezzin de la mosquée de Sankoré (Dieu lui fasse miséricorde!).

Le lundi, 25 du mois de redjeb l'unique de cette même année (21 juillet 1748), mourut Nâna-Khidj [1], fille de El-Fa'-Aḥmed, fils de l'imam Aḥmed-Bouso, fils du très illustre jurisconsulte Moḥammed-Baghyǒ'o-ben-Aḥmed-ben-Maḥmoud-Baghyo'o-El-Ouankori (La miséricorde de Dieu soit sur elle et sur ses ancêtres! Que Dieu fasse miséricorde à ses ancêtres et fasse retomber sur nous leurs bénédictions! Amen!).

Lettre sin (s).

Le pacha **Selimân** (voir l'*Histoire du Soudan*, p. 288).

So'oud-ben-Aḥmed-'Adjeroud-Ech-Chergui (v. l'*Histoire du Soudan*, p. 379).

Sa'îd-ben-'Ali-El-Maḥmoudi (v. l'*Histoire du Soudan*, p. 394).

Sa'îd-ben-'Omar-El-Fâsi. — Il fut élu après la déposition de 'Ali-ben-Ibrahim, dans la soirée du lundi, dernier jour de cha'ban de l'année 1086 (18 novembre 1675). Il ne fit aucune expédition et fut déposé le jeudi, 3 de djomada Iᵉʳ de l'année 1089 (23 juin 1678), après être resté au pouvoir deux ans et huit mois.

So'oud-Bokarnâ-ben-Moḥammed-ben-'Otsmân-El-Ya'-qoubi-Ech-Chergui [2]. — Il fut élu après la déposition du caïd El-Mobârek-ben-Mesa'oud-ben-Manṣour, au milieu de l'année 1097 dans le mois de djomada Iᵉʳ (27 mars-26 avril 1686). Ce fut sous son pachalik qu'eut lieu l'expédition de Gondâm [3]

1. Sans voyelles dans le ms.
2. Le texte ajoute devant ce dernier mot : « puis ».
3. Ou : Kondâm.

dans laquelle périt Rough-El-Foulâni-El-Mâsini[1]. Ce fut lui aussi (٦٢) qui mit en mouvement l'expédition de Ḥârir[2]. Il demeura au pouvoir quelques mois[3], fut déposé ensuite et revint au pachalik après la déposition du caïd Aḥmed-ben-'Ali-Et-Tezerkîni, au mois de chaouâl (8 juillet-6 août 1690), ou, suivant d'autres, au mois sacré de dzou 'l-qâ'da de l'année 1101 (6 août-5 septembre 1690). Il fut de nouveau déposé au mois de rebi' II de l'année 1102 (2-31 janvier 1691) après être resté sept mois[4] au pouvoir.

Durant ce second pachalik de So'oud, l'imam de la grande mosquée, l'imam Bâbâ-Sa'îd, fils de l'imam Aḥmed, fils de l'imam Sa'îd, fils de l'imam Kidâdo, mourut (Dieu lui fasse miséricorde !). Sa mort eut lieu le jeudi, 5 du mois de safar, au début de l'année 1102 (8 novembre 1690). La miséricore de Dieu soit sur tous ces personnages !

Senîber-ben-Mesa'oud-Ez-Za'eri. — Ce fut au milieu de l'année 1099 (7 novembre 1687-26 octobre 1688) qu'il succéda au pacha déposé, le caïd El-'Abbâs-ben-Sa'îd-El-'Amri. Il fit une expédition, celle qui fut nommée Ṭala[5], et ce fut au retour de cette expédition qu'il fut déposé au commencement de l'année 1100 (26 octobre 1688-15 octobre 1689). J'ai déjà parlé de ces événements à la lettre *mîm* (m), ainsi qu'on a pu le voir.

Senîber, fils du caïd Moḥammed-Bouya-ben-El-Ḥâdj-ben-Daoud-Ech-Cheṭouki. — Nommé après la déposition du caïd So'oud-Bokarnâ, le 12 du mois de rebi' II de l'année 1102 (13 janvier 1691), il conserva le pachalik cinq mois et fut déposé le dernier jour du mois brillant de cha'ban de cette même année (28 mai 1691). Il fut de nouveau élu après la

1. C'est-à-dire : Rough, le Peul, l'homme originaire du Mâsina.
2. Ce nom est écrit ici avec un alif.
3. Le ms. dit : « des mois ».
4. D'après cette indication, la date de chaouâl serait seule exacte.
5. Ou : « Baṭala ». Le mot est sans voyelles dans le ms.

déposition du caïd Aḥmed-El-Khalîfa, fils du pacha Aḥmed au commencement du mois de redjeb l'unique de l'année 1106 (15 février 1695).

Il fit une expédition contre Tendibi et razzia les Touareg et les Souqi[1], jurisconsultes de Kolosouqo[2]. Ce fut après que le pacha fut de retour de cette campagne qu'il y eut dans la ville une grande disette appelée *Bâchi*[3]. Peu de temps après cela, le pacha fut déposé au mois de safar le bon, au début de l'année 1107 (11 septembre-10 octobre 1695). Il était resté cette fois huit mois au pouvoir. Pendant les quatre mois qui suivirent, personne ne fut nommé aux fonctions de pacha.

Santâ'-ben-Fâris. —Il succéda au caïd, qui venait d'être déposé, 'Ali-ben-El-Mobârek-Ed-Der'i, au mois (٦٤) de safar (16 juin-15 juillet), ou, suivant d'autres, au mois, de rebi' Ier de l'année 1115 (16 juillet-14 août 1703). Il fut déposé deux mois plus tard. Ce fut à cette époque qu'eut lieu un conflit entre les Berâbîch qui se livrèrent combat les uns aux autres dans une localité de leur pays appelée Nekbet-Akomâr[4]. En se pourchassant les uns les autres, ils finirent par entrer dans la ville, c'est-à-dire à Tombouctou, pendant le mois ci-dessus indiqué ou rebi' Ier, le septième jour de la grande nativité, celle du Prophète, le 18 (1er avril 1703). On prétend que ce pacha fut déposé au mois de djomada Ier de cette année-là (12 septembre-12 octobre 1703). Personne ne fut nommé pacha pendant les quatre mois qui suivirent cette déposition.

1. C'était sans doute une fraction de la tribu de Kolosouqo dont les membres se livraient d'une façon spéciale à l'étude du droit.

2. Il semble que les Souqi n'étaient point des Touareg; il est donc peu probable que Kolosouqo puisse désigner les Kel-Souq, comme on serait tenté de le croire.

3. Les grandes disettes portaient chacune un nom spécial.

4. Ou : la colline d'Akomâr, ou : d'Agomâr.

Sa'îd-ben-Bouziân-El-Khebbâz[1]-El-Lemti[2]. — Il fut élu après la déposition du caïd 'Abdallah-Et-Telemsâni, au mois de rebi' II de l'année 1117 (28 juillet-21 août 1705) ; il resta environ trois mois au pouvoir et il fut déposé au mois de djomada II de la même année (20 septembre-19 octobre 1705).

Sa'îd, fils du caïd 'Ali-ben-Moḥammed-ben-'Abdallah-Et-Tezerkîni. — Il fut élu après la déposition du fils de son frère aîné, le caïd Moḥammed, fils du caïd Ḥammedi-ben-'Ali, ci-dessus nommé, le samedi, 20 du mois sacré de dzou 'l-hiddja, le dernier mois de l'année 1147 (13 mai 1735). Il était ḥâkem lorsqu'il fut élu et désigna pour lui succéder dans ces dernières fonctions Râbiḥ, fils du caïd 'Abdallah-ben-El-Ḥâdj-El-'Imrâni.

Il convoqua les négociants et leur imposa une contribution de 600 mitsqâl. Il reçut cette somme en cauris blancs au nombre de 1.200.000[3]. Ensuite il fut déposé le samedi, 11 du mois de safar le bon, au début de l'année 1148 (23 juin-22 juillet 1735), après un pachalik qui dura cinquante-deux jours pendant lesquels il ne fit aucune expédition ; il se contenta de prélever la contribution qui vient d'être dite[4].

Sa'îd fut réélu une seconde fois, après la déposition du caïd Ḥammedi, fils du caïd Senîber-ben-Manṣour, le lundi 22 du mois de safar le bon de l'année 1149 (2 juillet 1736). Le samedi, 12 du mois de rebi' Ier suivant (2 août 1736), un parti d'Arabes de la tribu des El-'Amiri se rendit du côté de

1. Ou : Khebbâzi.

2. Le ms. porte : El-Amṭi ; mais dans les mots commençant par un ل et précédés de l'article, on omet souvent la première lettre du mot quand c'est également un ل ; c'est ainsi qu'on écrit البل pour الليل, etc.

3. Le mitsqâl valait donc à cette époque 20.000 cauris blancs.

4. Ces contributions imposées aux négociants étaient souvent attribuées aux soldats; elles équivalaient pour eux aux bénéfices d'une expédition ou razzia ; mais elles servaient à couvrir les frais d'une expédition que l'on avait décidé d'entreprendre et dont le but ostensible était d'assurer la sécurité du commerce.

Araouân; une autre fraction de cette même tribu qui leur était hostile[1] se mit à la poursuite des premiers pour les rejoindre et les combattre. En apprenant la nouvelle de ce départ, le pacha Sa'ïd (١٥) se mit aussitôt en route pour rejoindre les gens de cette fraction[2]; il les empêcha de continuer leur route et les contraignit de revenir à Tombouctou[3], ce qu'ils firent.

Après être restée jusqu'au matin du samedi, 26 du mois (16 août 1736) dans la ville, la fraction des El-'Amiri quitta de nouveau Tombouctou et se rendit du côté de Araouân; mais, après avoir laissé quelques-uns de ses hommes en cet endroit[4], elle partit le lendemain dimanche et rejoignit ses contribules.

Le vendredi, 4 du mois de rebi' II[5] (12 août 1736), nous eûmes un orage accompagné de grêle et d'une neige abondante. C'était le 2 du mois de juillet.

Le lundi, 7 du même mois (16 juillet), nous reçumes de Dienné la nouvelle que Maulaï-'Abdallah, fils du sultan Ben-Nâṣir, petit-fils du sultan Isma'il, était parti de la région du Maghrib[6] de Oualâta dans l''Aouâli[7], qu'il était arrivé dans un des villages qui sont près de Dienné, qu'il avait désiré entrer dans cette dernière ville et qu'il en avait été empêché par les troupes de Dienné qui n'avaient pas voulu l'y laisser pénétrer.

1. On trouve assez souvent le récit de luttes engagées ainsi entre les membres d'une même tribu ou de soldats appartenant à la même division.

2. Ce passage est obscur. Il semble cependant que c'est seulement la seconde fraction qui fut ramenée par le pacha.

3. Le texte dit : « la ville », sans spécifier qu'il s'agit de Tombouctou.

4. On ne sait de quel endroit il s'agit au juste; vraisemblablement c'est à Tombouctou.

5. Il y a sûrement une erreur ici; c'est rebi' Ier qu'il faut lire et alors la date du 2 juillet correspondrait au 13 juillet de l'année grégorienne.

6. Le mot « Maghrib », « ouest », employé ici est un nom de région, mais ne désigne pas le Maroc.

7. Ce mot signifie « les hautes terres ».

Après avoir séjourné dans ce bourg, Maulaï-'Abdallah, un certain matin, au moment de l'aurore, s'introduisit dans une des mosquées de la ville de Dienné, sans que personne eût connaissance de ce fait jusqu'au moment où on le découvrit là. S'adressant aux personnes qui l'avaient trouvé en cet endroit, il leur dit : « Vous ne me connaissez donc pas ; je suis le petit-fils du sultan Maulaï-Isma'il. » — « Nous ne vous connaissons pas, répondirent-elles ; nous ne connaissons que les pachas et leurs enfants. Quant à nous, nous ne vous reconnaissons aucune autorité ; nous ne savons qui vous êtes et ne faisons aucun cas de vous[1]. » Maulaï-'Abdallah quitta alors la ville et retourna au bourg d'où il venait.

Les soldats de Dienné s'assemblèrent ensuite et ayant convoqué les négociants au mechouâr[2], ils leur imposèrent une contribution de 400.000 cauris qu'ils donnèrent à Maulaï-'Abdallah. Comme on répartissait cette somme entre les négociants en inscrivant sur un registre le nom de chacun d'eux avec la somme qu'on lui imposait, on inscrivit le nom de El-Ḥâdj-Mesa'oud-ben-El-Ḥâdj-Ṣâlaḥ-El-Iefrâni[3] sur le registre. Cet El-Ḥâdj-Mesa'oud, qui se trouvait à Dienné à cette époque, était un mulâtre[4]. Or c'était un usage constant et bien connu qu'en ces occasions on n'imposait rien aux mulâtres et que les négociants de cette catégorie ne payaient rien aux gens du Makhzen[5].

Mais tout le monde dit que El-Ḥâdj-Mesa'oud devait con-

1. On voit par ce passage que l'autorité du Maroc était alors entièrement méconnue au Soudan, ou tout au moins à Dienné. Néanmoins les chefs d'origine marocaine consentaient à payer une sorte de tribut, ainsi qu'on le voit ci-après.

2. Salle du conseil. Lieu de réunion pour les délibérations officielles.

3. Ifrâni ou Oufrâni.

4. Ou mieux : « fils d'un Marocain et d'une négresse du Soudan ». Le fils suit la condition du père chez les musulmans.

5. D'après cela les soldats marocains ne devaient prélever directement aucune contribution sur les populations indigènes.

tribuer, bien qu'il s'y refusât. Enfin, après bien des paroles on déclara qu'on l'obligerait à payer de force et on insista au point qu'on le mit en colère. Furieux (١٦), El-Ḥâdj-Mesa'oud se rendit chez lui, prit 100 mitsqâl; il les apporta au mechouâr et les remit aux soldats en disant : « Voici mon contingent de 100 mitsqâl; mais il faut alors que chacun[1] verse la même somme aux gens du Makhzen. » En voyant cela, on le laissa partir et on ne l'inquiéta pas. Mais les soldats n'abandonnèrent leur prétention et ne laissèrent aller El-Ḥâdj-Mesa'oud qu'à la condition que les négociants verseraient la somme de 1.100 mitsqâl qu'ils leur avaient imposée. Cette somme ayant été refusée, ils s'emparèrent des négociants, les mirent en prison et ne les libérèrent que lorsque ceux-ci eurent payé de force les 1.100 mîtsqâl[2].

Tel est le récit que j'ai entendu de ce fait; j'ignore s'il est exact, car à notre époque les nouvelles certaines font absolument défaut et il n'est plus personne au récit duquel on puisse entièrement ajouter foi. Dans notre ville de Tombouctou le mensonge est fort répandu et il est devenu si naturel qu'il ne faut pas même se fier à ce qui est écrit. On est arrivé dans la correspondance à écrire les choses les plus mensongères. Demandons à Dieu le très-haut la tranquillité. On n'est plus sûr maintenant qu'un événement passé ait eu lieu exactement et fidèlement comme on le rapporte; que la personne qui le relate l'ait entendu raconter ou vu; on en arrive à entendre les dires les plus contradictoires et certains vont jusqu'à ajouter de leur imagination aux choses qu'ils ont entendu dire. C'est une calamité que Dieu nous a envoyée à tous tant que nous sommes. Un saint lui-

1. Chacun des mulâtres, sans doute.
2. Il y a dans le ms. une répétition de la même phrase qui est une erreur du copiste.

même doit rapporter des on-dit quand il parle ou sinon il faut qu'il garde le silence[1].

Le lundi, 28 du mois de rebi' Ier de cette année, c'est-à-dire de l'année 1149 (6 août 1736), la population de la ville sortit pour faire des rogations afin d'avoir de la pluie[2]; on était au 26 du mois de juillet et c'était le jurisconsulte, le cadi Bâbâ-El-Mokhtâr, qui avait ordonné ces prières. La pluie vint le mardi à la fin de la nuit ; elle fut torrentielle.

Dans l'un des deux mois de djomada de cette même année (19 septembre-17 novembre 1736), eut lieu un grand combat entre les Arabes[3], catastrophe terrible dans laquelle Dieu fit périr leurs plus grands personnages, jeunes et vieux. Voici ce qui s'était passé : les Arabes avaient quitté la ville de Aṭrâm où ils avaient combattu leurs ennemis; ils avaient été mis en déroute, et après avoir été dispersés, ils étaient rentrés à Tombouctou, puis, de là ils étaient allés à Araouân.

Les vainqueurs, après s'être dispersés de divers côtés aux environs de Araouân, apprirent que les vaincus étaient arrivés à Araouân (١٧); qu'une partie d'entre eux avait atteint Azaouâl[4] parce qu'ils avaient entendu dire que leurs biens étaient en cet endroit; ils avaient alors décidé d'aller à Azaouâl chercher leurs propres biens. Les Oulad-'Amiri, ayant alors appris que leurs adversaires étaient à Azaouâl dans le but d'aller chercher leurs biens, partirent pour aller les atteindre[4]. Il y avait là tous les grands personnages des

1. C'est-à-dire qu'un saint doit se rendre complice d'un mensonge quand il rapporte un récit qu'on lui a fait.

2. Il y a des prières spéciales pour demander au Ciel de faire cesser la sécheresse.

3. Il s'agit, je crois, des Oulâd-'Amiri qui s'étaient divisés en deux fractions hostiles l'une à l'autre.

4. Tout ce récit est fort obscur par la faute de l'auteur ou du copiste. Le nom de Azaouâl a, dans le ms., deux orthographes différentes : ازاوال et ازاول. Peut-être faut-il lire : ازاود Azaouâd. Par « biens » il faut sans doute entendre dans ce récit les troupeaux qu'on avait éloignés du théâtre de la lutte.

ʿAmiri. Le jour même de leur départ ils rencontrèrent l'ennemi dans un endroit appelé Nekbet Hâma[1]. Un combat violent s'engagea entre eux et la lutte fut terrible.

Les ʿAmiri perdirent ce jour-là el-Ḥâdj-Yousef-ben-Aḥmed-ben-El-Ḥâdj, El-Ḥâdj-Ḥâfedz, Merzouq-Cheikh et El-Ḥâdj-ʿAli-Maʿtouq qui furent tués. Ech-Cheikh-ʿAli-ben-Dahman, qui fut blessé, mourut le lendemain, etc. Leur puissance fut dès lors brisée, leur ambition fut déçue et leurs démons humains[2] furent tués. Nous demandons à Dieu la paix dans ce monde et dans l'autre. Quant à l'autre fraction[3], composée de leurs adversaires, nous n'avons aucun renseignement à leur égard et nous n'avons rien su d'eux.

Le pacha Saʿîd fut déposé le samedi, 28 de djomada II (3 novembre 1736), il avait conservé le pouvoir quatre mois ou six mois.

Saʿîd, fils du caïd Senîber, fils du pacha Mesaʿoud-ben-Manṣour. — Il fut élu après la déposition du caïd El-Faʿ-Ibrahim, fils du caïd Ḥammedi-ben-ʿAli-Et-Tezerkîni, le jeudi, 23 du mois de redjeb l'unique de l'année 1151 (6 novembre 1738). Voici de quelle façon cela se passa. Il était parti de Kabara, portant la lettre que le lieutenant-général Moḥammed, fils du caïd Aḥmed-El-Khalîfa, envoyait aux troupes. Le caïd Saʿîd s'était en effet rencontré à Kabara avec le lieutenant-général Moḥammed et c'est avec la lettre que ce dernier lui confia qu'il arriva à Tombouctou ; il la remit aux troupes et lecture leur en fut donnée.

Il était dit dans cette lettre que Maulaï-Saʿîd et Maulaï-Edz-Dzehebi, qui se trouvaient avec Djouder, fils du caïd El-Mobârek-ben-El-Ḥasen, dans la ville de Djindjo, avaient coupé la route de Djindjo elle-même, arrêté Ḥam-

1. La colline de Hâma.
2. Leurs hommes les plus valeureux.
3. C'est-à-dire : l'autre fraction des Oulâd-ʿAmiri.

medi-Kouri et attaqué deux barques de sel dont ils s'étaient emparés. Djouder avait de son côté coupé la route de Djindjo au lieutenant-général et s'était emparé des cauris blancs[1] de Ḥammedi et de ses marchandises.

Ce fut dans ces circonstances que Sa'îd fut élevé au pachalik dans la soirée du jeudi, 23 du mois précité. Il était caïd des Beni-Sa'doun au moment de son élection et nomma pour le remplacer dans les fonctions qu'il quittait le caïd Bâbâ-Seyyid (١٧).

Il convoqua les négociants et leur imposa une contribution de 1.500 mitsqâl d'or. Cette somme, payée en cauris au nombre de 3.000.000, fut répartie entre les troupes à titre de solde[2]; puis le pacha quitta Tombouctou à la tête d'une armée, à la fin du mois brillant de cha'bân (12 décembre 1738); il resta à Kabara jusqu'à la fin du mois vénéré de ramadan et, au commencement du mois de chaoual (18 janvier 1739), il célébra la prière de la rupture du jeûne dans cette localité.

De là il partit pour Djindjo à la tête de ses troupes. Cependant, avant cela, Maulaï-'Abderraḥman-ben-Maulaï-Aḥmed et Maulaï-Seliman-ben-Daoud avaient fait appel à la clémence du pacha Sa'îd, alors que celui-ci était encore à Tombouctou et qu'il ne s'était pas mis en marche avec son armée. Ils avaient demandé au pacha d'user d'indulgence et de leur laisser le temps de se rendre auprès de Maulaï-Sa'îd et de Dzehebi, afin de négocier avec eux pour qu'ils rendissent tous les objets qu'ils avaient pris aux gens. Le pacha ayant accueilli cette proposition, les deux négociateurs se rendirent à Oukiya, mais ils n'y trouvèrent que Dzehebi seul à qui ils

1. Le passage qui précède manque de netteté et de précision. On ne sait, d'après le texte, pourquoi Sa'îd s'était trouvé à Kabara. On ne dit pas davantage pourquoi Djouder avait intercepté les communications sur la route de Djindjo à Tombouctou.

2. Solde arriérée, sans doute pour l'expédition qu'ils allaient entreprendre.

firent parler par son père[1]. Celui-ci reprit tout ce qui restait du sel qui avait été dérobé aux gens et le rendit à leurs propriétaires ; puis les négociateurs reprirent le chemin de Tombouctou.

A ce même moment le pacha Sa'îd fit arrêter le messager des deux chérifs[2] qui était venu à Tombouctou s'occuper de leurs affaires et le fit mettre à mort sur la place du marché. Ce fut après cela que le pacha Sa'îd quitta le port de Kabara pour marcher vers Djindjo, le but de son expédition.

Vers cette époque également Oghmor-ben-Alil-Et-Targui se rendit à Kabara ; il y rencontra le pacha Sa'îd qui ne s'était pas encore mis en route. Puis Oghmor partit pour le Maghrib[3], suivi de Maulaï-Edz-Dzehebi, celui-ci voulant demander à Maulaï-Sa'îd de faire la paix en même temps que lui avec le pacha par l'entremise de Oghmor.

Le dimanche, dernier jour du mois de chaouâl de cette année (9 février), mourut l'imam de la mosquée de la Prospérité[4], l'imam Bâbâ-Aḥmed, fils du jurisconsulte El-Moṣṭefa-ben-'Abdallah-El-Kouri (Dieu lui fasse miséricorde !). Le lendemain, si je ne me trompe, Maulaï-Sa'îd arriva seul et rentra dans sa maison sans avoir parlé en faveur de qui que ce soit.

Au cours du mois sacré de dzou 'l-qa'da (10 février-12 mars 1739), un messager du pacha Sa'îd arriva de Djindjo porteur d'une lettre adressée au cadi et aux négociants. Dans cette lettre le pacha disait : « Nous sommes arrivés dans la ville de Djindjo ; nous nous y sommes établis.

1. Ce passage est si mal rédigé que la traduction en est douteuse. Je lis اباه au lieu de ابوه.

2. On ne dit pas nettement s'il s'agit des deux négociateurs qui, eux aussi, étaient chérifs ou des deux chérifs coupables d'avoir dévalisé les voyageurs. Toutefois c'est de ces derniers que l'on veut parler bien certainement.

3. Il s'agit ici de la province du Soudan qui portait ce nom et non du Maroc.

4. Sur ce nom de mosquée, cf. *Histoire du Soudan*, p. 313. Toutefois la mosquée dont il s'agit ici se trouverait à Tombouctou.

Djouder, avec son gendre[1] Faran-Kânouna, se sont enfuis auprès de l'askia Mousa et ont prié celui-ci d'intervenir en leur faveur en s'engageant à me payer pour eux-mêmes (١٩) une somme d'argent. J'ai accepté ces conditions et ai reçu de Djouder les marchandises et les cauris blancs qu'il avait pris à Ḥammedi-Kouri et dont il s'était emparé auparavant. J'ai repris tous ces objets sans exception et il ne leur en est resté aucun, pas même un seul cauri. »

Djouder vint ensuite trouver à Djindjo le pacha qui y était avec son armée. Le pacha était bien décidé[2] dans son for intérieur à faire arrêter Djouder, mais l'askia El-Ḥâdj intercéda en faveur de celui-ci et, l'ayant retiré des mains du pacha, il l'emmena avec lui dans sa propre tente. On dit aussi que l'askia l'engagea à s'enfuir et que Djouder suivit ce conseil, en sorte que le pacha ne put le retrouver avant de retourner à Tombouctou. Quant à Faran-Kânouna, qui avait pris la fuite tout d'abord, il s'abstint de reparaître.

Le mardi, 7 du mois sacré de dzou 'l-hiddja, le dernier des mois de cette année (12 mars-10 avril 1739), mourut à Djindjo le lieutenant-général Yaḥya-El-Hindi qui faisait partie de l'expédition.

Durant ce même mois, c'est-à-dire le mois de dzou 'l-hiddja, des marchands de sel arrivèrent dans notre ville de Tombouctou. Ils formaient une caravane très nombreuse, composée de Gherib[3], habitants du Sahel. Ils avaient avec eux comme agent principal, un des petits-fils du sultan Isma'îl en dehors de Maulaï-'Abdallah, fils de Maulaï-ben-Nâṣir. Le nombre des Gherib était considérable; il dépassait cinq cents hommes, et on dit même qu'il atteignait le chiffre de sept cents.

1. Ou : « beau-père »; le mot signifiant simplement parent par alliance.

2. L'expressicu arabe est : فى الضّى, probablement pour فى الطّى, dont le sens paraît être : dans son for intérieur.

3. Ou : « Aghrîb »; le ms. a les deux orthographes.

La caravane entra en parfait état dans la ville de Tombouctou, et en repartit de même. Ces marchands trouvèrent toutefois que la ville était misérable parce qu'il y manquait d'hommes; ils n'avaient point rencontré là, en effet, les soldats qui étaient partis en expédition avec le pacha Sa'ìd et étaient absents à ce moment-là.

Le pacha rentra à Tombouctou avec ses troupes, sain et sauf, ayant fait du butin et ayant réussi à attendre le but qu'il poursuivait au gré de ses désirs. De même, les principaux personnages de l'armée avaient fait un butin considérable au cours de cette expédition. Ils avaient rapporté des objets de toute sorte et de nombreux cadeaux.

Tous les païens du Bambara jouirent alors du calme, du pays de Dirma à celui de Bara et de celui de Bara à celui du Maghrib, c'est-à-dire partout où, auparavant, on guerroyait et où on détroussait les voyageurs. Le Ciel soit loué de cela!

Au moment du retour de cette expédition, les Foulâni de Sanqara tuèrent le caïd Ben-Manṣour, fils du caïd 'Ali-ben-Moḥammed-Et-Tezerkîni, qui se trouvait dans son embarcation naviguant parallèlement au chemin que suivait la colonne. Il avait pris l'avance sur l'armée et était arrivé entre le bourg de Tendoua et celui de Kidza. Après avoir mouillé en cet endroit, il était descendu à terre et avait tiré un coup de fusil[1]. Les Foulâni arrivèrent alors et l'un d'eux lui lança son javelot et le tua (٧٥). Ceci se passa dans la soirée du jeudi, 7 du mois sacré de moḥarrem, le premier mois de l'année 1152 (16 avril 1739).

Le pacha n'était pas encore parvenu en cet endroit; ce ne fut que plus tard qu'il arriva avec son armée au point ou avait été tué le caïd dont il vient d'être question. Il fit alors

1. On ne dit pas dans quelles circonstances; mais il est vraisemblable qu'il tira sur les Foulâni sans raison aucune.

le serment suivant : « Je jure que je ne partirai point d'ici avant d'avoir détruit le campement[1] des Foulâni, à moins que l'on m'amène le coupable du meurtre ou qu'on me paie la composition complète de la victime[2]. » Il campa là avec une partie de l'armée, tandis que le reste poursuivait sa route, entre autres le caïd Ḥammedi-ben-El-Fa'-Manṣour et le caïd Bâbâ-Sa'îd, fils du caïd Ḥammedi-Zenka, qui tous deux atteignirent Tombouctou avant l'arrivée du pacha et vinrent au devant de lui le recevoir à Kabara au moment où il y parvint. La nouvelle du meurtre du caïd arriva à Tombouctou au moment du dohor, le samedi, 9 du mois indiqué plus haut (18 avril 1739), qui était le jour neuvième[3] du mois et le troisième depuis le meurtre du caïd.

Le pacha Sa'îd demeura à l'endroit où il était campé et s'y attarda; il y passa quelques jours, environ vingt-deux. Le vendredi, dernier jour de moḥarrem (9 mai 1739), arriva à Tombouctou un messager de sa part qui venait pour y régler certaines affaires et apporter la nouvelle qu'un arrangement avait eu lieu avec les Foulâni, à la condition que ceux-ci payeraient le prix de la composition.

Ce fut le mercredi, 4 du mois de safar le bon, au début de l'année 1152 (13 mai 1739), que le pacha rentra à Tombouctou avec ses soldats. Tous étaient sains et saufs et chargés de butin. Il ne manquait d'autres personnes que le caïd dont on vient de parler et le lieutenant-général Yaḥya-El-Hindi. L'entrée eut lieu dans la matinée et on fit le tour de la ville suivant l'usage accoutumé.

Dans la soirée du jeudi, 16 du mois de rebi' II (23 juillet 1739), mourut le lieutenant-général Sa'îd, fils du caïd El-Abbâs-El-'Amri-Ech-Chergui, et le jeudi, 23 du même mois

1. Le mot employé désigne surtout la station habituelle d'une tribu.

2. Le prix du sang est admis, comme on sait, par la loi musulmane.

3. Cette répétition du quantième avec une forme particulière indique que l'on était à la veille de la fête de 'Achoura qui a lieu le 10 du mois de moḥarrem.

(30 juillet 1739), des gens de Dirma vinrent de la part du Dirma-Koï apporter au pacha Sâ'îd la tête de Faran-Kânouna, dont il a déjà été parlé, et qui était, dit-on, le gendre de Djouder, fils du caïd El-Mobârek. Faran-Kânouna s'était enfui lorsque le pacha était venu à Djindjo et les gens du Dirma n'avaient réussi à le trouver qu'après le départ du pacha. Ils s'étaient alors emparés de lui, lui avaient tranché la tête qu'ils avaient enveloppée dans une peau et la lui avaient envoyée. En recevant cette tête, le pacha les complimenta sur leur conduite; puis, tout joyeux, il se rendit immédiatement à cheval au marché; il suspendit la tête à un mur et l'y laissa jusqu'au lendemain où on la retira; elle exhalait une odeur abominable (٧١).

Au mois de djomada II (5 septembre-4 octobre 1739), on reçut de Dienné la nouvelle que l'armée des Ouankoré était parvenue sur le territoire de Dienné. Au mois brillant de cha'ban (3 novembre-2 décembre 1739), nous fûmes informés que l'on avait intercepté les communications entre Konba et Kobi et entre Dienné.

Durant le même mois de cette année-là nous apprîmes à Tombouctou que des scélérats[1] s'étaient avancés contre la ville du Prophète (que Dieu répande sur lui ses bénédictions et lui accorde le salut!) à la tête d'une armée de plus de 20.000 hommes, mais que, à leur approche de la ville, Dieu avait fait pleuvoir sur ces soldats une pluie diluvienne[2], en sorte qu'ils avaient tous péri par la volonté de Dieu le puissant, le redoutable. Un petit nombre d'entre eux, qui avaient réussi à échapper à ce désastre, s'enfuirent, mais arrivés

1. Des « sacrilèges » pour mieux dire. Il semble que l'auteur a voulu désigner sous ce nom les Ouahhabites qui auraient dirigé, dès cette époque, une attaque contre Médine.

2. Ce fait n'a rien d'invraisemblable. On sait que dans les contrées désertiques il arrive parfois des pluies si violentes qu'elles inondent subitement les vallées et entraînent tout dans les torrents qu'elles forment.

près de leurs demeures ils moururent par l'effet de la puissance de Celui qui rendra la vie aux ossements quand ils seront en poussière. Dieu sait mieux que personne l'avenir et le destin qu'il réserve aux hommes.

Le mercredi, 2 du mois brillant de cha'ban (4 novembre 1739), mourut l'imâm Bâbâ, fils de l'imâm Bouya, imâm de la mosquée d'El-Fa'-Bokar. Il périt noyé dans le Fleuve à un endroit appelé Inâli (Dieu lui fasse miséricorde!). Au même moment on reçut de Dienné la nouvelle que les troupes de Famâgh[1], le Ouankoré, étaient arrivées aux environs de la ville et en étaient tout à fait rapprochées, si bien que les habitants ne pouvaient plus se rendre à leurs marchés. Les Ouankoré assiégèrent la ville de Konba, s'en emparèrent et s'y installèrent, puis ils assiégèrent tous les bourgs qui avoisinaient Dienné et aussi la ville de Benkachi.

Le dimanche, 13 du même mois (15 novembre 1739), mourut mon oncle paternel Sa'îd-ben-Moḥammed-ben-El-Amîn[2]-ben-Moḥammed-Moudi (Dieu lui fasse miséricorde! Amen!).

Le mercredi soir, veille du 1er du mois vénéré de ramadan (1er décembre 1739), mourut le lieutenant-général Bâbâ-'Abderraḥman, fils du lieutenant-général Seyyid-El-Heddâdji (Dieu lui fasse miséricorde!). Il fut enterré le lendemain matin.

A la fin du mois de chaoual, au moment où se terminait ce mois (31 décembre 1739), mourut Nâna-Omm-Ḥabiba, fille du caïd 'Ali-ben-Moḥammed-Et-Tezerkìni (Dieu lui fasse miséricorde! Amen!).

Le samedi soir, entre le coucher du soleil et l'acha, le 19 du mois sacré de moḥarrem, le premier mois de l'année 1153 (16 avril 1740), mourut El-Fa'-'Abdallah, fils du très docte

1. Le texte imprimé porte : El-Emîr, qui est dans le ms.
2. Lecture douteuse.

jurisconsulte Ab-Mouya-Ouankareb (Dieu lui fasse miséricorde!).

Le mercredi, 23 du même mois (20 avril 1739), mourut Seyyid-Boubeker-ben-El-Ḥâdj-Ḥamouda[1]-El-Ghedâmsi (La miséricorde (٧٢) de Dieu le très-haut soit avec lui!).

Le pacha Sa'îd fut déposé le vendredi, 25 de ce mois, c'est-à-dire du mois sacré de moḥarrem, le premier mois de l'année 1153 (22 avril 1739); il était resté au pouvoir un an et sept mois.

A la fin du même mois, Maulaï-'Abdallah, fils de Maulaï-Ben-Nâṣir, petit-fils du sultan Maulaï-Isma'îl, arriva dans la ville et descendit dans le quartier de Kisimo-Benko chez les chérifs qui lui offrirent l'hospitalité. Il acheta ensuite des chérifs la maison dans laquelle il était descendu auparavant; il la reconstruisit[2] et y pratiqua un grand nombre d'ouvertures; puis il acheta de nombreuses gouttières[3] et les disposa dans chacun des trous qu'il avait pratiqués dans les murs sur chacune des quatre faces.

Le mardi, après le moment du midi, le sixième jour du mois de safar le bon de cette année (3 mai 1740), mourut Nâna-Omm[4], fille du chef des panégyristes des gens de Sankoré, le jurisconsulte Moḥammed, fils du très docte jurisconsulte Seyyidi, fils de l'unique de son temps, le flambeau de son siècle, le jurisconsulte, le savant, la mer de science, le très sagace Seyyidi-Aḥmed-Bâbâ (Dieu lui fasse miséricorde! Amen! qu'il fasse miséricorde à ses ancêtres et fasse rejaillir sur nous leurs bénédictions et leur science. Amen!).

1. Ou Ḥamoud, la voyelle *a* placée à la fin du mot paraît être due à l'habitude des Soudanais de terminer les noms par une voyelle.

2. Ou simplement : « y fit faire des réparations ou améliorations ».

3. Ou : « gargouilles ».

4. Elle était l'arrière-petite-fille du célèbre Aḥmed-Bâbâ, ainsi qu'on le voit par la généalogie qui lui est donnée.

Le lundi, 12 du mois de safar (9 mai 1740), un conflit éclata entre le caïd Ḥammedi [1]-ben-Manṣour, fils du jurisconsulte Moḥammed-ben-'Ali, et le caïd Sa'ïd, le pacha déposé. Un combat eut lieu entre eux, à l'occasion de cette déposition, le pacha supposant que le caïd Ḥammedi susnommé était l'auteur de sa déchéance. Ils firent la paix ensuite dans la soirée du jeudi 15 du mois (12 mai), dans la mosquée du caïd 'Amir-ben-El-Ḥasen-ben-Ez-Zobeïr.

Sa'îd fut rappelé au pachalik après la déposition du caïd El-Ḥasen-ben-Moḥammed-El-'Amri, le dimanche, 19 du mois de rebi' Ier de l'année 1154 (4 juillet 1741). Il fut élu par les troupes et se trouvait à ce moment à Kîso[2] occupé à se faire bâtir une maison en cet endroit. On lui adressa là une députation composée du conseiller, du chef des écuries, du vice-lieutenant-général de la garde et des officiers supérieurs. Ces députés se rendirent auprès de lui à Kîso et dirent : « Répondez à l'appel des troupes ; elles vous demandent pour faire de vous un pacha. »

La députation passa la nuit à Kîso et le lendemain [3] qui était un lundi, Sa'îd partit avec elle pour Kabara ; il y resta jusqu'au dernier tiers de la nuit pour se rendre ensuite à Tombouctou, où il entra aussitôt dans la mosquée (٧٢) de Seyyidi-Yaḥya, assurant qu'il venait demander à être placé sous la protection de ce saint, afin que celui-ci le fît rester parmi eux, mais, en réalité, les choses n'étaient pas ainsi[4]. Puis l'imam de la mosquée arriva pour les prières du matin[5] et s'entretint avec lui. Était présents avec eux le lieutenant-

1. Le ms. donne tantôt Aḥmed, tantôt Ḥammedi.
2. Ou : Keïso. On trouve ces deux orthographes dans le ms.
3. Le texte porte littéralement : « de jour, de lundi ».
4. Le pacha voulait se donner le temps de voir quelles étaient les dispositions des esprits à son égard.
5. Le texte ms. porte : « pour le matin du matin », ce qui ne donne aucun sens raisonnable.

général de la division de Merrâkech, le lieutenant-général 'Ali-ben-El-Djesîm. A titre de conseil, l'imâm et le lieutenant-général engagèrent le nouveau pacha à accepter et à placer sa confiance en Dieu[1]. Le pacha suivit ce conseil, puis il se rendit dans sa maison, après qu'on eût fait la prière de l'aurore derrière[2] l'imam.

Le mardi, les gardes[3] passèrent la nuit devant la porte de sa maison et le lendemain de bonne heure on le proclama pacha pour la seconde fois. Durant ce pachalik il ne fit aucune expédition, et le mardi, 13 du mois de cha'ban (24 octobre 1741), les soldats lui refusèrent obéissance et le déposèrent pendant huit jours, puis ils lui rendirent le pouvoir le neuvième jour.

Ce fut après ce nouveau retour de Sa'îd au pachalik que la disette se fit sentir, puis que la peste et[4] la discorde éclatèrent. Une misère excessive se répandit par tout le pays, aussi bien dans les régions de l'est que dans celles de l'ouest; de la contrée de Benba au territoire de Dienné. Elle s'étendit aussi au pays de Dirma, de Bara et du côté de Kodenkeba[5] et des pays voisins depuis le Ḥaousa jusqu'au Gourma. Aucun territoire, aucun bourg ne fut épargné, tous subirent le même sort.

Enfin commença alors une disette telle que jamais la pareille ne s'était vue auparavant dans la ville de Tombouctou depuis l'époque du caïd El-Ḥasen-El-'Amri. Elle alla sans

1. C'est-à-dire à ne point se livrer à l'influence d'un des partis qui divisaient la ville.

2. Le texte dit : « après l'imam ». On peut faire sa prière seul, sauf celle du vendredi, qu'on doit, à moins d'empêchement, faire en commun avec les autres fidèles dans la mosquée. Mais quand il y a un imam présent, il est préférable de se placer derrière lui.

3. C'est-à-dire la garde particulière qui faisait aussi office de gendarmerie.

4. Ms. : « ou », ce qui est une erreur.

5. La lecture de ce nom est incertaine, les voyelles faisant défaut dans le ms. et la lettre *d* pouvant être remplacée par celle de *r* qui, dans l'écriture du Soudan et du Maghreb, se confondent assez aisément.

cesse croissant, s'étendant sur toutes les régions et les contrées et atteignit un tel degré d'intensité que des gens mangèrent des cadavres d'animaux[1] et d'êtres humains et du sang[2] coagulé en poudre. La famine fit périr une foule de personnes et Dieu seul sait la quantité innombrable de gens qui moururent de faim.

Tout le monde était si épuisé qu'on n'avait plus la force d'enterrer les morts. Les choses persistèrent ainsi à s'aggraver; chaque jour les gens mouraient de faim; on les ensevelissait dans leurs propres vêtements et les gens des bords du Fleuve et de Kîso se servirent de nattes ou de *mankour*[3] en guise de linceuls[4]. Enfin cela même vint à manquer et on se contenta d'emporter les gens hors de chez eux et de les jeter dans la campagne comme des charognes. Certains laissaient le cadavre de l'individu là où il avait succombé; des morts furent enfouis dans les maisons ou dans les rues sans prières et sans avoir été lavés.

La cherté excessive des denrées s'étendit à toute chose, à la nourriture, aux vêtements, etc. Bien des gens en vinrent à ne se vêtir que d'une bande d'étoffe ou de *târi*[5] ou quelque chose d'approchant et le prix d'un *qadaḥ* de bechna[6] atteignit la valeur de dix mille cauris et même davantage; une seule nefaqa[7] de blé valut trois cents cauris et (٧٤) les gens les plus distingués ne mangeaient autre chose que des

1. La loi musulmane interdit de manger le cadavre d'un animal qui n'a pas été égorgé selon les rites, à plus forte raison quand l'animal est mort naturellement.

2. Le sang est impur, suivant les musulmans; il est donc interdit d'en faire sa nourriture.

3. Ce mot, qui pourrait se lire aussi « ṣankour », ne m'est pas connu.

4. Les morts doivent être ensevelis dans une étoffe neuve de laine ou de coton.

5. Ce mot « târi » ne se trouve pas dans les dictionnaires.

6. Le bechna est une sorte de millet commun en Algérie. Le qadaḥ (écuelle) était une mesure de capacité.

7. Le mot « nefaqa » est ici le nom d'une mesure sans doute. Cependant, on pourrait l'entendre dans le sens de « ration ».

graines de kelb-el-hachich[1] que nous nommons dans notre pays *danaï*, ou d'autres graines d'herbes appelées *qanach*[2] ou de tout autre graine qui n'était d'ordinaire mangée que par les gens les plus vils et les plus misérables. Les bandes d'étoffe, le târi manquaient ainsi que tous les genres de vêtements ; le coton faisait presque complètement défaut à Dienné au point qu'une seule coudée[3] se vendait cent cauris et cent coudées dix mille cauris.

On en était venu à se vêtir de toute sorte de chose qui n'était point du târi et à couvrir sa nudité avec des herbes desséchées qu'on gardait sur soi jusqu'à ce qu'elles tombassent d'elles-mêmes. On se vêtit encore de *kas*[4] de laine qui sert de vêtement aux paysans des régions du Fleuve et l'on vit des gens s'habiller de costumes de ce genre qui avaient dit qu'ils n'en porteraient jamais tant qu'ils vivraient. Il y eut des gens qui s'habillèrent avec des algues[5], d'autres avec des *zeriya*[6], faute d'avoir autre chose pour cacher leur nudité.

Après avoir duré trois ans, les années 1154, 1155 et 1156, la cherté des vivres commença à diminuer un peu. Tous les habitants de Tombouctou avaient été réduits à la misère ; ils ne possédaient plus aucun bien, car ils avaient vendu tous leurs meubles et tous leurs ustensiles. Tous les vieillards s'accordaient à dire qu'ils n'avaient jamais rien vu de pareil, et qu'ils n'avaient connu aucun vieillard avant eux qui eût vu semblable disette ou en eût entendu parler. Jamais on n'aurait cru que les richesses de la ville pussent

1. Mot à mot : « chien d'herbe ». Peut-être faut-il lire *qalb* (cœur).

2. Je ne sais quelle est l'herbe appelée *qanach*.

3. Il s'agit de ces bandes très étroites de coton, de six à sept centimètres de largeur, qui servent parfois de monnaies et qui, cousues ensemble, servent à confectionner des vêtements. Cent cauris valaient environ 0 fr. 25.

4. Probablement ce qu'on appelle *kesa*, sorte de petit haïk.

5. Ce mot est traduit par conjecture.

6. J'ignore le sens exact de ce mot.

être anéanties à cause de cette disette[1], ni que ses habitants pussent jamais disparaître et cependant il ne resta plus personne à Tombouctou. Dieu sait mieux que personne ce qu'il a décidé de l'avenir. La misère a persisté jusqu'à ce jour dans la ville.

Quant aux conflits, ils se produisirent entre les Berâbîch qui se massacraient les uns les autres, sans se soucier de Dieu, ni de son Prophète, au sujet des meurtres qu'ils commettaient. De même, les soldats marocains se décimèrent les uns les autres. Un conflit éclata entre Moḥammed-ben-El-Khenîch, commandant de Ketouân, et les soldats du Maghrib[2] qui faisaient partie de l'armée du sultan Maulaï-Isma'îl. Tous ceux des tribus arabes qui, dans cette contrée, n'avaient que des armes blanches, en vinrent à se jeter sur ceux qui étaient armés de fusils[3]. C'est ainsi que Ḥammedi-Foulâni, fils du Fondoko du Mâsina, résolut d'attaquer l'armée marocaine. A la tête de nombreux soldats il l'assaillit, mais il fut mis en déroute complète et ses forces furent dispersées de tous côtés. Ḥammedi, qui était un homme riche et de race royale, périt dans ce combat.

D'après une autre version, Ḥammedi-Foulâni fut tué par des Foulâni ses compatriotes qui (٧٥) avaient fui leur tribu et abandonné leurs campements du Mâsina depuis une époque lointaine. Ayant aperçu Ḥammedi-Foulâni, ils le reconnurent et sortirent des rangs de l'armée (marocaine) à sa poursuite; puis se trouvant seuls avec lui : « Nous reconnais-tu, » lui dirent-ils. — « Je vous reconnais, » répondit-il. Alors il ajouta : « Le Ciel soit loué de m'avoir fourni une oc-

1. En d'autres termes : les populations indigènes, malgré l'infériorité de leur armement, attaquèrent l'armée d'occupation qui, elle, était munie d'armes supérieures.

2. Tant Tombouctou était prospère.

3. Bien que ce mot soit employé au Soudan pour désigner les contrées de l'ouest, il se pourrait cependant ici qu'il désignât le Maroc.

casion[1] comme celle-ci que je désirais depuis bien longtemps. » Il étendit alors sa manche sur son visage et ses contribules lui lancèrent leurs javelots jusqu'à ce que mort s'ensuivit. La tribu de Ketouân perdit un certain nombre de personnages marquants des Foulâni.

Les Touareg étaient maîtres de tout le pays du Tekrour[2], du Ḥaouṣa au Gourma, tandis que les Foulâni s'emparaient d'une partie du Gourma du côté des îles nommées Arikona. Ils avaient détruit toute autorité des soldats marocains sur leur pays, à ce point que les soldats marocains leur payaient un impôt à eux Touareg. Demandons à Dieu qu'il nous accorde la paix.

Personnages qui moururent durant ce pachalik :

Le lundi dans la nuit, la veille du premier jour du mois de redjeb l'unique de cette année, c'est-à-dire de l'année 1154 (11 septembre 1741), mourut le muezzin principal de la mosquée de Seyyidi-Yaḥya, le nommé Bâbâ-Seyyid-ben-Mohammed-ben-Seyyid-Kolen (Dieu lui fasse miséricorde! Amen!).

Le vendredi, dans la nuit, le 25 de ce mois (6 octobre 1741) au moment du second acha, mourut El-Fa'-Eṣ-Ṣeddiq, fils de l'imâm Moḥammed-Baghyo'o, fils de l'imâm Koured (Dieu lui fasse miséricorde! Amen!).

Dans la nuit du jeudi, au moment de l'aurore, le 1er du du mois brillant de cha'ban (12 octobre 1741), mourut le Mondzo, Moḥammed, fils du Mondzo 'Ali (Dieu lui fasse miséricorde!).

Durant ce même mois mourut Nâna-Sita, fille de 'Abder-

1. Il voulait sans doute dire qu'il préférait mourir de leurs mains que de celles des soldats marocains.

2. Le nom de Tekrour s'applique à l'ensemble du Soudan septentrional. C'est de ce mot prononcé Tokolor par les nègres qu'on a fait le mot Toucouleur, employé pour désigner les Peuls métissés de nègres. Cf. Faidherbe, *Grammaire et vocabulaire de la langue Poul*. Paris, 1882, p. 4.

raḥîm, fils du caïd 'Ali-Et-Tezerkîni (Dieu lui fasse miséricorde !).

Le samedi, 4 du mois sacré de dzou'l-hiddja, le dernier mois de cette année (10 février 1742), mourut l'imâm Maḥmoud, fils du jurisconsulte El-Moṣṭefa-ben-'Abdallah (Dieu lui fasse miséricorde !). Il savait le Coran en entier par cœur et sa voix était agréable à entendre quand il récitait le Coran ou qu'il déclamait quelque panégyrique du Prophète (La miséricorde de Dieu soit sur lui !). Il fut investi des fonctions d'imâm de la mosquée de la Prospérité et succéda dans ces fonctions à son frère aîné, l'imâm Bâbâ-Aḥmed. Après sa mort son successeur comme imâm fut son cousin Bâbâ-Laṭouâdj[1] qui conserva ses fonctions pendant environ trois ans, après quoi il mourut et fut remplacé par Maḥmoud, fils du jurisconsulte, le savant, le très docte, El-Amîn-ben-Aḥmed-ben-Moḥammed-Tâchefin-El-Oueddâni[2]. Fasse Dieu qu'il demeure longtemps dans ces fonctions !

Le pacha Sa'îd fit ensuite une expédition contre Asafaï (٧٦); il campa dans un bourg de l'askia El-Ḥâdj, fils de l'askia Bokar, bourg nommé Bonanboko, où l'askia avait sa maison d'habitation. Installé là, le pacha expédia des détachements vers chacun des bourgs des païens Bambara qui se trouvaient dans cette région. Ces détachements ruinèrent onze de ces bourgs qu'ils attaquèrent à l'improviste. Ils tuèrent une partie des habitants, les autres ayant réussi à s'enfuir ; ils firent captifs les femmes et les enfants. Le pacha rentra ensuite avec ses troupes, tout le monde étant sain et sauf, chargé de butin et personne ne manquant à l'appel. Le Ciel soit loué de cela !

Pendant ce pachalik Sa'îd, fils du caïd Ḥammedi-ben-'Ali-

1. Ces deux mots forment un seul groupe dans le texte.
2. Originaire du Oueddân.

Et-Tezerkîni, fut nommé lieutenant-général de sa division, la division de Fez. Le pacha avait quitté Tombouctou dans la soirée du vendredi, 15 du mois sacré de moḥarrem, le premier mois de l'année 1155 (22 mars 1742); il y rentra au mois de rebi' II (5 juin-4 juillet) et fut déposé le samedi, 12 de ce mois (16 juin 1742), après être resté au pouvoir un an, un mois et onze jours.

Sa'îd fut élu pacha pour la troisième fois après la déposition du caïd Sa'îd, fils du caïd Ḥammedi-ben-'Ali-Et-Tezerkîni, le dimanche, 14 du mois de chaouâl, vers la fin de l'année 1156 (1er décembre 1743). Cette élection se produisit dans les circonstances suivantes.

Le vendredi soir, 17 du mois de redjeb l'unique de cette année (6 septembre 1743), le caïd Sa'îd, fils du caïd Ḥammedi, tua le lieutenant-général 'Ali-ben-El-Djesîm. Il était allé l'attendre à la porte de la mosquée de Seyyidi-Yaḥya au moment du deuxième 'acha. Après avoir fait sa prière derrière l'imâm, 'Ali partit pour se rendre chez lui. Il était sorti de la mosquée et était arrivé à la maison de El-Fa'-El-Imâm, lorsqu'il fut rejoint là par le caïd Sa'îd-Et-Tezerkîni. Celui-ci avait avec lui quatre de ses esclaves qui frappèrent si bien 'Ali qu'il en mourut. Cela fait, le caïd rentra chez lui et ordonna à ses gens de prendre les armes, ce qu'ils firent.

Le caïd était rentré chez lui, quand des gens trouvèrent le corps de 'Alî. Ils voulurent savoir qui il était et après avoir apporté de la lumière et l'avoir examiné, ils le reconnurent. La famille du défunt vint alors emporter 'Alî qui était à la dernière extrémité et qui mourut en arrivant chez lui le soir même.

A ce moment le caïd Bâbâ-Seyyid était à Kabara et le caïd Sa'îd-ben-Manṣour était dans le bourg de Koïra-Ṭâ'a. Le caïd Bâbâ (٧٧)-Seyyid se rendit sur-le-champ à Tombouctou. On ne s'était pas encore occupé des funérailles du défunt et ce ne fut qu'à son arrivée, cette nuit-là, qu'on y procéda. On resta sous les armes et on fit dire au caïd Sa'îd[1] qu'on attendait sa venue. On ne fit aucune opération militaire avant l'arrivée du caïd Sa'îd, arrivée qui eut lieu le lendemain jour du dimanche, le 19 du mois ci-dessus indiqué (8 septembre 1743). Dans la soirée, El-Ḥâdj-Mesa'oud-ben-El-Ḥâdj-Ṣolḥi fut tué d'une balle perdue qui ne lui était pas destinée.

Il vint ensuite des négociants avec leurs ballots de marchandises contenant toutes sortes de vêtements et de cadeaux ainsi que du drap rouge écarlate[2]. Parmi ces négociants se trouvait l'hôte du caïd Sa'îd-Et-Tezerkîni. Cette caravane était arrivée devant Tombouctou le mardi, 21 du mois (10 septembre).

Des gens de Sâryakaïna[3] se portèrent au devant d'eux à Abrâz, fondirent sur ces marchands, crevèrent leurs ballots, pillèrent ce qu'ils contenaient et dispersèrent le tout, si bien qu'il ne resta rien aux négociants. Les auteurs de ce méfait étaient les Ouled-'Ali-El-Mobârek, aidés de quelques soldats du quartier de la grande mosquée et d'autres personnes. Ils gaspillèrent ce jour-là des richesses considérables.

Une rencontre entre les deux partis en présence[4] eut lieu ensuite près du puits des gens de la grande mosquée; ils se livrèrent combat dans la soirée du samedi, 2 du mois brillant de cha'ban (21 septembre 1743) et la lutte dura jusqu'au soir. Ce fut dans cette affaire qu''Ali-Châmi fut blessé à un pied. Le caïd Sa'îd-ben-Manṣour n'avait pris aucune part à ce conflit.

1. Les deux caïds s'appelant Sa'id, il est difficile de savoir duquel des deux il s'agit. Celui dont on veut parler ici est sans doute le caïd Sa'îd-Et-Tezerkîni.

2. Les deux partis étaient celui du pacha déposé Sa'îd-Et-Tezerkini et celui de la famille du lieutenant-général 'Ali-ben-El-Djesîm.

3. Le mot du texte est *sekernâti* qui est pour sekerlâti.

4. Ce nom est vraisemblablement ici un nom de quartier. Cependant il se pourrait qu'il s'agît de : « Sarracolets », suivant l'expression usitée en français.

Le cadi Bâbâ, au nom de Dieu et du Prophète, supplia les combattants de cesser les hostilités et de ne plus faire usage de leurs armes. On était alors au mercredi, 6 du mois (25 septembre). Les combattants cédèrent à la prière du cadi et s'abstinrent de tirer un seul coup de feu pendant treize jours. Mais cela ne servit de rien, car ils recommencèrent ensuite à tirailler nuit et jour. Puis, le lundi, 3 du mois vénéré de ramaḍan (21 octobre 1743), un grand combat s'engagea qui dura depuis le matin jusqu'au midi. On resta ensuite sans se battre, mais sans tirer profit de ce répit pour faire la paix et sans que les chefs des partis cherchassent à intervenir pour améliorer la situation.

Durant tout ceci, le caïd Sa'îd[1] n'avait point pris part au conflit. Il partit ensuite pour le bourg de Yendobogho, dans la soirée du mercredi, 26 du mois de ramaḍan (14 novembre 1743); il resta là une dizaine de jours, puis, suivi de ses esclaves legha, il revint à Tombouctou où il rentra seul, le samedi dans la nuit, laissant ses esclaves au port de Kabara. C'était la nuit du 6 de chaouâl (23 novembre 1743). Dans la soirée du dimanche, il alla trouver les combattants. La population s'assembla avec le cadi dans la mosquée de Sankoré, le lundi 8 du mois (25 novembre). Le caïd Sa'îd-ben-Manṣour assista à cette réunion où l'on essaya de rétablir la paix.

Le cadi (٧٨), les jurisconsultes de la ville et les chérifs envoyèrent alors demander au caïd Sa'îd-Et-Tezerkîni de livrer les esclaves qui avaient tué le défunt 'Ali en sa présence, afin de mettre à mort ces esclaves et d'éteindre le feu de la querelle qui s'était élevée entre lui et les partisans[2] de la victime, les Oulad-'Ali-El-Mobârek. Aux messagers qu'on

1. C'est-à-dire : Sa'îd-Et-Tezerkîni.
2. Mot à mot : « frères » dans le sens de « concitoyens », « gens du même quartier ».

lui envoya Et-Tezerkîni répondit : « Je ne livrerai mes esclaves qu'à la justice[1] ou au souverain. » En apprenant cette réponse que venait de faire Et-Tezerkîni, le caïd Sa'îd-ben-Manṣour s'écria : « Ce qu'il a dit est vrai et il n'a rien dit que de juste. Accordez-lui trois jours pour qu'il puisse voir chacun de nous. »

Le cadi et les jurisconsultes annoncèrent leur décision à Et-Tezerkîni et vinrent ensuite le trouver. Après l'avoir salué, le cadi lui dit : « Nous sommes envoyés vers vous par le caïd Sa'îd qui vous demande de lui livrer vos esclaves pour mettre fin à ce conflit. Il vous le demande pour l'amour de Dieu et du Prophète et aussi en considération de notre cité et de tous ses habitants, négociants, jurisconsultes, femmes, enfants, pauvres et malheureux. » — « Mais, répondit-il, les esclaves n'ont rien fait; ce ne sont pas eux qui ont tué 'Ali; c'est moi-même qui l'ai tué. Je ne vous livrerai donc pas mes esclaves, je ne les déférerai que devant le sultan ou par-devant la justice toute-puissante. Donnez donc l'ordre à nos adversaires de comparaître devant vous et la justice décidera entre eux et nous. Nous nommerons chacun un avocat; ces deux défenseurs se réuniront demain dans la maison du caïd Sa'îd-ben-Manṣour et alors vous jugerez entre nous le litige. »

Le lendemain jeudi, il y eut une réunion générale à laquelle assistaient : le cadi, ses assesseurs, les jurisconsultes, les deux avocats, celui du caïd Sa'îd-Et-Tezerkîni et celui des Oulad-'Ali-El-Mobârek, enfin l'imam Bâbâ-ben-El-Fa'-Moḥammed-Baghyo'o. Le caïd Sa'îd susdit remit à son avocat un registre dans lequel étaient inscrits les 3.500 mitsqâl d'or appartenant à son hôte et qui avaient été pillés

1. D'ordinaire c'est le souverain qui juge au criminel, tandis que le cadi ne tranche que les affaires civiles... Cependant le cadi, comme on le voit ici, peut aussi décider au criminel, dans des circonstances exceptionnelles.

par les gens de Sâryakaïna, le jour de sa venue. Le procès se déroula devant le public et, après les plaidoiries, le cadi condamna l'avocat des gens de Sâryakaïna en vertu du texte du Coran qui dit : « Ame pour âme »[1]. Ainsi se formula la sentence du cadi.

Dans cette même soirée, on récita la fatiḥa avec le caïd Sa'îd. Comme les noix de kola faisaient défaut (٧٩) dans la ville à ce moment, le caïd Sa'îd envoya le lieutenant-général de la garde An-Oukiya[2] avec ordre de lui rapporter un sac[3] de noix de kola, le jeudi soir, 11 de ce mois (28 novembre 1743). Puis le vendredi soir, Sa'îd rendit visite au caïd Sa'îd-Et-Tezerkîni au sujet des esclaves ; il lui demanda de les lui livrer pour apaiser le conflit et étouffer le feu qui était allumé dans le cœur des Oulad-'Ali-El-Mobârek à cause du meurtre dont l'un d'eux avait été la victime.

Et-Tezerkîni lui refusa et se prépara au combat ; le feu de la lutte s'alluma aussitôt dans son quartier du côté du marché et ses esclaves legha reçurent l'ordre de sonner de leurs trompettes. Mais, sur la représentation de certaines personnes, il renonça à la lutte. Le lendemain, samedi, il manda au cadi qu'il allait prendre ses esclaves et les lui amener chez lui. Il monta aussitôt à cheval, se rendit à l'endroit même où avait été tué le lieutenant-général 'Ali et, là, il donna l'ordre de mettre à mort ses esclaves qui étaient au nombre de trois, le quatrième ayant pris la fuite et réussi à s'échapper.

On assure que le caïd Sa'îd-Et-Tezerkîni s'était entendu avec le caïd Sa'îd-ben-Manṣour et le caïd Bâbâ-Seyyid pour le meurtre du lieutenant-général 'Ali-ben--El-Djesîm. Dieu

1. *Coran*, sourate IV, verset 49.

2. Ou : In-Oukiya. Je crois qu'il y a une faute dans le texte et qu'il faut lire الى au lieu de ان, et alors le sens serait : « il envoya le lieutenant-général de la garde à Oukiya, chercher des noix de kola ».

3. Ce mot est traduit par conjecture.

sait mieux que personne le secret des choses et ce qu'il a décidé.

Le pacha avait été élu le dimanche, 14 du mois de chaouâl qui avait précédé la date qui vient d'être indiquée (1er décembre 1743), mais il ne reçut l'investiture[1] que le mercredi, 17 du même mois (4 décembre). Alors seulement sa nomination fut complète et on lui donna l'aubade officielle ce jour-là. Il nomma Boubeker-ben-El-Fa'-Manṣour lieutenant-général de la division de Merrâkech et donna les fonctions de Kabara-Farma à Moḥammed-Ramḍân, fils du caïd Aḥmed-Zenka. Il rendit à Seyyid-Moḥammed-ben-Abdallah les fonctions de ḥâkem de la ville et celles de conseiller à El-Fa'-Bati, fils du lieutenant-général Sa'îd.

Le septième jour[2] de son élection, il ne fit pas la chevauchée et la tournée habituelles dans la ville, à cause du conflit qui avait eu lieu. Le troisième jour, dans la soirée de la nomination d'un pacha, avait lieu, suivant un usage courant, le voyage du pacha à la casbah. A cette cérémonie assistaient les caïds et les lieutenants-généraux qui se trouvaient présents ce jour-là. Le caïd Et-Tezerkîni assista à cette cérémonie en compagnie des caïds et des lieutenants-généraux.

Les Oulâd-'Ali-El-Mobârek eurent le cœur rempli de rage lorsqu'ils connurent la présence de Et-Tezerkîni dans ce cortège. Le septième jour de l'élection, Et-Tezerkîni se rendit encore à la casbah; arrivé là, il pénétra dans la citadelle et salua le pacha. A peine s'était-il assis que le lieutenant-général Boubeker et le caïd Bâbâ Seyyid[3] sortirent aussitôt et rentrèrent chez eux, laissant Et-Tezerkîni au méchouar auprès du pacha.

1. Cette cérémonie consistait à donner une aubade.

2. Le septième jour d'une fête ou d'une cérémonie est l'occasion de nouvelles réjouissances.

3. Le texte porte « Sa'îd », qui est une erreur du copiste. La sortie de ces deux personnages était une protestation contre la présence du caïd Et-Tezerkîni.

Si le caïd Sa'îd-Et-Tezerkîni était sorti de chez lui à ce moment et avait été à la casbah aussitôt (٨٠) après une aventure semblable à celle qui lui était arrivée avec les Oulad-'Ali-Mobârek, c'était uniquement à cause des liens d'amitié qui l'unissaient au pacha Sa'îd dont il avait été le collègue et le compagnon depuis son enfance. Il y avait aussi cette raison que c'était une tradition admise depuis longtemps chez les prédécesseurs du pacha que, lorsque l'un d'eux avait été agréé comme chef, du consentement de tous, il traitait tous ses anciens collègues sur un même pied d'égalité, sans donner aucune préférence à l'un plutôt qu'à l'autre.

Or, à ce moment, le caïd Et-Tezerkîni était l'objet de réclamations de la part des Oulâd-'Ali-El-Mobârek et le pacha Sa'îd devait tenir la balance égale entre eux et maintenir chacun d'eux à sa place en employant avec une égale mesure la force et l'autorité que Dieu lui avait réparties. Et certes tout ce que nous pouvons dire, c'est que le caïd Et-Tezerkîni en allant et venant ainsi immédiatement et en hâte[1] n'agissait ainsi que parce que Dieu avait mis dans sa poitrine un cœur ferme et très énergique, plus ferme que le fer et la pierre. Rien n'ébranlait son cœur, ni crainte, ni terreur, ni frayeur, ni danger, ni ambition et il ne redoutait pas que quelqu'un pût le tuer. Telle était la situation véritable et il s'en fallait de beaucoup qu'un conflit éclatât alors à cause de ses allées et venues.

Et-Tezerkîni resta un instant auprès du pacha après le départ du caïd Bâbâ-Seyyid et du lieutenant-général Boubeker ; puis il se leva, présenta ses hommages au pacha, et sortit pour se rendre à la maison de Maulaï-Seliman, afin de le saluer ; il rentra ensuite chez lui.

1. Cette hâte en le mettant en contact avec ses ennemis était, en effet, pleine de danger.

Au cours de ce mois, et durant les mêmes jours, le caïd Bâbâ-Seyyid abandonna la maison de son père, qu'il habitait, pour aller loger dans la maison de El-Ḥâdj-Mîlâd. Il s'installait là, afin d'éviter tout conflit, de pouvoir devancer l'ennemi et d'avoir l'avantage sur lui, au cas où une attaque se produirait. Cette nouvelle demeure consistait en un château[1] élevé, de construction très solide que El-Ḥâdj-Mîlâd avait fait bâtir pour lui-même. Il était situé au cœur de la ville et au centre de tous les quartiers dont il était également distant à l'est, à l'ouest, au sud et au nord. Monté sur le sommet de cet édifice on dominait la ville des quatre côtés et l'on en voyait l'ensemble en quelque sorte à ses pieds.

Le lundi, 3 du mois sacré de moḥarrem, le premier mois de l'année 1157 (17 février 1744), le ḥâkem 'Abderraḥîm, fils du caïd Aḥmed-ben-'Ali-Et-Tezerkîni, arriva de la ville de Chîbi. Il vint dans son embarcation et, quand il fut tout près du port de Kabara, sans cependant en être en vue, il mouilla auprès d'une île nommé Tâta-Ghangha[2]. Il n'avait pas poussé jusqu'au port habituel, qui est situé au-dessous de Kabara, n'étant point rassuré sur l'accueil des habitants à cause du conflit qui avait eu lieu entre eux et son frère et parce que le bourg de Kabara était surtout occupé par des soldats de Sâryakaïna, les Oulâd (٧١)-'Ali-El-Mobârek, tandis que les soldats de la division de Merrâkech et autres y étaient moins nombreux. C'est là que les Sâryakaïna avaient leurs esclaves, hommes et femmes, leurs ḥartâni, leur dépôt et un grand nombre de gens à eux. C'était en quelque sorte leur patrie où se trouvaient leurs familles et leurs guerriers.

'Abderraḥîm ne se croyait pas en sûreté dans cette ville

1. Le mot traduit ici par « château » s'entend d'ordinaire de tout ensemble de constructions réunies derrière une enceinte commune.

2. Le mot est sans voyelles dans le ms. On pourrait donc lire : Tâti-Ghongho, Tâto-Ghinghi, etc.

et au milieu de ses habitants. Il passa donc deux ou trois nuits dans l'île où il était, c'est-à-dire les nuits du vendredi, du samedi et du dimanche et, le lundi matin, il manda à son frère Sa'îd de lui envoyer de ses soldats pour le conduire à Tombouctou, et de les expédier à sa rencontre au port de Kabara. Ce fut seulement quand il vit que ces soldats arrivaient que 'Abderraḥîm quitta l'île où il était et vint mouiller à Kabara, ayant avec lui des hommes montés sur d'autres barques.

Lorsque les soldats du caïd Sa'îd se portèrent à la rencontre du ḥâkem 'Abderraḥîm, les soldats des Oulâd-'Ali-El-Mobârek partirent sur leurs traces, ayant avec eux des Touareg, et les atteignirent au port de Kabara. Ils leur livrèrent bataille, combattant surtout 'Abderraḥîm avec un grand acharnement; ils lui tuèrent un de ses soldats appartenant à la division des Cherâga et qui était un des descendants du pacha 'Ali-ben-'Abdallah, et ils lui prirent un certain nombre[1] des autres soldats qui lui restaient et de ceux de son frère.

Ce combat, qui avait commencé dans la matinée, dura jusqu'au soir et, à ce moment, le ḥâkem fut tué et laissé mort sur le champ de bataille, où son corps resta jusqu'au lendemain. Alors le pacha Sa'îd se rendit sur les lieux et donna l'ordre de porter le cadavre du ḥâkem au mausolée de Seyyidi-Aḥmed-Moy'â. Il fit placer le corps dans l'intérieur du mausolée, ordonna de le laver, de l'ensevelir et de l'enterrer dans le cimetière.

On prétend, d'autre part, que c'est l'imâm de Kabara qui ensevelit le corps du ḥâkem dans une chemise que celui-ci lui avait donnée et qu'il fit laver au préalable[2] et

1. L'expression est obscure; on ne sait s'il faut comprendre « tous les soldats », ou seulement « une partie de ces soldats ». Il semble que l'auteur a voulu dire que tous ceux qui ne furent pas tués furent faits prisonniers.

2. Le linceul doit être fait rigoureusement avec une pièce d'étoffe toute neuve.

ce serait seulement après cela que le pacha serait arrivé et aurait donné l'ordre de porter le corps à Tombouctou. Cette dernière version est plus exacte que la première (Dieu très-haut fasse miséricorde au ḥâkem!).

Le samedi, 15 de ce mois (29 février 1744), nous reçûmes à Tombouctou la nouvelle que 'Abdallah-ben-'Abdellaṭîf, fils du caïd 'Ali-Et-Tezerkîni et le caïd Mâmi, fils du défunt 'Abderraḥîm, aussitôt qu'ils avaient appris le meurtre de 'Abderraḥîm, avaient empêché les voyageurs de se rendre à Dienné et les avaient retenus par devers eux à Chìbi, ainsi que leurs barques chargées de sel en disant : « Nous retiendrons ces gens jusqu'à ce que nous ayons la nouvelle certaine du meurtre de 'Abderraḥîm, car si elle est confirmée, nous nous emparerons d'eux et de leurs biens. » C'était Bâbâboua[1]-El-Kheir qui leur avait apporté la nouvelle de la part du lieutenant-général des Cherâga, alors dans la ville de Tendirma.

Aussitôt qu'il eut connaissance de cet événement, le pacha équipa un détachement de onze de ses soldats et manda au caïd Sa'îd-Et-Tekerzìni et au lieutenant-général (٨٢) Sanamoghaï[2] de lui fournir chacun un de leurs frères, qui accompagneraient ce détachement auprès de 'Abdallah-ben-'Abdellaṭîf et du caïd Mâmi-ben-'Abderraḥìm pour les engager à laisser passer les voyageurs qui se rendaient à Tombouctou.

Le caïd Sa'îd fournit son frère 'Abdesselâm et le lieutenant-général Sanamoghaï, son frère Moḥammed, fils du

A défaut cependant d'étoffe neuve, on peut employer une étoffe lavée, comme l'aurait fait l'imam suivant la deuxième version donnée du fait. Cette remarque du lavage de la chemise, chose exceptionnelle, milite en faveur de la deuxième version rapportée ici.

1. Le nom est sans voyelles dans le ms. On pourrait donc lire : Bâbâbou.

2. Le mot « san » signifiant « maître », il faut peut-être lire en deux mots : San-Amoghaï. L'orthographe exacte de ce mot est donnée plus loin dans le ms. Ici il y a Sanmagha.

lieutenant-général Ousâma. Ils chargèrent leur frère de dire à 'Abdallah et au caïd Mâmi de laisser partir les voyageurs[1] et de rendre libres les communications avec le pacha sur-le-champ. « Il ne faut pas que l'on puisse dire, ajoutaient-ils, que c'est nous qui nous avons donné l'ordre de faire ce que vous avez fait, car nous ne vous avons nullement intimé d'agir comme vous le faites actuellement. Tout ce que vous ferez dorénavant nous en dégageons notre responsabilité. » Les deux frères se rendirent à Chîbi, accomplirent leur mission et les voyageurs mis en liberté purent continuer leur route.

Le mercredi soir, 19 du mois (4 mars 1744), après la prière de l'acha, mourut Nâna-Mo'ya[2]-Bâbâ-'Ali-Idji. Elle fut enterrée le lendemain matin en dehors du mausolée de Seyyidi-Abou-'l-Qâsem (Dieu lui fasse miséricorde!). Elle était fort âgée; elle mourut à quatre-vingt-quatorze ans.

Le pacha imposa aux négociants une contribution de 4.000 mitsqâl d'or. Il perçut cette somme et la mangea tranquillement[3] sans faire, à ce moment, la moindre expédition.

Le mercredi, 21 du mois de rebi' II de cette année, c'est-à-dire de l'année 1157 (3 juin 1744), mourut le mo'allim[4] Boubeker-El-Heddjâmi (Dieu lui fasse miséricorde!). Il était âgé de quatre-vingt-cinq ans.

Le samedi, 2 du mois de djomada Ier de cette année (13 juin 1744), eut lieu le renouvellement d'une expédi-

1. Ceux qu'on avait arrêtés.

2. Ou : Mo'aï. Il faut sans doute ajouter ici : « fille de ».

3. Ces contributions, comme on l'a vu plus haut, étaient levées pour faire des expéditions et assurer en principe la sécurité des routes. On conçoit donc que les négociants intéressés à cette sécurité fissent les frais de ces expéditions. On voit par ce passage que cet argent ne recevait pas toujours sa destination véritable.

4. Ce mot signifie « maître » dans le sens de maître-ouvrier, patron et aussi dans le sens d'instituteur ou de professeur. Il peut également faire partie d'un nom propre.

tion[1] des Touareg Tadmekket contre les Foulâni. Oghmor se trouvait parmi eux.

Le mercredi, 6 du mois indiqué ci-dessus (17 juin 1744), une querelle s'éleva entre les valets de la division de Fez et ceux de la division de Merrâkech, les Oulad-ʿAli-El-Mobârek ; c'est à propos du puisage de l'eau au puits des gens de la grande mosquée que la contestation se produisit. Elle se termina par une bagarre où l'on échangea des coups de part et d'autre et qui faillit amener un conflit armé entre les maîtres eux-mêmes. Enfin le caïd Bâbâ-Seyyid fit creuser un puits dans le quartier de Sâryakaïna et mit ainsi fin aux conflits qui auraient pu se produire à l'avenir.

Ce caïd était un homme intelligent, avisé et ayant la conception très prompte ; le forage du puits fut commencé le samedi, 9 du mois précité (20 juin 1744). Le caïd s'en occupa activement pendant quelques jours ; il y installa un atelier d'esclaves (٨٢) hommes et femmes avec un architecte et convoqua à ce travail les enfants[2] de tous les quartiers de la ville, faisant égorger chaque jour une vache pour les ouvriers et dressant chaque jour de nombreuses tables ; cela dura jusqu'au jour de l'achèvement du puits. Malheureusement l'eau n'en fut pas potable ; elle était amère et saumâtre et il fallut abandonner ce puits.

Le vendredi, 22 du même mois (3 juillet 1744) de cette année, c'est-à-dire de l'année 1157, mourut El-Fa-ʿAḥmed, fils de l'imam ʿAbderraḥman-ben-Aḥmed, fils de l'imam Moḥammed-Koured ; il mourut dans la ville de Nonboʿo[3] (Dieu lui fasse miséricorde !) et il était imam de la mosquée du Marché. Il eut pour successeur, dans ses fonctions, l'imam Bâbâ, fils du jurisconsulte Moḥammed, fils de l'imam Mo-

1. On pourrait aussi comprendre que les Touareg revinrent à ce moment de leur seconde expédition contre les Foulâni.

2. Comme aides et manœuvres.

3. Les voyelles sont dans le ms.

ḥammed-Baghyo'o (Dieu fasse qu'il vive longtemps dans ses fonctions !). Il fut nommé le samedi, 20 du mois de redjeb l'unique de cette même année (29 août 1744), avec l'autorisation[1] du jurisconsulte, le cadi El-Mokhtâr, fils du cadi Moḥammed.

Le pacha Sa'îd fut déposé le vendredi, 20 du mois de rebi' Ier de l'année 1158 (22 avril 1745). Alors un conflit éclata ; le feu de la discorde s'alluma ; chacun ceignit ses armes, l'on en vint aux mains, et un combat acharné s'ensuivit. Les gens de la division de Fez furent assiégés dans leur quartier où il devint impossible d'entrer et d'où on ne put plus sortir. On les priva même de l'eau et on combla un puits qui se trouvait à proximité d'eux.

La lutte continua dans ces conditions environ quarante jours. Les gens de la division de Fez supportèrent vaillamment la lutte jusqu'au moment où Dieu y mit fin[2]. Le lieutenant-général Bouḅeker-beñ-El-Fa'-Manṣour, qui était un des leurs, n'était pas parmi eux au moment de ce conflit et n'y prit aucune part. Il était d'accord avec le caïd Sa'îd-Et-Tezerkîni et de cet accord était née une amitié entre eux. C'est pour cela qu'il ne s'était rangé dans le conflit ni du côté du frère de Et-Tezerkîni, le caïd Bâbâ-Seyyid, ni du côté du pacha Sa'îd qui venait d'être déposé.

Les deux partis s'étant réconciliés et ayant mis bas les armes, le pacha leur demanda de le rétablir dans ses fonctions, mais ils refusèrent; la déposition du pacha eut donc lieu le jour indiqué plus haut. Il était resté, dit-on, au pachalik un an et six mois.

Sa'îd, fils du caïd Ḥammedi[3]-ben-'Ali-ben-Moḥammed-ben-'Abdallah-Et-Tezerkîni. — Il succéda au caïd Sa'îd-ben-

1. Ou : avec l'approbation.
2. On ne dit pas exactement dans quelles conditions se fit l'accord qui mit fin au conflit.
3. Tantôt on l'appelle Ḥammedi, tantôt Aḥmed.

Manṣour, lorsque celui-ci fut déposé pour la seconde fois, le jeudi 17, du mois de rebi' II de l'année 1155 (21 juin 1742). Quand il fut élu il était lieutenant-général de la division de Fez et il choisit, pour le remplacer dans ces fonctions, son cousin paternel, le lieutenant-général Sanamoghaï, fils du lieutenant-général Ousâma-ben-'Ali-(٨ ٤) Et-Tezerkîni qui, à cette époque, était lieutenant-général de la garde et qui, plus tard, sur une décision du pacha Boubeker, eut pour successeur El-Kahiya[1], fils du lieutenant-général Ech-Cheikh-El-'Amri.

Il n'y eut pas à un moment donné de chef de la division de Merrâkech. Quand le lieutenant-général 'Ali-ben-El-Djesîm eut résigné ses fontions pendant l'expédition du pacha Sa'îd-ben-Manṣour, et, en attendant qu'on fût rentré à Tombouctou, ce fut Hadi-ben-El-Berbouch[2]-El-Kerbâ qui succéda au lieutenant-général 'Ali; il fut nommé lieutenant-général de la division de Merrâkech et reçut l'aubade officielle sur place sur l'ordre du pacha Sa'îd; mais, arrivé à Tombouctou, il fut destitué et retourna dans son pays à Kîso. Ensuite le lieutenant-général 'Ali-ben-El-Djesîm fut de nouveau nommé et il conserva ce poste jusqu'à sa mort.

Le samedi, 17 du mois de djomada II de cette année, c'est-à-dire de l'année 1155 (19 août 1742), mourut mon confrère aimé, mon maître, le jurisconsulte Bâbâ-Saï[3], fils du jurisconsulte Beker-Saï-ben-Moḥammed-Saï, fils du jurisconsulte, du cadi Moḥammed-Djem, cadi du Mâsina (La miséricorde de Dieu soit avec lui!). Il mourut dans la ville de Araouân (Dieu lui fasse miséricorde! Amen!).

Le dimanche, vers midi, le 18 du même mois (20 août),

1. Il se pourrait que ce mot fût le titre et que le véritable nom ait été omis. Cependant il arrive qu'un nom de titre serve de nom propre, témoin El-Khelifa.

2. Ou : El-Berbouchi.

3. Ou : Sayyo, le ms. donne d'abord cette forme, puis celle de Saï.

mourut le jurisconsulte, l'imâm Aḥmed-ben-'Otsmân-ben-Aḥmed-ben-Moḥammed-ben-Moḥammed-ben-Tâchefin-El-Oueddâni (Dieu lui fasse miséricorde! Amen!). Il eut pour successeur dans l'imamat, l'imâm 'Abdallah, plus connu sous le nom de Bâbir, fils du jurisconsulte, du cadi Seyyid-Aḥmed, fils du jurisconsulte, du cadi Ibrahim, fils du jurisconsulte 'Abdallah, fils du très docte, du saint, du bienheureux Seyyidi-Aḥmed-Moy'a (Dieu fasse qu'il vive longtemps dans ces fonctions et lui continue les marques de sa faveur dnrant tout le temps qu'il vivra! Amen! Que par sa grâce, sa générosité et sa volonté il lui assure une heureuse fin et la suprême récompense, après avoir accompli tous ses désirs et lui avoir fait atteindre tous ses buts! Amen!).

Le vendredi, dernier jour du mois ci-dessus indiqué, au moment où le soleil allait se coucher, dans la soirée où apparut la lune de redjeb (31 août 1742) que tout le monde put voir et alors que les cris de joie et d'allégresse n'avaient pas encore cessé[1], les enfants du caïd 'Ali-Et-Tezerkîni tuèrent le caïd Zenka, fils du lieutenant-général 'Abdelkerîm, fils du caïd Sa'îd-ben-'Omar-El-Fâsi. Un homme de la division de Fez lui lança son javelot et le tua. Voici les circonstances de cet événement.

Le caïd El-Mobârek-ben-Ṣolḥ, fils du caïd Moḥammed, fils du cheikh 'Ali-Ed-Der'i, avait ainsi que ses soldats pris les armes à ce moment et, accompagné du caïd Zenka, ci-dessus nommé, il se rendit à la porte de la maison du caïd (٨٥) 'Ali-ben-Raḥmoun. Quand il fut arrivé sous la tour de la casbah, ayant avec lui ses soldats, il tira un coup de fusil du côté du pacha Sa'îd-Et-Tezerkîni, afin de marquer sa déposition, tandis que le caïd Zenka prononçait ces mots : Qu'il

1. On ne dit pas la cause de ces cris d'allégresse. Peut-être est-ce parce que le mois de redjeb est un des quatre mois sacrés.

n'y soit pas heureux[1]! formule qui annonçait la déposition des pachas.

Le caïd El-Mobârek avait imposé comme condition[2] aux soldats qui le suivaient qu'il aurait sa part dans la distribution qui leur serait faite lorsqu'on partagerait les impôts[3], car il était de règle que le soldat ne recevait de part que de sa division. S'il appartenait à la division de Fez, c'est d'eux qu'il recevait sa part, de même s'il appartenait à la division de Merrâkech. Le caïd El-Mobârek demanda donc une part nouvelle, alors que ceux des soldats qui réclamaient leur simple part ne l'obtenaient qu'avec peine et souvent après lutte et combat.

Quand on eut tiré les coups de fusil annonçant la déposition du pacha, celui-ci, qui était dans la casbah, sortit à la rencontre des révoltés dans le quartier des Oulâd-ʿAli-Et-Tezerkîni et un combat s'engagea entre les deux troupes. Le caïd Zenka reçut alors un javelot qui le fit tomber mortellement blessé. Ses gens l'emportèrent dans la maison du caïd El-Mobârek; il était à la dernière extrémité et mourut vers la fin de cette nuit même. A ce moment le pacha rentra dans sa maison[4].

Durant cette nuit mourut Nâna-Heri, fille du caïd ʿAbdallah, fils du caïd Nâṣir-El-Aʿamechi; elle était la femme du caïd Yousef-ben-ʿAbdallah et la mère de ses enfants[5] (Dieu lui fasse miséricorde!).

1. La formule a été mal reproduite dans le texte. Ainsi qu'on l'a vu plus haut son sens équivaut à : A bas le pacha!

2. Le texte porte اشترك ainsi que le ms. Mais il est évident qu'il faut lire اشترط.

3. Ce passage est assez obscur. Il semble cependant que les produits des impôts étaient partagés entre les divisions, puis chaque division faisait la répartition entre ses membres. On ne pouvait avoir de part que dans sa propre division. Le caïd El-Mobârek s'en faisait, comme on voit, attribuer une seconde par les gens d'une division à laquelle il n'appartenait pas.

4. En ne retournant pas à la casbah il reconnaissait qu'il était déposé.

5. Les enfants nés d'une concubine sont légitimes aux yeux des musulmans.

Telles furent les circonstances de cette lutte entre le caïd El-Mobârek et les gens de la division de Fez : c'est de cette manière que ce caïd entraîna des partisans et les soudoya. Le caïd El-Mobârek avait eu pour complice dans cette affaire le caïd Sa'îd-ben-El-Manṣour. Il fit ensuite la paix avec les gens de la division de Fez à laquelle il appartenait, lorsque la caravane de Martounosa[1] vint camper à Abrâz, le samedi dans la nuit du 15 du mois indiqué plus haut (15 septembre 1742) et alors il reçut la part qui lui revenait.

Le pacha Sa'îd fut de nouveau élu pacha le mardi, 18 de ce mois (18 septembre), et le lieutenant-général Sanamoghaï[2], fils du lieutenant-général Ousâma, lieutenant-général de la division de Fez, se mit en route pour Dirma au commencement du mois de cha'ban de cette année (1er octobre 1742) et, durant ce même mois, le lieutenant-général 'Ali-ben-El-Djesîm redevint lieutenant-général de la division de Merrâkech, par décision du pacha Et-Tezerkîni.

Le pacha Sa'îd-Et-Tezerkîni imposa ensuite une contribution de 4.000 mitsqâl d'or[3] aux négociants (٨٦). Quand il eut perçu cette somme il en distribua une partie aux soldats et garda le reste pour lui-même. Les soldats trouvèrent que la part qui leur avait été faite était insuffisante, aussi engagèrent-ils un combat avec le pacha et le déposèrent-ils ensuite le samedi, 5 du mois vénéré de ramaḍan (3 novembre 1742). Le pacha était resté au pouvoir cinq mois et quatre jours.

Le vendredi, dans la nuit du 25 de ce mois, c'est-à-dire du mois de ramaḍan (23 novembre 1742), on vit apparaître

Et, comme, d'autre part, le divorce est fréquent chez eux, il n'y a pas de naïveté à dire qu'une femme est la mère des enfants de son mari.

1. Ce nom paraît être un nom de tribu. L'orthographe en est donnée par le ms.

2. Le nom est orthographié tantôt Sanamaghaï, tantôt Sanamoghaï.

3. Le mîtsqal d'or vaut de 10 à 12 francs.

une comète. Sa direction dans l'espace céleste était celle de l'est à l'ouest et elle projetait une clarté très intense et très étendue. Elle prit ensuite la forme d'un arc irrégulier [1]. Ce phénomène extraordinaire n'avait jamais été vu jusqu'alors. Ce fut un de ces rares et étranges événements qui se produisent parfois au cours des siècles.

A ce moment les portes de la discorde s'ouvrirent de tous côtés et en tous lieux. J'ai vu cette comète apparaître cette année-là, qui était l'année 1156 [2] (25 février 1743-15 février 1744); elle se leva entre le *fergh* [3] antérieur et le *fergh* postérieur, si je ne me trompe. Elle était telle que les livres nous les décrivent [4]. Dieu nous délivre de tout mal en ce moment et toujours; qu'il nous accorde ses faveurs par les mérites de notre Prophète Mahomet (Dieu répande sur lui, sur sa famille et sur ses compagnons ses bénédictions et leur accorde le salut! Amen!).

L'auteur de ce récit ajoute : Les gens qui étudient les astres rapportent qu'une comète apparut, lorsque Caïn tua Abel; au moment du Déluge; lors de l'allumage du feu d'Abraham, l'ami de Dieu [5]; à l'époque de la destruction des peuples de ʿAd, Tsemoud et Ṣâliḥ [6]; au moment de l'apparition de Moïse, de la mort de Pharaon, de l'expédition de Bedr [7], des meurtres de ʿOtsmân et de ʿAli et de la présence au califat de Er-Râchid-billah, d'El-Moʿatezz, de El-Mohtadi et de El-Moqtader.

1. Mot à mot : tordu.
2. L'auteur du récit a donc vu lui-même cette comète l'année suivante.
3. Il s'agit, je crois, de deux étoiles dans la constellation du Verseau, si on lit فرغ; des Gémeaux, si on lit فرع (*ferʿ*).
4. L'auteur veut dire par là que cette comète eut les conséquences que lui attribuent les livres d'astrologie.
5. Suivant le *Coran*, sourate XXI, v. 52-70, Abraham aurait été jeté dans un bûcher par les infidèles de son temps; mais le feu ne lui aurait causé d'autre impression que celle d'une fraîcheur agréable.
6. Peuples dont parle le Coran et qui furent anéantis par la colère divine.
7. Un des plus célèbres combats livrés par Mahomet.

El-Oueddâni dit que les événements qui accompagnent l'apparition des comètes sont les tremblements de terre et les cataclysmes. Ceci est confirmé, ajouterai-je, par le ḥadits rapporté par El-Ḥâkem, dans le *Mostadrek*, ḥadits authentique et ainsi conçu : « On a vu apparaître une comète et alors j'ai craint qu'il n'y eût la peste. » C'est également à cela, si je ne me trompe, qu'a fait allusion Abou-'Abdallah-Moḥammed-El-'Irâqi (Dieu lui fasse miséricorde!) dans son poème où il dit :

« Or, mes deux amis, écoutez un dire qui n'est pas mensonger; je vais vous expliquer ce qui est rapporté dans les livres,

« Au sujet des indications vraies, avertissements ou menaces, qu'il y aura lors de l'apparition de l'astre blanc orné d'une queue (٨٧).

« Lorsque cet astre apparaîtra dans les régions du ciel, vous verrez à l'ouest des événements terribles à faire blanchir d'émotion.

« L'affection diminuant, les hommes se diviseront en partis ; il y aura abondance de morts à ce moment, puis abondance de guerriers. »

J'ai vu ces vers tracés sur une des notes écrites cette année-là par mon maître, le jurisconsulte, le docte, Sa'îd, fils du jurisconsulte Moḥammed-ben-Moḥammed-Koured (Dieu le garde et le protège! Amen!). Dieu fasse que nous restions sains et saufs, nous et les autres musulmans. Amen! Cet événement fut le plus extraordinaire de notre époque actuelle et tout le monde s'en entretint sans savoir à ce moment ce qu'il en adviendrait et si Dieu nous ferait voir le bien et nous préserverait de tout mal. Puisse Dieu avoir décidé que nous serions sains et saufs et que nous échapperions à tout danger. Amen!

Liste des personnages qui moururent à ce moment ou vers cette époque :

Le mardi, dernier jour du mois de ramaḍan de cette année (28 décembre 1742), mourut 'Aïcha, fille du jurisconsulte Moḥammed-Baghyo'o, fils du très docte le jurisconsulte, l'imâm, Abou-Isḥaq-Ibrahim-ben-Aḥmed-ben-Maḥmoud-Baghyo'o-El-Ouankori (Dieu lui fasse miséricorde !).

Le vendredi, 27 du mois sacré de dzou 'l-ḥiddja, le dernier des mois de l'année 1155 (22 février 1743), mourut San-El-Fa'-Aḥmed-ben-'Abdallah, fils du jurisconsulte Aḥmed-Ṭâgh, fils du juriconsulte, le très illustre imam Ibrahim-ben-Aḥmed-ben-Maḥmoud-Baghyo'o-El-Ouankori ; il périt noyé (Dieu lui fasse miséricorde) de la façon suivante : Il venait de Dienné et était arrivé dans son voyage à un endroit voisin d'un autre nommé Minni-Kaïna-Yendi[1], où il passa la nuit. Il quitta cette localité le lendemain au moment de l'aube et fit toute diligence pour arriver à Kabara avant le Fara-Koï ; tel était son désir, si je ne me trompe. Il venait de larguer son embarcation quand, arrivé à l'endroit bien connu qui se nomme Minni-Kaïna-Yendi, l'embarcation chavira et entraîna sous l'eau tous ceux qui la montaient, ainsi que les objets qu'elle portait. Aussitôt les gens de Kabara dépêchèrent quelqu'un auprès de son frère aîné, l'imâm Ibrahim, lui demandant d'accourir ; celui-ci arriva accompagné du caïd Sa'îd-ben-Manṣour qui venait à son aide ; mais on ne retrouva le corps du défunt que deux jours plus tard. Quand on l'eut retrouvé, on le transporta à Tombouctou où on l'y enterra près du tombeau de Seyyid-Aḥmed-Mo'yâ. Dieu fasse miséricorde au défunt avec qui périrent son fils, sa femme, ses esclaves et tous ceux qui se trouvaient dans l'embarcation ! Quant à Minni-Kaïna-Yendi, c'est un endroit (٨٨) que chacuns sait depuis longtemps être dangereux pour les mariniers et où il y a eu de fréquents naufrages et pertes d'embarcations.

Le samedi, 5 du mois sacré de moḥarrem, le premier mois de l'année 1156 (1er mars 1743), les Touraeg Tademekket, dont le chef à cette époque était Moḥammed-El-Mokhtâr-ben-'Omar, exercèrent leurs brigandages sur la

1. L'orthographe de ces mots est fournie par le ms.

route qui mène de Kabara à Tombouctou. Ils commirent tous les excès et causèrent de grands dommages. Ils s'emparèrent de tous les animaux qui portaient des objets ou marchandises, chameaux, ânes et mulets, buffles et même, entre autres, d'un cheval bai pur-sang, appartenant au lieutenant-général 'Ali-ben-El-Djesîm. Ils tuèrent nombre de personnes et emmenèrent quelques femmes libres, des esclaves hommes et femmes avec tous leurs effets. Dieu nous préserve d'une pareille journée !

Oghmor vint ensuite ; il rapporta une partie des objets qui avaient été pris par ses Touareg et ramena chameaux, ânes et gens, ainsi que le cheval du lieutenant-général. Toutefois il renvoya le cheval au lieutenant-général avec un petit chameau en guise d'indemnité [1]; Oghmor perçut ensuite la redevance accoutumée des soldats et partit pour le Maghrib ; puis il se dirigea vers l'est, après avoir passé quelques jours au Maghrib [2].

A ce moment, c'est-à-dire dans le même mois, le lieutenant-général Sanamoghaï [3], lieutenant-général de la division de Fez, arriva de la région de Dirma.

Le dimanche, vers une heure de l'après-midi, le 11 du mois de safar le bon (6 avril 1743), mourut El-Ḥâdj-Moḥammed-Er-Resmouki (Dieu lui fasse miséricorde !). Au mois de rebi' II de la même année (25 mai-23 juin 1743), les Touareg firent une incursion à Kîso du côté de Benka ; ils commirent de grands dégâts et emmenèrent en captivité des hommes et des femmes de condition libre. Ils tuèrent

1. Le paiement de cette indemnité montrait clairement que Oghmor désavouait la conduite des Touareg Tadmekket.

2. On a déjà vu ce mot « Maghrib » qui signifie « ouest » pris comme nom propre désignant la région située à l'ouest de Tombouctou. On trouvera plus loin le mot Machrîq, « est », employé d'une façon analogue.

3. Ce mot ici est orthographié Sanmaghaï.

en cet endroit le Bana-Farma-Koï[1], Mo'aï, fils du Arḥam-Farma, Ya'qoub, fils de l'askia Moḥammed-Ṣâdeq, fils de l'askia Moḥammed-Benkan, fils du Balama' Ṣâdeq, fils de l'askia Daoud, fils du prince Askia-El-Ḥâdj-Moḥammed-ben-Abou-Bekr (Dieu lui fasse miséricorde!).

Dans la nuit du samedi, au moment du second acha, le 6 du mois de djomada Ier (23 juin-23 juillet 1743), mourut El-Fa-'Moḥammed, l'émule de l'imam 'Ali, fils de l'imam Babeker[2]-El-Kabari (Dieu lui fasse miséricorde ! Amen) (٨٩).

Lettre ḥâ (ḥ).

Aḥmed-ben-Yousef-El-'Euldji (cf. *Histoire du Soudan*, p. 338).

Ḥâddou-ben-Yousef-El-Adjenâsi (cf. *Histoire du Soudan*, p. 341).

Aḥmed-ben-'Ali-ben-'Abdallah-Et-Telemsâni, connu sous le nom de : le pacha 'Ammi (cf. *Histoire du Soudan*, p. 423).

Ḥamîd-ben-'Abderraḥman-El-Ḥayyouni (cf. *Histoire du Soudan*, p. 425).

Ḥammedi-ben-Ḥaddou-ben-Yousef-El-Adjenâsi (cf. *Histoire du Soudan*, p. 442).

Ḥammou-ben-'Abdallaḥ-El-'Euldji. —Il fut élu après la déposition du pacha El-Ḥâdj-El-Mokhtâr, au mois sacré de moḥarrem, le premier mois de l'année 1070 (18 septembre 1659-6 septembre 1660). Cette même année, dans la première décade du mois de rebi' Ier de l'année 1070[3] (16 no-

1. Ces trois mots forment le titre d'un chef de Bena ou Bana.

2. Le ms. porte Babeken; mais il semble que le copiste a mal lu la dernière lettre. On pourrait aussi supposer que ببكن est pour بيكن.

3. Ce texte porte 1071, après avoir mis plus haut 1070. C'est cette dernière date qui est exacte.

vembre-16 décembre 1659), il révoqua le lieutenant-général Moḥammed-ben-ʿAbdallah-Ech-Cheṭouki ; cette révocation donna lieu à un conflit entre lui et la division à laquelle appartenait Moḥammed. Il y eut batailles et combats. Enfin Moḥammed repoussé s'enfuit au port de Kabara et là s'embarqua pour se rendre à un endroit appelé Ourâkous. Il fut atteint dans cette localité et tué en même temps que le lieutenant-général Djesîm qui s'y trouvait aussi.

Le lieutenant-général Moḥammed était un homme riche, puissant, d'un esprit supérieur, au jugement ferme et sachant se faire obéir de tous quels qu'ils fussent. Il était ieutenant-général de la division de Merrâkech ; durant ces fonctions il avait été tyrannique à l'égard de ses subordonnés. Que de soldats de sa division il fit arrêter et dont il confisqua à son profit la maison et tous les biens. Aussi sa déposition était-elle résolue par ses soldats depuis le jour de sa nomination, mais ils ne purent y parvenir qu'en arrivant à le faire nommer pacha [1].

Ils choisirent en effet ce seul moyen (٩٠) qui leur permît de le faire ensuite déposer. Il lui firent donc ambitionner les fonctions de pacha, puis ils les refusèrent[2]. Quand il vit ce qu'ils faisaient, il devint arrogant, hautain et, à la suite d'un conflit avec eux, il leur dit : « Moi, je ne veux pas être votre pacha ; ce que je veux c'est être sultan, prince des Croyants, calife des musulmans. » Tous les gens de sa division lui prêtèrent donc serment de fidélité et le reconnurent pour imam suprême[3] pendant un mois et demi.

1. Il est assez curieux de voir que les soldats qui déposaient un pacha avec tant de facilité ne pouvaient se débarrasser d'un lieutenant-général qui commandait leur division.

2. C'est-à-dire qu'après lui avoir laissé croire qu'on désirait le nommer pacha on avait refusé de le mettre sur les rangs. C'était un moyen d'exciter son ambition.

3. Ou : souverain indépendant.

Durant tout ce temps il resta en lutte constante, livrant batailles matin et soir. C'était un homme ayant fait des études, intelligent et ayant appris quelques bribes de science. Telle était la situation lorsqu'on le chassa et on le tua dans l'endroit qui a été indiqué.

J'ai retrouvé que ce fut cette année-là, c'est-à-dire en l'année 1070 (18 septembre 1659-6 septembre 1660), sous le pachalik de Ḥammou-ben-'Abdallah, que l'on cessa de faire le prône au nom des enfants de Maulay Aḥmed-Edz-Dzehebi dans tout le Tekrour, de Koukiya à Bîna, après que ce prône eût été fait en leur nom durant soixante et onze ans, avant l'époque indiquée ci-dessus, dans toutes les chaires des mosquées du Tekrour.

Ce fut à cause de cette circonstance que le lieutenant-général Moḥammed-Ech-Cheṭouki, lorsque les soldats lui avaient refusé les insignes du pacha, voulut obtenir la souveraineté suprême, bien au-dessus de celle du pacha et qu'il se fit déclarer sultan par les habitants de Tombouctou[1]. Tous les habitants de la ville s'accordèrent à lui reconnaître ce titre et le cadi lui-même, les imams et les négociants lui prêtèrent serment en cette qualité. Le titre d'imam suprême lui ayant été ainsi attribué, toutes les troupes à l'exception de celles de la division de Fez se liguèrent contre lui et décidèrent de ne plus lui obéir aussitôt après que l'imam de la grande mosquée aurait fait quelques prônes en son nom du haut de la chaire. Ainsi fit également l'imam de la casbah qui cessa de faire le prône au nom du sultan Moḥammed-Ech-Cheṭouki et ne prononça plus son nom. On ne fit d'actions de grâces et de prône[2] en son nom que dans la ville de Tombouctou et à Gondam, non ailleurs.

1. Comme on le voit par ce passage, le Maroc n'avait véritablement conservé son autorité sur le Soudan que 71 ans, ou 69, en comptant par années solaires.

2. On sait que le prône dit khotba est un des attributs du pouvoir souverain chez les musulmans.

Le nom du pacha Ḥammou remplaça ensuite le nom de Moḥammed-Ech-Cheṭouki dans la formule qui était ainsi conçue : « O mon Dieu, accorde à Ḥammou, notre seigneur, ton assistance ; fortifie par lui la religion ; abaisse le front des hérétiques. Accorde la prospérité au pays et à ses habitants et assure-leur le succès certain, toi qui es la meilleure des providences ! » Cette formule fut récitée dans toutes les villes où avait lieu le prône du vendredi[1]. On commença de la dire le vendredi, 3 du mois de redjeb l'unique, le septième mois de l'année 1070 (15 mars 1660). Gloire à celui dont le commencement n'a jamais eu lieu et dont la fin ne s'accomplira pas non plus !

Le pacha fut ensuite déposé au mois de djomada II (13 février-13 mars 1660), ou, suivant une autre version (٩١), durant la première décade du mois de rebi' Ier (16-25 novembre 1659). Il était donc resté en fonctions trois mois d'après la seconde indication, six mois si l'on s'en rapporte à la première.

Aḥmed, fils du caïd 'Ali-ben-Moḥammed-ben-'Abdallah-Et-Tezerkîni. — Nommé après la déposition du caïd Senîber-ben-Mesa'oud-Ez-Za'eri, au mois sacré de moḥarrem de l'année 1100 (26 octobre 1688-13 octobre 1689), il fit une expédition dans la contrée de Korâro[2] ; il razzia Sanqara, et ses soldats firent un grand butin dans cette région. Ils ramenèrent autant de bœufs qu'ils voulurent et revinrent sains et saufs, chargés de dépouilles. A peine Aḥmed était-il de retour de cette expédition que, dans la nuit du 7 du mois de chaouâl, un des derniers mois de l'année 1101 (14 juillet 1690), il fut déposé après être resté au pouvoir dix mois.

Aḥmed fut de nouveau élu pacha après la révocation du

1. Le prône du vendredi n'a lieu que dans les villes où il y a une mosquée dite *djami'*.

2. Les voyelles sont données par le ms.

caïd ʿAbdallah, fils du caïd Nâṣir-El-Aʿamechi, le samedi, 2 du mois sacré de dzou 'l-qaʿda de l'année 1107 (3 juin 1696). Il fit en personne une expédition contre Ankabo pour s'emparer du caïd Aḥmed-El-Khalîfa et le tuer. On ne l'avait élu pacha que pour exercer ces représailles. Quand il fut installé au pouvoir, il prononça ces paroles : « Je ne resterai pas sept jours ici [1], car je veux partir promptement en expédition vers la ville de Ankabo, afin de punir les méfaits de Aḥmed-El-Khalîfa. » Cet Aḥmed-El-Khalîfa attaquait les voyageurs sur les routes et il s'adressait spécialement aux gens de la division de Fez, à leurs hôtes [2] et à leurs familles. En outre, il se répandait en injures contre Aḥmed qui était pacha.

Les soldats demandèrent au pacha de vouloir bien surseoir à ce départ précipité et attendre que l'on eût fait les prières de la fête des sacrifices. Le pacha acquiesça à cette requête et, quand les prières de la fête du sacrifice furent terminées, il se prépara à partir. Il craignait que Aḥmed-El-Khalîfa ne prît[3] la fuite devant lui, en apprenant sa venue vers lui. On dit aussi qu'il le fit circonvenir[4] là-bas[5] par les ṭolbas avant de partir.

Le pacha partit ensuite avec toutes ses troupes. Il trouva Aḥmed-El-Khalîfa à Ankabo comme il le désirait et lui

1. On a vu déjà que le septième jour de son élection le pacha faisait une chevauchée à travers la ville et renouvelait les fêtes de son avènement.

2. Le négociant qui venait du dehors se plaçait sous la protection d'un personnage de Tombouctou et devenait son hôte pendant toute la durée de son séjour. Cette protection était la source d'un profit plus ou moins considérable, suivant l'importance du négociant. Certaines tribus se rendaient de préférence chez les gens de Fez, d'autres chez ceux de Merrâkech ou des Cherâga. Chaque division avait sa clientèle spéciale.

3. Le texte dit : « ne prît *pas* ». La négation paraît avoir été ajoutée à tort, puisque aussitôt après on dit que le pacha trouva Aḥmed à Ankabo, comme il le désirait.

4. Au lieu de احتاله, il faut lire : احتال عليه.

5. Probablement pour empêcher Aḥmed de quitter Ankabo.

livra combat, lui et ses hommes ; ceux-ci s'emparèrent de Aḥmed et le lui amenèrent. Il ordonna de le mettre dans un sac[1] avec de lourdes pierres et de jeter le tout dans le Fleuve à un endroit nommé Ydouritib[2]. Puis on amena au pacha deux hommes de Oukiya qui s'étaient répandus contre lui en injures que tout le monde avait pu entendre auparavant.

Ces deux hommes étaient : 'Abderraḥman-ben-Zobeïr (١٢) et Kelli. Le pacha donna l'ordre de leur fendre la bouche sur-le-champ. On la leur fendit des lèvres jusqu'aux oreilles. 'Abderraḥman mourut au cours de cette mutilation, tandis que l'autre demeura vivant jusqu'après l'année 1140 (19 août 1127-7 avril 1728).

On raconte que le pacha n'aurait pas voulu faire mourir le caïd Aḥmed-El-Khalîfa, et que ce furent le caïd Senîber-ben-Mesa'oud, le lieutenant-général Seyyid-El-Hemmaḍâdji et d'autres qui insistèrent pour qu'on le tuât. Personne n'y mit autant d'insistance que les deux personnages ci-dessus nommés, et l'exécution fut faite si peu du gré du pacha qu'il pleura au moment où le malheureux fut jeté dans le Fleuve.

Après avoir achevé de faire tout ce qu'il souhaitait, le pacha revint à Tombouctou. Il y était à peine depuis quelques jours lorsqu'il fut déposé le 14 du mois vénéré de ramaḍan de l'année 1108 (6 avril 1697). Il avait cette fois exercé ses fonctions un an moins un mois. Il y fut rappelé de nouveau après la déposition du caïd Senîber, fils du pacha Mesa'oud-Ez-Za'eri au mois de rebi' II de l'année 1112 (15 septembre-4 octobre 1700). Cette fois il ne fit aucune expédition ; et il fut déposé au mois de chaoual, un des derniers mois de cette année (11 mars-9 avril 1701), après un pachalik de sept mois.

Aḥmed, fils du pacha Aḥmed, fils du pacha 'Ali-ben-

1. Ce mot est traduit par conjecture.
2. Ou : « Ydourtibi ».

'Abdallah-El-Telemsâni, plus connu sous le nom du caïd Aḥmed-El-Khalîfa. — Il fut élu pacha, après la déposition du caïd Dzou'n-Noun-ben-El-Ḥâdj-Ech-Chergui, au mois de rebi' II de l'année 1106 (19 novembre-18 décembre 1694), dans les conditions suivantes : comme il se trouvait à Oukiya[1] d'où il détroussait les voyageurs, s'emparant de leurs biens et leur causant de graves préjudices, les soldats se rendirent auprès de lui à Oukiya, allant deux par deux, trois par trois, quatre par quatre, puis par groupes plus ou moins nombreux jusqu'à ce que tout le monde fut réuni dans le bourg de Oukiya ; il ne manquait que les caïds et les lieutenants-généraux indifférents ou hautains[2].

Les troupes restèrent des mois dans Oukiya, puis elles nommèrent Aḥmed pacha. Celui-ci avait, en effet, juré de prendre les biens de tout le monde, disant que si on ne le nommait pas pacha à ce moment, la population aurait à souffrir des dommages plus nombreux et plus graves que les précédents.

C'est alors que les grands personnages qui ne pouvaient supporter ces abus décidèrent de les arrêter ; ils envoyèrent leurs troupes vers le caïd pour lui reprendre les biens considérables qui étaient tombés entre ses mains, afin qu'il ne s'en servît pas pour faire plus de mal encore à eux et aux musulmans[3]. On assure qu'il s'était emparé de trente-sept

1. Le ms. écrit parfois Ouakïa.

2. Le sens de la première de ces deux épithètes est donné par conjecture.

3. Si je ne me trompe, les soldats qui s'étaient rendus auprès de Aḥmed-El-Khalîfa se présentaient comme venant se joindre volontairement à lui. Devenus ses hommes, ils recevaient une solde et c'est de cette façon qu'ils reprenaient les biens volés à leurs concitoyens. Aḥmed n'osait pas lancer ces recrues dont il n'était pas sûr et se trouvait ainsi empêché d'exercer de nouvelles déprédations contre les gens de Tombouctou. Quant à l'élévation au pachalik, on a vu déjà que c'était un moyen pour l'armée de se débarrasser d'un personnage gênant.

Tout ce passage est singulièrement obscur à cause de sa rédaction vraiment déplorable.

barques dont dix-sept chargées de sel (١٧) et dix-sept autres portant des marchandises de Dienné et de l'or en sac[1]. Ces sacs contenaient, dit-on, la valeur de 37.000 mitsqâl en poudre d'or[2].

Quand les troupes furent arrivées, Ahmed-El-Khalîfa leur distribua de l'or et donna à chacun des soldats une part du butin qu'il avait fait. « L'ordre de Dieu sera dorénavant votre ordre[3], s'écrièrent les soldats ; à dater d'aujourd'hui vous êtes pacha. » — « Je viens d'entendre, répondit-il, que j'étais votre pacha ; mais où sont donc les attributs et les insignes du pouvoir souverain? où sont les clarinettes, les timbales, les violons, les tambours de basque, et les flûtes? où sont le tambour zeïdâni[4], les tambours de basque askiens[5] et tous les autres instruments de musique qui sont les attributs du pachalik. »

Et il ajouta encore : « Où donc est le trône[6] de Djouder? où sont les quarante-quatre étendards, le chapelet de corail, le glaive du pouvoir royal, le sabre du pacha, sabre incrusté d'or rouge et nommé Kab-Bo'o, la selle royale bénie dite Ouandâm[7]-Kâri avec ses pendeloques et la boule de son pommeau[8]? où sont la bride victorieuse garnie de plaquettes d'or, la housse brodée, les vingt-quatre coussins royaux avec leurs tapis? où sont les valets de chambre, les quarante-quatre gardes avec leur lieutenant-général? où sont les offi-

1. Ou : « bourses ».

2. Environ 400.000 francs.

3. Façon de dire : vous serez dorénavant notre souverain.

4. Ce tambour était peut-être un présent de Maulay Zîdân, l'empereur du Maroc, ou, encore, un tambour que l'on avait battu en son honneur pour la première fois.

5. C'est-à-dire les tambours de basque dont les Askia se servaient dans les aubades officielles.

6. Le texte porte le mot qui signifie d'ordinaire « ventre ». J'ai lu كرسي, bien que le mot كرش, ici donné, pût à la rigueur signifier une sorte de cornemuse.

7. Ce nom est aussi employé comme nom propre de personne.

8. Mot traduit par conjecture.

ciers bachouṭ, odabachis, oldach et ḥamladji[1], la poignée de sabre diadémée, les étriers dorés, les parasols[2], le djemal[3] et les Kachena[4]? Envoyez chercher tout cela à Tombouctou et qu'on l'apporte ici! » On fit apporter tous ces objets et alors on le proclama pacha.

Aussitôt le pacha manda le caïd ʿAli, fils du caïd Moḥammed-Cheikh-ʿAli-Ed-Derʿi, et lui confia les fonctions de lieutenant-général de la division de Fez. Quant au lieutenant-général de la division de Merrâkech, c'était alors le lieutenant-général Yaḥya-El-Gharnâṭi. Le pacha nomma ensuite le caïd ʿAbdallah ḥâkem.

Le jour où il arriva à Nekbet[5]-El-Makhzen-Tendi, les caïds et les lieutenants-généraux vinrent trouver le pacha et on tint un conseil en cet endroit. Le pacha entra alors dans le mechouar avec les attributs de la souveraineté et du pachalik. Il resta au pouvoir huit ou neuf jours, puis il fut déposé le second jour du mois de redjeb l'unique de cette année (16 février 1695). On l'exila à Dienné, mais les habitants de cette ville ne voulurent pas qu'il séjournât parmi eux : « Nous ne voulons pas, dirent-ils, avoir avec nous un pacha déposé » (٩٤).

On le fit partir pour Kouna où il resta en prison jusqu'au moment où il exerça ses brigandages et ses attaques contre les gens de la division de Fez. Il se répandit contre le caïd Aḥmed-ben-ʿAli surtout en invectives et en paroles si grossières que c'était une honte de les entendre de la bouche d'un homme comme lui.

Aḥmed-El-Khalîfa resta prisonnier dans la ville de Kouna

1. Ce mot paraît signifier les officiers chargés des bagages royaux.
2. Traduit par conjecture.
3. Peut-être faut-il lire *djemmâl* « chamelier ».
4. Probablement des griots originaires du Kachena.
5. Ce mot signifie « colline » ; il peut donc être distrait du nom.

jusqu'à l'époque de la déposition du pacha Senîber, fils du caïd Moḥammed-Bouya, qui l'avait exilé. Alors il demeura à Kouna et s'empara violemment des armes que portaient les barques qui passèrent en cet endroit. Enfin, après un long séjour dans cette localité, il se rendit à Oukiya, son pays. Voici maintenant le lieu de parler de Bâbà-Aḥmed-ben-Manṣour-Ech-Chergui, après avoir terminé cet article consacré au caïd Aḥmed-El-Khalîfa dont j'ai parlé deux fois[1].

Aḥmed-ben-Manṣour-Ech-Chergui, surnommé Bâ-Aḥmed[2]. — Il fut élu après la déposition du caïd Moḥammed-ben-Sa'îd-ben-'Omar-El-Fâsi, au mois sacré de moḥarrem, le premier mois de l'année 1115 (17 mai 1703-6 mai 1704). Il ne resta en fonctions que vingt jours et fut ensuite déposé. Pendant les quatre mois qui suivirent personne ne fut élevé au pachalik.

Il y a dans cette partie de mon récit un point douteux au sujet de l'intervalle qui s'est écoulé entre l'élection du pacha Bâ-Aḥmed à la date ci-dessus indiquée et la date à laquelle fut élu ensuite le caïd 'Ali-ben-El-Mobârek-ben-'Ali-ben-El-Mobârek-Ed-Der'i, car ces dates sont indiquées comme ayant eu lieu le même mois au commencement d'une même année. On a vu plus haut en effet que le caïd Bâ-Aḥmed fut élu au mois sacré du moḥarrem, le premier mois de l'année 1115, qu'il fut déposé vingt jours après et qu'après cela les troupes restèrent quatre mois sans élire de pacha et qu'alors le caïd 'Ali-ben-Mobârek fut nommé. Or l'auteur[3] dit que 'Ali fut élu au mois du moḥarrem et le premier mois de

1. Cette phrase est fort mal rédigée et très obscure.

2. Ou : Ḥammedi, le nom étant écrit de ces deux façons.

3. Le mot « auteur » n'est pas exprimé dans le texte qui porte simplement : « il dit ». On voit que l'auteur cite ici un ouvrage qui n'est sûrement pas le *Târîkh-Es-Soudân*. Son observation est d'ailleurs fort juste, quoiqu'elle soit formulée d'une façon un peu amphigourique.

l'année 1115. Cela est tout à fait impossible. Dieu sait ce qu'il en est exactement.

Hammedi, fils du Kabara-Farma 'Abderraḥman-ben-'Ali-El-Mobârek-Ed-Der'i, connu sous le nom Zankô[1]. — Il fut élu après la déposition du caïd Moḥammed, fils du caïd Ḥammedi-ben-'Ali, au mois de djomada II (١٠) de l'année 1121 (8 août-6 septembre 1709). Il était Kabara-Farma au moment de son élection au pachalik et ce fut le seul Kabara-Farma qui, de ces fonctions, arriva directement à celles de pacha. Aussitôt nommé, Ḥammedi investit des fonctions de askia l'askia Moḥammed-Ṣadeq après avoir révoqué l'askia 'Abderraḥman. Ce dernier, après sa révocation, ne vécut que quelques jours et il mourut ensuite.. On a prétendu qu'il aurait bu de l'eau de ḥilṣ[2] pour s'empoisonner dès qu'il apprit sa révocation.

Le pacha reçut un envoyé du sultan[3] et donna en son honneur de grandes fêtes auxquelles il convoqua une foule considérable. Il fit venir tous les gens qui étaient dans le voisinage de notre ville de Tombouctou sur les rives du Fleuve, tous les habitants des îles dans la direction des quatre points cardinaux, en sorte qu'une foule de personnes assistèrent à ces réjouissances; on y vit des Zeghrâni, des Foulâni et des personnes des tribus les plus diverses et des contrées les plus variées qui étaient soumises à son autorité. Tous les gens convoqués vinrent à ces fêtes auxquelles le pacha se rendit à cheval, ayant auprès de lui l'ambassadeur du sultan. On prétend que ce personnage était simplement un envoyé d'un des caïds du sultan. On fit le tour de la ville et on rentra ensuite sans encombres. Puis le pacha renvoya le messager au sultan avec des cadeaux.

1. Telles sont les voyelles données par le ms. On pourrait cependant, je crois, lire aussi Zenka.

2. Le mot est écrit حلص qui est le nom d'une plante vénéneuse sans doute.

3. L'empereur du Maroc.

Ce fut à cette époque que l'on apporta de la terre[1] pour la mosquée de Sankoré. Puis le pacha fut déposé le 12 du mois de sâfar le bon, au début de l'année 1122 (12 avril 1710), après avoir exercé le pouvoir huit mois.

Voici l'indication de quelques-uns des notables personnages qui moururent à cette époque : au mois de redjeb l'unique de l'année 1121 (6 septembre-6 octobre 1709), mourut le Bana-Farma nommé Ilah-Bana, fils de l'askia Moḥammed, fils de l'askia El-Ḥâdj, fils de l'askia Benkan[2], fils du Balama' Ṣâdeq, fils de l'askia Daoud, fils du prince Askia-El-Ḥâdj-Moḥammed-ben-Abou-Bekr (Dieu lui fasse miséricorde !).

Le 27 du même mois (2 octobre 1709) mourut El-Fa'-Yousef, fils de l'imam Bouti (Dieu lui fasse miséricorde !).

Le 9 au soir de ce même mois, mourut le jurisconsulte Abeker, fils du jurisconsulte, le cadi Moḥammed, fils du jurisconsulte El-Mokhtâr-ben-Moḥammed-Zenkan, fils du jurisconsulte Bokar[3], le panégyriste (Dieu lui fasse miséricorde !). Il fut enterré le lendemain près du tombeau de ses pères et de ses aïeux. Ce même lendemain, mourut Seyyid-Moḥammed-ben-El-Ouâfi-ben-Ṭâlibina, fils du seyyid, l'éminent, le saint, le pieux, Seyyidi-Aḥmed-Aghâdo (Dieu lui fasse miséricorde !). Il fut enterré près du mausolée de Seyyid-Maḥmoud.

Au mois de dzou 'l-qa'da, à la fin de l'année 1121 (12 janvier-11 février 1710), mourut le jurisconsulte Aḥmed Mo'yâ, fils (١٦) du jurisconsulte, le cadi Ibrahim, fils du jurisconsulte 'Abdallah, fils du très docte, du saint, du pieux Seyyidi-Aḥmed-Mo'yâ (Dieu lui fasse miséricorde !).

1. Il s'agit de l'argile destinée à fabriquer les briques servant à la construction, la pierre faisant défaut à Tombouctou.

2. Le texte porte Men-Nekan, ce qui est une erreur.

3. La vocalisation du ms. est Bokar.

Au mois brillant de cha'ban de l'année 1122 (25 septembre-24 octobre 1710), mourut le caïd Moḥammed-Qanbel[1], cadi de la ville de Tendirma (Dieu lui fasse miséricorde!). Il eut pour successeur comme cadi son fils, le cadi El-Mokhtâr (Dieu le guide!), dans la seconde décade du mois de ramaḍan de cette année (4-13 novembre 1710).

Le dernier mois de cette année (21 janvier-19 février 1711), mourut celui qui fut mon professeur et maître depuis mon enfance, le jurisconsulte Aḥmed-El-Mardjâni l'instituteur (Dieu lui fasse miséricorde et lui pardonne! Amen!).

Au mois de sâfar le bon, au début de l'année 1123 (21 mars-19 avril 1711), mourut l'imam Bouya, fils du jurisconsulte Yousef (Dieu lui fasse miséricorde!), qui était le fils de Mâmi-Ati[2], petit-fils de Tsoum[3]-'Otsmân. Il eut pour successeur, comme imam, son fils, l'imam Bâbâ (Dieu prolonge son existence!).

Aḥmed, fils du caïd Senîber-ben-Mesa'oud-ben-Manṣour-Ez-Za'eri. — Il fut élu après la déposition du caïd Sa'îd-ben-'Ali-Et-Tezerkîni, le samedi 3 du mois sacré de dzou'l-qa'da, à la fin de l'année 1148 (16 mars 1736). Aussitôt élu, il entreprit une expédition contre Arḥam[4]-Ghayy du côté de Tendi-Four[5]. Il razzia les Foulâni, leur tua trois ou quatre hommes et s'empara de leurs serviteurs, de leurs ânes, de leurs troupeaux[6], de leurs bagages et de leurs vêtements; il revint avec le tout à Tombouctou. Toutefois on ne ramena aucun bœuf, les Foulâni, dès qu'ils avaient appris la nou-

1. Le mot est sans voyelles dans le ms.
2. Le mot est sans voyelles dans le ms.
3. Nom sans voyelles dans le ms.
4. Ou : Irḥam. Le mot Arḥam est un nom de localité, mais j'ignore si Arḥam-Ghayy désigne un fonctionnaire ou est un nom géographique.
5. Sans voyelles dans le ms.
6. Pourtant d'après la phrase suivante, on ne se serait emparé d'aucun animal, les bœufs ayant été dispersés de tous côtés avant l'arrivée des troupes. La contradiction est flagrante.

velle de la venue de l'expédition, ayant dispersé leurs bœufs de divers côtés avant l'arrivée du pacha. On ne put donc s'emparer que d'êtres humains, hommes et femmes. On prit les femmes ; on les dépouilla de ce qu'elles avaient et on les conduisit ensuite chez le Fondoko Yam, fils du Fondoko Seïri à qui on les remit[1] et celui-ci les renvoya plus tard dans leur pays.

Pour faire cette expédition, le pacha avait quitté Tombouctou dans la soirée du lundi, 18 du mois sacré de dzou'l-hiddja, le dernier mois de l'année indiquée plus haut (30 avril 1736). Il y rentra le samedi, 23 du même mois (5 mai), et tous ceux qui avaient pris part à cette campagne revinrent sains et saufs, chargés de butin. Après avoir fait la promenade accoutumée avec réjouissances, le pacha fit son entrée dans la casbah.

Sous ce pachalik, un conflit éclata entre les Berâbich. En voici la cause. Une discussion s'était produite entre des jeunes gens des Oulâd-'Amir et de Oulâd-El-Maḥfouḍ. Cette discussion se termina par la rencontre de trois hommes des El-Maḥfouḍ qui étaient frères germains et dont le père était Aḥmed-ben-El-Ḥâdj-El-'Amiri. Ils avaient tous les trois succombé dans le combat qui s'était engagé (١٧), sans qu'aucune personne appartenant à une autre tribu fût intervenue dans ce conflit.

Durant la deuxième décade du mois de moḥarrem les Arabes[2] des Oulâd-'Amir[3] se rendirent à Tombouctou et campèrent à Abrâz, le samedi 14 de ce mois, c'est-à-dire du mois sacré de moḥarrem, le premier mois de l'année 1149 (25 mai 1736). Ils avaient avec eux des fractions de

1. La phrase est mal rédigée ; cependant tel paraît être le sens.

2. Le texte porte الغراب qui est une faute.

3. Ici l'orthographe est « 'Amir » ; je l'ai conservée ainsi que celle de « Maḥfouḍ », bien que l'autre orthographe soit beaucoup plus fréquente dans le ms.

leur tribu, telles que les Ghenâm[1], les Khech et d'autres. Ils campèrent dans un endroit appelé Akomâr par ordre du pacha de cette époque Aḥmed, fils du caïd Senîber, et y séjournèrent quelques jours. Ensuite le pacha leur enjoignit de quitter cette localité dans la crainte qu'ils n'y fussent rejoints par ceux de leurs contribules qui étaient au conflit avec eux, de façon à ce que, changeant de route, ils ne pussent se rencontrer les uns les autres.

Mais les Arabes refusèrent d'écouter les conseils qu'on leur donnait et persistèrent à demeurer là ; même quand le pacha leur enjoignit de changer leur route ils refusèrent et ne tinrent aucun compte de ses ordres, tant il y avait parmi eux d'arrogance, de brutalité et d'insubordination. Enfin, après être restés là, l'idée leur vint et leurs têtes leurs suggérèrent de partir sans que personne cette fois ne leur eût rien dit à ce sujet. Ils changèrent donc leur itinéraire et allèrent camper dans l'est de Abrâz. Alors arrivèrent de Araouân deux groupes d'Arabes, ayant avec eux leur lieutenant-général El-Kahiya[2] et le cadi de Araouân, le jurisconsulte, le cadi El-Ouâfi-ben-Ṭalibina; ils venaient essayer de rétablir la concorde entre les Arabes par l'entremise du pacha.

Quand ils furent arrivés et qu'ils eurent commencé leurs démarches, le pacha leur interdit d'entrer dans la ville et leur refusa le droit d'acheter des grains en faisant crier par un crieur public dans toute la ville que personne ne devait leur vendre des grains. Cette interdiction amena la famine à Arâouân et à Ṭâouodi[3]; nombre d'habitants de ces deux localités moururent de faim. Ils en furent réduits à manger

1. Au lieu de « telles que les Ghenâmi », on pourrait lire : « les Kelghenâmi » mais cela est bien peu vraisemblable.

2. Il est possible que le copiste ait omis le nom du lieutenant-général et qu'il faille lire « leur lieutenant-général, le lieutenant-general... ».

3. Ou : Ṭâouadi »; mais on pourrait aussi lire Ṭaouodeni.

de vieilles peaux desséchées qui gisaient depuis longtemps sur le sol et à se nourrir de vieux os.

Le jour où les Arabes étaient arrivés à Abrâz, le samedi, 14 du mois sacré de moḥarrem, le premier mois de l'année 1149[1] (25 mai 1736), on commença à creuser les fondations de la grande mosquée du côté de l'ouest, derrière le tombeau de Seyyid Abou 'l-Qâsem Et-Touâti; ce travail fut commencé au moment de la crue du Fleuve. Ce fut le pacha Aḥmed qui donna l'ordre d'exécuter ces travaux et l'autorisation[2] lui en fut donnée par le cadi Baba-El-Mokhtâr.

Le pacha déploya un grand zèle pour ces travaux; il vint en personne s'installer sur place avec sa tente; il y séjourna, y siégea avec ses soldats et y tint ses conseils (١٨). Il invita les gens de tous les quartiers de la ville à venir l'aider dans cette entreprise. Tout le monde se rendit à cet appel. Les habitants y vinrent ainsi que leurs cheikhs avec leurs flûtes; les femmes s'y rendirent avec leurs tambours de basque et leurs matrones[3]. Ainsi firent également tous les panégyristes, les imams des mosquées et les chefs des panégyristes. Seuls, le cadi, l'imam de la mosquée de Seyyid Yaḥya et l'imam de El-Djezouli s'abstinrent d'y être présents.

Toutes les personnes que nous venons d'énumérer assistèrent aux travaux depuis le jour où ils furent commencés jusqu'au jour où ils furent terminés, c'est-à-dire le jeudi, 18 du mois de safar de cette année (18 juin 1736). Pendant tout ce temps les Arabes étaient restés à Abrâz. Puis des Berâbich vinrent trouver certains soldats et leur demandè-

1. Le texte ms. porte par erreur 1129.

2. Ou : « l'approbation ». La loi musulmane exige certaines conditions pour l'édification des mosquées. C'était pour assurer que ces conditions avaient été réalisées que le cadi avait dû intervenir et donner son approbation ou autorisation.

3. Les femmes avaient aussi des chefs de leur sexe quand elles exécutaient de la musique ou des danses.

rent d'obtenir du pacha qu'il leur accordât la paix moyennant qu'ils lui donnassent quelque argent; le pacha accepta. Il fut déposé le vendredi, 19 du mois (30 mai), après être resté au pouvoir trois mois et demi.

Le samedi, 20 de ce mois, c'est-à-dire du mois de safar le bon de l'année 1149 (31 mai), le cadi El-Ouâfi et Seyyid 'Abd-el-Ouahhâb quittèrent Tombouctou pour aller trouver l'autre fraction des Arabes, composée des Maḥfouḍ, des 'Imrân, des 'Aïch et des Neḥâr[1] qui se trouvait alors dans le Sahara du côté de Arâouân dans l'Azaouâd. Elle était campée dans un endroit appelé Ṣedret[2]-el-Iḍâm, endroit bien connu sur la route de Arâouân. Les deux négociateurs la rejoignirent dans cette localité et, après avoir passé là la première nuit de leur arrivée, ils leur demandèrent le lendemain matin de les suivre jusqu'à Tombouctou, afin d'y faire la paix avec leurs contribules avec lesquels ils étaient en dissidence. « Nous sommes venus, dirent-ils, sur cette route traités avec égards et arrivons pour vous servir de chefs[3]. »

Les dissidents consentirent à accepter la proposition qui leur était faite; ils suivirent les négociateurs jusqu'à Abrâz, jouissant de la sécurité, de la quiétude et de la sauvegarde la plus complète. Ils suivirent les deux cheikhs qui marchaient devant eux et arrivèrent ainsi à Abrâz. Mais, arrivés là, ils tournèrent bride et se dirigèrent dans l'ouest du côté de Kamkam-Y'arod[4] et de la Nekba[5] de Omm-'Aïcha-

1. Tous ces noms sont terminés par *i* dans le texte : Maḥfouḍi, 'Imrâni, Aïchi et Neḥâri.

2. Il se pourrait qu'il fallût lire سدرة, nom du jujubier sauvage. Le nom alors signifierait le « jujubier des os ».

3. Cette phrase est fort obscure. Je ne suis pas sûr d'en avoir donné exactement le sens. Le ms. porte بلاحترام, qui peut se lire بلا احترام ou بالاحترام. C'est cette dernière leçon que j'ai adoptée.

4. Ce mot n'a qu'une partie de ses voyelles. Plus loin le د final est remplacé par la voyelle *ou*, en sorte qu'il se pourrait que ce nom fût Ya'ro au lieu de Ya'rod.

5. Le mot Nekba signifie « colline ».

ou-Idâdji. Toutefois ils ne s'étaient rendus dans ces localités qu'à cause de leurs adversaires qui étaient à Abrâz; ils allèrent donc s'installer en ces deux endroits et voulaient y demeurer jusqu'à ce que la paix fût définitivement conclue avec leurs adversaires campés en face d'eux à Abrâz. Mais quand ceux-ci les avaient vu venir avec les deux cheikhs et aller s'établir dans les endroits ci-dessus indiqués, ils les fixèrent comme des gens altérés qui aperçoivent de l'eau (١١) et se précipitèrent sur eux comme des lions sur un troupeau de bœufs; la bataille s'engagea dans un jardin qui se trouvait près de là. Le combat en un clin d'œil devint terrible et il y eut de nombreux morts et de nombreux blessés de part et d'autre. Abou'l-Kheir-ben-Aboua[1], le meilleur d'entre eux, fut tué et le nombre des morts s'éleva dans les deux camps à vingt-six hommes, ce jour-là.

Les Maḥfouḍ et les 'Imrân en un instant furent défaits; ils prirent la fuite devant les 'Amri et dirigèrent leur course droit devant eux vers l'ouest : les uns atteignirent le bourg de Gondam; les autres entrèrent dans la ville de Tombouctou avec leurs femmes et leurs enfants et se logèrent soit dans des maisons, soit dans leurs tentes qu'ils dressèrent sur les places et dans les rues. Un certain nombre d'entre eux étaient blessés. Ceux qui furent logés dans les maisons étaient partie dans la maison de Baba-Bouzeïd, partie dans celle du lieutenant-général 'Abdallah, fils du caïd Moḥammed-Bouya. Il y en avait également : dans la maison du caïd Ba-Ḥaddou, chez son fils le lieutenant-général Moḥammed, dans celle du caïd Sa'îd, fils du caïd 'Ali-Et-Tezerkîni, dans celle du conseiller Aḥmed-ben-El-Fa'-Mâmi, fils du pacha Yaḥya, enfin dans le quartier de Kisimo-Benko[2] chez les chérifs. Des tentes étaient dressées sur toutes les places. Puis le reste des

1. Ou : Abou.
2. C'était le quartier habité par les chérifs.

Au milieu des Arabes arrivèrent : Oghmor avec ses Touareg, Moḥammed-ben-El-Ḥoseïn et ses partisans, ainsi que Ibn-Hoḍeïz[1] et sa suite qui avaient pris part au combat qui avait eu lieu entre les Arabes à la bataille du Jardin et qui, malgré l'aide mutuelle qu'ils s'étaient donnée les uns aux autres, avaient été mis en déroute par leurs adversaires qui avaient pillé leurs biens et pris leurs trésors. Les Touareg et les habitants de Tombouctou acquirent à ce moment de grandes richesses et l'on ne disait jamais autrement, en parlant de quelqu'un de cette époque : celui qui a pillé telle chose.

Tel est le récit de ce qui se passa en ce qui concerne les Berâbîch d'une part et les Touareg et les pillards de Tombouctou, au sujet de cette affaire à la suite de la bataille du Jardin [2] qui eut lieu dans l'endroit appelé Kamkam-Ya'rod [3]. Quant à ce qui se passa plus tard dans l'affaire de Nekbet-Hâmi, je l'ai raconté précédemment dans cet ouvrage en parlant du second pachalik du caïd S'aïd-ben-'Ali-Et-Tezerkîni où vous pouvez vous reporter à la lettre *sin* (s). Après cette affaire (١٠٠) les soldats marocains se consultèrent entre eux et examinèrent la situation pour élire un pacha qui délivrerait la ville de ces troubles et de ces désastres.

On élit alors le caïd Sa'îd-ben-'Ali-Et-Tezerkîni pacha pour la seconde fois; il ferma la porte de la sédition; il s'interposa dans les conflits entre les Arabes et les Touareg et cela à partir du lundi, 22 du mois de safar le bon de cette année-là (2 juillet 1736).

Remarque. — Ḥammedi, fils du caïd Senîber, fils du pacha Mesa'oud, avait été déposé la première fois le vendredi, 18 du

1. C'est l'orthographe indiquée plus loin deux fois, ici il y a Ḥedîr ou plutôt Ḥodeïr; cette dernière forme étant celle d'un diminutif, indiquée par une voyelle *ou* placée sur la première lettre du mot dans un autre passage.

2. On a vu plus haut que ce combat avait été livré près d'un jardin, d'où son nom.

3. Ici et plus loin le ms. donne « Ya'ro ».

mois de safar le bon de l'année 1149 (18 juin 1736), après l'arrivée des deux groupes d'Arabes venus de Arâouan avec le lieutenant-général de cette ville, le lieutenant-général 'Ali, fils du lieutenant-général 'Abdelkerim et le cadi El-Ouâfi-ben-Ṭalibina pour demander à ce qu'il appuyât leur intervention en faveur de la paix. Quand ces deux négociateurs étaient arrivés à Tombouctou, le pacha Ḥammedi leur avait interdit l'entrée de la ville et, par son ordre, on avait refusé de leur vendre des grains, ainsi que nous l'avons dit précédemment.

Les négociateurs intriguèrent alors auprès de certain soldat marocain, c'est-à-dire auprès de Ḥammedi-ben-Fa'-Manṣour, pour qu'on déposât le pacha. Les soldats ayant reçu à cet effet de l'argent, le pacha fut déposé. Le lendemain de cette déposition se produisit l'affaire des Arabes, qui eut lieu à l'endroit nommé Kamkam-Ya'rod, près de la nebka de Omm-Aïcha-ou-Idâdji. Les combattants avaient avec eux Oghmor, Moḥammed-ben-Ḥoseïn et Ibn-Hoḍeïz qui se prêtaient une assistance mutuelle. La fraction adverse ayant été défaite, les Touareg et les malandrins de Tombouctou pillèrent leurs richesses.

Le samedi soir, 20 du mois précité (31 mai 1736), le lendemain du jour de l'affaire des Arabes, les soldats marocains se concertèrent et cherchèrent parmi eux qui pourrait être élevé au pouvoir et préserver la ville de Tombouctou. Ils finirent par s'accorder sur le nom du caïd Sa'ïd-ben-'Ali et l'élurent pacha, le troisième jour qui suivit l'affaire des Arabes, le lundi 22 du mois (2 juin 1736). Le nouveau pacha mit fin au conflit en s'interposant entre les Arabes et les Touareg.

A ce moment le conflit changea d'acteurs et se produisit entre les Touareg et les habitants de Tombouctou. La discorde, la crainte et le manque de sécurité commencèrent à régner dans la ville et le chemin du port fut intercepté pour les habitants de Tombouctou qui ne purent plus ni s'y rendre, ni en revenir, ni voyager la nuit pas plus que le jour. Oghmor, Moḥammed-ben-El-Ḥoseïn et Ibn-Hoḍeïz étaient retournés dans leur pays, chacun d'eux ayant emporté (١٠١) dans son campement des richesses considérables provenant du pillage qu'ils avaient fait aux dépens des Arabes le jour indiqué plus haut.

Le pacha Sa'ïd, qui était alors au pouvoir à Tombouctou, avait avec lui un groupe d'Arabes et quelques Touareg installés dans la ville dans un autre quartier; il profita un peu de cet appui, puis il fut déposé. Dès lors il y eut danger et manque de sécurité, à cause des hostilités qui se produisirent entre les habitants de Tombouctou et les Touareg, mais c'était surtout entre Kabara et la ville de Tombouctou que le péril était grand et que les relations étaient interrompues. Les soldats marocains se consultèrent sur la situation qui résultait pour eux de l'impossibilité des communications avec le port.

On était alors, à la fin du mois de djomada II de cette année, si je ne trompe (6 novembre 1736) ou dans la première décade du mois de redjeb l'unique (7 à 16 novembre). Les soldats marocains se consultèrent donc sur les dangers que présentait la route de Kabara, dangers qui étaient tels que les âniers n'allaient plus au port chaque jour comme autrefois [1] et qu'ils ne pouvaient s'y rendre qu'à la condition de se grouper tous ensemble, en prenant les plus grandes précautions tant à l'aller qu'au retour et en se fiant à la grâce de Dieu.

Les soldats marocains prirent alors entre eux la résolution d'accompagner les âniers chaque jour, ce qu'ils firent

1. On sait que tout l'approvisionnement de Tombouctou se fait par le port de Kabara.

aussitôt, car dès la première décade du mois de redjeb l'unique (7-16 novembre 1736) ils escortèrent tous les âniers réunis. L'escorte comprenait à la fois la division de Fez et celle de Merrâkech. Plus tard ils établirent un roulement entre les deux divisions, chacune d'elles faisant l'escorte chaque jour à tour de rôle. Toute la division prenait part à ce service d'escorte, l'une après l'autre. Ce furent les soldats de la division de Fez qui formèrent la première escorte, puis ce fut le tour de ceux de Merrâkech, puis de Fez, puis de Merrâkech, etc. Ainsi fit-on chaque jour et l'on n'admit pas qu'aucun soldat d'une division manquât à ce service en restant à Tombouctou. Enfin, tous les jours, les âniers furent escortés quand ils se rendaient à Kabara jusqu'au moment où ils en étaient de retour.

Nous avons dit plus haut que ces escortes commencèrent durant la première décade du mois de safar le bon de cette année, c'est-à-dire de l'année 1149 (7-16 novembre 1736); il dura jusqu'à la première décade du mois vénéré de ramadan de la même année (3-12 janvier 1737). A ce moment on se relâcha de cette ponctualité[1]; on ne fut plus aussi régulier et les soldats n'accompagnèrent plus qu'un jour sur deux, marchant un jour et se reposant le lendemain. Ce nouveau système dura jusqu'à la fin du mois de ramadan (1er février), la nouvelle lune du mois de la rupture du jeûne ayant eu lieu le vendredi soir. Alors les soldats ne se dérangèrent plus et ne donnèrent plus d'escorte régulière comme ils l'avaient fait tout d'abord. Ils ne s'inquiétèrent plus de la chose et la négligèrent, tantôt formant escorte, tantôt restant chez eux.

Le dimanche, deuxième jour de la rupture du jeûne (3 février 1737), les âniers (١٠٢) étaient partis ce jour-là sans

1. La rigueur du jeûne musulman explique sans peine ce relâchement du zèle des soldats.

être escortés par les soldats lorsque, tout à coup, on vit arriver des gens appelant au secours sur la route de Kabara et disant que les Touareg attaquaient les âniers qui rentraient à Tombouctou. Suivant une autre information, ils auraient seulement entendu annoncer que les Touareg allaient venir et, pris de peur, ils auraient envoyé demander du secours à Tombouctou au moment de la méridienne.

Aussitôt les soldats se portèrent en toute hâte sur la route de Kabara, isolément, deux par deux, trois par trois, sans s'attendre les uns les autres et, arrivés à la forêt, ils s'étaient rejoints les uns les autres et étaient au complet. Mais ils ne virent pas le moindre Touareg dans le Sahara et alors ils prirent la route de Kabara pour aller au-devant des âniers qui venaient de ce port. Le conseiller Baba-Seyyid, fils du Kabara-Farma 'Abdallah, Moḥammed, fils du caïd Nâṣir, fils du caïd 'Abdallah-ben-Nâṣir, 'Ali-Châmi, fils de El-Kahiya, fils du chaouch Bâch[1]-'Ali et Bokar le Do'aï[2]-Farma, se rendirent tous les quatre, eux aussi, sur la route de Kabara pour y rejoindre leurs compagnons qui étaient partis avant eux.

Quant aux Touareg, ils avaient pris la fuite devant les soldats lorsque ceux-ci étaient venus; ils s'étaient dispersés dans la forêt et en arrière de celle-ci. Mais quand ils virent arriver à leur poursuite les quatre personnages dont il vient d'être parlé, ils sortirent de la forêt, se précipitèrent sur ces cavaliers, les dispersèrent de tous côtés[3] et, les ayant ainsi séparés, ils fondirent sur le conseiller et Moḥammed-ben-

1. Il se peut que le mot Bâch ait été déplacé et qu'il faille lire : le « bâch-chaouch » ou le chaouch en chef. Cela paraît assez probable.

2. Do'aï est une localité voisine de Kabara. Le texte porle دغي « Deghi » qui paraît être une mauvaise leçon.

3. Bien que le contexte ne parle que de quatre personnages, il est vraisemblable que ceux-ci avaient avec eux une escorte, car on nomme plus loin parmi les personnes tuées Moḥammed-ben-Bobba qui n'était pas un de ces personnages.

Nâṣir qui fuyaient devant eux et après les avoir poursuivis ils réussirent à les atteindre, les tuèrent tous deux et les dépouillèrent. Les autres personnages, 'Ali-Châmi et Bokar le Do'aï-Farma, qui avaient également pris la fuite devant eux, arrivèrent à Tombouctou tremblant de frayeur. Ils racontèrent ce qui venait de se passer, mais ils ne savaient pas que leurs deux compagnons avaient été tués. Alors hommes et femmes, tout le monde sortit pour avoir des nouvelles de ce qui s'était passé sur la route.

De leur côté, les soldats, qui se rendaient au port, ayant appris la nouvelle de cet événement, quittèrent Kabara, se rendant dans le Sahara pour chercher l'endroit où ces deux personnages avaient succombé; ils les trouvèrent gisants sur le sol et immobiles. Toutefois ils n'étaient pas à un même endroit; ils étaient éloignés l'un de l'autre. On trouva (١٠٣) le conseiller tout à fait mort; il n'avait plus sur lui que son pantalon qu'on lui avait laissé. Il était tout couvert du sang qui dégouttait de ses blessures.

Les soldats de la division du conseiller chargèrent son corps sur un cheval, ainsi que celui de son compagnon Moḥammed-ben-Bobba. Les deux corps furent disposés sur la selle et attachés ensemble. On jeta sur eux un manteau de drap[1]; tout le corps était recouvert par le vêtement, la tête seule émergeait au dehors. On arriva ainsi au tombeau de Seyyid El-Ouâfi. Là on descendit le corps du conseiller que l'on détacha de la selle et on l'ensevelit en cet endroit, après l'avoir lavé et avoir dit les prières funéraires.

Quant à Moḥammed-ben-Nâṣir que l'on avait retrouvé encore vivant, on le transporta à Tombouctou où il rendit le dernier soupir, le soir même, au moment de l'acha. Il fut enterré près du tombeau de Seyyidi-Aḥmed-Mo'yâ (Dieu leur

1. Il faut sans doute lire ضنبار au lieu de قبنان qu'a lu le copiste. Ce mot, reproduit plus loin, signifie une sorte de manteau grossier.

fasse miséricorde!). Suivant une autre indication[1], les funérailles de Moḥammed, fils du caïd Nâṣir, eurent lieu après le coucher du soleil et il aurait été enterré la nuit même, qui était la nuit du dimanche, 2 du mois de chaouâl de l'année 1149 (3 février 1737).

Cet événement produisit une grande consternation et un profond étonnement dans la ville de Tombouctou. Les soldats marocains étaient remplis de colère et leur fureur était extrêmement vive. L'exaspération et la douleur étaient arrivées à leur comble. Les cœurs étaient si douloureusement affectés que l'on resta cinq jours comme ivres, sans que l'ivresse véritable y fût pour rien. Tous avaient la tête cernée et l'esprit engourdi, ne sachant que faire en cette circonstance. Enfin on se réunit, on examina la situation, on prit des résolutions et on convint d'un accord unanime de chercher quelqu'un qui pût être élevé aux fonctions de pacha à cette heure. Après discussion on décida de confier le pouvoir à Aḥmed, fils du caïd Senîber-ben-Mesa'oud, après acceptation et avis de ceux qui n'étaient point présents à la réunion, et après avoir juré au nouveau pacha de ne point contrevenir à aucun des projets qu'il entreprendrait.

Sur l'avis unanime des soldats marocains Aḥmed fut élu après qu'on eût déposé le caïd Sa'id-ben-'Ali-Et-Tezerkîni, le samedi, 8 du mois de chaouâl de l'année 1149 (9 février 1737). Telle fut la résolution prise et accomplie par Dieu dont les décisions ne sauraient être repoussées et dont le pouvoir ne saurait être contesté.

Aussitôt élu, Aḥmed forma un détachement de trente soldats qu'il plaça sous les ordres du lieutenant-général El-Ḥasen, fils du caïd Ḥoseïn, et les envoya à Kagho. El-Ḥasen devait être le caïd de Kâgho et rester avec ses hommes dans

1. L'auteur veut parler ici d'une information orale.

cette ville pour la garder, en attendant que le pacha vînt en personne à la tête de son armée.

Le pacha forma ensuite un second détachement à la tête duquel il plaça le lieutenant-général El-Fa'-Ibrahim, fils du caïd Ḥammedi-Et-Tezerkîni et l'expédia dans la ville de Benba, en lui enjoignant de tenir garnison en cet endroit jusqu'au moment où l'armée y viendrait (١٠٤). Il ordonna à ces soldats de chasser complètement les Touareg des bords du Fleuve et de les refouler dans la contrée de Adâgha[1]. Telles furent les dispositions prises par le pacha Aḥmed.

Ensuite il convoqua les négociants et leur imposa une contribution de 2.000 mitsqâl d'or; il perçut cette somme, la distribua à titre d'appointements à ses soldats et invita ceux-ci, qui étaient dans les bourgs de Kîso[2], à venir à Tombouctou recevoir cet argent. Puis il fit sortir ses tentes vers la porte de Kabara, dans la soirée du vendredi, 2 du mois sacré de moḥarrem, le premier mois de l'année 1150 (2 mai 1737).

Il fit ensuite la tournée dans la ville et les réjouissances accoutumées ce même soir. Cette tournée avait été instituée par les premiers pachas : chaque fois qu'on faisait sortir leurs tentes pour une expédition et qu'on les avait portées à la porte de la casbah du côté de la porte du Fleuve, on faisait tout le tour de la ville en partant de l'est pour revenir à l'ouest; toutefois le pacha Aḥmed fit cette tournée seulement dans la soirée et non le matin, comme c'était l'usage chez tous ses prédécesseurs qui ne sortaient jamais pour cette tournée qu'au moment du ḍoha[3]. Cette innovation provoqua des commentaires par la ville; on augura mal de

1. Le ms. ne fixe pas la première voyelle de ce nom.

2. Une partie des troupes se trouvait dans les bourgs de Kîso. Le désir de toucher leur solde engagea ces soldats à venir à Tombouctou et à marcher avec le pacha.

3. Moment intermédiaire entre le lever du soleil et midi.

cette sortie faite le soir. En effet, par l'ordre de Dieu et conformément au destin inéluctable, il advint que toutes les personnes du cortège périrent sur un même champ de bataille.

Aussitôt les soldats se mirent à chercher par des opérations cabalistiques, lectures, jets, divinations[1], quel serait leur sort, et l'on assure qu'ils découvrirent des indices annonçant qu'ils mourraient tous dans cette expédition et y périraient. Aussi partirent-ils hésitants et inquiets, partagés entre la crainte et l'espérance. On assure même que tous les chefs sans exception avaient la certitude absolue qu'ils ne reviendraient jamais dans leurs maisons. Mais Dieu seul sait l'avenir et le présent, car il est le savant, le bien informé.

Cela fait, on commença les préparatifs et l'organisation du départ; on s'occupa activement de s'assurer des vivres dans la ville et de préparer tout pour la route durant neuf jours[2] après la sortie des tentes. Pendant ce temps on alla chaque jour escorter les âniers qui se rendaient à Kabara et cela dura jusqu'à ce que la colonne se mît en route. On n'avait plus cette résolution, ce courage, cette confiance, cette entente et cette fidélité au serment prêté qu'on avait tout d'abord; c'est que Dieu avait décidé et prédestiné la perte de toute l'armée.

Le pacha partit avec ses troupes le lundi, 12 du mois, c'est-à-dire du mois de moḥarrem, le premier mois de l'année 1150 (12 mai 1737); on se rendit (١٠٥) au port de Do'aï et l'on campa en cet endroit où l'on dressa les tentes. Toutes les troupes sans exception s'étaient rendues à l'appel du pacha et se trouvaient réunies autour de lui, chefs et sol-

1. Les trois moyens de connaître l'avenir qu'indique ici l'auteur sont : la lecture du premier mot d'une page qu'on prend au hasard ; le jet des fèves, dés ou osselets; le présage tiré d'un fait quelconque.

2. Le texte n'est pas plus explicite ici que la traduction. Mais d'après ce qui suit il s'agissait non pas de faire neuf jours de vivres, mais de passer neuf jours à faire des approvisionnements.

dats. Tous les gens des bourgs de Kîso et de Benka, ainsi que les soldats de Bara, étaient venus se placer sous ses ordres. Le lieutenant-général Moḥammed, fils du caïd Aḥmed-El-Khalifa, que le pacha avait mandé, arriva également le rejoindre au port de Doʿaï où il était encore à ce moment. Le pacha lui confia alors les fonctions de lieutenant-général de la division des Cherâga et l'emmena avec lui. Il avait donné à son frère le caïd Saʿïd le gouvernement de Kabara et l'avait institué alors le chef de cette ville. Il l'y laissa quand il y passa avec son armée.

Arrivée au port, l'armée fut rejointe par tous les soldats qui avaient été appelés par le pacha; soldats de Kîso, de Benka et de Bara tous étaient venus, amenant avec eux des tribus diverses et des gens de différentes villes du Soudan, de Bara et de Kîso et aussi tous les esclaves legha[1] du caïd Manṣour. Personne n'était resté en arrière; toutes les tribus arabes riveraines du Fleuve, les Oulâd-Chebel et tous les Foulâni étaient présents, en sorte que l'armée formait une masse considérable.

On resta onze jours à Doʿaï et pendant ce temps-là les gens de Kabara arrivaient chaque jour voir l'armée apportant des vivres[2] aux soldats; de même tous ceux qui avaient affaire au camp venaient de Kabara. A dater de ce moment les Touareg coupèrent les communications avec Tombouctou et l'on ne put aller dans cette ville ni en revenir. Bâdiko[3], le fils du Fondoko Sini, fut tué entre Kabara et le port de Doʿaï; l'endroit où il fut tué était voisin de Kabara. Les Touareg tuèrent également Babîr-Faṭâdj[4] entre Kabara et Tombouc-

1. Le ms. porte لغاط « lughâṭ »; mais il y a là une erreur du copiste qui aura mis un ط à la place d'un ت.

2. Au lieu de بغيشهم que porte le ms., je lis : بعيشهم;

3. Ou : Bâdikko.

4. Ou : Faṭradj.

tou. Babîr était parti de Tombouctou pour se rendre à l'armée, porteur d'un message que lui avaient confié les négociants et pour le port duquel ils lui avaient donné un salaire. A peine était-il sorti de la ville qu'il rencontra en chemin les Touareg qui le tuèrent, et cependant l'armée à ce moment était encore au port de Doʿaï.

Dans la soirée du mercredi, 21 du mois indiqué ci-dessus (21 mai 1757), l'armée se rendit à Menna-Kaïna-Yindi où elle passa la nuit. Alors le pacha voulut faire traverser à gué l'armée jusqu'à Ṭoghayya, c'est-à-dire passer le lac[1] qui s'étend de cet endroit à la ville de Ṭoghayya. On l'engagea à n'en rien faire et on lui donna à ce sujet les plus sages conseils, mais il ne voulut rien écouter, parce que la destinée prévue par Dieu était sur le point de s'accomplir. Quand Dieu veut qu'une chose soit, elle est comme il le veut, car il est puissant en toute chose.

« Quand une armée se trouve en face de l'ennemi, ajoutèrent ces conseillers, elle ne doit pas à ce moment traverser un gué et s'embourber pour se diriger ensuite du côté de l'ennemi dans la direction de l'ouest. Nous avons entendu dire que cela n'était pas bon, ni de favorable augure. Ce qui est de bon augure, c'est, quand on se trouve en présence de l'ennemi, de lui faire face en venant de l'est[2] (١٠٦), quand la chose est possible. Voilà pourquoi nous vous donnons cet avis. S'il n'est pas possible que nous attaquions en venant de l'est, ne nous faites point du tout traverser ce lac. Ce que nous disons est à titre de bon conseil; si vous nous écoutez tout ira bien; sinon il arrivera ce que Dieu voudra. »

Le pacha persista dans ses projets; il ne tint aucun compte de ces paroles et ce fut comme si on ne lui avait

1. Ou : « marigot. »

2. La précaution s'explique quand le combat a lieu dans la matinée afin de n'avoir pas le soleil dans les yeux.

rien dit. C'était, d'ailleurs, un homme qui n'acceptait aucun conseil quand il s'agissait des choses de la guerre; il était beau de visage et portait toute sa barb enoire[1]. Brave et vaillant à l'excès, il n'était pas intelligent et ne comprenait rien aux questions de tactique et de guerre. Quand il engageait le combat, il ne réfléchissait pas et ne voulait rien entendre, en sorte qu'il finissait par exposer tout le monde, lui comme les autres, au danger, sauf à y succomber ou à s'en tirer.

Après les représentations qui lui avaient été faites, le pacha se remit en marche par terre avec ses troupes et se rendit à Ṭoghayya où il campa; puis il fit dresser ses tentes dans un endroit où d'ordinaire les pachas ne campaient point. Alors on lui fit de nouvelles observations au sujet de l'emplacement qu'il avait choisi pour y camper. « Nous avons, lui dit-on, entendu dire par nos vieillards les plus âgés que toute troupe qui a campé là où vous avez campé n'a pas manqué d'être vaincue par l'ennemi. » Bien qu'on insistât sur ce point, il fit la sourde oreille et ne bougea pas, ne voulant rien entendre. On resta donc là jusqu'au moment où on fut attaqué par les Touareg. (Dieu nous préserve!)

Quand Oghmor avait appris que le pacha Aḥmed s'était mis en mouvement avec son armée, il avait réuni les Touareg Tadmekket, Ketouân, les Touareg Haouaïlakanaï[2], Ghâli-Mousa et autres Touareg placés sous son autorité et sous son pouvoir à ce moment. De même que le pacha Aḥmed avait rassemblé toutes ses forces, de même Oghmor avait réuni tous les siens et toutes ses tribus, augmentant son effectif autant qu'il le pouvait.

Lorsque l'armée fut campée à Ṭoghayya, Oghmor se mit en mouvement avec ses troupes; il partit avec tous ses

1. L'épithète peut ne pas se rapporter à la barbe; elle pourrait être attribuée au teint ou aux yeux, mais rien ne l'indique.
2. Les voyelles sont ainsi indiquées par le ms.

gens, sa famille et ses partisans, emmenant tous leurs troupeaux. Personne de la tribu, hommes ou femmes, ne demeura en arrière et ne se dispensa de partir. Cette troupe se dirigea d'abord du côté de Benba et alla camper au bourg de Bouki.

Là, elle fut rejointe par 'Abdelmoumenin[1]-ben-Seyyid-Moḥammed-El-Mosṭefa, le petit-fils de Seyyid Aḥmed-ben-Qâd-El-Kounti. Un jour, celui-ci vint de Tombouctou et alla vers Oghmor, quand il apprit qu'il était en cet endroit; puis, le lendemain, il revint. Comme on lui demandait alors le nombre d'hommes qu'il avait vus avec Oghmor, il répondit : « Par Dieu! Ce que j'ai vu est comme une bande de sauterelles et le nombre de ces hommes est encore plus considérable. Il est impossible de l'estimer ou de l'évaluer et Dieu seul en pourrait faire le dénombrement. Ils sont en marche et vont arriver. »

Les Touareg arrivèrent à Tombouctou au moment de l'aube[2], le dimanche, 18 du mois de moḥarrem (18 mai 1737); à ce moment toute la population de la ville se trouvait hors des maisons, sur les places publiques (١٠٧). Ils passèrent tous à l'est de Tombouctou, se dirigeant vers Abrâz et poursuivirent leur route à l'ouest avec leurs chevaux, leurs hommes, leurs esclaves hommes, leurs femmes, leurs troupeaux et leurs esclaves femmes. On eût dit qu'ils n'avaient rien laissé derrière eux.

Leur défilé dura sans interruption; rien n'arrêta leur marche et ils passèrent comme une nuée de sauterelles depuis ce moment jusqu'après la prière de l'après-midi. Alors toute la lie de la population sortit pour suivre leurs traces; elle marchait derrière eux, s'emparant de tous les

1. C'est sans doute 'Abdelmoumen qu'il faut lire.
2. Le mot arabe traduit par « aube » désigne exactement le troisième tiers de la nuit.

animaux incapables de continuer leur marche, bœufs, moutons et ânes et allant de l'est à l'ouest. Elle trouva même une femme et s'en empara. Cette femme mourait de soif et cherchait de l'eau. On la conduisit à la maison du pacha Aḥmed; on l'y fit entrer, puis on ne s'occupa plus d'elle jusqu'au moment où parvint la nouvelle du désastre des troupes marocaines. Alors, cette nuit même, on la fit sortir de la maison et on la tua sur place.

Les Touareg abandonnèrent derrière eux tout ce qui fut incapable de poursuivre sa route, bœufs, moutons et ânes. Comme ils souffraient vivement de la soif, on éprouva de grandes craintes à Tombouctou pendant la nuit durant laquelle eut lieu leur passage. Dans la matinée, les négociants en armes, suivis de leurs esclaves et d'une partie de la population de Tombouctou, sortirent à la découverte des Touareg jusqu'à Abrâz. Ils avaient choisi quelques-uns d'entre eux comme éclaireurs, mais ceux-ci n'aperçurent pas les Touareg avant d'arriver à la colline de Addi-ʿAli-Idji; ils les virent alors, mais ne s'en approchèrent pas.

Les Touareg voulaient combattre les négociants et faire obstacle à leur marche. Oghmor les en empêcha et les en dissuada[1]. Alors pendant que nous étions assis au pied du mur[2] des fils de l'imam Saʿd, un des nôtres, nommé Seyyid ʿAbdallah-El-Kounti, un des petits-fils de Seyyid Aḥmed-ben-Qâd, se leva et se rendit auprès du chef des Touareg, Oghmor, à Abrâz, et lui demanda quelles étaient ses intentions, quelle expédition il voulait faire et contre qui; Oghmor lui raconta ce qu'il voulait faire. Revenu promptement vers nous, notre émissaire nous raconta ainsi ce que lui avait dit Oghmor.

« Il a fait annoncer à tous ses hommes qu'aucun d'eux ne

1. Mot à mot : « leur en intima l'ordre », si la lecture conjecturale du ms. est exacte, car il manque ici un mot dans le ms.
2. Ou : « enclos ».

devait faire le moindre mal aux habitants de Tombouctou. Ne voyez-vous pas, en effet, qu'il les a empêchés de venir à Tombouctou et de molester ses habitants. Oghmor m'a dit encore : Je connais tous ceux qui sont restés à Tombouctou aujourd'hui et ceux qui en sont sortis. Il n'y reste plus en ce moment que les jurisconsultes, les taleb, les négociants, les pauvres, les malheureux et les femmes ; je sais très bien qu'il n'en est sorti que des guerriers[1] comme nous qui vont (١٠٨) nous offrir le combat sur terre et lorsque je serai arrivé en présence de ces[2] combattants nous aurons un engagement avec eux. Je n'ai pas à m'inquiéter des habitants de Tombouctou, ni de ce que contient cette ville en ce moment; je n'ai affaire maintenant qu'aux brigands et aux guerriers qui l'habitent. »

Cela dit, Oghmor poursuivit son chemin sans avoir molesté aucun des habitants de Tombouctou. Il agit de même après le combat dans lequel il culbuta ses adversaires et les gens de Tombouctou en furent quittes pour la peur.

Les Touareg se portèrent du côté[3] de leurs adversaires, à environ un mille du côté du Haoussa, en tirant un peu vers les maisons d'El-Kherafa qui sont dans la ville de Ṭoghayya. Ils campèrent en cet endroit, formant une armée considérable dont Dieu seul sait quel était le nombre de soldats. Ils prirent l'offensive contre les soldats marocains dans la soirée du jeudi. Dans le combat qui eut lieu ce soir-là, ils tuèrent à l'ennemi onze hommes, ce qui amena le découragement dans l'armée marocaine. On passa cette nuit-là en présence de l'ennemi, c'est-à-dire la nuit du jeudi, 22 du mois indiqué plus haut (22 mai 1737).

Le lendemain matin, les Touareg se levèrent avant le

1. Mot à mot : hommes.
2. Au lieu de اذا داوردت que porte le ms. je lis : اذا وردت.
3. Il manque un verbe dans la phrase arabe; je l'ai ajouté par conjecture.

jour, prirent les armes de très bonne heure et, aussitôt armés, ils se rangèrent en ordre pour livrer bataille. Ils commencèrent par lancer contre l'ennemi une partie de leur cavalerie qui fit une charge. Alors l'armée marocaine prit les armes et se rangea en ordre de bataille ; le pacha Aḥmed monta à cheval pour prendre part à l'action. Les hommes armés de fusils se mirent en bataille, tandis que d'autres qui n'avaient que des javelots ou des flèches s'armaient à leur tour et que les cavaliers enfourchaient leurs chevaux.

L'armée marocaine s'était partagée en deux ailes, l'une à droite, l'autre à gauche. L'aile droite était composée de la division de Fez et avait pris place à la droite du pacha, ayant à sa tête le lieutenant-général Moḥammed-El-Morâd-ben-'Ameur[1] ; la division de Merrâkech formait l'aile gauche ; elle était commandée par son lieutenant-général, le lieutenant-général Aḥmed-ben-El-Fa'-Manṣour. Devant se trouvait l'avant-garde. Les deux ailes se faisaient face[2].

Les Touareg se mirent en marche et s'approchèrent ; ils continuèrent ainsi, s'approchant de plus en plus, jusqu'à ce qu'ils furent très près de l'ennemi. Alors les soldats marocains armant leurs fusils les assaillirent par une grêle de balles une première, ou peut-être une seconde fois. Beaucoup de Touareg, à ce que l'on rapporte, furent tués dans cette première rencontre. A ce moment un combat violent s'engagea et la mêlée devint terrible. Le pacha Aḥmed combattit de sa personne avec la plus grande valeur et finit par rester seul à résister, repoussant tous ceux qui l'assaillaient et les mettant en fuite jusqu'au moment où il fut tué.

Suivant certains récits, le pacha aurait péri dans le Fleuve

1. Le ms. donne à ce nom l'orthographe suivante : 'Amor عُمُرٌ.
2. Il eût été plus exact de dire : « marchaient parallèlement.

de la façon suivante : quand les Touareg eurent gagné la bataille, qu'ils eurent tué les principaux seigneurs, chefs de l'armée et mis les troupes en déroute en sorte qu'il ne restait plus personne auprès du pacha, celui-ci lança (١٠٩) son cheval dans le Fleuve et périt englouti dans les eaux.

Parmi les personnages qui succombèrent sur terre, tués pendant la lutte on cite : le caïd Sa'îd-ben-'Ali-Et-Tezerkîni, le caïd El-Ḥasen, fils du caïd Aḥmed, le caïd El-Fa'-Maḥmoud, fils du caïd Moḥammed-Bouya, le caïd Moḥammed, fils du caïd Senîber, fils du caïd Moḥammed-Bouya ci-dessus nommé, le caïd Brahim, fils du lieutenant-général Seyyid San-Mo'aï, fils du caïd Moḥammed, fils du caïd Ḥammedi, les fils de son oncle paternel San-Mo'aï et son frère 'Abdelqâder, fils du caïd 'Abderraḥman, fils du caïd Ḥammedi-ben-'Ali[1]. Tels sont ceux qui furent tués sur terre par les Touareg, d'après une source sûre. Les autres périrent noyés dans le Fleuve par suite de la bousculade au moment de monter dans les embarcations ou par le naufrage des barques. On se pressait si vivement les uns contre les autres pour monter dans les embarcations qu'un grand nombre de personnes tombèrent à l'eau et se noyèrent.

On assure que ce fut le lieutenant-général Moḥammed, fils du caïd Bâ-Ḥaddou, qui fut la cause de cette défaite parce qu'il était de cœur avec les Touareg et qu'il les favorisa comme s'il eût été l'un des leurs. Dieu sait si cela est vrai.

Les Touareg mirent en fuite les soldats du pacha Aḥmed, tuant tous ceux qu'ils pouvaient atteindre sans s'inquiéter du reste de l'armée. Certains soldats marocains prirent la fuite et réussirent ainsi à s'échapper; d'autres se jetèrent dans le Fleuve, montés sur leurs chevaux, et échappèrent en le traversant à la nage; il en est qui se sauvèrent à la

1. Le ms. porte « et 'Ali » au lieu de « ben-'Ali », qui est la vraie leçon.

nage, en abandonnant chevaux et armes au milieu du Fleuve; il y en eut qui s'enfuirent à pied, gagnèrent le Fleuve et le traversèrent à la nage. Quelques-uns réussirent à gagner des embarcations et à s'y installer avec d'autres personnes. Enfin parmi ceux qui ne savaient pas nager il en est qui se jetèrent dans le Fleuve et y périrent noyés, tandis que d'autres succombèrent sur terre pendant leur fuite. Le nombre de ceux qui périrent dans cette déroute fut tel que seul le Dieu unique et dominateur en sait le chiffre[1].

D'après ce que l'on dit, le nombre total de ceux qui furent tués atteignit trois cents, c'est-à-dire ceux dont on connaissait les noms, un tel, un tel, ou un tel sans compter ceux dont le nom était inconnu. Suivant une autre version, il y aurait eu en tout deux cents hommes tués au combat. Quant aux soldats qui périrent autrement, ils étaient au nombre de cent cinquante, en y comprenant les ḥartâni. Sur ce dernier chiffre il y avait soixante-dix personnages de distinction et quatre-vingts personnes non connues.

Voici la liste de ceux que nous avons connus personnellement de vue et de nom qui moururent ce jour-là et qui apppartenaient à la classe des chefs, des seigneurs ou des fils de seigneurs. Tout d'abord le pacha Aḥmed dont il a déjà été question; le caïd Sa'îd-ben-'Ali-(١١٠)Et-Tezerkîni; le fils de son frère, le caïd El-Ḥasen, fils du caïd Aḥmed-ben-'Ali-Et-Tezerkîni; le fils de son frère San-Mo'aï, fils du caïd Moḥammed, fils du caïd Ḥammedi-ben-'Ali déjà mentionnés; les fils de l'oncle paternel de San-Mo'aï, San et son frère 'Abdelqâder, tous deux fils du caïd 'Abderraḥman, fils du caïd Ḥammedi-ben-'Ali déjà indiqués; le lieu-

1. Les batailles sont d'ordinaire si peu meurtrières au Soudan que l'auteur trouve innombrable le chiffre de 300 personnes tuées dans un seul combat. Il est vrai qu'en général on ne tient compte, dans ces statistiques, que des personnages connus.

tenant-général de la division de Fez, le lieutenant-général Moḥammed-El-Mouloud-ben-ʿAmor; Zengha, fils du caïd ʿAbdallah, fils du caïd Nâṣir-ben-ʿAbdallah-El-Aʿamechi; les fils de son frère lieutenant-général de la garde à cette époque, le lieutenant-général Bâbâ, fils du caïd Nâṣir, fils du caïd ʿAbdallah-ben-Nâṣir nommé ci-dessus; son frère El-Mobârek, fils du caïd Nâṣir précité; le fils de son oncle paternel, Moḥammed-ben-Yaḥya, fils du caïd ʿAbdallah-ben-Nâṣir-El-Aʿamechi, nommé plus haut; le fils de son oncle le lieutenant-général Nâṣir-ben-El-Faʿ-Mâmi, fils du caïd ʿAbdallah-ben-Nâṣir-El-Aʿamechi; Ḥammedi-ben-ʿAli-Dzi 'l-Ouâli; Zengha-ben-Senṭaʿa; un ou deux des fils du lieutenant-général de la division de Fez; Manṣour, petit-fils du caïd El-Ḥasen-ben-Malek; le pacha Dzou 'n-Noun, fils du caïd El-Ḥasen-El-Monebbih; un ou deux des petits-fils du lieutenant-général Bâbâ-ben-ʿAli-ben-Djaʿfer; un ou deux des fils d'ʿAli-El-Qasṭelâni, le lieutenant-général Rabaḥa, fils du caïd ʿAbdallah-ben-El-Ḥâdj; le fils de son oncle paternel Moḥammed-Ṭaʿa; Ḥammedi et son frère le moqaddem, tous deux fils de Senîber-ben-Fekhi; San, fils du caïd ʿAli[1], fils du caïd Moḥammed-ben-Cheikh-ʿAli-Ed-Derʿi; le fils de son frère l'oncle paternel de Ṣâliḥ-ben-ʿAbderraouf-ben-Ṣâliḥ, fils du caïd Moḥammed nommé ci-dessus; Maulaï ʿAli-ben-El-Khelîfa, le chérif. Tels sont les noms qui me viennent à la mémoire parmi ceux des personnages et des gens distingués appartenant à la division de Fez; il faut y ajouter les ḥartâni et les affranchis.

Parmi les gens de la division de Merrâkech qui succombèrent et dont les noms me sont connus, je citerai : le caïd Maḥmoud, fils du caïd Moḥammed-Bouya-ben-Daoud-Ech-Cheṭouki; le fils de son frère, le caïd Moḥammed, fils du caïd

1. C'est par erreur que le copiste a répété deux fois les mots : fils du caïd ʿAli.

Senîber, fils du caïd Moḥammed-Bouya; les deux fils de son oncle paternel et son frère Senṭa'a, fils du lieutenant-général 'Abdallah, fils du caïd Moḥammed-Bouya; le lieutenant-général Ben-'Ammâr-ben-'Abdallah-Ech-Cheṭouki, fils du frère du lieutenant-général Moḥammed-ben-Eḍ-Ḍoroubouti, fils du Kabara-Farma El-Kouch[1]; son frère Ḥammedi; son fils, le caïd Brahim, fils du lieutenant-général Seyyid-ben-'Abderraḥman-El-Heddâdji; son frère, les fils de son père, Abdelqâder (١١١) et Moḥammed, fils du lieutenant-général Seyyid, mentionné ci-dessus; El-Mobârek, fils du caïd Moḥammed-ben-'Ali-El-Mobârek-Ed-Der'i; le fils de son frère Moḥammed-ben-El-Djesîm, fils du caïd Yaḥya-ben-'Ali-El-Mobârek ci-dessus nommé; trois des fils du caïd Yousef-ben-'Abdallah-Ed-Der'i, Moḥammed, son frère le pacha Manṣour et Moḥammed-ben-Ṭa'a, fils du caïd Yousef; son petit-fils Moḥammed-ben-Moḥammed; le conseiller Ḥammedi-ben-El-Fa-'Mâmi, fils du pacha Yaḥya-El-Gharnâṭi, son frère, fils de El-Fa'-Mâmi ci-devant nommé et le fils de leur frère, le lieutenant-général Boryo'a, fils du caïd 'Ali, fils du lieutenant-général Sa'îd, fils du pacha Yaḥya; 'Abdallah, fils du caïd Manṣour, fils du caïd Senîber, fils du pacha Mesa'oud-Ez-Za'eri; le fils du lieutenant-général Brahim-Boṭomâch[2]-El-Ouerdzâdzi; son frère Moḥammed, fils du lieutenant-général Brahim; Ḥammedi-Kok et El-Kahiya, tous deux fils de la fille du lieutenant-général Brahim ci-dessus nommé; El-Khalîfa; Moḥammed-El-Mouloud-ben-'Ammar, fils d'Abd-ben-'Ammâr et Ḥammedi-ben-Moḥammed-ben-'Amir, surnommé Ḥamedyouch[3]. Tels sont les personnages marquants de la division de Merrâkech que j'ai connus et qui sont morts le jour de cette

1. Ou : El-Kouchi. La voyelle finale *i* donnée par le ms. appartient sans doute à la terminaison de la déclinaison.

2. Ou : Botomâchi.

3. Ou : Hamedyouchi.

bataille. On n'a indiqué que les plus éminents, laissant de côté les ḥartani et les affranchis.

Quant aux Cherâga qui périrent ce jour-là, je ne les connaissais pas parce qu'ils habitaient dans la campagne. C'est pourquoi je n'ai connu parmi eux que Dzou 'n-Noun-ben-Moḥammed, fils du caïd Dzou 'n-Noun-ben-El-Ḥâdj-ben-Biyoukhef[1]-Ech-Chergui et El-Mosṭefa, fils du caïd Moḥammed-ben-Moḥammed-Seyyidi.

La bataille, qui fut livrée dans le bourg de Ṭoghayya, eut lieu le vendredi, 23 du mois de moḥarrem, le premier mois de l'année 1150 (23 mai 1737). Avant cette bataille avait eu lieu le combat de Menkoli-Konko, le vendredi, 2 du même mois (2 mai 1737). Les défenseurs de cette localité et les plus vaillants furent tués; mais ils avaient eu soin, avant le combat, d'envoyer leurs bagages, leurs femmes, leurs enfants et leurs meubles de l'autre côté du Fleuve; aussi leurs femmes furent-elles sauvées. Les hommes, qui étaient restés dans ce bourg, en furent plus tard chassés par les Touareg Ketouân qui les mirent à mort sans défense.

Quant à Oghmor, il ne quitta pas le champ de bataille[2] et il séjourna en cet endroit jusqu'à la fin du mois de moḥarrem (30 mai) et à l'apparition de la nouvelle lune (١١٢) de ṣafar qui arriva un vendredi. Il attendit qu'il s'écoulât[3] 39 jours et lorsque le quarantième jour arriva il conclut la paix avec les habitants de Tombouctou, et ceux-ci lui payèrent une redevance de 200 hâdja[4], de deux chevaux et de cadeaux.

En échange Oghmor autorisa les gens de Tombouctou à

1. Ou : Biyouqef. Ce mot est tantôt écrit avec un خ, tantôt avec un ق.

2. Mot à mot : « il ne s'éloigna pas des morts ».

3. Le ms. dit : *quarante-neuf*; mais il y a une erreur certaine puisque ensuite on dit le quarantième jour.

4. S'il n'y a pas d'erreur de la part du copiste; il faut lire « ḥâdja », mot qui signifie d'ordinaire « chose », « besoin ». Peut-être faut-il lire جاجة qui aurait le sens de poules ou volailles.

faire venir leurs vivres de Kabara et cela après avoir interrompu les communications entre les deux localités depuis le moment où l'armée marocaine mise en déroute avait quitté Tombouctou pour se rendre au port de Do'aï.

La nouvelle de la bataille ne fut connue ce soir-là par les habitants de Tombouctou qu'après la prière du second acha. Ce fut alors seulement que la nouvelle fut apportée par le caïd Sa'îd, fils du caïd Senîber, le caïd Ben-Manṣour, fils du caïd 'Ali-Et-Tezerkîni, Seyyidi Moḥammed-ben-'Abdallah, 'Ali-Châmi-ben-El-Kahiya, Sa'îd-ben-El-Ḥâdj-Moḥammed-Ouchouch[1], Moḥammed-ben-'Abdeldjebbâr, qui était le fils d'un des négociants, et 'Omar-El-Fa', le domestique de Moḥammed-ben-Aḥmed.

Aussitôt que cette nouvelle fut arrivée, voici ce qui se passa parmi la population de Tombouctou : j'étais assis cette nuit-là, lorsque tout à coup j'entendis de loin les gémissements d'une femme; je crus tout d'abord que c'était à cause de la mort de l'imam de la casbah qui, à ce moment, était atteint de la maladie à la suite de laquelle il mourut. Je me levai et me dirigea du côté où j'avais entendu cette femme pleurer. Aussitôt les pleurs devinrent plus fréquents, les gémissements et les cris redoublèrent, ne venant plus seulement d'une ou de deux personnes et à mesure que je m'avançai je les entendis éclater de tous côtés et dans toutes les directions de la ville. Comme je continuai ma course au milieu de ces lamentations, je parvins à la porte de la maison du caïd Moḥammed-ben-Aḥmed, au moment même où y arrivait son domestique 'Omar-El-Fa'. Le caïd Moḥammed était debout sur la porte en dehors de la maison et demandait à son domestique quelles étaient les nouvelles. « Tous

1. Ou : Ouchouchi.

ceux qui ne vous voient[1] plus, répondit-il, ont disparu et ne sont plus de ce monde. »

Alors nous apprîmes que le caïd Ben-Manṣour et Seyyid Moḥammed-ben-'Abdallah venaient d'arriver; puis, j'appris également la venue du caïd Sa'îd, fils du caïd Senîber et celle de Sa'îd-ben-Ouchouch. Hommes et femmes se pressèrent auprès du caïd Ben-Manṣour et de Seyyid Moḥammed pour leur demander des nouvelles de leurs parents : les hommes demandaient des nouvelles de leurs frères, tandis que les femmes s'informaient de leurs maris, de leurs frères, de leurs pères ou de leurs oncles maternels. Les femmes de condition libre sortirent durant cette nuit, le visage découvert[2] et sans chaussures. On les rencontrait tout en larmes dans les rues et sur les places. Toute la ville était remplie de pleurs, de cris et de gémissements.

Le jurisconsulte, le cadi Bâba se rendit à ce moment sur la place qui est devant la porte de la mosquée de Sankoré et manda aux chérifs et aux négociants (١١٣) de venir l'y rejoindre. Tous se rendirent à cette convocation. « Que faire à cette heure, leur dit-il, en présence de ce qui vient d'arriver? Quelle résolution faut-il prendre tout d'abord pour cette nuit, pour nos personnes, nos enfants et nos femmes? » — « Vous êtes notre cadi, notre jurisconsulte, notre chef, répondirent-ils; tout ce que vous nous ordonnerez de faire nous le ferons. » — « Rentrez tous chez vous, repartit le cadi; faites bonne garde toute cette nuit en attendant le jour et, alors si Dieu veut, nous verrons quelles mesures il y a lieu de prendre. »

Chacun rentra donc chez soi et pendant dix jours la population de la ville resta en larmes. Enfin la douleur se calma après cela et chacun se tut. Dans la matinée de ce vendredi,

1. Nous dirions plutôt : « ceux que vous ne voyez pas en ce moment ».
2. Ou : « la tête nue », si l'on s'en tient à la lettre du texte.

c'est-à-dire du jour où la bataille, dite de Ṭoghayya-Han[1], eut lieu, il avait soufflé un vent extrêmement violent; l'atmosphère était rouge et chargée de poussière et la population de Tombouctou était restée à faire la sieste, suffoquée et abattue. C'était à ce moment même que les soldats marocains livraient combat aux Touareg et en venaient aux mains avec eux. En allant à la mosquée pour l'office du vendredi on entendit le bruit de la fusillade et en revenant de la mosquée on l'entendait encore. Toutefois on n'eut aucune nouvelle avant l'arrivée des personnages que nous avons nommés.

Tous ceux qui échappèrent au désastre de l'armée marocaine, chefs, soldats et valets se réfugièrent dans l'île de Ḥondomi; de là, ils gagnèrent Cheïbi qui se trouve en face de l'autre côté du Fleuve où ils furent rejoints par les soldats de Kìso et de Benka.

Quant au lieutenant-général El-Fa', fils du caïd Ḥammedi, il n'était pas arrivé au moment du combat et ne se trouvait pas parmi eux à ce moment. Il ne vint qu'au mois de djomada Ier (27 août-26 septembre). Ce fut alors seulement que le lieutenant-général El-Fa', fils du caïd Ḥammedi[2], avec les troupes qu'il avait emmenées sur l'ordre du pacha Aḥmed pour garder la ville de Benba, rejoignit à Cheïbi les débris de l'armée. Le lieutenant-général El-Ḥasen, fils du caïd Ḥoseïn, qui avait été envoyé avec des troupes à Kâgho sur l'ordre du pacha arriva également à cette époque à Cheïbi. Les forces qui se rassemblèrent ainsi devinrent peu à peu nombreuses et atteignirent le chiffre d'environ 400 hommes. Mais elles demeurèrent en cet endroit sans que personne de Tombouctou vînt vers eux et sans qu'aucun d'eux allât à Tombouctou. Avant leur départ de cette localité eut lieu le

1. Cette addition du mot Han signifie probablement combat.
2. Le ms. porte Aḥmed. Mais plus haut il y a Ḥammedi. Il s'agit de El-Fa'-Ibrahim nommé précédemment.

combat de Kiki, le mercredi, dernier jour du mois de moḥarrem, le premier mois de l'année ci-dessus indiquée (30 mai 1737).

Quand il eut conclu la paix, Oghmor quitta son campement et voulut s'en retourner dans son pays du côté de l'est. Il se mit donc en marche dans cette direction. Le lieutenant-général Moḥammed, fils du caïd Bâ-Ḥaddou, fut si inquiet à la suite de ce départ qu'il laissa paraître son inquiétude. C'était un homme impatient de sa nature, prompt à s'emporter; néanmoins il avait l'esprit résolu et le caractère excellent. Beau (١١٤) de visage, il était tout jeune, riche, généreux, doux en paroles, bien élevé, gai, aimant à plaisanter sur des sujets scabreux, éloquent, bien de sa personne, énergique, riche, cavalier habile et fils de princes par sa mère et par son père. L'angoisse du lieutenant-général Moḥammed persista donc quand il vit que Oghmor avait conclu la paix avec les habitants de Tombouctou, dans la maison du caïd Moḥammed et pris avec ce dernier des engagements formels.

A la suite de cela, les troupes avaient perdu toute confiance en Moḥammed, le lieutenant-général. Alors le caïd Moḥammed le fit appeler chez lui, n'ayant personne en qui il eût confiance pour leur servir d'intermédiaire, et lui adressa quelques observations. « Faites apporter le Coran, que je jure sur ce livre, » dit le lieutenant-général. — « Non, lui répondit le caïd, ne jurez pas sur le Coran. » Le lieutenant-général insista pour qu'on apportât un Coran et quand il fut là il jura et partit ensuite.

Lorsque Oghmor fut parti, le lieutenant-général Moḥammed voulut aller rejoindre les soldats qui étaient restés de l'autre côté du Fleuve, mais il n'y put parvenir. Il chercha vainement un moyen de réaliser ce dessein, il n'y réussit pas et n'arriva pas à ses fins. Il resta donc à Tombouctou quatre ou cinq jours après le départ des Touareg, puis le destin, contre lequel aucune ruse ne peut être efficace, voulut qu'il arrivât en face des soldats qui étaient à Haouṣa du côté du Gourma. Il les interpella, les salua et prenant sa voix la plus douce il leur adressa d'aimables paroles ; ceux-ci ayant acquiescé à ses propositions, il s'en retourna.

Peu après, les soldats lui expédièrent un messager qui lui parla en termes encore plus aimables et plus agréables que ceux qu'il avait lui-même employés. Il se laissa séduire par ce discours qui calma son cœur et pénétra vivement dans son esprit au point que, dans son enthousiasme, il se crut à l'abri du danger qui le menaçait, car Dieu dans son omniscience et sa prédestination avait décidé qu'il périrait de leurs mains. Il les invita donc à lui envoyer une barque pour qu'il allât les rejoindre dans l'île où ils étaient.

Les soldats lui expédièrent une embarcation qui le prit à son bord et le débarqua au milieu d'eux. Il y était à peine qu'on le tua. Tous les soldats, sur l'ordre de ses frères qui étaient avec eux, l'entourèrent et dirent : « Nous allons tuer ce jeune homme afin qu'il ne cause pas notre perte à tous. » Aussitôt quelques individus déchargèrent sur lui leurs fusils, lui lancèrent leurs javelots et le frappèrent de leurs glaives. Il tomba sans connaissance ; puis, ayant repris ses sens, il se mit à parler avec la langue lourde. Alors on revint sur lui, on l'emporta vers le Fleuve où on le précipita ; il mourut englouti dans les eaux au mois de rebiʿ Ier de cette année-là (29-juin-29 juillet 1737).

Pendant tout ce temps, l'askia El-Ḥâdj (١١٠) n'avait pas quitté sa ville. Les soldats de l'île n'avaient tué le lieutenant-général Moḥammed que le mardi, 3 du mois de rebiʿ Ier (1er juillet 1737) Koïra-Ṭaʿo[1]. L'askia, lui, se mit en marche

1. Ces mots Koïra-Ṭaʿo sont isolés, en sorte qu'on ne sait s'ils désignent la localité où fut tué le lieutenant-général Moḥammed, ou bien s'ils forment le nom soudanais de rebiʿ Ier.

avec ses troupes, ses serviteurs et ses alliés, le samedi, 7 du mois de rebi' Ier (5 juillet 1737). Ce même jour-là 'A-Koï[1] El-Ḥasen, chef des Ghâli-Moussa, à la tête de troupes nombreuses et ayant avec lui l'autre fraction des Ghâli-Moussa nommée Haouaïnakanaï[2] ainsi que d'autres tribus diverses, se mit en marche pour porter aide à Senba-Moussa-El-Foulâni, qui avait avec lui tous les Sanqara, contre les fils[3] de El-Fa'-Maḥmoud, Boubeker-El-Fa' et Nouḥ-Cherif. Les Ghâli-Moussa et les Sanqara razzièrent les fils de El-Fa'-Maḥmoud, s'emparèrent de toutes leurs vaches et ne leur laissèrent rien, ni animal, ni objet. Un grand nombre de gens des fils de El-Fa'-Maḥmoud trouvèrent la mort dans cette affaire qui eut lieu le jeudi, 12 du mois de rebî' Ier de l'année déjà indiqué (10 juillet 1737).

Revenons maintenant à la fin du récit concernant le lieutenant-général-Moḥammed, fils du caïd Bâ-Ḥaddou. Dès que son oncle paternel, le caïd 'Ali-ben-El-Djesîm, eut appris que les soldats, après s'être concertés, avaient décidé unanimement de tuer le lieutenant-général Moḥammed et qu'ils avaient mis leur projet à exécution, il quitta Tombouctou à l'instant même et partit pour se rendre auprès des soldats et tirer vengeance d'eux; mais, arrivé à Kabara avec ses soldats, il acquit la certitude qu'il ne pourrait point parvenir jusqu'à eux.

Il se rendit au port de Kabara, animé de la plus violente colère et demeura en cet endroit, chaque jour plus irrité de ne pouvoir rien contre eux. Il retint à Kabara toutes les marchandises et empêcha de les transporter durant ces jours-là jusqu'à Tombouctou. La population souffrit vivement de

1. La lecture de ce mot est incertaine.
2. Plus haut ce nom est écrit : Haouaïlakanaï.
3. Ou peut-être « la tribu de El-Fa'-Maḥmoud ». Ce mot Aoulâd semble la première fois pris dans le sens de « fils » et plus loin dans le sens de tribu.

cet état de choses et toute la ville éprouva les inconvénients de cette mesure. Plainte fut portée à ce sujet devant le cadi; celui-ci envoya aussitôt ses assesseurs adresser des représentations au caïd, lui exposant les doléances de la population et l'invitant, au nom de Dieu et de son Prophète, à laisser circuler les marchandises en levant son embargo.

Le caïd refusa et ne tint aucun compte des paroles du cadi, tant sa colère était grande. Les envoyés du cadi étaient : l'imam Bâba, oncle paternel du jurisconsulte El-Moṣṭefa-ben-'Abdallah-Kiraï-El-Oueddâni; le jurisconsulte Aḥmed-ben-'Otsmân-ben-Moḥammed-ben-Moḥammed-Tâchefin-El-Oueddâni; le jurisconsulte, le docte, l'unique de son époque, le flambeau de son temps, le mufti Bâbîr, fils du jurisconsulte, du cadi Seyyidi-Aḥmed-Mo'yâ, fils du jurisconsulte, Seyyidi-Aḥmed, fils du jurisconsulte le cadi Ibrahim, fils du jurisconsulte 'Abdallah, fils du très docte, du saint vertueux Seyyidi-Aḥmed-Mo'yâ. Tous étaient les assesseurs du cadi Bâbâ-El-Mokhtâr; ils étaient venus en son nom, en même temps que l'imam[1] de toutes les mosquées, à Kabara, auprès du caïd (١١٦) 'Ali-ben-El-Djesîm. Le soir même, les envoyés du cadi rentrèrent à Tombouctou, tandis que le caïd restait à Kabara[2] en état de révolte en quelque sorte, puisqu'il tenait tête à toute la population de Tombouctou. Il demeura à Kabara, toujours agité par la haine et la colère, environ quarante jours.

Le vendredi ou le samedi, je ne sais au juste, le 13 du mois de rebi' II de cette année (10 juillet 1737), Dieu délivra les soldats qui étaient restés enfermés dans l'île. Ils rentrèrent à Tombouctou dans la soirée du samedi, 12 du mois de rebi' II[3]. Cette troupe, composée de tous ceux qui

1. Le mot « imam » est au singulier dans le ms., et cependant d'ordinaire chaque mosquée a son imam.

2. Le texte porte le mot « ville » sans préciser davantage.

3. Il y a une erreur de date évidente, à moins que l'auteur n'ait voulu dire

avaient échappé au désastre de l'armée vaincue, quitta l'île sous la conduite de l'askia El-Ḥâdj. Elle avait obtenu de sortir de l'île, à la suite d'un accord et d'une paix conclue par l'intermédiaire de l'askia El-Ḥâdj.

Celui-ci, que les soldats suivaient, marchait à leur tête à la façon d'un de leurs pachas, avec l'étendard du pacha, sa musique et ses insignes. Arrivé près d'un monticule du côté de ʿAmazagha[1], l'askia donna l'ordre aux soldats de s'arrêter et de l'attendre, puis il se rendit à Kabara chercher le caïd ʿAli-ben-El-Djesîm. J'ai déjà dit, en effet, que ce caïd était à Kabara depuis qu'on avait tué son frère, le lieutenant-général Moḥammed. Il répondit à l'appel de l'askia qui l'engageait à se rendre à Tombouctou et toute la troupe rentra tranquillement dans cette ville.

Durant toute cette soirée, Tombouctou retentit de pleurs et de gémissements, comme le jour où on avait appris la nouvelle du désastre de l'armée à Ṭoghayya. Les soldats étaient restés dans l'île environ soixante-dix jours.

Tels sont les renseignements certains que j'ai pu recueillir sur cette lutte des soldats marocains contre les Touareg à la bataille de Ṭoghayya. Le défunt pacha avait occupé le pouvoir environ quatre mois en comptant par mois[2], mais plus exactement, en comptant par jours, trois mois et demi.

Aḥmed-ben-El-Faʿ-Manṣour, fils du caïd Moḥammed-ben-ʿAli-El-Mobârek-Ed-Derʿi. — Il fut élu le mercredi, dernier jour du mois de ṣafar, au début de l'année 1151 (18 juin 1738), après la déposition du caïd El-Faʿ-Ibrahîm, fils du caïd Aḥmed. Aussitôt qu'il fut élu, il nomma aux fonctions

que ce jour-là les soldats qui étaient rentrés la veille se trouvèrent délivrés et hors de danger. Dans ce cas, le 13 serait le samedi et le 12 indiqué plus bas serait le vendredi soir, la confusion étant facile puisque le samedi dans le calcul des Arabes commençait le vendredi après le coucher du soleil.

1. C'est l'orthographe indiquée par le ms.

2. Cette façon de dire est assez naïve puisque le temps exact est indiqué ensuite.

de ḥâkem San-Mo'aï[1], fils du lieutenant-général Ousama et il désigna pour le poste de lieutenant-général de la division de Merrâkech El-Fa'-Maḥmoud, fils du caïd Senîber-ben-Bouya.

Pendant la seconde décade du mois de rebi' Ier (28 juin-7 juillet 1738), on reçut une nouvelle du Maghrib, annonçant qu'une colonne de troupes, qui se trouvait dans ces parages depuis un certain temps, s'était rapprochée des habitants du Maghrib[2] (١١٧), puis s'était ensuite éloignée, se dirigeant sur notre ville de Tombouctou. Aussitôt que cette nouvelle fut connue, le pacha convoqua les négociants, leur imposa une contribution de 1.000 mitsqâl d'or et perçut cette somme.

Sous ce pachalik, il y eut une disette dans le pays; elle atteignit son maximum d'intensité dans la ville d'Araouân où nombre de personnes, femmes et gens affaiblis, moururent de faim. Au cours de cette disette on vit une chose qu'on n'avait jamais vue auparavant et dont personne n'avait entendu parler sinon à cette époque et cela c'était que les vivres étant rares et leur prix excessif, le change de l'or resta cependant très élevé et que ces deux circonstances se produisirent en même temps. Jamais personne n'avait été témoin de pareille chose et ne l'avait non plus entendu rapporter. D'ordinaire, ce qu'on voyait, c'était que quand les vivres étaient chers, le taux du change baissait immédiatement.

La valeur de la mesure de grains de bechna atteignit 6.000 cauris; le riz décortiqué se paya 3.000 cauris et, à ce moment, le change était de 3.000 cauris[3]; taux ordinaire

1. Ou : « Sa-Moghaï » en supposant l'omission du point diacritique, ce qui est très possible.

2. Il s'agit de la région à l'ouest de Tombouctou et non du Maghreb, tel qu'on entend ce mot d'une façon générale.

3. Il est à supposer qu'il s'agit de la piastre espagnole et non du mitsqal d'or, sinon la valeur du mitsqal eût été bien faible ou le prix des cauris fort élevé.

qu'il avait avant la disette. Telles sont les vicissitudes du temps; les circonstances fâcheuses vont sans cesse croissant et l'on ne voit dans la suite des temps que des événements toujours plus graves que les précédents. Cette époque de famine fut appelée Bari-bouri[1] par allusion à la disette et à la misère dont la population souffrit.

Toutefois elle ne dura pas longtemps, mais on n'avait jamais vu aucune famine qui eût pu faire oublier celle que je viens de rapporter sous le pachalik du caïd Aḥmed-ben-El-Faʿ-Manṣour et personne n'en verra de plus terrible ni de plus violente que celle-ci, l'année des *dix mille*. Elle dépassa en violence et en intensité toutes celles des temps antérieurs, qui avaient eu lieu depuis la venue du pacha Djouder; elle fut plus pénible que celle du temps du pacha ʿAli-ben-ʿAbdallah; plus terrible que celle qui eut lieu à l'époque du pacha Mesaʿoud-ben-Manṣour; plus intense que celle qui se produisit sous le pachalik du fils de ce dernier, le caïd Senîber et qui fut appelée Ṭali ou encore que celle nommée Bâchi qui eut lieu plus tard sous le caïd Senîber-ben-Bouya; plus violente que celle appelée Achour-Koï-Idji du temps du caïd El-Mobârek-ben-Ḥammedi, que celle qui eut lieu sous son fils, le caïd ʿAli-Et-Tezerkîni et qui fut nommée Ana-Faghaṣa, que celle qui suivit et qui se prolongea sous Senîber au point qu'elle dura sept ans et qu'elle se passa sous un grand nombre de pachas différents, sous les pachaliks de Mâmi-ben-ʿAli, du caïd ʿAbdelqâder-ben- (١١٨) ʿAli, du caïd Mesaʿoud, fils du caïd Senîber, du caïd Moḥammed, fils du caïd Ḥammedi et d'autres pachas.

Cette famine fut appelée Mini-Kikoï dès le temps du caïd

1. Au Soudan comme dans le nord de l'Afrique, les années marquées par un événement extraordinaire prennent un nom particulier. D'après ce qui suit, ces mots Bari-bouri signifieraient dix mille, mais on ne dit pas à quoi se rapporte ce chiffre. Il indique sans doute le nombre des victimes.

Mâmi ; ce fut le nom de la femme de ce caïd qui fut appliqué à cette époque de famine. La famine cessa pendant quelque temps après cette période de sept années qui s'acheva en 1128 (27 décembre 1715-16 décembre 1716), année qui concorda avec l'époque du second pachalik du caïd Mesa'oud, fils du caïd Senîber. Après cela, il y eut encore une famine en l'année 1133 (2 novembre 1720-22 octobre 1721) ; elle dura jusqu'à l'année suivante 1134 (22 octobre 1721-12 octobre 1722) ; elle eut lieu du temps du caïd 'Abdelgheffar-ben-'Ali et fut appelée l'année de *Alteq*[1] ou Karbaï-Ḥornou ; il y en eut encore une autre ensuite du temps du caïd 'Abderraḥman, fils du caïd Ḥammedi, mais on n'en vit aucune aussi terrible que celle de l'année des dix mille.

Revenons maintenant au pachalik de Aḥmed-ben-El-Fa'-Manṣour. Nous reçûmes ensuite une nouvelle des Touareg du Maghrib disant que la cavalerie de la colonne des soldats marocains, qui opérait dans la contrée, était arrivée à leur campement, puis que les autres soldats étaient venus avec leurs troupeaux. Le pacha fut déposé le samedi, 6 du mois de djomada Ier de cette année, c'est-à-dire de l'année 1151 (22 août 1738) ; il était resté au pouvoir deux mois et six jours.

Lettre ya (*y*).

Yousef-ben-'Omar-El-Qaṣri (cf. *Histoire du Soudan*, p. 344).

Yaḥya-ben-Moḥammed-El-Gharnâṭi (cf. *Histoire du Soudan*, p. 437).

Yaḥya-ben-'Ali-ben-El-Mobârek-Ed-Der'i. — Il fut élu après la déposition du caïd Mâmi-El-'Euldji, dans la soirée

1. Ou : « Etteq », si le mot est d'origine arabe ou précédé de l'article arabe.

du dimanche, 7 du mois de cha'ban, le brillant, de l'année 1091 (2 septembre 1680). Il partit de (١١٩) Tombouctou à la tête des troupes pour faire une expédition dans la direction de l'est. Arrivées au port de Kabara[1], les troupes y campèrent quelques jours, puis elles se révoltèrent contre le pacha et le déposèrent. Celui-ci rentra à Tombouctou. Il était resté au pouvoir une année.

Yahya-ben-Moḥammed-Zenkana-El-Fichtâni[2]. — Il fut élu après la déposition du caïd 'Ali, fils du caïd Moḥammed-ben-Ech-Cheikh-'Ali-Ed-Der'i, au mois de dzou 'l-qa'da, ou, suivant d'autres, au mois sacré de dzou 'l-ḥiddja, le dernier mois de l'année 1109 (11 mai-10 juin ou 10 juin-10 juillet 1698). Il resta en fonctions environ trois ou quatre mois et fut déposé ensuite au mois de ṣafar, au début de l'année 1110 (9 août-7 septembre 1698).

Il fut de nouveau élu après la déposition du caïd Moḥammed-ben-Moḥammed-Seyyidi, au mois de chaoual, vers la fin de l'année 1116 (27 janvier-25 février 1705), puis déposé au mois sacré de dzou 'l-qa'da de cette même année (25 février-27 mars 1705), étant resté deux mois en fonctions. Suivant un autre manuscrit[3], il aurait été élu au mois de dzou 'l-qa'da (et déposé[4]) au mois sacré de dzou 'l-ḥiddja finissant l'année ci-dessus indiquée (27 mars-25 avril 1705).

Il fut rappelé au pachalik une troisième fois après la révocation du caïd Aḥmed-Zenko, fils du Kabara-Farma 'Abd-erraḥmân-ben-'Ali, au mois de djomada Ier de l'année 1122 (23 juin-28 juillet 1710). On venait de rester trois mois

1. Le texte dit simplement : « le port », sans en donner le nom.

2. Il faudrait sans doute écrire et lire « El-Fichtali », ethnique bien connu, venant des Fichtala, tribu marocaine.

3. D'après ce passage, l'auteur aurait eu plusieurs copies d'un même ouvrage à sa disposition.

4. Il manque ici un mot dans le ms., soit le mot او « ou », soit, ce qui paraît plus vraisemblable, وعزل « et il fut déposé ».

sans que personne eût été investi des fonctions de pacha. Il resta au pouvoir cette fois deux mois et fut déposé au mois de redjeb de la même année (26 août-25 septembre 1710).

Yousef-ben-'Abdallah-Ed-Der'i. — Élu pacha, après la déposition du caïd 'Abdallah-ben-Nâṣir-Et-Telemsâni, durant la deuxième décade du mois de djomada Ier de l'année 1113 (13-22 octobre 1701), il fut déposé au cours de la deuxième décade du mois brillant de cha'ban de l'année 1114 (21 décembre 1702-19 janvier 1703); il avait conservé le pouvoir un an et quatre mois. On resta ensuite cinq mois sans lui donner personne pour successeur, c'est-à-dire jusqu'à la fin de l'année; alors on l'élut de nouveau après la déposition du caïd Babeker[1]-ben-Moḥammed-Seyyidi, au mois sacré de moḥarrem, le premier mois de l'année 1123 (19 février-21 mars 1711). Il conserva ses fonctions pendant quatre mois et fut déposé au mois de rebi' II de cette année (19 mai-17 juin 1711). Au cours de ce pachalik, il envoya à Kabara, et nomma Kabara-Farma, Moḥammed, fils du caïd 'Ali-ben-Ibrahim.

Yousef fut encore rappelé au pachalik après la mort du caïd Bâ-Ḥaddou, fils du caïd[2], le (١٢٠) jeudi, 17 du mois sacré de dzou 'l-ḥiddja, le dernier mois de l'année 1141 (14 juillet 1729); il resta un mois entier au pouvoir et fut déposé le vendredi, 16 du mois sacré de moḥarrem, le premier mois de l'année 1142 (11 août 1729).

Le jeudi, premier jour du mois ci-dessus indiqué (27 juillet 1729), les soldats du quartier de la grande mosquée, du parti du caïd Manṣour, pillèrent des bœufs qui se trouvaient chez les gens de Saraïkaïna et qui appartenaient aux Touareg

1. Ce mot est écrit tantôt : بيكر, tantôt : بابكر.
2. Il y a sans doute un nom omis ici.

Tademekket, dont le chef était alors Oghmor. Les soldats du quartier de la grande mosquée avaient pour chef Ḥammedi, fils du caïd Senîber. Les soldats marocains eurent un engagement avec quelques Touareg, mais ils n'obtinrent aucun résultat et passèrent la nuit sur leurs gardes, conservant d'ailleurs les bœufs qu'ils avaient pris. Cette nuit-là, nous eûmes une pluie abondante.

Le vendredi, à l'heure du dohor, le combat recommença et la lutte fut vive et acharnée. Un ou deux Touareg furent tués dans cette rencontre. Alors le caïd ʿAbdelgheffâr vint s'interposer entre eux pour ramener l'accord entre les belligérants. Il alla tout d'abord trouver les soldats du quartier de la grande mosquée et leur demanda de lui livrer les bœufs pour les rendre aux Touareg, soit moyennant indemnité, soit bénévolement. Ceci se passait le samedi, 3 du mois de moḥarrem (29 juillet 1729). Les soldats livrèrent les bœufs au caïd qui les remit à son tour aux Touareg, éteignant ainsi le feu de la discorde entre eux.

A ce même moment les Touareg tuèrent sur la route et sans motif El-Amîn-ben-Abou-Bekr-Foulân[1]. Puis ils se répandirent dans la ville, commettant les plus grands excès. Il n'y eut aucune sorte de violence et d'abus qu'ils ne commirent en ce moment. Ils volaient la nuit et le jour, pillant et dévalisant les gens sans motif; ils furent si agressifs[2] que les gens habitant des paillotes[3] n'osèrent plus coucher dans leurs demeures, ni y laisser aucun de leurs objets; ils les confiaient

1. Peut-être faudrait-il lire « El-Foulâni », mais le texte du ms. ne le permet pas.

2. Le texte porte : يلبسونهم, mais je pense qu'il faut lire يسلبونهم, sinon cela n'aurait aucun sens raisonnable.

3. Le mot سناسن est traduit par conjecture; il paraît être le pluriel d'un mot soudanais سنسن « sansan » auquel on a appliqué le procédé de formation du pluriel arabe.

à ceux qui avaient des maisons et allaient passer la nuit chez eux. Demandons à Dieu qu'il nous accorde la paix!

Les Touareg se dirigèrent ensuite du côté de Kîso, saccageant le pays; ils pénétrèrent dans le bourg de Amtakel-Ouma-Dâïa[1] et pillèrent tout ce qui s'y trouvait; puis, chargés des objets pris aux gens de Kîso, ils vinrent à Tombouctou les vendre aux habitants de cette ville. Enfin ils regagnèrent leur pays et leurs campements et Dieu délivra d'eux les musulmans.

Pendant tout ce temps le caïd Yousef avait conservé le pouvoir et n'avait pas été déposé. Il ne fut cependant d'aucun secours en cette circonstance et ne délivra personne de ces persécutions. Loin de là, il restait dans sa maison de campagne[2] et quand il avait reçu ses ministres[3], (١٢١) qu'il avait vérifié les sommes qui lui revenaient comme impôt et qu'il les avait perçues, il estimait avoir rempli les devoirs de sa charge et n'avoir point besoin de faire autre chose. Il fut déposé le vendredi, 16 du mois indiqué plus haut, ainsi qu'il a été dit, après être resté au pouvoir trente jours.

Dans la soirée du 27 du mois de moḥarrem de cette année (17 août 1729), Manṣour le caïd arriva de Yendobogho après la déposition du caïd Yousef. Il avait avec lui les Touareg Ouldi-Alel, sẹs esclaves et ses soldats. Il descendit dans sa maison où il était déjà descendu auparavant, y passa la nuit du jeudi et du vendredi, puis il se rendit à la maison du défunt caïd Bâ-Ḥaddou, dans la matinée du sa-

1. Le ms. ne donne aucune des voyelles de ce nom.

2. Le mot employé ici est برانى dont le sens est « extérieur ». Il vaudrait peut-être mieux traduire « maison particulière »; le pacha, devant, selon la coutume, habiter la casbah avait préféré conserver son domicile habituel.

3. Le texte porte العذراء qui me paraît être une fausse lecture de الوزراء due à la ligature du و et de ز transformé en ذ.

medi, 24 du mois (19 août), afin de présenter ses condoléances à la famille de Bâ-Ḥaddou et au fils de ce dernier, à l'occasion de la mort de son père. De là il se rendit à la maison du caïd 'Abdelggheffâr et lui fit ses compliments de condoléances à cause de la mort du frère de celui-ci, le lieutenant-général Ousâma. Cela fait, il le quitta et rentra chez lui.

Le lendemain, Manṣour alla chez le pacha déposé, le caïd Yousef, afin de le saluer; il resta quelques instants avec lui, puis il se rendit à la maison du jurisconsulte Moḥammed-ben-Moḥammed-Baghyo'o, fils de l'imam Moḥammed-Koured, pour présenter ses condoléances à la famille du défunt. Ensuite il retourna chez lui. Dans cette même soirée, il retourna auprès du caïd Yousef, dont il était l'ami personnel, et revint ensuite chez lui où il resta pendant trois jours.

Après cela Manṣour entreprit sa lutte contre les gens de Saraïkaïna. Il donna l'ordre à ses soldats et à ses esclaves de commencer le combat de très bonne heure, le jeudi, dernier jour du mois (25 août). Ses partisans entrèrent dans le quartier habité par les Saraïkaïna qui n'étaient pas encore levés; aussitôt, avant qu'ils eussent le temps de se reconnaître, les soldats et les esclaves du caïd Manṣour se précipitèrent sur eux en poussant de grands cris, en frappant sur leurs tambours et en faisant sonner leurs trompettes. Qu'ils fussent armés de fusils, de javelots ou de flèches, tous attaquèrent vivement les Saraïkaïna et les poursuivirent dans les moindres recoins. 'Abderraḥim, fils du caïd Aḥmed-ben-'Ali, qui était parmi les assaillants, marchait partout le premier à leur tête.

Quelle fut la cause qui motiva et détermina le conflit engagé entre ces deux partis? à cette heure personne ne la connaît. Tout ce que l'on sait, c'est que le lendemain le combat fut engagé par le caïd Manṣour[1] et que la lutte recommença. Les Saraïkaïna prirent les armes à leur tour ; une lutte très vive et une mêlée terrible commencèrent dès le lever du soleil et durèrent jusqu'à midi. Deux esclaves des Saraïkaïna et un esclave des négociants furent tués (١٢٢) et il y eut un grand nombre de blessés dont j'ignore le chiffre exact. Un des Touareg du caïd Manṣour fut tué dans ce combat et un autre Touareg fut atteint d'une balle au moment où il était debout sur le seuil de sa maison.

En somme, c'était une vieille querelle qui venait de se renouveler et le feu de la discorde qui se rallumait. Le caïd Manṣour n'avait plus maintenant personne des Saraïkaïna qui lui tînt tête, sauf le Kabara-Farma 'Abdallah. Celui-ci était à Kabara, préoccupé de la situation et ne voulant pas abandonner cette localité dans la crainte d'être à son tour attaqué par l'ennemi; aussi faisait-il bonne garde et ne quittait-il pas Kabara. Les chefs des Saraïkaïna à ce moment étaient : Ḥammedi-ben-El-Fa'-Manṣour et son frère[2] Moḥammed, fils du caïd Bâ-Ḥaddou.

Ce fut alors que le seigneur de cette époque, la bénédiction des ancêtres, le jurisconsulte, le cadi Seyyidi-Aḥmed, fils du jurisconsulte, le cadi Ibrahim, assisté des jurisconsultes de la ville et du caïd 'Abdelgheffâr, s'interposa entre les deux adversaires et tenta de les réconcilier. Désireux d'arriver à cette réconciliation, ces divers personnages se rendirent tout d'abord auprès du caïd Manṣour. « Nous venons, lui dirent-ils, vous demander, au nom de Dieu et de son Prophète, de désarmer votre colère et de renoncer à la lutte. » — « Pour Dieu et pour son Prophète, leur répondit-il, je désarme ma colère. »

Les négociateurs se rendirent ensuite auprès des gens de

1. Cette phrase est fort obscure dans le texte arabe.
2. Frère utérin sans doute, bien que le texte ne le dise pas.

Saraïkaïna, qu'ils trouvèrent tous réunis dans la maison du caïd Zenko, auprès du fils de ce dernier, Bâbâ-Seyyid. « Nous venons leur dirent-ils, vous demander, au nom de Dieu et de son Prophète, de désarmer votre colère et de renoncer à la lutte. » — « A cause de Dieu et de son Prophète, répondirent-ils, nous désarmons notre colère et mettons bas les armes. Mais nous ne sommes pas assez rassurés à l'égard du caïd Manṣour pour rentrer tous dans nos demeures. Il faut donc que nous ne quittions pas nos positions à moins qu'il n'y ait un pacha. Sinon nous conserverons nos positions et nous ne cesserons de faire bonne garde. »

Le cadi Seyyid-Aḥmed, ainsi que les jurisconsultes et le caïd ʿAbdelgheffâr rentrèrent chez eux. Toute la division de Fez se réunit ensuite dans la maison du caïd Moḥammed, fils du caïd Aḥmed-Et-Tezerkîni, pour tenter aussi la réconciliation, c'est-à-dire celle des gens de Saraïkaïna et du caïd Manṣour. Au messager que les gens de la division de Fez lui envoyèrent, le caïd Manṣour répondit qu'il n'accepterait de faire la paix qu'à la condition que le Kabara-Farma ʿAbdallah, qui était alors à Kabara, viendrait à Tombouctou.

Aussitôt le caïd ʿAbdelgheffâr dépêcha son plus jeune frère Saʿîd, fils du caïd ʿAli, à ʿAbdallah, le Kabara-Farma, le priant de venir à Tombouctou pour se réconcilier avec le caïd Manṣour, celui-ci ayant mis cette condition lorsqu'on lui avait demandé de faire la paix. Le messager (١٧٣) arriva le soir même à Kabara; il transmit aussitôt son message et passa la nuit auprès du Kabara-Farma. Le lendemain, dans la soirée, le Kabara-Farma arrivait à Tombouctou avec le messager qui lui avait été envoyé.

Ensuite les gens de la division de Fez retournèrent à la maison du caïd Moḥammed, fils du caïd Aḥmed[1], pour s'entretenir au sujet de la paix et en décider les conditions. Cela

1. Le ms. écrit ici Ḥammedi.

fait, ils mandèrent au caïd Manṣour de congédier ses esclaves[1], de les envoyer à Yendebogho, de façon à ce qu'ils quittassent la ville et que le feu de la discorde fût ainsi éteint. Manṣour fit des objections, refusa de prendre cette mesure et n'accepta pas cette condition. « Ce sont mes deux frères, Ḥammedi et le caïd Sa'îd, répondit-il, qui ne consentent point à cette mesure. » Enfin, laissant à Tombouctou ses deux frères, Ḥammedi et le caïd Sa'îd, Manṣour partit lui-même avec ses esclaves et se dirigea vers Yendobogho, le mercredi, 19 du mois de ṣafar le bon, au début de l'année 1143 (2 septembre 1730). Aussitôt les gens de Saraïkaïna déposèrent les armes.

Au mois de rebi' Ier de cette année-là (14 septembre-14 octobre 1730), les gens de la division de Merrâkech se réunirent après ce conflit et prirent l'engagement mutuel de s'entendre tous pour agir de la même façon; puis ils se rendirent à Yendebogho auprès du caïd[2] Manṣour et prirent avec lui l'engagement de marcher tous d'un commun accord. Il accepta d'être avec eux en laissant en dehors les gens de la division de Fez. Ensuite les gens de la division de Merrâkech conduisirent le caïd[3] au port de Kabara; après bien des efforts, la réconciliation se fit et ils devinrent tous d'accord de marcher ensemble sans se préoccuper des gens de la division de Fez.

Cela fait et, pendant qu'ils étaient à Kabara, ils envoyèrent aux gens de la division de Fez qui se trouvaient à Tombouctou un messager pour lui demander de choisir un pacha, car d'après leurs usages c'était le tour des gens de la division de Fez de choisir le pacha. Les gens de la division de Fez

1. Il s'agit de ces esclaves appelés *legha*.

2. Le texte dit : « cadi », mais il y a sûrement une erreur, à moins qu'il ne faille lire : « puis ils envoyèrent le cadi auprès de Manṣour à Yendibogho », ce qui est peu probable.

3. Il règne une certaine obscurité dans tout ce passage. Cependant tel paraît en être le sens.

répondirent en ces termes au messager : « Vous allez choisir parmi nos cinq caïds celui qui sera nommé pacha; ces caïds sont : le caïd Nâṣir, le caïd Moḥammed-ben-ʿAbdallah, le caïd ʿAbdallah, le caïd ʿAbdelgheffâr et le caïd ʿAbderraḥman. » Le caïd Manṣour les refusa tous[1] en disant dans sa réponse : « Nous ne demandons qu'une chose, c'est que quelqu'un vienne ici promptement et entreprenne une expédition avec nous; vous ferez immédiatement partie de cette armée. Alors nous partirons avec ce chef et irons partout où il voudra nous mener; en dehors de cela nous n'avons envie d'aucun d'eux[2]. » Il entendait dire par là qu'il suffirait personnellement et qu'il ne voulait d'autre pacha que lui-même.

Puis il révoqua le Kabara-Farma Brahim, fils du lieutenant-général Seyyid, de ses fonctions de Kabara. Maintenant qu'il avait avec lui la division de Merrâkech, le caïd Manṣour se vengeait ainsi de ce que lui avait fait autrefois le Kabara-Farma[3]. Ensuite il retourna à Yendobogho et personne (١٧٤) ne fut investi des fonctions de pacha.

On était resté ainsi sept mois sans pacha, lorsqu'on reçut de Ouâkara la nouvelle que le lieutenant-général Moḥammed, fils du caïd Ḥammedi-El-Khalîfa, détroussait les voyageurs; qu'il s'était emparé d'une barque de sel appartenant à Moḥammed-ben-El-Ḥâdj-Ḥammedi-ben-Ṭaïeb, barque dans laquelle se trouvait ʿAbdelmalek-ben-Et-Tingharâsi, fils de la fille du caïd Mâmi-El-ʿEuldji; qu'il avait encore pris une autre barque de Dienné appartenant aux enfants de El-Ḥâdj-Bou-

1. Ou plus exactement : « il refusa de choisir l'un d'eux ».

2. Toute cette phrase est fort ambiguë. Le caïd Mansour ne voulait comme pacha d'aucun des personnages proposés. Il demanda seulement que l'un des cinq caïds prît le commandement des troupes et fît une expédition militaire à laquelle tout le monde prendrait part. De cette façon, il semblait bien reconnaître à la division de Fez son droit à prendre un chef dans son sein, tout en lui refusant d'accepter ce chef comme pacha.

3. La rédaction de ce paragraphe est si mauvaise qu'il n'est guère possible d'être sûr de son sens exact.

Ṭâher et dans laquelle se trouvait son fils ʿAbdelqâder; qu'il avait fait décharger ces barques et s'était emparé de leur contenu.

Cette nouvelle parvint ensuite à Kabara au Kabara-Farma ʿAbdallah, le dimanche, dernier jour du mois de chaʿban de l'année 1142 (19 mars 1730). Le Kabara-Farma écrivit aussitôt à ce sujet une lettre aux habitants de Tombouctou. Il y avait trois copies de cette lettre : une était destinée au caïd Seyyid-Aḥmed; la seconde à toutes les troupes, la troisième aux négociants : « Dès que vous aurez lu la présente lettre, était-il dit, que vous aurez compris l'importance de la nouvelle qu'elle renferme, vous devrez vous entendre pour nommer un pacha promptement, sans retard. Si vous refusez de le faire ou que vous n'ayez personne sous la main à l'heure actuelle, faites partir de suite les négociants qui sont nos hôtes et envoyez-les à Kabara où ils demeureront avec nous. »

Ceci se passait le dimanche, dernier jour du mois indiqué ci-dessus. Sur-le-champ les troupes se réunirent, le cadi Seyyid-Aḥmed se rendit à la casbah, on prit connaissance de la lettre et on chercha qui on pourrait nommer pacha. Le choix de tous se fixa sur le caïd ʿAbdallah-ben-El-Ḥâdj, qui fut nommé pacha le soir même, avec l'assentiment de toutes les troupes.

Aussitôt élu, ʿAbdallah nomma[1] Moḥammed, fils du caïd Bâ-Ḥaddou, qui était Kabara-Farma, ainsi qu'on l'a vu plus haut, puis il investit des fonctions d'askia l'askia El-Ḥâdj, fils de l'askia Bokar. Ces nominations eurent lieu le lundi, 25 du mois de dzou 'l-qaʿda de cette année, ainsi qu'il a été dit ci-dessus (12 juin 1730).

Des Azlaï, marchands de sel, arrivèrent ensuite avec une

1. Il y a un mot oublié dans le texte, celui de la fonction à laquelle fut nommé Moḥammed, fils du caïd Bâ-Ḥaddou.

caravane nombreuse. Certains soldats leur interdirent (١٢٥) l'accès de la ville et les contraignirent à s'arrêter à Abrâz pendant environ deux mois, à cause de la déposition du pacha.

On n'avait nommé ce pacha qu'afin de tirer vengeance des fils du caïd Ḥammedi-El-Khelîfa et parce qu'il avait assuré qu'il partirait à la tête de sa colonne dès qu'il aurait terminé l'office de la fête de la rupture du jeûne[1]. Quand les marchands de sel arrivèrent, une partie de l'armée avait déposé le pacha avant qu'il eût mis en marche l'expédition projetée. Il n'avait encore rien fait sinon d'envoyer sa tente au port de Kabara où elle était arrivée ; il n'y fut pas suivi par les soldats qui le déposèrent, après l'avoir laissé au pouvoir environ trois mois et demi, comme on l'a vu précédemment. C'était la fin de son septième pachalik.

Personne, jusqu'à notre époque et depuis la venue du pacha Djouder, n'a été pacha à sept reprises différentes, comme l'a été le caïd 'Abdallah. J'ai déjà dit cela précédemment à la lettre *'aïn* et si je répète ici le nom de ce pacha et une partie de son histoire, c'est que j'ai oublié de le faire en son lieu et place, et pour la dernière fois après ce que j'en ai dit à la lettre *'aïn*, je parle ici de ce caïd 'Abdallah.

Le but[2] de la colonne des gens de la division de Fez était d'aller jusqu'au bourg de Oukiya appartenant aux enfants de El-Khalîfa qui les avaient méprisés et qu'ils voulaient à leur tour humilier. Il m'a paru utile de rapporter de nouveau le récit de cette expédition ici.

Pendant ce temps les fils du caïd Ḥammedi-El-Khalîfa ne cessaient de tout ravager, coupant les routes, empêchant

1. Le pacha avait été élu au commencement du ramadan. A cause de jeûne, l'expédition ne pouvait donc avoir lieu au plus tôt qu'un mois après.

2. Le texte est sûrement fautif; il porte : « et elle la casbah ». Tout le reste de la phrase est peu précis.

les voyageurs de suivre leur chemin, aussi bien à celui qui allait de Tombouctou à Dienné qu'à celui qui allait de Dienné à Tombouctou : mulâtres[1] de Tombouctou ou négociants étaient traités de la même façon. Ils s'emparèrent de quatre barques : deux de Tombouctou chargées de sel et deux de Dienné ; ils se les approprièrent et spolièrent tout ce qu'elles contenaient d'immenses richesses innombrables et incalculables. On assure qu'ils disaient : « Nous n'en voulons à personne sinon aux gens de Fez et en particulier aux petits-fils du caïd 'Ali-Et-Tezerkîni ; nous en voulons à tous les négociants qui sont leurs hôtes, à leurs esclaves, à leurs affranchis, à tous les membres de leur famille sans distinction. »

La raison qui faisait qu'ils avaient une haine spéciale contre les gens de Fez et les fils de 'Ali-Et-Tezerkîni et non contre les gens de la division de Merrâkech, c'est que c'étaient les premiers qui avaient tué leurs frères sur l'ordre des pachas et du chef du pouvoir souverain, c'est-à-dire que c'étaient les fils du caïd 'Ali-Et-Tezerkîni (١٢٦) spécialement qui, en premier lieu, avaient tué leur père sous le pachalik du caïd Aḥmed-ben-'Ali, comme on l'a vu plus haut dans cet ouvrage. Ensuite ils avaient tué El-Fa'-Boniya[2], fils du caïd Aḥmed-El-Khalîfa, 'Abdelqâder-Sama-Idji[3] et 'Abdallah-Kenba-Idji sur l'ordre du pacha de l'époque le pacha Moḥammed, fils du caïd Ḥammedi-ben-'Ali-Et-Tezerkîni, ainsi que nous l'avons déjà dit. C'est pour cela qu'ils disaient : « Nous n'avons affaire qu'à eux et nous ne nous vengeons

1. Ou : « métis ». Il semblerait, d'après ce passage, que les fils de Marocains et de Soudanaises formaient une sorte de caste à part, analogue à celle des Kouloglis en Algérie du temps des Turcs.

2. Les voyelles de ce nom ne sont pas indiquées. Sa forme paraît être celle du diminutif du mot arabe بن « fils ».

3. Ou : « Semi ». Plus loin ce mot est voyellé « Sama », mais il n'est pas suivi de Idji.

que d'eux en coupant les routes. » Auparavant, du vivant du caïd 'Abdelgheffâr-ben-'Ali, ils avaient commencé à l'injurier. Le caïd entendait les injures qu'on lui adressait chaque jour; il n'en tenait aucun compte et ne s'en préoccupait en aucune façon, n'ayant jamais manqué, fût-ce une seule fois, de garder le silence et de les dédaigner.

Le caïd 'Abdelgheffâr mort, les fils de El-Khelîfa coupèrent les routes aux musulmans, s'emparèrent des barques dont il a été parlé et témoignèrent nettement leur mépris et leur haine vis-à-vis de gens de la division de Fez. Ce fut alors que les gens de la division de Fez poussèrent leurs chefs à tirer vengeance de ce mépris. Déjà auparavant ils avaient sollicité leurs chefs à cet égard, lorsqu'ils entendaient sur le compte du caïd 'Abdelgheffâr, quand celui-ci était encore vivant, des propos qu'ils ne pouvaient supporter; mais ils avaient vainement demandé à ce caïd de se venger de son vivant; il n'y avait pas consenti et n'avait rien fait contre ses diffamateurs. Et comme eux ne pouvaient rien faire sans leur chef, ils avaient renoncé à agir jusqu'à ce moment.

Alors les gens de la division de Fez se concertèrent et demandèrent, d'accord avec les autres troupes, que l'on cherchât un pacha. Mais à ce moment la chose ne put se faire par eux; il y eut désaccord et on abandonna ce projet. Les chefs principaux des gens de Fez, caïds et lieutenants-généraux, se réunirent de nouveau entre eux et décidèrent des mesures qu'il convenait de prendre. Ils résolurent à l'unanimité de faire une expédition, eux seuls en personne, sans le concours des autres et de marcher contre les fils du caïd Aḥmed-El-Khalîfa, afin de faire cesser l'humiliation et les vexations dont ils étaient les victimes, en brisant les liens de l'opprobre qui pesaient sur leurs cous.

Après discussion, le commandement de l'expédition fut

confié au lieutenant-général qu'ils avaient à cette époque, le lieutenant-général El-Ḥasen, fils du caïd Ḥammedi-ben-Ali-Et-Tezerkîni. La campagne ayant été ainsi décidée, on s'y prépara avec le plus grand zèle et la plus vive ardeur. On fit appel aux soldats de Benka, à ceux de Kîso et à tous ceux qui étaient de leur parti en quelque endroit qu'ils fussent dans tout le pays; on fit même appel aux gens de Massa[1] qui tenaient garnison à Tendirma.

Toutes ces forces réunies formaient une armée considérable (١٧٧). On donna à chacun sa solde et son équipement, puis on quitta Tombouctou le jeudi, 12 du mois de djomada Ier de l'année 1143 (23 novembre 1730). Toute la division de Fez était là, moins les caïds et les lieutenants-généraux. Toutes les embarcations destinées à cette expédition étaient sur la grève à ce moment. On ne les mit à flot qu'après le départ des troupes du port de Kabara. On garda les barques quelques jours dans le port et on attendit pour les faire partir que les gens de Fez fussent en route; alors seulement elles furent mises en marche et suivirent l'expédition.

On ne cessa de marcher directement et par étapes jusqu'au commencement du mois de djomada II (12 décembre 1730); on se trouvait alors au bourg de Kir[2]-Seniba. Le lieutenant-général ʿAbdallah, fils du caïd ʿAli-Et-Tezerkîni, oncle du commandant en chef, mourut dans cette localité, le[3] mardi; il fut enterré dans un endroit appelé Koura-Koraï (Dieu lui fasse miséricorde!).

Poursuivant sa route, la colonne campa sur une colline voisine du bourg de Ghomni-Kobya, qui se trouvait à l'est du camp; dans la soirée du vendredi, 4 du mois (15 décem-

1. D'après cela il y avait une division marocaine du nom de Mâssa.
2. La dernière lettre du mot est douteuse; on pourrait à la rigueur lire « Kid ».
3. Le texte se sert du mot « mardi » qui ressemble au mot « trois ». Peut-être faut-il lire : « le trois de ce mois ».

bre 1730), on atteignit le rivage de Farman-Tâ'o où on demeura pendant neuf jours. On quitta cette localité le lundi, 14 (25 décembre 1770), après avoir adressé aux fils de El-Khelîfa une sommation comminatoire et les avoir avertis de ce qui les attendait. Quelques personnes leur envoyèrent une lettre dans laquelle elles les invitaient à cesser de couper la route aux musulmans s'ils croyaient en Dieu, en son Prophète et au jour du jugement dernier[1], ajoutant que celui qui ne tiendrait pas compte de cet avertissement n'aurait qu'à s'en prendre à lui-même s'il lui arrivait malheur.

Les gens de El-Khelîfa n'acceptèrent point ce sage conseil et n'en tinrent aucun compte. Ils refusaient de se rendre à ces avis, parce qu'ils étaient dans une aberration évidente et pleins d'orgueil. Ils persistèrent donc dans ces sentiments de violence et de tyrannie et n'en voulurent point démordre, aussi leur arriva-t-il une catastrophe pareille à celle qui fondit sur les Compagnons de l'éléphant[2]. Dieu a dit, en parlant de ces derniers : « N'as-tu pas vu comment Dieu a traité les Compagnons de l'éléphant? N'a-t-il pas fait tourner contre eux leurs stratagèmes[3]? »

Les gens de Fez formèrent leur colonne d'attaque à l'endroit appelé Doronaka et marchèrent sur le bourg de Oukiya pour y attaquer l'ennemi; ils portaient leurs fusils sur l'épaule. Les deux armées, celle des opprimés[4] et celle des oppresseurs, en vinrent aux mains dès que les gens de Fez furent arrivés auprès du bourg d'Oukiya. L'armée des opprimés, en un clin d'œil, et dès la première décharge, mit en déroute l'armée des oppresseurs qui tourna bride et se réfugia à l'intérieur du bourg.

1. Ou, en d'autres termes : « s'ils étaient de vrais musulmans ».
2. Allusion à la défaite des Éthiopiens devant La Mecque, lors de la guerre dite de l'Éléphant.
3. *Coran*, sourate v, versets 1 et 2.
4. Ou : des pillés et des pillards.

Quinze soldats furent tués et restèrent sur le carreau à ce moment. C'était : Bokar, Babeker, Senṭâ'a-ben-El-'Arbi-Ṣeddiq, l''Ar'a-Mondzo Seliman et l''Ar'a-Mondzo El-Amîn, fils tous deux du lieutenant-général San-Teregh-Idji, Moḥammed-Sama-ben-El-Ḥâdj (١٧٧), Boubo, fils du lieutenant-général El-Mord, un homme des gens du Gharb[1], nommé 'Abderraḥmân, El-Ḥasen, fils du caïd Nâṣir-ben-'Ali-ben-'Abdallah-Et-Telemsâni, 'Abdelqâder-ben-Moḥammed-Benko-Idji, Yaḥya-ben-El-Fa'-Cheïbi-Idji, Aḥmed-ben-El-Benna, 'Achoura-ould-Benkânou, Bâbâ, surnommé Konnasou[2], fils de Moḥammed-El-'Arbi et le caïd, fils du lieutenant-général 'Ali. Ce dernier clôt la liste des morts. Le mot El-Mord[3] signifie jeune homme.

Quant aux blessés, ils étaient très nombreux. En dehors des soldats tués, il y eut nombre d'hommes et de femmes qui succombèrent, les uns atteints par des flèches, les autres par des javelots. Quant aux autres[4] ils se jetèrent dans les eaux et y périrent de crainte de la mort. Parmi les tués figuraient également l'imam du bourg, l'imam Bâbâ-ben-Mo'yâ, sa femme et sa sœur Khadidja. Les principaux personnages prirent la fuite, abandonnant derrière eux leurs femmes, leurs enfants et leurs parents. Tous ceux qui demeurèrent en arrière furent la proie des vainqueurs et tous les enfants furent réservés aux gens de Fez qui en eurent la propriété.

On pilla tout ce que contenaient les maisons; on dépouilla les femmes et on s'empara de leurs bijoux; on ruina le bourg de Oukiya qui resta pareil à un bourg des Israélites[5].

1. Ou : « de l'ouest ».

2. Ou : « Bekonnassou », si la première syllabe n'est pas la préposition ب.

3. Ou plus exactement : امرد « amred ». On pourrait traduire aussi : « El-Mord était un jeune homme ».

4. Mot à mot : « le reste.

5. Allusion aux villes détruites, selon le Coran, par la colère de Dieu.

Les cadavres jonchaient le sol du village et restèrent là sans être lavés, ni ensevelis et sans qu'on fît sur eux la moindre prière.

Le lieutenant-général de la division de Fez, le lieutenant-général El-Ḥasen, fils du caïd Ḥammedi-Et-Tezerkîni, rendit la liberté aux femmes de condition libre et leur laissa la faculté de rejoindre leurs familles. Elles partirent et se réfugièrent dans le bourg de Ouaoubîr. Quant aux enfants du caïd Aḥmed-El-Khalîfa, le lieutenant-général Moḥammed et ses frères, ils avaient pris la fuite et, en se dispersant de divers côtés, réussirent à s'échapper. Aucun d'eux n'était mort dans ce combat qui avait eu lieu le lundi, 21 du mois de djomada II, vers le milieu de l'année 1143 (1er janvier 1731).

Les tolba de Bara s'interposèrent alors pour que la paix fût conclue. Ils craignaient le retour des actes de brigandage et de pillage. Ils se rendirent d'abord auprès du lieutenant-général de la division de Fez, le lieutenant-général El-Ḥasen, fils du caïd Ḥammedi-Et-Tezerkîni qui était alors au bourg de Cheïbi ; celui-ci jura sur le Coran sacré de cesser les hostilités et la lutte, si les fils de El-Khalîfa ne recommençaient point leurs errements d'attaque et de déprédations.

En quittant le lieutenant-général des gens de Fez (١٢٩), les tolbas se rendirent au bourg de Ouaoubîr auprès du lieutenant-général Moḥammed, fils du caïd Aḥmed-El-Khalîfa. Celui-ci jura également, sur un exemplaire du Coran vénéré, et en présence de toute l'assemblée, qu'il renonçait au pouvoir[1], qu'il se repentait des actes criminels qu'il avait commis et qu'il ne les renouvellerait plus jamais.

Le lieutenant-général de la division de Fez, le lieutenant-général El-Ḥasen, fils du caïd Ḥammedi, suivi de son armée, se rendit alors dans la ville de Djindjo[2] pour y demeurer quel-

1. C'est-à-dire à agir en chef indépendant comme il l'avait fait à Oukiya.
2. Ou : Djindjao.

ques jours. Après être resté là sans rien faire il se remit en marche pour rentrer à Tombouctou. On amena des barques où tout le monde s'embarqua, puis on s'éloigna de la ville de Djindjo et l'on vint mouiller au pied du bourg de Kabara. De là, on se rendit sain et sauf et chargé de butin dans la ville de Tombouctou (Que Dieu veille sur elle!), où l'on arriva le 28 du mois vénéré de ramaḍan (16 avril 1730). Chacun rentra chez soi, après avoir ainsi accompli complètement le but proposé et fut heureux et joyeux de retrouver sa famille. Le Ciel soit loué de tout cela!

Les barques spéciales, qui emmenèrent les gens de Fez et qui les portèrent à Oukiya, étaient au nombre de 62; le chiffre total des soldats qui accomplirent le trajet dans ces barques fut de 455. Quant aux barques de sel[1] qui firent route en même temps qu'eux, elles étaient au nombre de 40. Le nombre des fusiliers qui étaient sur les barques de sel étant de 320, cela fait un total de 775 soldats armés de fusils.

Les gens armés de javelots et d'arcs formaient une masse innombrable et défiant toute estimation. La division des Cherâga sous la direction du lieutenant-général Moḥammed comptait 150 fusiliers en dehors des hommes armés de javelots et d'arcs. Mais ils ne furent d'aucun secours, car ils furent mis en fuite et en déroute par la toute-puissance de l'Unique, du Dominateur[2]. Tout ce que nous venons de dire de cette affaire depuis le commencement jusqu'ici, nous l'avons seulement entendu raconter à maintes reprises et n'y avons point assisté en personne.

Dans la nuit du mercredi, si je ne me trompe, le 5 du

1. C'est-à-dire vraisemblablement : « servant à porter du sel en temps ordinaire », car on voit que chacune de ces barques portait un plus grand nombre de passagers que les autres.

2. En d'autres termes : Dieu.

mois de chaouâl, vers la fin de cette année, c'est-à-dire de l'année 1143 (23 avril 1730), le vent souffla avec une violence extrême et partout le sol fut recouvert d'une couche de poussière rouge. Ce phénomène inspira une vive frayeur à la population. On en augura une prochaine sédition et ce présage se vérifia en effet. Le vent souffla toute la nuit et dura jusqu'au lendemain jeudi, à l'heure de l'asr. A ce moment il mollit et se calma.

Au cours de cette année eurent lieu des conflits (١٧٠), meurtres et batailles en divers endroits. Durant ce temps notre ville de Tombouctou était vide, sans chef, sans pacha, sans lieutenant-général, sans ḥâkem, chacun de ces fonctionnaires ayant été déposé ou révoqué. Et la guerre et les luttes intestines se succédaient sans interruption.

Vers cette époque, nous apprîmes que les Touareg Ouldi-Alen avaient attaqué Ma'n-'Al-El-Foulâni et avaient causé de grands dommages dans son campement; c'était précisément le jour du vent rouge. On apprit également que les Touareg Tademekket étaient tombés sur le campement de Soud-Kehmel[1] et l'avaient saccagé, y causant de grands dégâts, leur tuant hommes et femmes et emmenant leurs troupeaux de bœufs. Le nombre de ceux qui furent tués atteignit, dit-on, deux cent cinquante. Cette agression avait eu lieu après que les Touareg avaient garanti la sécurité des Foulâni et reçut de ces derniers une redevance en chevaux et des cadeaux consistant en bœufs et en vêtements. Les Foulâni, pour obtenir qu'on épargnât leurs personnes, avaient conclu un pacte et obtenu un engagement formel.

Les Touareg retournèrent dans leur pays, y rassemblèrent une armée considérable de fantassins et de cavaliers et revinrent ensuite vers les Foulâni à la tête des troupes qu'ils

1. Les deux mots sont sans voyelles dans le ms. La dernière lettre du second est douteuse.

avaient réunies et les attaquèrent à l'improviste, malgré le pacte conclu et les engagements pris. Les Foulâni se portèrent à leur rencontre et une bataille s'engagea dans laquelle Dieu accorda la victoire aux Foulâni. Ceux-ci repoussèrent les Touareg après en avoir fait un terrible carnage; ils en avaient tué un nombre tel qu'il ne saurait être chiffré. Quelques-uns des Touareg périrent noyés de la plus affreuse façon. Dieu leur avait donné la rétribution qu'ils avaient méritée.

Tous les Touareg qui avaient échappé à ce désastre rentrèrent dans leur pays. Là, ils se réunirent pour s'entendre de nouveau, non sans s'être reprochés les uns aux autres d'avoir fui, d'avoir mal choisi le moment du combat ou d'avoir manqué de constance. Ils revinrent ensuite pleins de haine et d'animosité contre les Foulâni, les attaquèrent, leur tuèrent des enfants, des femmes et des hommes dont Dieu avait décidé la mort et pour lesquels il avait prédestiné le martyre et les félicités éternelles. Tout cela se borna à quatre ou cinq hommes tués en combattant[1]. Dieu refoula dans la gorge des Touareg la perfidie qu'ils avaient employée contre les Foulâni. Ceux-ci, en effet, les mirent en fuite, leur reprirent les bœufs qui leur avaient été enlevés et firent un grand butin. Les Touareg avaient avec eux une fraction d'une tribu foulânie nommée 'Ourorba ayant à sa tête 'Ali-Soudoubo. Que Dieu fasse éprouver à ces Touareg un rude châtiment; qu'il disperse leurs groupes et rende vides leurs demeures. Amen!

Le (١٢١) mercredi, dernier jour du mois sacré de dzou'l-ḥiddja (5 juillet 1731), les Touareg Ketouân firent une incursion contre le bourg de Bouna et le ruinèrent; ils tuèrent neuf de ses habitants et emmenèrent en captivité hommes, femmes et enfants.

1. Le sens de cette phrase est fort douteux.

Le mois sacré de moḥarrem, qui fut le premier mois de l'année 1144 (5 juillet 1731), commença le mercredi soir, si l'on accepte comme exacte la déclaration de ceux qui disent avoir vu la nouvelle lune ce soir-là[1]. Mais l'opinion générale est qu'il commença le jeudi soir et que la veille de 'Achoura fut un samedi soir. Le dimanche suivant, les Touareg Tademekket firent une expédition contre Kîso. Ce fut ce jour-là que les Touareg ruinèrent le village de Mada'a[2], pillèrent les habitants de cette localité et incendièrent la ville à laquelle ils mirent le feu. Ils se répandirent ensuite dans les villages de Kîso et les détruisirent, puis ils se jetèrent sur Menkoli-Ghongho[3] et lui occasionnèrent les dommages qu'ils purent commettre. Demandons à Dieu qu'il nous accorde la paix!

Dans le courant de cette année, les conflits et les combats éclatèrent parmi les habitants du pays de tous côtés et en tous lieux. Dieu nous préserve des malheurs de cette année et des malheurs des années qui suivront! Les Tademekket assaillirent cette année-là le campement des Bîdân[4] et leur tuèrent hommes et femmes. Les gens de Bîdân se portèrent ensuite à la rencontre des Tademekket, leur livrèrent combat et réussirent à obtenir l'avantage après avoir tué de leurs ennemis le nombre que Dieu voulut.

Durant cette année également il y eut une lutte entre les Haoussa et les Gourma d'une part et les païens du Bambara

1. Pour connaître exactement le jour des fêtes, les musulmans chargent des personnages dignes de foi de guetter l'apparition de la nouvelle lune; or il n'est pas toujours possible de l'apercevoir exactement quand le temps est brumeux, ou que la lune se couche de fort bonne heure. De là des incertitudes sur la date exacte d'un événement.

2. Ou : Ma-Da'a, en deux mots.

3. Les voyelles sont ainsi données par le ms.

4. L'orthographe donnée est بيدان et non بيضان qui signifierait « les Maures ». Il est peu probable qu'il y ait une faute d'orthographe, cependant cela pourrait être.

d'autre part. Puis un conflit éclata entre le Djinni-Koï et l'armée de Dienné. Ce conflit devint si aigu que le caïd de l'armée, qui à cette époque était le caïd El-Khalîfa-ben-Ṭiraʿ, se mit en marche avec ses troupes et alla camper à Konbaʿa pour y combattre le Djinni-Koï. Mais cette démonstration n'eut aucune suite, car le caïd mourut dans son lit en cet endroit (Dieu lui fasse miséricorde !) et son corps fut transporté à Dienné où il fut enterré.

Les troupes cherchèrent alors qui d'entre elles elle pourrait investir de l'autorité ; elles décidèrent de porter leur choix sur El-Faʿ-Mohammed, fils du bachouṭ Aḥmed-Ech-Chérif et, d'un accord unanime, elles l'élurent caïd. Le nouveau caïd marcha, lui aussi, contre le Djinni-Koï ; dans ce but il dirigea ses troupes vers le village de Farman et campa en route au milieu des champs avant d'arriver à ce village.

Le mercredi, 3 du mois de redjeb l'unique de cette année (1er janvier 1732), le caïd Manṣour vint de Yendobogho à Kabara[1]. Quand les gens de la division de Merrâkech apprirent sa venue à Kabara, ils se concertèrent pour aller à sa rencontre, le lendemain. Ils partirent tous, l'accueillirent avec égards et respects et l'accompagnèrent du port (١٧٢) de Kabara jusqu'à sa demeure dans notre ville de Tombouctou (Que Dieu la protège !).

Les troupes s'entretinrent ensuite de la question de la nomination d'un pacha. Les gens de Fez mandèrent à ceux de Merrâkech de choisir parmi eux qui ils voulaient élire, puisque c'était à leur tour de désigner un pacha. Après avoir discuté entre eux la question, les gens de Merrâkech confièrent le soin de décider au caïd Manṣour, le laissant libre de faire ce qu'il voudrait, de nommer qui il lui plairait et de donner le pouvoir à celui d'entre eux qu'il préférerait.

1. Le nom de Kabara n'est pas indiqué. Peut-être faut-il comprendre Tombouctou qui était en réalité la destination définitive de Manṣour.

« Quelle que soit la personne que vous nommerez, lui dirent-ils, nous l'accepterons. » La situation se prolongea sans solution ; on tergiversait et le caïd Manṣour examinait, réfléchissait, cherchant qui conviendrait le mieux.

Les gens de Fez, qui attendaient une décision, trouvèrent que l'attente durait trop, aussi firent-ils dire au caïd Manṣour qu'ils étaient tous d'accord pour l'agréer et l'accepter comme pacha et qu'aucun d'eux ne consentirait à un autre choix. Alors les langues se délièrent et on s'aperçut de la perfidie et de l'animosité qu'avaient au fond du cœur les fils de 'Ali-El-Mobârek contre le caïd Manṣour, car ils refusèrent hautement et ouvertement de l'accepter; puis après avoir débordé en paroles, ils le laissèrent[1].

A ce moment le caïd Manṣour commença à faire reconstruire sa maison en ruines qui avait été démolie par le caïd Bâ-Ḥaddou à l'époque où lui, Manṣour, avait été chassé du pouvoir et expulsé entièrement de la ville. En même temps on avait démoli la grande citadelle qui entourait sa maison du côté du Fleuve et lui était contiguë. Le caïd Bâ-Ḥaddou, dès qu'il eut succédé à Manṣour, avait donné l'ordre de détruire sa maison, de démolir sa citadelle[2] ; il en avait fait abattre les pièces du haut et boucher les gouttières, afin d'empêcher les eaux de s'écouler par là ; mais il n'en fut[3] pas comme il l'avait pensé et cela à cause de la solidité de la construction et de l'excellence des matériaux.

Il y avait des briques blanches épaisses et très grandes faites d'argile de choix et nouvelle[4] ; les bois étaient excel-

1. L'expression est un peu vague. On peut comprendre que les fils d''Ali renoncèrent à faire opposition à la nomination de Manṣour ou qu'ils quittèrent la ville et partirent.

2. Ou : son château.

3. Il y a évidemment une petite lacune dans le texte qui ne contient pas l'explication de ces mots : « mais il n'en fut pas comme il l'avait pensé ».

4. Cette épithète, indiquée dans le texte, pourrait ne pas s'appliquer à l'argile, mais à un mode nouveau de fabrication des briques.

lents, très volumineux et très longs; les murs étaient très épais; ils avaient jusqu'à deux coudées d'épaisseur et même davantage. C'est grâce à tout cela que la maison était restée habitable dans cet état jusqu'à cette époque. Manṣour la restaura et l'enduisit de terre jaune[1]; à l'intérieur il la revêtit de terre blanche. Enfin il la remit tout à neuf; il s'y installa pour l'habiter et y resta jusqu'à sa mort. (Dieu lui fasse miséricorde!)

Le jeudi, 21 du mois de chaouâl de cette année, je veux dire de l'année 1144 (17 avril 1732), les musulmans commencèrent à apporter de la terre[2] à la mosquée de Sankoré avec l'autorisation du jurisconsulte, le cadi Seyyid-Aḥmed, fils du jurisconsulte, le cadi Ibrahim (١٣٣) (Dieu le dirige dans ses paroles et dans ses actes!). Le travail, commencé ce jour-là, fut achevé le mercredi, 27 du même mois (23 avril).

Le cadi était là au moment de l'achèvement du travail; il était accompagné de l'assemblée des musulmans, des imams des mosquées et des notables. Quant à la foule, elle se tenait ce jour-là à la porte de la mosquée. Le cadi fit des prières pour la ville, pour ses habitants, pour les troupes, les enfants du quartier, les cheikhs, hommes et femmes, les musulmans, les musulmanes, les vivants et les morts. Ensuite il pria pour les anciens, les ancêtres disparus.

Le lieutenant-général Moḥammed, fils du caïd Bâ-Ḥaddou, qui était présent à la cérémonie, voulut qu'on fît des prières pour lui ce jour-là, parce qu'il désirait se rendre à Dienné pour y porter assistance à ses soldats. Le cadi fit la prière qui lui était demandée en mettant toute l'ardeur et la ferveur possibles dans l'invocation qu'il prononça, si bien

1. Autrement dit : il fit crépir les murs qui furent badigeonnés en jaune extérieurement et en blanc à l'intérieur.

2. Pour fabriquer des briques.

qu'après une telle prière il ne restait plus rien à dire[1].

Le cadi fit ensuite appeler le muezzin et lui dit : « Demandez à Dieu pour tous ces musulmans ici présents et pour tous ceux d'entre eux qui sont absents, qu'il ne leur fasse voir l'année prochaine ni malheur, ni aucune épreuve. » Puis il ajouta encore quelque chose, mais je ne pus le comprendre à cause du bruit de la foule et de la bousculade. Il acheva son discours, parlant du ton de quelqu'un qui pleure, si bien que je supposai qu'il se rendait compte lui-même qu'il ne verrait pas l'année suivante. Il était sur le point de le dire au muezzin, mais il ne le fit pas et se tut. Il récita la fatih'a au nom de tous, puis leva ses mains bénies vers Dieu le très-haut, tandis que tout le monde les élevait en même temps que lui. Ses prières et sa récitation terminées, le cadi se frotta les mains[2] et le public en fit autant. Dieu nous accorde ainsi qu'à tous les musulmans une fin heureuse et le bonheur, grâce aux mérites du Prophète élu par lui, et de sa famille. Amen!

A ce moment les gens de Tombouctou apprirent la nouvelle du conflit entre la garnison de Dienné et le Djinni-Koï. Tout ce qu'ils savaient, c'est que le Djinni-Koï avait bloqué la garnison de Dienné et ses gens[3], en sorte que personne d'entre eux ne pouvait se rendre à un marché quelconque dans toute la région de Dienné.

Ce fut à cause de cet événement que le Kabara-Farma, fils du caïd Bâ-Ḥaddou, se mit en marche pour aller au secours de Dienné et protéger cette ville contre le Djinni-

1. En d'autres termes : sa prière fut si belle qu'il eût été impossible de faire mieux.

2. On se frotte les mains l'une contre l'autre pour marquer qu'une chose est terminée complètement.

3. C'est-à-dire toute la suite de l'armée, femmes, enfants et valets d'armes. On pourrait aussi comprendre : « la garnison de Dienné et les habitants de cette ville », mais cela ne s'expliquerait guère.

Koï. Il quitta Tombouctou pour se rendre au port de Dâ'a[1], le vendredi, après la prière du dohor, le 7 du mois de dzou 'l-qa'da, vers la fin de l'année 1144 (2 mai 1732). Il campa près du port, ayant avec lui une armée nombreuse composée (١٧٤) de fusiliers, d'esclaves, de Soudanais, d'Arabes, de Touareg et autres.

Il resta en cet endroit vingt-deux jours, puis il en repartit le mercredi, dernier jour du mois (25 mai), se dirigeant vers Dienné; il ne cessa de marcher et de camper jusqu'à ce qu'il entra dans la ville de Dienné (Que Dieu le protège!). Il trouva le caïd de Dienné campé avec ses troupes au milieu des champs. Les troupes n'étaient plus dans la ville où elles n'avaient laissé aucun fusilier et elles faisaient face à l'ennemi.

Le Kabara-Farma, qui venait à leur aide, ne se rendit pas à ce camp; il entra dans la ville où il séjourna. Il semblait qu'il n'était venu que pour s'établir dans la ville et non pour prêter secours au caïd, qu'il n'avait donc pas besoin de se rendre auprès de ce dernier et qu'il estimait suffisant d'envoyer des messagers au Djinni-Koï pour arranger les affaires. Il manquait donc à ce que l'on attendait de lui et au but qu'il s'était proposé en se rendant à Dienné.

Après un court séjour à Dienné, le Kabara-Farma revint sur ses pas avec une partie de ses soldats, les autres ayant refusé de le suivre et étant restés dans la ville. Ces derniers quittèrent ensuite la ville et allèrent rejoindre les troupes de Dienné[2], pensant que le conflit serait tranché par eux. Toutefois les soldats restés à Dienné n'allèrent rejoindre les troupes de Dienné qu'après le retour du Kabara-Farma à Tombouctou.

1. Peut-être est-ce le même port qui est appelé ailleurs tantôt Da'aï, tantôt Do'aï, orthographe que j'ai adoptée.

2. C'est-à-dire les troupes marocaines qui, à ce moment, étaient campées hors de Dienné à la suite du conflit qui avait éclaté entre elles et le Djinni-Koï.

Le Kabara-Farma avait quitté Dienné dans la dernière décade du mois sacré de moḥarrem, le premier mois de l'année 1145 (13-24 juille 1732), sans avoir rien fait pour porter secours aux soldats de cette localité. Aussi une partie de ses troupes s'était-elle séparée de lui, tandis que le reste revenait avec lui.

Parmi les personnages principaux de son armée qui restèrent à Dienné on cite : 'Abderraḥim, fils du caïd Aḥmed-ben-'Ali; le lieutenant-général Boryo, fils du caïd 'Ali-ben-Sa'îd, fils du pacha Yaḥya El-Gharnâti ; Sa'îd-ben-Qâsem-El-Andalousi, etc., tous gens des plus valeureux parmi ces troupes. Le lieutenant-général Yaḥya-El-Hindi suivit le Kabara-Farma tant à l'aller qu'au retour et ne l'abandonna pas.

Quand le Kabara-Farma se fut mis en route pour aller de Dienné à Tombouctou, les troupes qui l'avaient abandonné allèrent rejoindre le caïd de Dienné et, avec lui, prirent part à la lutte avec un véritable dévouement; elles combattirent sous ses ordres et l'aidèrent jusqu'au moment où, grâce à leur entremise, elles réussirent à amener une réconciliation avec le Djnni-Koï.

Le Kabara-Farma arriva[1] à Tombouctou dans la première décade du mois de ṣafar le bon (24 juillet-2 août 1732). De retour dans sa maison il commença les réjouissances et distribua les cadeaux[2], ce qu'il n'avait pas encore fait. Puis, cela terminé, il donna l'ordre à ceux de ses soldats restés à Dienné de venir à Tombouctou; ils y arrivèrent par groupes de deux, de trois, de quatre ou par compagnies et bientôt ils furent au complet, aucun d'eux n'étant resté (١٢٥) à Dienné.

1. Il y a une omission dans le texte qui porte simplement : « son arrivée à Tombouctou ».

2. Il s'agit des réjouissances et des cadeaux faits à l'occasion de l'avènement du pacha.

Ici se termine ce que j'ai voulu rapporter au sujet des événements qui se produisirent entre les gens de la division de Fez et les fils du caïd Aḥmed-El-Khalîfa dans le bourg de Oukiya; j'y ai ajouté les combats, conflits et autres événements qui suivirent. Je les ai mentionnés ici à la suite de l'article consacré au caïd Yousef-ben-ʿAbdallah. Maintenant je vais terminer le chapitre relatif aux personnages dont le nom commence par la lettre *ya* (y).

Yaḥya, fils du caïd Ḥammedi-ben-ʿAli-ben-Moḥammed-ben-ʿAbdallah-Et-Tezerkîni. — Il fut élu par l'unanimité des troupes après la déposition du caïd Saʿîd, fils du caïd Senîber, le jeudi, 22 du mois de ṣafar le bon, au début de l'année 1153 (19 mai 1740). Il fut déposé le mercredi, 12 du mois de rebiʿ Ier (7 juin 1740), après être resté au pouvoir vingt jours dans l'année qui vient d'être dite, c'est-à-dire en l'an 1153.

Lettre ba (*b*).

Brahim-ben-ʿAbdelkerim-El-Djerrâri (cf. *Histoire du Soudan*, p. 347).

Bâ-Ḥaddou-ben-Sâlem-El-Ḥassâni. — Élu au mois de ṣafar, au début de l'année 1094 (30 janvier-28 février 1683), après la déposition du caïd Moḥammed-ben-Cheikh-ʿAli-Ed-Derʿi, il entreprit une expédition contre Benba, ayant en secret l'intention d'arriver à Kâgho. Mais les troupes n'ayant pas consenti à ce dernier projet, il ne resta pas longtemps en route et revint sur ses pas pour regagner Tombouctou. Il fut alors déposé, après être resté neuf mois au pouvoir. Sa déposition eut lieu au mois de dzou 'l-qaʿda, vers la fin de cette année, c'est-à-dire de l'année 1194 (22 octobre-21 novembre 1683), si je ne me trompe.

Bokarnâ, fils du pacha Moḥammed-ben-Moḥammed-ben-

ʿOtsmân. — J'en ai déjà donné la biographie à la lettre *sin* (*s*) en indiquant qu'il fut appelé deux fois au pouvoir suprême (١٣٦).

Brahim-ben-Ḥassoun-Ed-Derʿi. — Il fut nommé pacha le jeudi, 13 du mois de rebiʿ II de l'année 1103 (4 décembre 1691), après la déposition du caïd Senîber, fils du caïd Moḥammed-Bouya. Il demeura une année au pouvoir.

On rapporte que le caïd Bâbâ-Seyyid fut de nouveau appelé au pachalik après la déposition du caïd Sentaʿa, au mois de rebiʿ II de l'année 1115 (14 octobre-12 septembre 1703), qu'il resta au pouvoir environ cinq mois et qu'il fut déposé le 13 du mois de chaʿban de la même année (19 février 1704) ; puis, pendant trois mois, personne ne fut investi des fonctions de pacha. Ensuite on élut le caïd Mâmi-ben-ʿAli pour la première fois[1].

Brahim fut déposé le 19 du mois de rebiʿ Ier de l'année 1104 (28 novembre 1692). Au cours de son pachalik, pendant le mois vénéré de ramaḍan, un jeudi, le 12 de ce mois (28 mai 1692), mourut ʿAbdallah-ould-Arḥama. Il fut tué par le lieutenant-général Ech-Cheikh, sur la place de son quartier, près de la maison du caïd Aḥmed-ben-ʿAli. Un conflit surgit alors entre Aḥmed et le lieutenant-général Ech-Cheikh et l'on se prépara au combat de part et d'autre. Les notables intervinrent et cette effervescence fut calmée grâce à l'entremise du pacha Brahim. Il fit appliquer la peine du fouet au lieutenant-général Ech-Cheikh et l'exila ensuite dans la ville de Benba. Ce fut après cela que le pacha Brahim fut déposé.

Il fut de nouveau rappelé au pachalik après la déposition du caïd El-Mobârek-ben-Manṣour, au mois de rebiʿ II de l'an-

1. Tout ce paragraphe ne paraît pas être à sa place. Il y a sûrement une lacune dans le ms. ou une transposition, mais rien dans l'apparence du ms. ne permet de se prononcer à ce sujet.

née 1105 (30 nov.-29 déc. 1693); il demeura alors neuf mois au pouvoir, puis fut déposé à la fin du mois de dzou'l-ḥiddja, le dernier mois de cette année (21 août 1694).

Bâbâ-Seyyid-ben-Ṭâlib-Ḥammedi-Ech-Chergui. — Son nom était Manṣour; j'ai donné sa biographie précédemment à la lettre *mim* (*m*).

Bâbâ-Ḥammedi-ben-Manṣour-Ech-Chergui-Es-Senâouni. — Il fut élu au mois de dzou'l-qa'da, vers la fin de l'année 1122 (22 décembre 1710-21 janvier 1711) après la déposition du caïd 'Ali, fils du caïd Moḥammed-ben-Cheikh-'Ali-Ed-Der'i. Il resta au pouvoir cinq jours et fut déposé ensuite.

Dans le courant du mois qui précéda celui dont il vient d'être parlé, c'est-à-dire dans le mois de chaouâl de cette année, le 9 (12 décembre 1710), mourut le jurisconsulte, le cadi Moḥammed-ben-Maḥmoud-Qanbali (١٢٧). Dieu le très-haut lui fasse une large miséricorde. Amen! Il était cadi de la ville de Tendirma.

Bâ-Ḥaddou fils du caïd Yaḥya-ben-'Ali-El-Mobârek-Ed-Der'i. — Il fut élu au mois sacré de moḥarrem, le premier mois de l'année 1126 (17 janvier-16 février 1714), après la déposition du caïd 'Ammâr, fils du caïd So'oud-Bokarnâ.

Il y eut à ce moment deux meurtres qui furent commis : l'un, sur la personne d'un homme du Maroc, un Filâli; l'autre, sur la personne d'un individu de Dra du Maroc également. Ils furent assassinés durant une nuit obscure. On apporta l'un des cadavres sur le chemin de Kabara, on le déposa dans une fosse peu profonde qu'on avait creusée là; puis on ramassa des herbes sèches qu'on plaça sur le corps et on y mit le feu. On l'avait brûlé dans la crainte qu'il ne répandît une mauvaise odeur[1]; on l'enfouit ensuite en le recouvrant de terre.

1. Quand il serait entré en putréfaction et qu'il décelât ainsi sa présence.

Les meurtriers allèrent ensuite chercher l'autre cadavre; ils l'apportèrent à la porte de la casbah, une des portes de Kabara, et le jetèrent là enveloppé d'un haïk, après lui avoir rompu tous les membres; puis ils le laissèrent sur la place qui est devant la porte, c'est-à-dire la porte de la casbah. Le lendemain matin, de bonne heure, les gens qui virent le cadavre se le montrèrent les uns aux autres et s'informèrent à son sujet. Ce fut alors qu'on trouva la seconde victime sur le chemin de Kabara près de l'endroit dit Makhzen-Tendi[1] : c'était le cadavre de celui qu'on avait enterré après l'avoir brûlé.

La nouvelle de cet événement se répandit dans la ville et parvint aux oreilles du pacha Bâ-Ḥaddou. Il demanda qui avait commis ces meurtres et, comme personne ne le savait, il ordonna une enquête pour rechercher le meurtrier. On apprit alors que le crime avait été commis par cinq ou six personnes[2] : deux des chérifs des gens du Gharb, Maulay Ben-'Abdelhâdi, le gendre de Maulay El-Kebir-ben-'Abderraḥman et Maulay Ḥammedi-Et-Taouïl; un homme du Dra[3], un individu des Oulad[4]-Filâli, le frère de Moḥammed-ben-El-Ḥâdj-Ṭayyeb et un ḥartani filâli ou affranchi de Akhâou.

Quand le pacha Bâ-Ḥaddou connut le nom des coupables, il envoya à leur recherche le lieutenant-général de la garde (١٣٨), le lieutenant-général Moḥammed, fils du caïd Ibrahim-ben-Ḥassoun, ainsi que des hommes avec ordre de les saisir et de les amener à la casbah. Les émissaires du pacha se rendirent au quartier de Kisimo-Benko chez les deux chérifs. Maulay El-Kebir[5] étant le chef de ces chérifs et

1. Colline dont il sera parlé plus loin.
2. L'auteur en donne exactement cinq.
3. Le texte imprimé porte داوى; mais je lis دراوي qui d'ailleurs se trouve plus loin.
4. Ou : des fils du Filâli qui avait été tué; mais cela est peu vraisemblable.
5. Le beau-père de l'un des coupables.

leurs réunions se faisant dans sa maison, cette affaire n'avait donc pas été possible sans sa connivence. Arrivés dans la maison de Maulay El-Kebir, les émissaires trouvèrent là deux des coupables. Ils leur[1] dirent : « Le pacha vous demande et nous a donné l'ordre de vous amener vers lui. »

Ḥammedi et Ben-'Abdelhâdi sortirent aussitôt avec Maulay El-Kebir et tous trois se rendirent auprès du pacha. Dès qu'ils furent en sa présence, le pacha donna l'ordre d'arrêter les deux coupables, de les conduire dans la casbah et de les y mettre en prison. Ensuite il donna l'ordre de mettre les trois hommes en prison dans les écuries. Puis il fit crier par le héraut 'Ali dans toute la ville que quiconque était imam ou jurisconsulte devrait se trouver le lendemain avec le cadi à la casbah.

Le lendemain, le cadi Seyyid Aḥmed, fils du jurisconsulte, le cadi Ibrahim accompagné de tous les jurisconsultes de la ville à l'exception du seul jurisconsulte Mohammed-Baghyo'o, se rendirent à la casbah en présence du pacha, selon l'ordre qui leur avait été donné. Le pacha leur demanda quel sort méritaient les coupables. Tout le monde garda le silence et personne ne donna aucune réponse. La même question fut répétée et suivie d'un nouveau silence.

Alors, après être resté lui-même longtemps sans rien dire, le pacha fit l'appel de tous les assistants en prononçant le nom de chacun. « Vous qui êtes ici, vous nos ulémas et nos jurisconsultes, dit le pacha, je vous demande de me faire connaître le châtiment que méritent les coupables dans cette affaire. » Comme tout le monde se taisait, le jurisconsulte, l'imam Ṣâ-

1. Le pronom est au singulier dans le texte ; il se rapporterait donc à Maulay El-Kebir seulement. Mais il y a là, je crois, une faute du copiste ou une mauvaise rédaction due à l'auteur lui-même. D'après le texte également, Maulay El-Kebir se serait rendu seul auprès du pacha, ce qui ne semble pas résulter de la suite du récit. Tout ce passage est fort mal rédigé.

liḥ, fils de l'imam Aḥmed, fils de l'imam Sa'ïd, fils de l'imam Moḥammed-Kidâdo, se leva pendant que ses compagnons restaient assis et, s'adressant au pacha Bâ-Ḥaddou, il lui dit : « Faites-les tous mettre à mort, leur sang retombera sur ma tête et Dieu aura à m'en demander compte. » On récita alors la fatiḥa.

Les chérifs furent ramenés chez eux après avoir été gardés environ vingt jours. En même temps le pacha relâcha quatre[1] des coupables, n'en gardant qu'un, le Draouï[2], qu'il fit mettre à mort. On l'exécuta ce jour-là sur la place du marché. On assure que les familles des quatre autres coupables venaient en secret trouver le pacha, lui faire des cadeaux et lui donner de l'argent afin qu'il les remît en liberté et que c'est à cause de cela qu'il les relâcha.

Le pacha imposa une contribution en or aux négociants ; j'ignore quelle en fut la quotité. Elle fut payée en nombreux cauris (١٢٩), mais j'en ignore le nombre également. Le pacha avait pris ces cauris uniquement[3] pour les préparatifs d'une expédition qu'il devait faire. Il ne s'en servit pas pour cet objet qui n'entrait pas dans ses desseins. Il fut déposé au mois de cha'ban le brillant de cette année (12 août-10 septembre 1714), après être resté au pouvoir environ huit mois.

Il fut de nouveau appelé au pouvoir, après la déposition du caïd 'Abdallah-ben-El-Ḥâdj-El-'Imrâni, au mois sacré de moḥarrem, le premier mois de l'année 1127 (7 janvier-6 février 1715) et fut déposé au mois de rebi' II de la même année (6 avril-5 mai 1715), après être resté en fonctions environ quatre mois.

Rappelé au pachalik une troisième fois dans la soirée du

1. On n'a parlé que de l'arrestation de deux d'entre eux.
2. Draouï signifie originaire de la province de Dra, au sud du Maroc.
3. Ou plutôt : sous prétexte de faire une expédition.

jour du départ du caïd Manṣour, fils du caïd Senîber, il reprit le pouvoir le samedi, dernier jour du mois sacré de dzou 'l-qa'da, vers la fin de l'année 1131 (14 octobre 1719). Le lendemain même de cette nouvelle élection il confia le gouvernement de Kabara au Kabara-Farma 'Abdallah. Or il se trouva à ce moment que le bourg de Kabara était peuplé de legha ou esclaves du caïd Manṣour et pendant le passage du caïd Manṣour au pouvoir suprême personne n'avait d'autorité à Kabara sinon ses esclaves. Ils s'étaient établis là par la violence et l'injustice, ne redoutant personne et ne reconnaissant aucune autorité en ce qui touchait aux affaires de Kabara, pas même l'autorité des fils de El-Mobârek qui étaient là à cette époque.

Le nouveau Kabara-Farma se rendit donc à son poste, emportant ses armes et emmenant avec lui ses hommes et ses esclaves. Il trouva les legha à Kabara. Les chérifs sortirent alors de Tombouctou et suivirent le Kabara-Farma 'Abdallah, afin de lui venir en aide contre les legha. Ils livrèrent combat à ces derniers, leur infligèrent une déroute, en tuèrent un certain nombre à Kabara tandis que d'autres mouraient ensevelis dans les eaux sans avoir réussi à se sauver. On en saisit un certain nombre et tous ceux que le Kabara-Farma put atteindre il les expédia à Tombouctou au pacha; celui-ci les fit mettre à mort dans le quartier des chérifs à Kisimo-Bengho[1], en sorte qu'il ne resta plus un seul legha à Kabara.

Le Kabara-Farma 'Abdallah demeura à Kabara, faisant une garde très active sur la ville et se tenant en armes nuit et jour. C'était à tel point qu'aucun soldat ne pouvait coucher dans sa maison et qu'il devait passer la nuit en plein

1. Partout ailleurs ce mot est écrit Benko بنك. Cette orthographe بنغ donne à penser qu'il faut prononcer Bengo. Le mot Kisimo est aussi voyellé tantôt Kisomi, tantôt Kisoma.

air. ʿAbdallah fit entourer le bourg d'une haie d'épines, puis il l'entoura d'un véritable fossé. Ensuite il fit bâtir pour s'y retrancher un rempart[1] solide avec tours et ce rempart enfermait toute la ville. Cette fortification existe encore aujourd'hui.

On tua un grand nombre d'esclaves du caïd Manṣour sur la place de Kisimo-Bengho, sur l'ordre de Son Excellence le pacha Bâ-Ḥaddou et cela depuis le jour du départ de leur maître pendant deux mois environ, ou même davantage, si je ne me trompe (١٤٠). Tout d'abord on en mettait à mort chaque jour et à toute heure de la nuit et du jour, puis ce fut une fois par jour, ensuite tous les deux jours et ainsi de suite jusqu'à la fin du mois de dzou 'l-ḥiddja (13 novembre 1719). Quand le mois sacré de moḥarrem commença, les exécutions continuèrent, puis un mois après on en amenait un qu'on exécutait, puis on n'en exécuta plus qu'un, deux ou trois en plusieurs mois. Ces exécutions durèrent jusqu'à ce qu'il ne resta plus un seul de ces legha dans aucune région du pays.

Un certain nombre de ces legha avaient accompagné leur maître. Quant à ceux qui s'étaient séparés de lui à ce moment, ils allèrent le rejoindre lorsque les habitants de Tombouctou eurent arrêté deux de leurs chefs, leur chef principal appelé Ech-Cheikh-Bouro-Kandi et leur ḥâkem Abou 'l-Kheir. Ces deux personnages, qui étaient les plus tyranniques et les plus puissants des legha, avaient été arrêtés par les habitants de Tombouctou, le jour même du départ de leur maître Manṣour. Ils devaient périr de la main des chérifs et des soldats de Tombouctou. Ils n'avaient pas réussi à s'échapper avant d'avoir été arrêtés ce jour-là.

Quand son maître était parti, Bouro-Kandi n'avait pu

1. Le texte emploie le mot fortification.

faire autrement que de se réfugier dans la maison du jurisconsulte, l'imam Bâbâ-Mokhtâr, fils du jurisconsulte, le cadi Moḥammed, et de chercher un asile chez lui[1]. Mais cela ne lui servit de rien vis-à-vis des soldats et même des chérifs. En effet, les soldats, ainsi qu'un certain nombre de chérifs, vinrent l'arrêter là et, après l'avoir garrotté, l'emmenèrent dans leurs demeures, le faisant entrer dans chacune d'elles afin que tous leurs parents le vissent. Ensuite on l'emmena au dehors et on le tua sans défense à coups de sabres, de javelots et de fusil. Il mourut ainsi. Dieu envoie en toute hâte son âme subir le châtiment au plus profond de l'enfer!

Quant à son collègue Abou'l-Kheir, on le conduisit à un endroit voisin du marché nommé Mesni[2] et, là, on le tua sans défense, puis on laissa son corps gisant sur le sol. Dieu envoie en toute hâte les âmes de ces coupables subir les tourments du plus profond de l'enfer, dans le gouffre de feu le plus inférieur.

Le pacha Bâ-Ḥaddou ne tint pas de conseil le septième jour de son élection. Il ne fit pas non plus la chevauchée habituelle. Ce fut seulement le jour de la fête des sacrifices[3] qu'il se rendit au mosalla des grandes fêtes pour y faire la prière et qu'il fit exécuter les réjouissances d'usage en ce jour.

Au mois de ṣafar le bon, au début de l'année 1132 (14 décembre 1719-12 janvier 1720), le caïd Manṣour arriva avec les Touareg Oulimiddân ayant à leur tête Ag[4]-Cheikh-ben-

1. L'usage voulait que certaines demeures fussent inviolables et pussent servir d'asile. Cependant il est peu de sanctuaires, même des plus vénérés, qui aient toujours été respectés.

2. Le mot est sans voyelles dans le texte; on peut donc lire : Mesna, Misni ou Misna.

3. Cette fête eut lieu le onzième jour de l'élection du pacha.

4. Bien que les voyelles indiquées dans le ms., fixent la prononciation Aghâ, ce mot doit être lu Ag.

Kâli-Dono[1]-Et-Targui. Ils campèrent à l'est de Tombouctou. Les soldats, les chérifs, les esclaves et les hommes de Tombouctou sortirent tous ce jour-là à la rencontre de l'ennemi et le chargèrent (١٤١). L'ennemi d'ailleurs ne tint pas devant cette attaque; il se déroba et s'enfuit dans la forêt. Le caïd Manṣour rebroussa chemin avec les autres et ne tira pas le moindre avantage de sa venue cette année-là. L'ennemi alla ensuite camper à Abrâz où il fut attaqué par le caïd Bâ-Ḥaddou en personne, à la tête de son armée. Cette fois encore Manṣour fut repoussé et ne tira aucun avantage de sa venue.

Au mois de djomada Ier (11 mars-10 avril 1720), Manṣour renouvela son attaque pour la troisième fois. Il avait avec lui les Touareg du Haoussa, les Touareg de Gourma et les fusiliers de Benba. Toutes ces troupes, auxquelles se joignirent les Foulâni, campèrent au bourg de Bouki et commencèrent leurs incursions sur la route du port de Kabara, en sorte que les gens de Tombouctou redoutèrent qu'il en résultât pour eux de grands dommages.

Le pacha forma un détachement de soldats qui eurent mission de se rendre sur la route de Kabara et d'accompagner chaque jour le Ferkedi[2] à cause du danger qu'il courait durant ce parcours. En conséquence, le dimanche, 9 du mois (19 mars 1720), le détachement, dont il vient d'être parlé, accompagna les âniers qui se rendaient à Kabara et les fit parvenir dans cette localité. Mais quand les âniers revinrent à Tombouctou accompagnés du détachement, les soldats du caïd Manṣour se portèrent au devant d'eux et les attaquèrent dans un endroit appelé 'Orromarya[3].

1. Sur le ms. on peut lire : دُنُّ ou دِنِّ. Cette dernière orthographe inadmissible en arabe signifie peut-être que le mot doit être annulé et qu'il n'en faut pas tenir compte.

2. Ce nom paraît être celui de la caravane des âniers qui faisaient les transports de Kabara à Tombouctou et *vice-versa*, ou le titre du chef des âniers.

3. C'est peut-être l'endroit dit : « Our immand es », « Il ne l'entend pas »,

Une charge de cavalerie dispersa le convoi et un combat terrible s'engagea avec les hommes de l'escorte qui résistèrent. Un certain nombre d'entre eux furent tués, et ce fut un grand désastre ce jour-là pour les habitants de Tombouctou, car des fusiliers, des négociants, des fils des notables de la ville et quelques-uns des chefs de l'armée périrent dans cette attaque.

Il y eut vingt fusiliers tués, ainsi que onze personnages des principaux de l'armée de Tombouctou, à savoir : le lieutenant-général de la division de Merrâkech, le lieutenant-général Aḥmed, fils du caïd Bâ-Ḥaddou[1]-ben-Sâlem-El-Ḥassâni-El-Merrakochi ; le lieutenant-général de la division du Ḥâḥa[2], le lieutenant-général Senîber, fils du lieutenant-général 'Abdallah-Ṣanḥ[3] ; le lieutenant-général Moḥammed, fils du caïd Brahim-ben-Ḥassoun-Ed-Deri' ; le chef des écuries, le caïd Tseldj-Mâmi-Aṭlou ; Moḥammed, fils du caïd Dzou'n-Noun-ben-El-Ḥâdj ; son frère Ḥammedi, fils du caïd Dzou'n-Noun susdit ; Maḥmoud-ben-Nâna-Kemel[4] ; son frère 'Abdallah-Hindi, fils de Nâna-Kemel ; 'Otsmân, fils du lieutenant-général Seyyid ; San-Moghaï, fils du cheikh Bâkh, et San-Djînou, fils de Kâgho-Moumin, soit en tout onze personnages principaux de l'armée qui furent tués ce dimanche-là.

Quant aux habitants de Tombouctou qui furent tués ce même jour, ce sont : El-'Abbâs (١٤٢)-Ech-Chérif, fils de l'imam Baghyo'o, fils du jurisconsulte, l'imam, Moḥammed-Koured ; 'Abdelgheffâr, fils de El-Ḥâdj-El-Mobârek ; 'Ali-El-Oufrâni ; Bâbâ-Aḥmed, fils de El-Ḥâdj-Senîber, fils de Aḥmed-Chedâdo-El-Filâli ; un homme de Merrâkech, nommé

endroit particulièrement dangereux sur la route de Kabara à Tombouctou. Cf. Lenz, *Timbouctou*, trad. française, tome II, p. 138.

1. Le texte porte : Bâ-Ḥaddi.

2. Ḥâḥa est le nom d'une province du Maroc voisine de Mogador.

3. Ce mot est sans voyelles et sans points diacritiques dans le ms. On pourrait donc lire : Ṣandj, Ṣabadj, Ṣankh, etc.

4. Sans voyelles dans le ms.

Moḥammed; El-Mobârek-El-Qâṭa[1], un des ḥarṭani des gens de Sankoré.

Il y eut également une grande quantité de gens étrangers à Tombouctou, voyageurs ou passants, qui furent tués ce jour-là. Le nombre en fut tel que seul Dieu le très-haut en connaît le chiffre. Toute cette nuit-là on n'entendit à Tombouctou que des pleurs et des lamentations.

Le pacha Bâ-Ḥaddou se rendit en personne sur la route de Kabara, mais sans s'éloigner beaucoup de Tombouctou, car il s'arrêta à la colline de El-Makhzen-Tendi. Il était fort troublé, ne sachant que faire en ce moment. Tous ceux qui étaient restés dans la ville, fusiliers, caïds, lieutenants-généraux et autres personnes de l'armée, les négociants, la population entière de Tombouctou sortirent à la suite du pacha et se tinrent là en arrière de lui. Aussi des gens purent-ils venir de la forêt[2] et pénétrer dans la ville cette nuit-là pour y commettre des meurtres.

Le pacha rentra à Tombouctou sans avoir poussé jusqu'à Kabara, à cause des dangers de la route. On resta pendant quelques jours sans pouvoir se rendre au port. Personne ne pouvait se risquer ni sur cette route, ni dans le Sahara. Celui qui avait eu un frère[3] tué dans cette affaire ne pouvait aller chercher le corps sans être accompagné d'une foule de gens qui le protégeaient moyennant salaire. Tout le monde se rendait auprès de Seyyid-Seddiq-El-Kontâouï[4] pour lui demander de faire transporter à Tombouctou les cadavres qui gisaient sur la route. Le prix du transport de chaque cadavre se monta à 1000 cauris[5]. Tous ces troubles avaient

1. Ou : Qâṭah.
2. Ce fourré, voisin de Tombouctou, servait de lieu d'embuscade aux Touareg et autres ennemis de Tombouctou.
3. Ou : parent.
4. Originaire de la tribu de Kounta, au nord-ouest de Tombouctou.
5. Soit une somme d'environ 1 fr. 50.

commencé, si je ne me trompe, le dimanche, 8, ou le 9 du mois de djomada Ier de l'année indiquée plus haut, c'est-à-dire de l'année 1132 (18 ou 19 mars 1720).

Ag-Cheikh, le sultan des Touareg Oulimiddân, marcha ensuite sur Tombouctou, accompagné du caïd El-Manṣour. Il campa du côté de l'est près du mausolée du saint de Dieu, le jurisconsulte Seyyidi-Aḥmed-Mo'yâ; il demanda à faire la paix avec le pacha Bâ-Ḥaddou. Après mûres réflexions, le pacha accepta de faire la paix qui fut conclue par l'entremise des grands personnages et des chérifs. Le pacha Bâ-Ḥaddou donna à Ag-Cheikh la valeur de 3000 mitsqâl en poudre d'or[1].

Ag-Cheikh resta encore deux mois dans son campement en compagnie du caïd Manṣour, puis il se mit en route toujours avec le caïd Manṣour et se dirigea du côté du Maghrib[2] où se trouvait le quartier général du caïd Manṣour. Il resta quelques jours auprès de ce dernier (١٤٣) et retourna ensuite dans son pays; le caïd Manṣour l'accompagna, laissant là[3] pour le remplacer comme chef trois de ses partisans qui ne l'avaient pas suivi dans son expédition. C'étaient son ami fidèle et intime, le caïd Yousef-ben-'Abdallah-Ed-Der'i; puis ses deux beaux-fils, Seyyid-Moḥammed et son frère Ḥammedi, tous deux fils de Et-Tingherâsi.

A ce même moment, le pacha Bâ-Ḥaddou investit des fonctions de ḥâkem de la ville Seyyid-Moḥammed. Ce ḥâkem, qui avait autorité sur le district de Tombouctou, fut heureux dans ces fonctions; il y fit une fortune telle qu'il semblait qu'elle semblait inépuisable[4]. Il devait cela aux avantages

1. De 30.000 à 36.000 francs.

2. Ce mot doit être pris encore ici dans le sens de région à l'ouest de Tombouctou.

3. Dans son quartier-général.

4. La phrase est très obscure dans le texte.

de cette situation et aussi à ses qualités personnelles. C'était un homme favorisé du Ciel, heureux et béni; il avait de nobles préoccupations et son humanité était grande et glorieuse. C'était un esprit ferme tenant toujours parole et exécutant toutes ses promesses. Au physique, il était mulâtre, gros, fort en chair et très corpulent. (La miséricorde de Dieu soit sur lui!) Il resta en fonctions environ trois ans.

Le caïd Moḥammed-ben-Mouloud, caïd de Benba, qui était destitué, vint à Tombouctou et alla trouver le pacha pour être replacé dans ses anciennes fonctions. Le pacha lui conféra de nouveau le caïdat de la ville de Benba dont il devint ainsi caïd par l'ordre du chef suprême, le pacha Bâ-Ḥaddou.

Alors le pacha forma un détachement de cent fusiliers de l'armée, mit à leur tête le lieutenant-général Ech-Cheikh, fils du caïd Babeker-El-'Amri[1], et les envoya avec le caïd Moḥammed[2] ci-dessus nommé dans la ville de Benba, afin d'y faire bonne garde contre le caïd Manṣour et les Touareg qu'il avait avec lui. Le lieutenant-général et le caïd arrivèrent à Benba et y trouvèrent le jurisconsulte Moḥammed-ben-Ṭahar-Et-Targui. Le lieutenant-général Ech-Cheikh fit mettre à mort ce jurisconsulte. Il l'avait tenu d'abord enfermé dans sa demeure pendant quelques jours et avait envoyé au pacha un message pour lui demander s'il devait le tuer; le pacha en ayant donné l'ordre, le jurisconsulte fut aussitôt mis à mort.

Cet Ibn-Ṭahar, qui venait d'être tué, était un camarade et un ami intime du caïd Manṣour. Certaines personnes ont prétendu qu'il lui servait d'agent et qu'il lui attirait des partisans par ses conseils et ses avis. Le pacha aurait eu connaissance de ces faits et c'est pour cela qu'il aurait ordonné

1. Le ms. porte ici الغمري « El-Ghamri » qui paraît être une erreur.
2. Le texte porte : « Maḥmoud ».

la mort d'Ibn-Ṭahar (la miséricorde de Dieu soit avec lui!). Cet Ibn-Ṭahar était un jurisconsulte, un savant grammairien et lexicographe, connaissant à fond les choses[1] et qui s'était fait renom comme grammairien à Tombouctou (Dieu la protège. Amen!).

Le chef suprême, le pacha Bâ-Ḥaddou, apprit ensuite que le caïd Manṣour avait quitté le pays des Touareg pour se rendre dans la contrée de Benko, localité tout près de cette ville-ci, c'est-à-dire de notre ville de Tombouctou. Le pacha prépara la mise en marche d'une expédition destinée à combattre Manṣour, ainsi que les gens qu'il avait avec lui, fusiliers et Touareg (١٧٤), Soudanais et esclaves legha. Ceci se passait au mois de cha'ban le brillant de l'année 1133 (28 mai-26 juin 1720).

Une bataille s'engagea à Benko ; la lutte fut vive et la mêlée terrible ; enfin après diverses phases du combat, le pacha Bâ-Ḥaddou mit en fuite les troupes de Manṣour de la façon la plus honteuse et on tua un grand nombre de legha. L'armée de Manṣour tourna le dos, poursuivie par le pacha jusqu'à ce qu'elle arriva à la casbah de Benko. Le pacha avait obtenu un grand succès ce jour-là.

Parmi les personnages qui furent tués dans cette rencontre, on cite El-'Abbâs, fils du caïd Senîber, fils du caïd Moḥammed-Bouya-Ech-Cheṭouki, ainsi qu'un serviteur âgé de son père, le caïd Senîber, un nommé Bâch[2]. Ils furent tués tous deux dans cette affaire.

Après être resté quelques jours dans cette localité, le pacha se remit en marche pour rentrer à Tombouctou (que Dieu la protège!) où il fit son entrée le 27 du mois vénéré de ramaḍan, vers la fin de cette même année (22 juillet 1720). Il fit le tour de la ville, selon l'usage, quand on avait fait une

1. On pourrait également traduire : « connaissant les sciences occultes ».
2. Ou : Bâch, si la voyelle finale appartient à la déclinaison.

expédition et il rentra dans la casbah sain et sauf avec tout son monde.

A cette époque le pacha donna l'ordre au Kabara-Farma 'Abdallah de faire mettre à mort Moḥammed-Benba-Djiyya qui se trouvait dans l'armée de ce dernier à Do'aï où l'armée était encore. Dâdji[1], suivant les instructions qui lui avaient été données, arrêta Moḥammed-Benba-Djiyya et le remit entre les mains du Kabara-Farma qui l'emmena à Kabara et l'enchaîna dans la demeure officielle du Kabara. On amena ensuite le prisonnier au Kabara-Farma et on le serra avec les chaînes qui l'attachaient jusqu'à ce qu'il mourut. Dieu nous préserve des abus de pouvoir des hommes! Le Kabara-Farma fit ensuite creuser un trou profond dans cette maison; il y fit jeter le corps du supplicié et le fit recouvrir de terre.

Moḥammed-Benba-Djiyya, dont on vient de parler, était le fils de l'ami du caïd Senîber, le caïd Manṣour, et un des enfants de la ville de Benba. Manṣour, l'ami de son père, l'avait adopté comme fils, dès son plus jeune âge; il l'avait élevé dans sa maison et lui avait fait épouser une de ses sœurs, Selma, la fille de son père. Il était donc l'allié de la famille de Manṣour et considéré comme un des siens.

Le pacha Bâ-Ḥaddou fut déposé dans la soirée du jeudi, 15 du mois sacré de dzou'l-ḥiddja, le dernier mois de l'année, c'est-à-dire de l'année 1133 (7 octobre 1721). Il fut élu ensuite pour la quatrième fois, le mercredi[2], jour de la déposition du caïd 'Abdallah-ben-El-Hâdj, à la suite du meurtre de Bâbâ-Cheraga[3], au mois de rebi' II de l'année 1140 (19 novembre 1727).

1. Je crois qu'il y a une transposition dans le ms. et je lis : فاس الى داجى.

2. Il y a sans doute une confusion entre les mots « mercredi » et « quatre » qui s'écrivent presque de la même façon en arabe; le second mot est probablement le vrai et la date que j'indique est la date du 4 de rebi' II 1140.

3. Ou : Bâbâ-Cherâg.

Il demeura au pouvoir une année (١٤٥), sept mois et sept jours, sans faire aucune expédition ; il se contenta de former un détachement de renfort qu'il envoya à Ankoba secourir le lieutenant-général ʿAbdallah, fils du caïd ʿAli-Et-Tezerkini, afin de rétablir les communications avec le Fleuve. Le lieutenant-général ʿAbdallah était à ce moment gouverneur du pays de Dirma. Le détachement se rendit auprès de lui et revint ensuite sans avoir obtenu le moindre résultat.

Le chef suprême, le pacha Bâ-Ḥaddou, mourut dans la soirée du mercredi, 2 du mois de dzou'l-ḥiddja, le dernier mois de l'année 1141 (29 juin 1720). Il mourut étant pacha et rendit le dernier soupir sur la terrasse de sa maison extérieure où il s'était installé depuis le commencement de sa maladie. On eut beaucoup de peine à faire descendre son cadavre. On le lava, on l'ensevelit et l'enterrement eut lieu le soir même au moment de la prière du coucher du soleil.

Parmi les personnages notables morts durant son pachalik, on cite : le jurisconsulte Moḥammed, fils de l'imam Moḥammed-Baghyoʿo, fils de l'imam Moḥammed-Koured ; son frère le très docte Abou-Zeïd-El-Ḥâdj-ʿAbderraḥman-ben-Ismaʿïl-Boro[2], fils de l'imam Moḥammed-Koured (Dieu lui fasse miséricorde !), et le jurisconsulte Ḥammedi, fils du saint de Dieu, le jurisconsulte, le pieux, le scrupuleux Moḥammed, fils du jurisconsulte Bâbâ-ben-ʿAbderraḥman-ben-Aḥmed-El-Modjtehid, et d'autres personnes moins importantes.

Brahim, fils du caïd Ḥammedi-ben-ʿAli-ben-Moḥammed-Et-Tezerkîni, surnommé El-Faʿ-Ibrahim. — Il fut élu le lundi, premier jour de moḥarrem, le premier mois de l'année 1151 (21 avril 1738), après la mort de son frère le pacha Moḥammed, fils du caïd Ḥammedi, mort en fonctions. Aussitôt élu,

1. Il faut entendre par là sa demeure personnelle hors de la casbah.

2. Sur le ms. il y a بُر. On pourrait donc lire : Poro.

Brahim nomma le caïd 'Ali-ben-El-Djesîm au gouvernement de Kabara dont ce dernier devint dès lors le Farma.

Le pacha Brahim fut déposé le dimanche, 27 du mois de ṣafar le bon (16 juin 1738), après être resté en fonctions cinquante-six jours. Il fut de nouveau rappelé au pouvoir après la déposition de Ḥammedi-ben-El-Fa'-Manṣour, le mardi, 17 du mois de djomada Ier de cette même année (2 septembre 1738). Il n'eut à entreprendre aucune expédition et fut déposé de nouveau le lundi, 13 du mois de redjeb l'unique, de la même année (27 octobre 1738), après être resté deux mois au pouvoir. Ce fut sous ce pachalik que mourut le jurisconsulte, l'imam, le vertueux, le bienfaisant, le reste des ancêtres[1], Abou 'l-'Abbâs-Aḥmed-ben-Maḥmoud-Baghyo'o-ben[2]-Ibrahim-ben-Aḥmed-Baghyo'o-El-Ouankori (١٤٦).

Bâbâ-Seyyid, fils du caïd Ḥammedi-Zenka, fils du Kabara-Farma 'Abderraḥmân-Ed-Der'i. — Il fut élu après la déposition du caïd Yaḥya, fils du caïd Ḥammedi-Et-Tezerkîni, le dimanche, 13 du mois de djomada Ier de l'année 1153 (6 août 1740). C'était un homme habile et bienveillant pour les gens du Makhzen[3] et les chefs de l'armée. Il leur prodigua de nombreux cadeaux et fit distribuer un vêtement[4] à tous les gens du Makhzen sans exception, mais il ne donna pas aux jurisconsultes et aux panégyristes les vêtements qu'une ancienne coutume toujours en vigueur leur attribuait lorsqu'ils avaient achevé la lecture du *Saḥiḥ* de El-Bokhari ou récité des panégyriques durant le mois vénéré de ramaḍan

1. C'est-à-dire : un des rejetons d'ancêtres illustres.
2. Le mot : « ben » n'est pas dans le ms.
3. Le Makhzen est le nom donné à la cour du souverain et aussi à l'ensemble des personnages officiels ou fonctionnaires de l'État. Il signifie aussi parfois le gouvernement.
4. La distribution de vêtements équivaut souvent à l'investiture d'une fonction. Dans le cas présent elle indiquait que le nouveau pacha confirmait tous les fonctionnaires dans leurs anciennes fonctions, au lieu de les révoquer pour les remplacer par ses créatures, comme c'était l'usage général.

dans la demeure royale. En résumé, il ne leur donna absolument rien.

Au moment où il fut nommé pacha il était caïd des Beni-Sa'doun; il fut le dernier caïd de cette division, car, depuis ce moment jusqu'à l'époque actuelle, nul autre n'a été investi de ces fonctions. Il fut déposé le dimanche, 21 du mois de ramaḍan, vers la fin de l'année indiquée ci-dessus (10 décembre 1740). Il resta au pouvoir cinq mois. Au cours de ce pachalik il imposa aux négociants une contribution de 1.000 mitsqâl d'or qu'il perçut et distribua aux troupes.

Il fut élu de nouveau après la déposition du caïd Sa'd-ben-Manṣour, le mercredi, 20 du mois de rebi' II de l'année 1158 (22 mai 1745). Les circonstances voulurent qu'à ce moment les noix de kola[1] fussent d'un prix élevé à Tombouctou. Avant son investiture, il avait envoyé à Oukiya des messagers chargés de lui rapporter des noix de kola pour son investiture; il avait mis à la tête de ses envoyés le caïd El-Mobârek-ben-Ṣâliḥ. Toutefois on ne lui apporta ces noix qu'après son investiture.

Il resta cette fois au pouvoir environ quinze mois, puis il fut déposé le mercredi, 18 du mois de cha'ban le brillant de cette même année (15 septembre 1745). J'ai déjà parlé de ce personnage, à la lettre *'aïn* sous le nom de 'Abderraḥman. Reportez-vous-y.

Babeker[2], fils du gouverneur El-Fa'-Manṣour, fils du caïd Moḥammed-ben-'Ali-Ed-Der'i. — Il fut élu après la déposition du caïd 'Abdelgheffâr, fils du lieutenant-général Ousâma-Et-Tezerkîni, le vendredi, 10 du mois de chaouâl de l'année 1161 (3 octobre 1748). Il donna des vêtements de drap et des pièces d'étoffes à tout le personnel du

1. Au Soudan, on a coutume d'offrir des noix de kola dans toutes les grandes solennités.

2. Ou ; Babokar. Ce mot est écrit tantôt ببكر, tantôt بابكر.

Makhzen et il imposa aux négociants une contribution de 2.500 mitsqâl d'or qu'il distribua.

Le hasard voulut qu'à ce moment l'askia El-Fa'[1] se trouvât dans la ville où il venait solliciter les (١٤٧) fonctions de askia. Il était venu du temps du caïd 'Abdelgheffâr, mais celui-ci ne lui avait pas conféré ces fonctions avant d'être déposé le 2 du mois de cha'ban (28 juillet). Après un séjour de quatre mois à Tombouctou, El-Fa' fut investi des hautes fonctions d'askia au mechouar sur l'ordre du chef suprême, le pacha Babeker, ci-dessus nommé. Ce fut donc ce dernier qui lui confia cette autorité le lundi, 19 du mois de dzou'l-qa'da, vers la fin de l'année précitée (10 novembre 1748).

Le nouvel askia se nommait El-Fa'-Maḥmoud, fils du Kana-Fâri[2], 'Ammâr. Il quitta Tombouctou le samedi, 22 du mois de dzou'l-ḥiddja, le dernier mois de l'année indiquée plus haut (13 décembre 1748). Il était resté dans cette ville environ six mois et y avait été l'hôte de l'honorable caïd Sa'id, fils du caïd Ḥammedi-ben-'Ali-Et-Tezerkîni.

Le pacha Babeker fut déposé le lundi, premier jour du mois de moḥarrem, le premier mois de l'année 1162 (22 décembre 1748), après être resté au pouvoir environ trois mois. Ce fut quand il cessa d'être en fonctions qu'éclata un conflit entre lui et le caïd 'Abdelgheffâr. Leurs partisans en vinrent aux mains et, dans la lutte, deux des enfants du caïd 'Abdelgheffâr furent tués; c'étaient les deux fils de sa fille. Suivant moi, ils étaient les petits-fils du caïd 'Ali-Et-Tezerkîni, issus de la sœur du caïd 'Abdelgheffâr[3], fils de la fille d''Abdellaṭif, fils du caïd 'Ali-Et-Tezerkîni.

1. El Fa' est un titre qui devrait être suivi du nom du personnage. Ce nom, donné plus loin, est Mes'aoud.

2. C'est un titre de fonction. Il est composé de nom de localité Kana et du mot Fâri qui signifie « chef. »

3. En d'autres termes, ils étaient les neveux de 'Abdelgheffâr.

Le pacha fut élu de nouveau le lundi, 10 du mois de ṣafar le bon, un des premiers mois de l'année 1163 (19 janvier 1750). Depuis sa précédente déposition il n'avait pas eu de successeur au pachalik. Voici comment les choses s'étaient passées : les gens de la division de Merrâkech avaient fait entre eux un pacte et avaient, sous la foi du serment, pris l'engagement de lutter contre la division de Fez. Le conflit éclata entre eux et les hostilités commencèrent lorsque les gens de Merrâkech refusèrent de donner l'autorité souveraine au caïd Sa'ïd-ben-Manṣour et s'y opposèrent formellement[1].

Comme les gens de Fez, au moment de l'arrivée du sel, se trouvaient réunis à Abrâz avec les gens de Merrâkech, une querelle surgit et un combat s'ensuivit à la suite duquel les gens de Merrâkech eurent l'avantage sur les gens de Fez, les mirent en déroute et les obligèrent à fuir et à se réfugier dans leurs maisons. Ils leur prirent la part qui leur revenait dans les produits du Makhzen et leur infligèrent tout le mal qu'ils purent en même temps que toutes sortes d'humiliations.

Cette situation dura environ deux mois. Alors le caïd et les chérifs s'interposèrent entre les deux partis dissidents et les convoquèrent à la mosquée de Seyyidi-Yaḥya. La réunion eut lieu le dimanche (١٤٨), 9 du mois de ṣafar le bon (9 janvier 1750) et la paix fut conclue. C'était cette fois le tour des gens de Fez de nommer le pacha ; ils choisirent le caïd Babeker et lui récitèrent la fatiḥa, puis ils le conduisirent dans sa demeure et vinrent l'y retrouver le lendemain pour le proclamer et lui prêter serment de fidélité à la date qui a été dite précédemment.

1. Cette phrase est fort mal rédigée et par suite assez obscure dans le texte. La division de Merrâkech avait refusé d'admettre le candidat au pachalik qui avait été présenté par la division de Fez à qui incombait le tour de choisir le pacha dans son sein.

Le nouveau pacha distribua des vêtements au personnel entier du Makhzen ; puis il confia la charge de cadi de Tombouctou et de son district au jurisconsulte, le plus glorieux et le plus fortuné de cette époque, la merveille et le joyau de son temps, que dis-je, le flambeau qui éclairait tous les hommes, l'idéal de son siècle par la supériorité, la perfection, la modestie, la perspicacité, l'équité, l'heureuse influence et la bienfaisance, l'utile à tous les musulmans, le père des orphelins, des pauvres et des veuves, le premier pour toute bonne œuvre, la bénédiction des ancêtres vertueux, leur imitateur, le soutien des gens de bien et leur ami, le continuateur de la conduite de ses purs aïeux les plus anciens, celui qui montrait un même visage au peuple et aux grands, l'homme sans peur, sans convoitise, sans hypocrisie, ni perfidie, le seyyid, le cadi Abou-ʿAbdallah, surnommé Bâbîr, fils du jurisconsulte le cadi Abou'l-ʿAbbâs-Seyyid-Aḥmed, fils du très docte, du puits de science, du sagace Abou-Isḥâq, le jurisconsulte, le cadi Ibrahim, fils du très docte, l'unique de son époque, le flambeau de son siècle, le jurisconsulte ʿAbdallah, fils du saint de Dieu, le seyyid, l'éminent, le parfait, celui qui connut le Dieu très-haut, Seyyid-Aḥmed-Moʿyâ. Rarement il arrivera que l'on trouve son semblable ou qu'on entende parler de son pareil. Dieu l'aide et le dirige dans ses paroles et ses actions ! Qu'il lui accorde longue vie, qu'il le garde de tous vices, et le préserve efficacement de tous maux[1] ! Amen !

Ce fut le samedi, 22 du mois de dzou 'l-qa'da le sacré, vers la fin de l'année 1163 (22 novembre 1750), que le cadi fut nommé sur l'ordre du chef suprême de l'époque, le pa-

1. Le texte porte حرره qui ne paraît offrir aucun sens acceptable : je lis ضرره, ce qui n'est du reste guère certain.

cha Babeker, et non sur la désignation du conseil auguste de cette époque[1].

Le pacha Babeker fut déposé le samedi, 29 du même mois (29 novembre 1750), après avoir eu à supporter tout ce qui a été dit de la part de ses compétiteurs. Il amassa dans ses fonctions une certaine fortune[2] (١٤٩).

Lettre alif (*e*)[3].

El-Ḥâdj-El-Mokhtâr-ben-Biyoukhef[4]-Ech-Chergui-El-Ya'qoubi. — Il fut élu après la déposition de 'Allâl[5]-ben-Sa'îd-El-Ḥarousi en l'année 1070 (18 septembre 1659-6 septembre 1660). Trois mois après il fut déposé.

El-Fa'-Benkâno-ben-Moḥammed-Ech-Chergui. — Élu le mardi, 2 du mois de djomada II de l'année 1094 (29 mai 1683), après la déposition du caïd Bâ-Ḥaddou-ben-Sâlem-El-Ḥassâni, si je ne me trompe. Il resta trois jours au pouvoir et fut ensuite déposé.

El-Mobârek, fils du pacha Manṣour-ben-Mesa'oud-Ez-Za'eri. — Il fut élu après la déposition du caïd 'Ali-ben-Ḥamîd-El-'Amri, à la fin de l'année 1096 (8 décembre 1684-28 novembre 1685), ou, suivant d'autres, au commencement de l'année 1097 (28 novembre-1685-17 novembre 1686); Dieu

1. La désignation du cadi se faisait d'ordinaire en conseil; ici le pacha prit seul la décision, ce qui n'était guère régulier.

2. L'expression حصلت فيه مالا paraît devoir être traduite ainsi. Cependant il serait permis de supposer que le copiste a négligé d'ajouter حصل لغيره, et alors le sens serait : « Il éprouva dans ces circonstances des épreuves que nul autre avant lui n'avait subies. »

3. L'alif dont il est question ici est celui de l'article que l'on peut transcrire par *e*, si l'on veut en indiquer la véritable prononciation courante.

4. Ce mot est orthographié Biyouqef ou Biyoukhef. Les voyelles, d'ailleurs, ne sont pas données par le ms.

5. Bien que le ms. indique la prononciation : 'Ilâl, je crois qu'il faut lire 'Allâl, nom arabe fort répandu.

sait ce qu'il en est exactement. Il fut déposé au milieu de la même année, après être resté en fonctions sept mois. Il fut de nouveau élu au mois sacré de dzou 'l-qa'da, vers la fin de l'année 1104 (3 août-2 septembre 1693) et déposé à la fin du mois de rebi' Ier de l'année 1105 (31 octobre-30 novembre 1693). Cette fois il avait occupé le pouvoir suprême pendant environ cinq mois.

El-Ḥasen-ben-Manṣour-El-Monebbih[1]. — Élu après la déposition du caïd So'oud-Bokarnâ, au commencement du mois de moḥarrem, le premier mois de l'année 1098 (17 novembre 1686), il resta au pouvoir trois mois et fut ensuite déposé. On dit aussi que sa déposition eut lieu au milieu de l'année. Dieu sait ce qu'il en est.

El-'Abbâs-ben-Sa'îd-El-'Amri. — Élu après la déposition du caïd 'Abdallah-ben-Ḥassou-Ed-Der'i, au mois de rebi' Ier de l'année 1099 (5 janvier-4 février 1688), il fut déposé au mois de djomada II, le 27 de ce mois (29 avril 1688), après avoir occupé le pouvoir quatre mois.

El-Mobârek-ben-Ḥammedi-ben-'Ali-El-Mobârek-Ed-Der'i. — Élu après la déposition du caïd Ḥammedi-ben-'Ali-Et-Tezerkîni, le samedi, 25 du mois sacré de dzou'l-qa'da, vers la fin (١٥٠) de l'année 1108 (15 juin 1697), il resta en fonctions cinq mois et fut déposé au mois de rebi' Ier de l'année 1109 (17 septembre-17 octobre 1697).

El-Mobârek-ben-Moḥammed-El-Gharnâṭi. — Élu après la déposition du caïd Mâmi-ben-'Ali-Et-Tezerkîni, au mois de moḥarrem, le premier mois de l'année 1119 (4 avril-4 mai 1707), ou, suivant une autre version, au mois de dzou'l-ḥiddja, le dernier mois de l'année 1118 (6 mars-4 avril 1707). Dieu sait plus sûrement que quiconque ce qu'il en est.

Ce fut sous ce pacha qu'eut lieu un conflit entre le

1. Ou : « El-Monebbihi », comme on le trouve dans le *Tarîkh-es-Soudân*.

Maghcharen-Koï Ṭâher et Elneïṭi-Belboul[1]. La première affaire entre les partisans de ces deux chefs se produisit le lundi, 7 du mois sacré de moḥarrem, le premier mois de l'année 1119 (10 avril 1707) et la seconde bataille, qui eut lieu à Kouni, fut livrée un samedi de la seconde décade du mois de rebi' II de la même année (11-20 juillet 1707).

Pendant son passage au pouvoir, le pacha fit une expédition contre les Ghâli-Mousa. Cette expédition reçut le nom de « expédition Zagha »[2]. Au retour de cette campagne, le pacha fut déposé durant la première décade du mois de djomada Ier de cette année (31 juillet-9 août 1787); il était resté au pouvoir environ quatre mois, si je ne me trompe.

Il y eut à ce moment des attaques des Touareg Tademekket sur le chemin qui mène à Kabara. Les attaques avaient lieu le vendredi et comme c'était toujours un vendredi qu'elles se produisaient on les désigna sous le nom de *djoma'î*[3]. Ces attaques causèrent de grands préjudices en hommes et en argent. Ce fut dans l'une d'elles que furent tués 'Abd[4], fils du caïd Ḥammedi-ben-'Ali-Et-Tezerkìni, le cheikh Sa'îd-Kolen, ḥarṭani du lieutenant-général Ḥammedi, fils du Kabara-Farma Ḥammou, et bien d'autres personnes inconnues.

El-Fa'-Maḥmoud, fils du caïd Moḥammed-Bouya-ben-El-Ḥâdj-Ech-Cheṭouki. — Élu après la déposition du caïd 'Abdallah-ben-El-Ḥâdj, le dimanche, 8 du mois de chaouâl de l'année 1138 (9 juin 1726), il resta au pouvoir trente-neuf jours, puis fut déposé. Nous en avons déjà parlé à la lettre *mim* (m).

El-Ḥasani, fils du caïd Ḥammedi-ben-'Ali-Et-Tezerkìni.

1. Ou : Belbouli, si la voyelle finale, qui est notée, n'appartient pas à la déclinaison.
2. Ce nom est sans voyelle dans le ms.
3. C'est l'ethnique formé du mot vendredi.
4. Il manque peut-être la seconde partie du nom, à moins qu'il ne faille lire Abdo.

— Élu après la déposition de Moḥammed-Beḥḥou[1], fils du caïd Senîber-ben-Manṣour, le mercredi, quatrième jour de la fête des sacrifices au mois de dzou 'l-ḥiddja le sacré de l'année 1145 (28 mai 1733). Aussitôt investi du pouvoir et installé (١٥١) sur le trône, il s'occupa de nommer tous les fonctionnaires et de les investir de leurs emplois[2]. Tout d'abord il mit à la tête de la division de Fez son frère Ibrahim et en fit son lieutenant-général. Il nomma Ḥammedi-ben-El-Fa'-Manṣour, fils du caïd Moḥammed-ben-'Ali-El-Mobârek, lieutenant-général de la division de Merrâkech. Il institua Bâbâ, fils du caïd Nâṣir, fils du caïd 'Abdallah, fils du caïd Nâṣir-El-A'amechi, lieutenant-général de la garde, et Bâbâ-Seyyid, fils du Kabara-Farma 'Abdallah-ben-'Abd-erraḥman, fut nommé conseiller.

Le lieutenant-général Moḥammed, fils du caïd Bâ-Ḥaddou-ben-Yaḥya-ben-'Ali-El-Mobârek, se révolta contre le pacha et se mit en opposition contre lui. Il contraria ses décisions, détruisit son prestige, cessa de le fréquenter, négligea de lui rendre les honneurs et, après avoir prononcé sa déposition et l'avoir couvert d'injures, il se retira dans sa demeure. Le pacha envoya le caïd Ibrahim, fils du lieutenant-général Seyyid et le caïd Moḥammed, fils du caïd Senîber-ben-Bouya-Ech-Cheṭouki, auprès du lieutenant-général Moḥammed ci-dessus indiqué, pour lui faire des représentations à titre de conseil et l'engagea à ne pas déposer le pacha[3].

Le lieutenant-général Moḥammed refusa de tenir compte

1. Le ms. porte بوح ; mais, dans la notice qui lui est consacrée plus haut, ce personnage est appelé : Moḥammed-ben-Manṣour-ben-Mes'aoud-ben-Manṣour-Ez-Za'eri, surnommé Moḥammed-Beḥḥou.

2. Les fonctionnaires étaient naturellement soumis aux mêmes fluctuations que les pachas.

3. Il n'est guère admissible qu'il pût suffire à un seul personnage de prononcer la déposition du pacha pour que ce haut personnage fût déchu de ses fonctions; mais l'exemple était contagieux et pouvait conduire en réalité à ce résultat.

de ces observations et il répondit à certains des hommes de son entourage, qui lui tenaient le même discours, qu'il voulait absolument déposer le pacha. Là-dessus on se sépara en désaccord les uns avec les autres sans rien décider et on se trouva sans chef; c'était l'anarchie.

Durant ce mois, nous apprîmes que l'askia El-Ḥâdj, fils de l'askia Babeker, s'était mis en marche à la tête de ses troupes et s'était porté vers la colline de Djouroya' du côté de Karondzaka-Barâ[1] et qu'il était campé dans le bourg de Karamaï-Ouenmâ. Cette expédition était dirigée contre Silti[2]-Ouerendagh, un païen de Bambara, pour secourir El-'Afiya-ould-Maro-Benbara[3] et lui permettre de rentrer dans la maison de son père, Maro, d'où l'avait chassé Silti-Ouerendagh.

Celui-ci avait chassé El-'Afiya en employant la force et la violence; il avait détruit ses maisons et tué un certain nombre de païens de Bambara, ses parents, soldats ou auxiliaires. C'est à cause de cela que l'askia se trouvait campé près du village dont il vient d'être parlé; il venait au secours de El-'Afiya combattre Ouerendagh et le chasser de ce village ainsi que les soldats qu'il avait avec lui. L'askia conseilla à Silti d'évacuer le village de son propre mouvement, mais celui-ci n'y voulut point consentir, disant qu'il n'en sortirait que de force, s'il était vaincu dans la lutte, ainsi que cela avait eu lieu pour El-'Afiya. Ce fut de la même façon en effet que l'askia chassa Silti, qu'il saccagea ses maisons et qu'il lui tua des hommes, en sorte que Silti subit le traitement qu'il avait fait éprouver à son adversaire.

Au mois de rebi' Ier, la nuit de la nativité du Prophète de cette année, c'est-à-dire de l'année 1146 (22 août 1733), une

1. Les voyelles de ce mot ainsi que celles de Djouroya' sont fournies par le ms.
2. Ou : « Siltiyo », si la voyelle o n'est pas la voyelle de la déclinaison.
3. Ou : « Bambara », suivant l'orthographe usitée en français.

pluie abondante tomba dans notre ville de Tombouctou (Dieu la protège!) (١٥٢). La pluie commença au moment du deuxième acha[1] et dura jusqu'au dernier tiers de la nuit. Elle fut si abondante que personne ne put quitter son logis cette nuit-là, ni sortir dans les rues comme il était d'usage depuis une époque reculée.

On sait, en effet, que durant cette nuit de la Nativité on bat du tambour, et que des panégyristes déclament des poèmes; les mosquées sont illuminées; hommes et femmes sortent dans les rues; les femmes libres ainsi que les concubines sont vêtues de costumes élégants, parées de leurs plus beaux atours et ornées de toutes leurs parures les plus riches. Les panégyristes déclament leurs poèmes à la porte des mosquées; on joue du tambour dans certains endroits déterminés; les hommes montent à cheval et se livrent à des jeux équestres au son des tambours jusqu'au dernier tiers de la nuit[2].

Cette nuit-là personne ne sortit de chez soi jusqu'au lendemain à cause de la pluie. Alors seulement on fit ce qu'on aurait dû faire la veille et ce fut durant cette nuit qu'on se livra aux réjouissances traditionnelles. Cette pluie coïncida avec le 11 du mois d'août. Le mercredi, 5 du mois vénéré de ramaḍan de cette année (9 février 1734), la crue du Fleuve atteignit Ma'doko; c'était le 30 janvier et le mois de février commença le vendredi, 7, du mois de ramaḍan précité.

Durant cette année, au mois de chaouâl (7 mars-5 avril 1734), Oghmor-ben-Alil-Et-Targui arriva avec tous les Touareg Tademekket pour s'entendre avec l'armée[3]; il ne trouva

1. Autrement dit : « à la nuit close ».
2. Ces réjouissances rappellent un peu celles de la nuit de Noël chez les chrétiens.
3. C'est-à-dire l'armée marocaine qui avait voix au chapitre dans les délibérations importantes.

point de pacha, aucun d'eux n'étant en fonctions en ce moment. Alors les soldats se réunirent dans la maison du caïd Moḥammed, fils du caïd Ḥammedi-Et-Tezerkîni, dans le but de faire bon accueil à Oghmor et de conclure la paix avec lui.

On convoqua à cette réunion le jurisconsulte, l'imam Bàbâ-El-Mokhtâr, fils du cadi Moḥammed, afin qu'il fût là pour la conclusion de la paix et que celle-ci fût faite en sa présence. L'imam avait apporté un exemplaire du Coran sacré et un exemplaire du *Saḥiḥ* de El-Bokhârî. Oghmor, qui assistait également à cette réunion, jura sur les deux livres qu'il ne s'imposerait en rien au sujet des affaires de la ville, qu'il ne désirait autre chose que la paix et la sécurité pour tous et que la paix durerait une année révolue. Là-dessus on récita la fatiḥa et on donna à Oghmor cent hâdja[1]. Oghmor retourna dans son pays après les engagements pris et le pacte conclu; il observa la paix pendant neuf mois et ne fit aucune expédition durant ce temps. La tranquillité régna à ce moment dans la ville et dans les environs.

Au cours du même mois, Maulaï 'Abdallah, fils de Maulaï Ben-Nâṣir, fils du grand sultan Maulaï Isma'ïl[2], vint à Tombouctou pour la deuxième fois; il arrivait encore cette fois de Oualâta; il descendit au quartier de Kisimo-Benko, tout près des (١٥٢) Cherâga. Nos maîtres ne nous ont jamais parlé de la venue à Tombouctou d'un seul des fils des sultans issus de Maulaï Aḥmed-Edz-Dzehebi, ni du fils d'aucun autre sultan ou même du sultan Maulaï Isma'ïl, excepté de celle de Maulaï 'Abdallah dont il vient d'être parlé; c'est le seul qui soit venu dans notre ville de Tombouctou.

A ce moment les soldats tinrent conseil entre eux pour

1. On a déjà vu ce mot plus haut, p. 181.
2. C'est-à-dire le sultan du Maroc dont l'autorité n'était que nominale à cette époque.

s'occuper de l'élection de l'un des leurs comme pacha, après être restés cinq ou six mois sans avoir élu personne à ces fonctions. Des pourparlers s'engagèrent entre eux et la question fut discutée de part et d'autre. C'était cette fois le tour des gens de la division de Merrakech; les gens de la division de Fez traitèrent la question en termes excellents et sages, mais qui étaient loin d'être l'expression exacte de leur pensée.

Ils insinuèrent dans un langage doucereux qu'ils étaient prêts à accepter l'un des gens de Merrâkech, que pour eux tous les candidats se valaient et leur étaient indifférents, même si c'était un des fils de 'Ali-El-Mobârek[1]. « Tous, vos candidats, ajoutèrent-ils, nous les accueillerons et nous les accepterons doublement, à plus forte raison si ce candidat est le lieutenant-général Moḥammed-ben-Rouḥ en personne; celui-là nous l'accepterions dix fois pour une. » En disant cela ils cachaient leur véritable désir.

Un certain nombre d'entre eux sans doute connaissaient le véritable dessein des gens de Fez, mais sûrement le lieutenant-général Moḥammed l'ignorait, car le but n'était autre que de se venger de lui à cause de la conduite qu'il avait tenue à leur égard lors de la déposition du caïd El-Ḥasani, ainsi que des humiliations et des avanies qu'il leur avait fait subir et dont le souvenir était resté gravé dans leurs mémoires. C'est pour cette raison qu'ils le choisissaient parmi les gens de sa division, qu'ils acceptaient sa nomination et l'attendaient. « Si votre division consent à vous nommer, lui disaient-ils, nous vous accepterons et serons satisfaits de vous avoir pour pacha. »

La dignité du pacha fut en effet conférée au lieutenant-général Moḥammed; au moment de cette décision[2], il se

1. L'ennemi particulier des gens de la division de Fez.

2. D'après le récit, il aurait assisté à la discussion, en partie, tout au moins.

trouvait au port de Kabara. Toutes les troupes, en apparence tout au moins, acceptèrent son élévation au pachalik. Le caïd Sa'îd, fils du caïd 'Ali-Et-Tezerkîni, se rendit alors à Kabara auprès du futur pacha, passa la nuit chez lui et le félicita de son arrivée au pouvoir; c'était d'ailleurs un de ses amis intimes.

Le lieutenant-général Moḥammed ne s'étant pas rendu ce jour-là à Tombouctou, on lui dépêcha le conseiller pour l'inviter à venir et lui annoncer que les troupes attendaient son arrivée à la casbah. Le conseiller passa la nuit chez le nouveau pacha. Le lendemain matin, les troupes se rendirent à la casbah et s'équipèrent complètement pour attendre la venue du pacha (١٥٤). Tous les fonctionnaires assistèrent à la cérémonie; il y avait làaussi les joueurs de clarinettes, de violons, de grosses caisses et de tambours de basque[1].

Le nouveau pacha arriva vers midi à Tombouctou où l'attendaient les enfants du caïd Ḥammedi. Il entra dans la casbah par la porte de Kabara, puis il alla vers le vestibule qui est à l'intérieur et s'avança un peu sur la place. Quand il arriva près de la mosquée on déchargea les fusils dans sa direction et l'on cria : « A bas le pacha! » Aussitôt le pacha fit volte-face et retourna avec ses soldats à Kabara où il s'installa dans la casbah, fort irrité.

Il ordonna alors aux mariniers et aux calfatiers de cesser leurs travaux; il leur défendit de réparer les barques et de se livrer à aucune autre de leurs occupations habituelles. Il interdit de débarquer quoi que ce fût des barques, vivres ou marchandises et de l'apporter dans la ville de Kabara. Il empêcha les Fara-Koï[2], c'est-à-dire les âniers, de faire le moindre transport de Kabara à Tombouctou; il les chassa de la ville et ferma toutes les portes du château moins une,

1. La musique jouait un rôle important dans les cérémonies officielles.
2. Ce mot n'a pas de voyelles dans le ms. On pourrait donc lire : Faraki.

celle qui donnait sur le port. Cela fait, il attendit le cours des événements.

La population chercha le moyen de changer cet état de choses et d'aviser à un expédient. Le pacha était comme un lion blessé, affamé, qui s'empare de tous les animaux que les autres ont tués. Chaque fois que quelqu'un venait le trouver au sujet de ses marchandises et lui demander l'autorisation de les emporter, il répondait : « Non, tant qu'on n'aura pas nommé un pacha. Alors je vous laisserai le chemin libre et vous permettrai d'emporter vos marchandises. » Ceci se passait au mois de rebi' II de l'année 1147 (31 août-29 septembre 1734).

Tandis que le lieutenant-général Moḥammed étant encore à Kabara sans en bouger ni en sortir, il avait reçu la visite d'un messager du caïd Manṣour, fils du caïd Senîber, qui venait le consulter sur l'élection du caïd Moḥammed-ben-Ḥammedi-Et-Tezerkîni. Déjà auparavant il avait reçu également la visite du fils de son oncle paternel[1], Ḥammedi-ben-El-Fa'-Manṣour, qui était venu aussi au port de Kabara pour lui faire des remontrances et l'empêcher de continuer les mesures tyranniques et violentes dont il usait en ce moment à l'égard de la population. Mais cela ne fit que l'exciter à persister dans ses errements.

Ḥammedi, dont il vient d'être parlé, était son frère aîné[2] et c'était à titre de conseil qu'il lui avait parlé. Néanmoins un conflit s'était élevé entre eux dans le bourg et une bataille s'était engagée dans laquelle on échangea des coups de fusil

1. Tout ce récit est singulièrement obscur. D'après le texte, Ḥammedi aurait été le neveu du lieutenant-général nommé pacha. Cela ne doit pas être exact et le possessif *son* se rapporte, selon toute apparence, à un autre personnage dont le nom a été omis ou qui serait le caïd Moḥammed-ben-Ḥammedi.

2. A s'en tenir au texte, Ḥammedi aurait donc été à la fois le neveu et le frère aîné du lieutenant-général. Il y a donc ici ou une omission ou une erreur de nom.

de part et d'autre. Le lieutenant-général Moḥammed avait été vainqueur et avait assiégé dans le palais de Kabara Ḥammedi et tous ses hommes; le lendemain matin, Ḥammedi avait réussi à se dégager et à se rendre à Tombouctou. Il était allé trouver les soldats, avait tenu conseil avec eux et tout le monde avait été d'accord pour prendre des mesures et trouver un expédient.

Après une longue discussion, on avait décidé de nommer pacha le lieutenant-général Moḥammed et (١٥٠), le lendemain, Ḥammedi se portait à la rencontre du nouveau pacha. C'était alors que les fils de Ḥammedi avaient tiré les coups de fusil annonçant la déchéance et que le pacha était retourné à Kabara, ainsi que cela a été raconté plus haut.

C'était après cela qu'un messager du caïd Manṣour était venu le consulter sur l'élection du caïd Moḥammed, fils du caïd Ḥammedi, parce que les troupes étaient d'accord pour le nommer et l'avaient agréé. A cause du caïd Manṣour, le lieutenant-général Moḥammed fit bon accueil à cette proposition. D'ailleurs le caïd Manṣour était pour lui comme un frère de bon conseil et un ami dévoué. Le lieutenant-général revint le soir même avec le messager qu'on lui avait envoyé et, après avoir donné son assentiment, il retourna à Kabara sans plus attendre.

El-Ḥasen-ben-Moḥammed-El-ʿAmri, frère du lieutenant-général Ech-Cheikh-El-ʿAmri. — Il fut élu après la déposition du caïd Bâbâ-Seyyid, fils du caïd Ḥammedi-Zenko, dans la deuxième décade de dzou 'l-ḥiddja, dernier mois de l'année 1153 (26 février-8 mars 1741). Voici dans quelles circonstances cette élection fut faite.

Ghomân-ould-Ag-Cheikh-Et-Targui, sultan des Oulimiddân, était venu à Tombouctou demander aux Marocains de lui conférer l'autorité sur ses contribules, car c'étaient les Marocains qui faisaient cette désignation et cet usage avait commencé du temps du grand-père de Ghomân, Kalidden[1], le père de Ag-Cheikh; puis Ag-Cheikh avait été désigné ensuite. C'était un usage admis du temps de leurs ancêtres que la nomination du chef des Touareg ne devait avoir lieu que dans le conseil du pacha[2].

Or, quand Ghomân arriva il n'y avait pas de pacha nommé. Les soldats se réunirent donc pour élire un pacha qui pût investir Ghomân des fonctions exercées par son père et son grand-père. Le grand-père Kâlidden avait été nommé sous le pachalik du caïd Ḥammedi-ben-'Ali-Et-Tezerkîni et Ag-Cheikh sous le pachalik du caïd 'Abdallah-ben-El-Ḥâdj-El-'Imrâni.

Après avoir discuté le choix d'un pacha, les soldats décidèrent d'élire le caïd El-Fa'-Ibrahim, fils du caïd Ḥammedi-ben-'Ali. Il fut donc désigné; mais, le lendemain matin, il demanda à offrir sa démission qui fut acceptée et on le remplaça par le lieutenant-général El-Ḥasen dont nous nous occupons ici.

On présenta donc El-Ḥasen à l'assistance; on l'élut pacha et on lui prêta aussitôt serment de fidélité; c'était le mardi, 18 du mois précité (6 mars 1741). Aussitôt El-Ḥasen nomma le caïd 'Ali-ben-El-Djesîm, lieutenant-général de la division de Merrâkech; 'Abderraḥim, fils du caïd Ḥammedi-Et-Tezerkîni, fut élevé aux fonctions de ḥâkem et Bâbâ, fils du caïd Brahim, fils du lieutenant-général Seyyid 'Ali, à celles de Kabara-Farma.

Alors Ghomân-Et-Targui vint et, quand il fut en présence du pacha et de toutes les troupes, on lui donna, suivant l'usage établi (١٠٦), deux chevaux, un blanc et un bai, une chemise

1. Ou : Kaladden.

2. Les pouvoirs du pacha étaient limités et dans bien des circonstances il devait en référer à son conseil ou même à l'assemblée des soldats.

de perles[1] du Sous, un pantalon et un baudrier en cuir[2]. Au moment de la remise de tous ces objets les artistes du pacha étaient présents, flûtistes et violonistes; ils exécutèrent une aubade en l'honneur de Ghomân qui était à cheval; ils l'accompagnèrent dans la casbah et le conduisirent dans la campagne jusqu'à sa tente. Étaient présents également à cette cérémonie : la garde, les officiers et sergents qui tous accompagnèrent Ghomân jusqu'à sa tente dans la campagne. Ensuite tout le monde revint à la casbah selon l'usage accoutumé.

Ghomân retourna ensuite dans son pays. Quant au pacha, il fut déposé le jeudi, 16 du mois de rebi' Ier de l'année 1154 (1er juin 1741). Il était resté au pouvoir environ trois mois.

El-Fa'-Mahmoud, fils du caïd Moḥammed-Senîber, fils du caïd Moḥammed-Bouya. — Élu le vendredi, 23 du mois de rebi' Ier de l'année 1159 (15 avril 1746), après la déposition du caïd Bâbâ-Seyyid, ainsi qu'il a été dit déjà à la lettre *mim* (*m*), il ne resta en fonctions que quatre jours, après quoi il fut déposé.

Lettre noun (*n*).

Nâsir-ben-'Abdallah-El-A'amechi-Ed-Der'i. — Élu le lundi, 25 du mois vénéré de ramaḍan de l'année 1077 (21 mars 1667), après la seconde déposition du caïd Moḥammed-Bouya. Il donna les fonctions de lieutenant-général de la division de Merrâkech au lieutenant-général 'Ali, fils du pacha Ḥam-

1. Probablement orné d'une garniture de perles. Le mot employé est celui qui désigne ordinairement les perles fines, mais il est peu probable qu'il en fût ainsi.

2. La lecture et la traduction de ce mot sont incertaines. Je lis دجى et non دحى qui ne paraît pas donner un sens satisfaisant.

medi-ben-Ḥaddou, celles de ḥâkem à El-Ḥâdj-ben-Sa'îd-El-'Imrâni. Ces nominations eurent lieu dans la matinée du dimanche, 23 du mois de chaouâl vers la fin de cette année (18 avril 1667). Après être resté environ six mois au pouvoir, Nâṣir fut déposé à la fin du mois de rebi' Ier de l'année 1078 (19 septembre 1667).

Nâṣir, fils du pacha 'Ali-ben-'Abdallah-Et-Telemsâni. — Élu le lundi, 2[1] du mois de djomada Ier de l'année 1079 (8 octobre 1668), après la déposition du pacha (١٥٧) 'Abder-raḥmân-ben-Sa'îd-Ouneḍḍâm[2]-El-Andalousi. Durant ce premier passage au pouvoir il envoya un corps d'armée vers Ankouma, mais il ne s'y rendit pas en personne. Comme l'askia Daoud était à ce moment malade et impotent, il fit venir Moḥammed-Ṣâdeq, qui était alors Benka-Farma, lui donna son cheval[3] et prit l'engagement, si Dieu donnait à ce dernier la victoire et faisait en sorte que tout le monde revînt sain et sauf sans qu'il y eût personne atteint par le fer, de lui donner en récompense les fonctions de askia, avec tous ses avantages. Moḥammed-Ṣâdeq accepta cette condition et, comme il revint ensuite avec ses hommes sains et saufs et chargés de butin, il fut investi de la charge d'askia avec toutes ses prérogatives

Le dimanche, 28 du mois de djomada Ier de l'année 1079 (3 novembre 1668) il y eut une éclipse de soleil. Tout le monde se rendit pour prier à la mosquée. On était au 18 octobre[4].

1. Le quantième n'est pas indiqué dans le texte. Je suppose que c'est le 2 parce que le mot « lundi » et le mot « deux », en arabe étant semblables le copiste aura pu oublier de le répéter.

2. Il faut sans doute lire Ou-Neḍḍâm en deux mots : « Ou » signifiant « fils » et « Neḍḍâm » étant un nom propre.

3. Mot à mot : « le cheval ». Était-ce son propre cheval que le pacha donna ou un cheval quelconque, le texte ne précise rien à cet égard.

4. Une des deux dates données est erronée, l'écart entre les années julienne et grégorienne ne pouvant être alors de dix-sept jours.

Le pacha Nâṣir fut déposé le lundi, dans la matinée du 24 du mois de djomada Ier, ou, suivant une autre version, à la fin du mois de rebiʻ Ier de l'année 1080 (20 octobre 1669 ou 28 août 1669), après être resté environ une année au pouvoir. Suivant le texte d'un manuscrit historique œuvre d'un de nos professeurs, Nâṣir-ben-ʻAbdallah fut déposé à la fin du mois de rebiʻ Ier et il aurait eu pour successeur ʻAbderraḥman-ben-Saʻîd-Ouneḍḍâm qui aurait été élu pacha au mois de rebiʻ II de l'année 1078 (20 septembre-19 octobre 1667). Dieu sait mieux que personne ce qui en est et ce qu'il y a de plus sûr là-dessus.

Pendant le pachalik de Nâṣir dont il est ici question, au mois vénéré de ramaḍan, le mardi soir, 22 de ce mois de l'année ci-dessus indiquée, c'est-à-dire de l'année 1078 (6 mars 1668), on vit paraître dans le ciel du côté de l'ouest une comète[1]; elle était visible du coucher du soleil jusqu'à la tombée de la nuit. Elle dura jusqu'au 15 du mois de chaouâl (29 mars 1668).

Au mois de dzou'l-qaʻda de cette année, le 14 (26 avril 1668), le lieutenant-général de la division de Merrâkech ʻAli-ben-Ḥammedi-ben-Ḥaddou-El-Adjenâsi fut déposé et remplacé par le lieutenant-général Yaḥya-ben-ʻAli-El-Mobârek-Ed-Derʻî qui fut nommé dans la matinée du jeudi. Le lieutenant-général des Cherâga, ʻAli, fils du pacha Moḥammed-ben-ʻOtsmân, fut déposé le 13 du mois de dzou'l-ḥiddja, le dernier mois de l'année 1079 (14 mai 1669), et remplacé par le lieutenant-général[2] Ben-ʻAbdallah-ben-ʻAli.

Des rogations pour la pluie eurent lieu pendant quinze jours à partir du 17 juillet, c'est-à-dire du 27 du mois de ṣafar, au début de l'année 1080 (27 juillet 1669). La pluie tomba

1. Mot à mot : « un astre oblong ».
2. Il manque vraisemblablement le nom personnel de ce lieutenant-général.

(١٥٨), le dernier jour du mois de juillet, le samedi pendant la nuit.

Le lieutenant-général ʿAli, connu sous le nom de Senîber-ben-ʿAbdallah, fut déposé à la fin de ṣafar le bon (29 juillet 1669) et remplacé par Dzou 'n-Noun-ben-El-Ḥâdj-Ech-Chergui au mois de rebiʿ Ier dans la matinée du mercredi, le 2 du mois (31 juillet 1669). Le lieutenant-général de la division de Merrâkech, Yaḥya-ben-ʿAli-El-Mobârek, fut déposé le 16 du mois de ṣafar (16 juillet) et remplacé par Bâ-Ḥaddou-ben-Sâlem le mercredi, 18 du même mois (18 juillet); puis ce dernier fut à son tour déposé et remplacé comme lieutenant-général de la division de Merrâkech par Ṭâlib-ben-ʿAli-El-Moueddzin, le jeudi, 4 du mois de dzou'l-ḥiddja, dernier mois de cette année, c'est-à-dire de l'année 1080 (25 avril 1670).

Des rogations dirigées par l'imam de la casbah eurent lieu pendant les deux jours de samedi et de dimanche, et la pluie tomba dans la nuit du dimanche 21 du mois de rebiʿ II de l'année 1081 (7 septembre 1670). C'était le 28 du mois d'août.

Le ḥâkem El-Ḥâdj-ben-Saʿîd ayant été révoqué, il fut remplacé dans ses fonctions de ḥâkem par le ḥâkem ʿAbdallah, fils du caïd Nâṣir-Ed-Derʿi, dans la matinée du lundi, 12 de ce mois de rebiʿ (29 août 1670). Puis le lieutenant-général Dzou 'n-Noun-ben-El-Ḥâdj fut destitué au mois de chaoual, vers la fin de cette année (11 février-12 mars 1671); il fut remplacé par le lieutenant-général ʿAbderraḥman-ben-Moḥammed-Kiraï-Ech-Chergui dans la soirée du mardi, 14 du mois[1] de cette année 1081 (24 février 1671).

Le mercredi, au commencement de djomada Ier de cette année (16 septembre 1671), arriva à Tombouctou un envoyé

1. Le texte n'indique pas le mois; je suppose qu'il s'agit toujours du mois de chaoual.

du sultan Maulaï Er-Rechîd. Les troupes prêtèrent serment de fidélité à ce prince dans la matinée du jeudi.

Une éclipse de lune eut lieu le samedi dans la nuit du 4 du mois de djomada Ier de l'année 1082 (8 septembre 1671).

Suivant un autre manuscrit, le pacha Nâṣir resta au pouvoir jusqu'en cette année de 1082 (10 mai 1671-29 avril 1672); il y serait donc resté trois ans et quelques mois. Il aurait été ensuite déposé le lundi, 22 du mois[1] ci-dessus mentionné. Telle est la version qui nous paraît la plus authentique. Dieu sait ce qu'il y a de vrai dans tout cela.

Nâṣir-ben-ʿAbdallah, petit-fils du caïd Nâṣir-ben-ʿAbdallah-El-Aʿamechi-Ed-Derʿi. — Élu après la déposition du caïd précité El-Gharnâṭi, le dernier jour du mois de chaʿbân le brillant de l'année 1119 (25 novembre 1707), il fut déposé au mois de dzou 'l-ḥiddja, le dernier mois de cette même année (23 février-23 mars 1708). On prétend aussi que (١٠٩) sa déposition eut lieu le 12 du mois de moḥarrem, le premier mois de l'année 1120 (3 avril 1708). D'après la première version, il serait resté au pouvoir trois mois et demi; quatre mois et demi, si l'on adopte la seconde. Dieu est mieux instruit et plus sûr de ce qui est. Il est Celui qui connaît tous les secrets.

Lettre dzal (*dz*).

Dzou'-n-Noun-ben-El-Ḥâdj-ben-Biyoukhef-El-Yâʿqoubi-Ech-Chergui. — Élu après la déposition du caïd ʿAbdallah-ben-Moḥammed, fils du caïd Ḥassou-Ed-Derʿi, le jeudi, 13 du mois de djomada Ier de l'année 1090 (22 juin 1679), il

1. Faute d'indication plus précise, on peut admettre que ce fut au mois de djomada Ier de l'année 1082. Il se pourrait cependant que le nom du mois eû été omis dans la phrase précédente.

demeura une année et deux mois au pouvoir et fut ensuite déposé dans la matinée du vendredi, vingtième jour du mois de redjeb l'unique de l'année 1091 (16 août 1680).

Il fut réélu après la déposition du caïd Yaḥya-ben-'Ali-El-Mobârek-Ed-Der'i au commencement de l'année 1093 (10 janvier-31 décembre 1682) et resta cette fois huit mois au pouvoir. Quand il eut été déposé, un conflit s'éleva dans la division des gens des Cherâga au sujet de l'élection du caïd El-Khalîfa qui était lieutenant-général de cette division. Le caïd Moḥammed-ben-Ech-Cheikh-'Ali s'interposa entre les dissidents, les engageant à faire la paix et alors la réconciliation eut lieu amiablement. Puis, après que le conflit fut apaisé, on convint de prendre ce dernier caïd[1] pour pacha et on l'éleva au pouvoir suprême.

Dzou 'n-Noun fut de nouveau réélu après la seconde déposition du caïd Ibrahim-ben-Ḥassoun, au mois sacré de moḥarrem, le premier mois de l'année 1106 (22 août-21 septembre 1694); il resta au pouvoir treize jours suivant les uns, dix-sept jours suivant d'autres. Il fut ensuite déposé sans avoir fait, durant tout son pachalik, la moindre expédition. Cependant son passage au pouvoir fut une ère de prospérité et de gloire.

Lettre za (ز).

Zenka-'Abderraḥman, fils du bachouṭ Bou-Zenâd-El-Fâsi, mais il est plus connu sous le nom de Zenka. — Élu après la déposition du caïd El-Fa'-Benkâno, à la fin de dzou 'l-qa'da de l'année 1094 (20 novembre 1683) (١١٠), il resta au pouvoir six mois et fut déposé au mois de djomada Ier de

1. C'est-à-dire Mohammed-ben-Ech-Cheikh-'Ali.

l'année 1095 (16 avril-16 mai 1684). Il en a déjà été parlé à la lettre *'aïn* (')[1].

Zenko, fils du Kabara-Farma 'Abderraḥman-ben-'Ali, connu sous le nom de Zenko. — Élu après la déposition du caïd Moḥammed, fils du caïd Ḥammedi-Et-Tezerkîni, au mois de djomada II de l'année 1121 (8 août-6 septembre 1709). Il a été déjà question de ce pacha à la lettre *ḥa* (ḥ)[2].

Ici se termine tout ce que nous voulions dire des renseignements qu'il nous a été possible de réunir sur les princes appartenant à la population de Merrâkech[3] depuis le pacha Djouder en en donnant toute la série jusqu'à ce jour, c'est-à-dire jusqu'en l'année 1160 (13 janvier 1747-2 janvier 1748).

Maintenant nous allons reproduire leurs noms en les groupant ensemble ; en indiquant le nombre de ces personnages et en distinguant à part ceux qui ont été élus pachas et qui appartenaient à la division de Fez, de ceux qui appartenaient à celle de Merrâkech ou à celle des Cherâga. Nous dirons le nombre de chacun d'eux, le nombre de ceux qui ont fait des expéditions, de ceux qui sont morts étant au pouvoir, de ceux qui sont venus directement comme pachas de Merrâkech, des fils de pachas qui ont été élus, de ceux dont le père et le grand-père ainsi qu'eux-mêmes ont également été pachas, de ceux qui ont été élus ainsi que leur[4] père. Nous donnerons la liste des caïds-amin[5] depuis le pacha Djouder jusqu'au moment où cette fonction cessa d'être exercée ; la liste de tous ceux qui ont été nommés ḥâkem jusqu'à ce jour, de même celle des Kabara-Farma, celle des askia du Songhaï depuis la venue de l'expédition de Djouder jusqu'à

1. Cf. page 58.
2. Cf. page 153.
3. C'est-à-dire des pachas marocains.
4. Du vivant de leur père.
5. Ou : directeurs des finances.

ce jour, la liste des cadis, des imams de la grande-mosquée depuis Djouder jusqu'à l'heure actuelle. Je rappellerai ensuite tout ce qui s'est passé à ce moment. Implorant donc le secours de Dieu qui est mon appui et ma meilleure providence, je dirai :

Voici la liste de tous ceux qui ont été nommés pachas depuis Djouder jusqu'à Babeker[1]-ben-El-Fa'-Manṣour : 1° Djouder; 2° Maḥmoud-ben-'Ali-ben-Zergoun; 3° Maḥmoud-Ṭâba'; 4° Ammâr-El-Feta; 5° Seliman; 6° Maḥmoud-Lonko; 7° 'Ali-ben-'Abdallah; 8° Aḥmed-ben-Yousef; 9° Ḥaddou-ben-Yousef; 10° Moḥammed-ben-Aḥmed-El-Mâssi; 11° Yousef-ben-'Omar-El-Qaṣri; 12° Ibrahim-ben-Abd-el-Kerîm-El-Djerrâri; 13° 'Ali-ben-'Abdelqâder; 14° 'Ali-ben-El-Mobârek-El-Mâssi; 15° So'oud-ben-Aḥmed-(١٦١)-'Adjeroud; 16° 'Abderraḥman, fils du caïd Ḥammedi-ben-Sa'doun-ben-'Ali-El-Maḥmoudi; 17° Mesa'oud-ben-Manṣour-Ez-Za'eri; 18° Moḥammed-ben-'Otsmân; 19° Aḥmed-ben-'Ali-ben-'Abdallah-Et-Telemsâni; 20° Homeïd-ben-'Abderraḥman-El-Ḥayyouni; 21° Yaḥya-ben-Moḥammed-El-Gharnâṭi; 22° Ḥammedi-ben-Ḥaddou-ben-Yousef-El-Adjenâsi; 23° Moḥammed-ben-Mousa; 24° Moḥammed, fils du caïd Ḥammedi-ben-Sa'doun; 25° Moḥammed-Bouya-ben-El-Ḥâdj-Ech-Cheṭouki; 26° 'Allâl-ben-Sa'îd-El-Ḥarousi; 27° El-Ḥâdj-El-Mokhtâr-ben-Biyoukhef-Ech-Chergui; 28° Ḥammou-ben-'Abdallah-El-'Euldji; 29° 'Ali-ben-'Abdelaziz-El-Feredji; 30° 'Ali-ben-Moḥammed-ben-'Abdallah-Et-Tezerkîni; 31° 'Ammâr-ben-Aḥmed-'Adjeroud-Ech-Chergui; 32° Moḥammed-Bouya, déjà mentionné; 33° Nâṣir-ben-'Abdallah-El-A'amechi-Ed-Der'i; 34° 'Abderraḥman-ben-Sa'îd-Ouneddâm-El-Andalousi; 35° Nâṣir-ben-'Ali-ben-'Abdallah-Et-Telemsâni; 36° Moḥammed-ben-Aḥmed-El-Koiḥel-Ech-Chergui; 37° Mo-

1. Le ms. porte par erreur بك.

ḥammed-ben-'Ali-El-Mobârek-Ed-Der'i; 38° 'Abderraḥman-ben-Moḥammed-Kiraï-Ech-Chergui; 39° 'Ali-ben-Brahim-Ed-Der'i; 40° Sa'îd-ben-'Omar-El-Fasî; 41° 'Abdallah, fils du caïd Ḥassou-Ed-Der'i; 42° Dzou 'n-Noun-ben-El-Ḥâdj-El-Mokhtâr-Ech-Chergui; 43° Moḥammed-ben-Bâ-Reḍouân-El-'Euldji; 44° Yaḥya-ben-'Ali-El-Mobârek-Ed-Der'i; 45° Dzou 'n-Noun-ben-El-Ḥâdj, déjà nommé; 46° Moḥammed-ben-Cheikh-'Ali-Ed-Der'i; 47° Bâ-Ḥaddou-Sâlem-El-Ḥassâni; 48° El-Fa'-Benkâno-Ech-Chergui, fils de Moḥammed-El-Medâseni; 49° Zenka-'Abderraḥman-ben-Bou-Zenâd-El-Fâsi; 50° Moḥammed-ben-Reḍouân, déjà nommé; 51° 'Ali-ben-Ḥomeïd-El-'Amri; 52° El-Mobârek-ben-Manṣour-Ez-Za'eri; 53° So'oud-Bokarnâ-ben-Moḥammed-ben-'Otsmân; 54° El-Ḥasen-ben-Manṣour-El-Monebbih; 55° 'Abdallah-ben-Moḥammed, fils du caïd Ḥassou, déjà nommé; 56° El-'Abbâs-ben-Sa'îd-El-'Amri; 57° Senîber-ben-Manṣour-Ez-Za'eri; 58° Ḥammedi-ben-'Ali-Et-Tezerkîni; 59° So'oud-Bokarnâ-ben-Moḥammed-ben-'Otsmân, déjà nommé; 60° Senîber-ben-Moḥammed-Bouya-Ech-Chetouki; 61° Ibrahim[1]-ben-Ḥassoun-Ed-Der'i; 62° Bâbâ-Seyyid-ben-Ṭâlib-Ech-Chergui; 63° El-Mobârek-ben-Manṣour-Ez-Za'eri, déjà nommé; 64° Brahim-ben-Ḥassoun, déjà nommé; 65° Dzou 'n-Noun-ben-El-Ḥâdj pour la troisième fois; 66° Aḥmed (١٠٦٢)-El-Khalifa-ben-Aḥmed-ben-'Ali-ben-Abdallah-Et-Telemsâni; 67° Senîber-ben-Moḥammed-Bouya-Ech-Cheṭouki, déjà nommé; 68° 'Abdallah-ben-Nâsir-ben-'Abdallah-El-A'amechi-Ed-Der'i; 69° Ḥammedi-ben-'Ali-ben-'Abdallah-Et-Tezerkîni, déjà nommé; 70° El-Mobârek-ben-Ḥammedi-ben-'Ali-El-Mobârek-Ed-Der'i; 71° Moḥammed-ben-Moḥammed-Seyyidi-Ech-Chergui-Es-Senaouni; 72° 'Ali-ben-Moḥammed-ben-Cheikh-'Ali-Ed-Der'i; 73° Yaḥya-ben-Moḥammed-Zenko-El-Fech-

1. Le mot : « ben » n'est pas dans le ms.

tânî; 74° 'Abdallah-ben-Nâṣir-ben-'Abdallah-Et-Telemsâni; 75° Senîber-ben-Manṣour-Ez-Za'eri, déjà nommé; 76° Ḥammedi-ben-'Ali-Et-Tezerkîni, pour la troisième fois; 77° 'Abdallah-ben-Nâṣir-ben-'Ali-ben-'Abdallah-Et-Telemsâni, déjà nommé; 78° Yousef-ben-'Abdallah-Ed-Der'i; 79° Moḥammed-ben-Sa'îd-ben-'Omar-El-Fâsi; 80° Bâbâ-Ḥammedi-ben-Manṣour-Ech-Chergui; 81° 'Ali-ben-El-Mobârek-ben-'Ali-El-Mobârek-Ed-Der'i, déjà nommé; 82° Sanṭâ'a-ben-Fâres-El-Fâsi; 83° Mâmi-ben-'Ali-Et-Tezerkîni; 84° Moḥammed-ben-Sa'îd-ben-'Omar, déjà nommé; 85° Moḥammed-ben-Moḥammed-Seyyidi-Ech-Chergui, déjà nommé; 86° Yaḥya-ben-Moḥammed-Zenka-El-Fechtâni, déjà nommé; 87° 'Abdallah-ben-Nâṣir-ben-'Ali-ben-'Abdallah-Et-Telemsâni, pour la troisième fois; 88° Sa'îd-ben-Bou-Ziân-El-Khebbâzi; 89° Mâmi-ben-'Ali-Et-Tezerkîni, déjà nommé; 90° El-Mobârek-ben-Moḥammed-El-Gharnâṭi; 91° Nâṣir-ben-'Abdallah-ben-Nâṣir-ben-'Abdallah-El-A'amechi-Ed-Der'i; 92° 'Abdallah-ben-Nâṣir-ben-'Ali-ben-'Abdallah-Et-Telemsâni, pour la quatrième fois; 93° 'Ali-ben-Raḥmoun-El-Monebbih; 94° Moḥammed-ben-Ḥammedi-ben-'Ali-Et-Tezerkîni; 95° Ḥammedi-Zenka-ben-'Abderraḥman-ben-'Ali-El-Mobârek-Ed-Der'i; 96° Yaḥya-ben-Moḥammed-Zenka-El-Fechtâni, pour la troisième fois; 97° 'Ali-ben-Moḥammed-ben-Cheikh-'Ali-Ed-Der'i, déjà nommé; 98° Babeker-ben-Moḥammed-Seyyidi; 99° Yousef-ben-'Abdallah-Ed-Der'i, déjà nommé; 100° 'Abdelqâder-ben-'Ali-Et-Tezerkîni; 101° 'Abdallah-ben-Nâṣir-ben-'Ali-Et-Telemsânî, pour la cinquième fois; 102° 'Ali-ben-El-Mobârek-Ed-Der'i, pour la troisième fois; 103° le pacha Manṣour, fils du caïd Senîber-ben-Manṣour-Ez-Za'eri; 104° Mâmi-ben-'Ali-Et-Tezerkîni, pour la troisième fois; 105° 'Ali-ben-Raḥmoun-El-Monebbih, déjà nommé; 106° 'Abdallah-ben-El-Ḥâdj-ben-Sa'îd-El-'Imrâni; 107° 'Ammâr-ben-So'oud-Bokarnâ-ben-Moḥammed-ben-'Otsmân-Ech-Chergui (١٦٢);

108° Bâ-Ḥaddou, fils du caïd Yaḥya-ben-El-Mobârek-Ed-Der'i; 109° 'Abdallah-ben-El-Ḥâdj-El-Imrâni, déjà nommé; 110° Bâ-Ḥaddou, fils du caïd Yaḥya-ben-El-Mobârek, déjà nommé; 111° Moḥammed-ben-Ḥammedi-ben-'Ali-Et-Tezerkîni, déjà nommé; 112° 'Ali-ben-Moḥammed-ben-Cheikh-'Ali-Ed-Der'i, pour la troisième fois; 113° 'Abdallah-ben-El-Ḥâdj-El-'Imrâni, pour la troisième fois; 114° 'Abdallah-ben-El-Ḥâdj, ci-dessus indiqué, pour la quatrième fois; 115° le pacha Manṣour, fils du caïd Senîber-ben-Manṣour, déjà nommé; 116° Bâ-Ḥaddou, fils du caïd Yaḥya-Ed-Der'i pour la troisième fois; 117° 'Abdelgheffâr-ben-'Ali-Et-Tezerkîni; 118° 'Abdallah-ben-El-Ḥâdj-El-'Imrâni, pour la cinquième fois; 119° 'Abdallah-ben-El-Ḥâdj ci-dessus nommé, pour la sixième fois; 120° Maḥmoud, fils du caïd Moḥammed-Bouya-Ech-Cheṭouki; 121° 'Abderraḥman, fils du caïd Ḥammedi-ben-'Ali-Et-Tezerkîni; 122° 'Abdallah-ben-El-Ḥâdj-El-'Imrâni, pour la septième fois; 123° Bâ-Ḥaddou, fils du caïd Yaḥya-Ed-Der'i, pour la quatrième fois; 124° Yousef-ben-'Abdallah-Ed-Der'i, pour la troisième fois; 125° 'Abdallah-ben-El-Ḥâdj, pour la huitième fois; 126° Moḥammed-Beḥḥou, fils du caïd Senîber-ben-Manṣour-Ez-Za'eri; 127° El-Ḥasani, fils du caïd Ḥammedi-ben-'Ali-Et-Tezerkîni; 128° Moḥammed, fils du caïd Ḥammedi-ben-'Ali-Et-Tezerkîni; pour la troisième fois; 129° Sa'îd-ben-'Ali-Et-Tezerkîni; 130° Ḥammedi, fils du caïd Senîber-ben-Manṣour-Ez-Za'eri; 131° Sa'îd-ben-'Ali-Et-Tezerkîni, déjà nommé; 132° Ḥammedi, fils du caïd Senîber, déjà nommé; 133° Moḥammed, fils du caïd Ḥammedi-ben-'Ali-Et-Tezerkîni, pour la quatrième fois; 134° son frère El-Fa'-Ibrahim, fils du caïd Ḥammedi ci-dessus nommé; 135° Ḥammedi, fils du caïd Manṣour, fils du caïd Moḥammed-ben-'Ali-El-Mobârek-Ed-Der'i; 136° El-Fa'-Ibrahim, fils du caïd Ḥammedi-ben-'Ali, déjà nommé; 137° Sa'îd, fils du caïd Senîber-ben-Manṣour-Ez-Za'eri; 138° Yaḥya, fils du caïd Yaḥya, fils du caïd Ḥammedi-ben-'Ali-Et-Tezerkîni; 139° Bâbâ-Seyyid, fils du caïd Ḥammedi-Zenka-ben-'Abderraḥman-ben-'Ali-Ed-Der'i; 140° El-Ḥasen-ben-Moḥammed-El-'Amri; 141° Sa'îd, fils du caïd Senîber-ben-Manṣour, déjà nommé; 142° Sa'îd, fils du caïd Ḥammedi-ben-'Ali-Et-Tezerkîni; 143° Sa'îd, fils du caïd Sa'îd, fils du caïd Senîber-ben-Manṣour, pour la troisième fois; 144° Bâbâ-Seyyid, fils du caïd Ḥammedi-Zenka, déjà nommé; 145° El-Fa'-Maḥmoud, fils du caïd Senîber, fils du caïd Moḥammed-Bouya-Ech-Cheṭouki; 146° 'Abdelgheffâr, fils du lieutenant-général Ousâma, fils du caïd (١٦٤) 'Ali-Et-Tezerkîni; 147° Babeker-ben-El-Fa'-Manṣour, fils du caïd Moḥammed-ben-'Ali-El-Mobârek-Ed-Der'i; 148° Babeker, pour la deuxième fois; il n'eut pas de successeur direct; 149° Sa'îd, fils du caïd Ḥammedi-ben-'Ali-Et-Tezerkîni; 150° 'Ali-ben-'Abderraouf-ben-Sâliḥ, fils du caïd Moḥammed-ben-Cheikh-'Ali-Ed-Der'i; 151° 'Ali, fils du caïd 'Ammâr-ben-So'oud-Bokarnâ-Ech-Chergui; 152° Bâ-Ḥaddou, fils du caïd Babeker-ben-El-Fa'-Manṣour, fils du caïd Moḥammed-ben-'Ali-El-Mobârek-Ed-Der'i. Soit en tout cent cinquante-quatre[1]. Enfin le pacha 'Ali-ben-Manṣour, fils du caïd 'Ali-Et-Tezerkîni, plus connu sous le nom de Bâbâ.

Il y eut en tout quatre-vingt-dix-sept pachas différents ou, en comptant ceux qui furent réélus, cent cinquante-sept[2]. Il y eut cinquante réélections[3] de ces divers personnages et le nombre de ceux qui furent réélus est en tout de quatorze pachas qui furent : 1° le caïd Moḥammed-ben-Bouya-Ech-Cheṭouki; 2° le caïd 'Abdallah-ben-Moḥammed-Ḥassou; 3° le caïd Mâmi-Bâ-Reḍouân-El-'Euldji; 4° le caïd Dzou 'n-Noun-ben-

1. La liste n'en renferme que 153, en y comprenant celui dont le nom vient ensuite. Plus loin on dit qu'il y en eut 157.

2. Plus haut on a donné le chiffre de 154.

3. La liste en comprend 30.

El-Ḥâdj-Ech-Chergui; 5° le caïd Bokarnâ-ben-Moḥammed-ben-ʿOtsmân; 6° le caïd Ibrahim-ben-Ḥâssoun; 7° le caïd El-Mobârek-ben-Manṣour; 8° le caïd Senîber-ben-Manṣour; 9° le caïd Senîber-ben-Bouya; 10° le caïd ʿAli-ben-El-Mobârek; 11° le caïd ʿMoḥammed-ben-Moḥammed-Seyyidi; 12° le caïd Moḥammed-ben-ʿSaʿîd-ben-Bouya; 13° le caïd Yaḥya-El-Fechtâni; 14° le caïd Ḥammedi-ben-ʿAli-Et-Tezerkîni; 15° le caïd ʿAbdallah-ben-Nâṣir-ben-ʿAli-Et-Telemsâni; 16° le caïd Yousef-ben-ʿAbdallah-Ed-Derʿi; 17° le caïd ʿAli-ben-Moḥammed-Cheikh-ʿAli-Ed-Derʿi; 18° le caïd ʿAli-ben-Raḥmoun; 19° le caïd Mâma-ben-ʿAli; 20° le caïd ʿAbdallah-ben-El-Ḥâdj; 21° le caïd Bâ-Ḥaddou, fils du caïd Yaḥya-Ed-Derʿi; 22° le caïd Manṣour-bacha, fils du caïd Senîber; 23° le caïd Moḥammed, fils du caïd Ḥammedi-Et-Tezerkîni; 24° le caïd Seyyidi-ben-ʿAli-Et-Tezerkîni; 25° le caïd Ḥammedi, fils du caïd Senîber; 26° le caïd El-Faʿ-Ibrahim-ben-Ḥammedi-Et-Tezerkîni; 27° le caïd Saʿîd, fils du caïd Senîber; 28° le caïd Bâbâ-Seyyidi, fils du caïd Ḥammedi-Zenka; 29° le caïd Ba-Babekar-ben-El-Faʿ-Manṣour; 30° le caïd Saʿîd, fils du caïd[1].

Le nombre de ceux qui furent réélus et qui appartenaient à la division de Fez fut de onze[2], dont dix étaient fils de caïds[3]. Ce furent : 1° le caïd (١٦٥) Mâmi-El-ʾEuldji; 2° le caïd Ibrahim-ben-Ḥassoun; 3° le caïd Ḥammedi-ben-ʿAli; 4° le caïd Moḥammed-ben-Saʿîd; 5° le caïd ʿAli-ben-Moḥammed-ben-Cheikh-ʿAli; 6° le caïd Mâma-ben-ʿAli; 7° le caïd ʿAbdallah-ben-El-Ḥâdj; 8° le caïd Moḥammed, fils du caïd Ḥammedi; 9° le caïd Saʿîd-ben-ʿAli, et 10° le caïd El-Fâʿ-Ibrahim, fils du caïd Ḥammedi.

1. Il est certain que la liste est tronquée ou que le copiste a omis une partie du texte.

2. La liste n'en compte que dix.

3. La traduction exacte de ce passage est : Et le caïd fils du caïd Hammedi est dix. Je suppose que le mot Ḥammedi a été ajouté par erreur.

Le nombre des pachas appartenant à la division de Merrâkech qui furent réélus fut de quinze : 1° le caïd Moḥammed-Bouya; 2° le caïd ʿAbdallah-ben-Moḥammed-Ḥassou; 3° le caïd El-Mobârek-ben-Manṣour; 4° le caïd Senîber-ben-Manṣour; 5° le caïd Senîber-ben-Bouya; 6° le caïd ʿAli-ben-El-Mobârek; 7° le caïd Yaḥya-El-Fechtâni; 8° le caïd Yousef-ben-ʿAbdallah; 9° le caïd ʿAli-ben-Raḥmoun; 10° le caïd Manṣour-bacha; 10° le caïd Senîber; 11° le caïd Bâ-Ḥaddou, fils du caïd Yaḥya; 12° le caïd Ḥammedi, fils du caïd Senîber; 13° le caïd Saʿïd, fils du caïd Senîber; 14° le caïd Bâbâ-Seyyid, fils du caïd Zenko et 15° le caïd Babeker-ben-El-Faʿ-Manṣour.

Quatre pachas de la division des Cheraga furent réélus; ce furent : 1° le caïd Dzou 'n-Noun-ben-El-Ḥâdj; 2° le caïd Soʿoud-Bokarnâ-ben-Moḥammed-ben-ʿOtsmân; 3° le caïd Abdallah-ben-Nâṣir-ben-ʿAli-ben-ʿAbdallah-Et-Telemsâni et 4° le caïd Moḥammed-ben-Moḥammed-Seyyidi.

Vingt et une réélections eurent lieu dans la division de Fez et il y en eut un nombre égal dans la division de Merrâkech. Quant aux Cherâga, ils n'eurent que huit réélections parmi leurs pachas.

Les pachas réélus deux fois sont au nombre de dix-huit[1], savoir : 1° le caïd Moḥammed-Bouya-ben-El-Ḥâdj; 2° le caïd Mâmoy-Bâ-Reḍouân[2]; 3° le caïd ʿAbdallah-ben-Moḥammed-Ḥassou; 4° le caïd El-Mobârek-ben-Manṣour; 5° le caïd Soʿoud-Bokarnâ, fils de Moḥammed-ben-ʿOtsmân; 6° le caïd Senîber-ben-Bouya; 7° le caïd Brahim-ben-Ḥassoun; 8° le caïd Moḥammed-ben-Saʿîd-ben-ʿOmar; 9° le caïd ʿAli-ben-Raḥmoun; 10° le caïd Moḥammed-ben-Moḥammed-Seyyidi; 11° le caïd Manṣour-pacha, fils du caïd

1. Il n'y en a que 16 d'indiqués.
2. Il faut peut-être lire : Mamoy-Berouân, surnom du pacha Moḥammed-ben-Bâ-Raḍouân. Cf. ci-dessus, p. 9.

Senîber; 12° le caïd Sa'îd-ben-'Ali-Et-Tezerkîni; 13° le caïd Ḥammedi, fils du caïd Senîber; 14° le caïd El-Fa'-Ibrahim, fils du caïd Ḥammedi; 15° le caïd Bâbâ-Seyyid, fils du caïd Zenko; 16° le caïd Babeker-ben-El-Fa'-Manṣour.

Les pachas qui furent réélus trois fois furent au nombre de huit : 1° le caïd Dzou 'n-Noun-ben-El-Ḥâdj (١٠٦٦); 2° le caïd Ḥammedi-ben-'Ali; 3° le caïd 'Ali-ben-El-Mobârek-Ed-Der'i; 4° le caïd 'Ali-ben-Moḥammed-ben-Cheikh-'Ali-Ed-Der'i; 5° le caïd Yaḥya-El-Fechtâni; 6° le caïd Yousef-ben-'Abdallah-Ed-Der'i; 7° le caïd Mâmi-ben-'Ali-Et-Tezerkîni, et 8° le caïd Sa'îd, fils du caïd Senîber-ben-Manṣour.

Les pachas réélus quatre fois furent au nombre de deux : 1° le caïd Moḥammed, fils du caïd Ḥammedi-ben-'Ali-Et-Tezerkîni, et 2° le caïd Bâ-Ḥaddou, fils du caïd Yaḥya-ben-'Ali-El-Mobârek-Ed-Der'i; un seul fut élu cinq fois, ce fut le caïd 'Abdallah, fils du caïd Nâṣir-ben-'Ali-ben-'Abdallah-Et-Telemsâni; personne ne fut élu huit fois, sauf, le caïd 'Abdallah-ben-El-Ḥâdj-ben-Sa'îd-El-'Imrâni.

Pachas qui portèrent le même nom. Cinq d'entre eux se nommèrent Maḥmoud : 1° Maḥmoud-ben-Zergoun : 2° Maḥmoud-Ṭâba'; 3° Maḥmoud-Lonko; 4° Maḥmoud, fils du caïd Moḥammed-Bouya-Ech-Cheṭouki; 5° le fils du frère de ce dernier : Maḥmoud, fils du caïd Senîber-ben-Bouya. Quatorze avaient nom Moḥammed : 1° Moḥammed-ben-Aḥmed-El-Mâssi; 2° Moḥammed-ben-'Otsmân; 3° Moḥammed-ben-Mousa; 4° Moḥammed, fils du caïd Ḥammedi-ben-Sa'doun; 5° Moḥammed-Bouya-ben-El-Ḥâdj; 6° Moḥammed-ben-Aḥmed-El-Koïḥel; 7° Moḥammed-ben-'Ali-El-Mobârek; 8° Moḥammed-ben-Bâ-Redouân; 9° Moḥammed-ben-Cheikh-'Ali-Ed-Der'i; 10° Moḥammed-ben-Moḥammed-Seyyidi; 11° Moḥammed-ben-Sa'îd-ben-'Omar; 12° Mohammed, surnommé Mâmi-ben-'Ali; 13° Moḥammed, fils du caïd Ḥammedi-ben-'Ali, et 14° Moḥammed-Beḥḥou, fils du caïd Senîber-ben-Manṣour.

Neuf pachas ont porté le nom de Ḥammedi[1] : 1° Ḥammedi-ben-Yousef-El-'Euldji ; 2° Ḥammedi-ben-'Ali-ben-'Abdallah-Et-Telemsâni ; 3° Ḥammedi-ben-Ḥaddou-ben-Yousef-El-Adjenâsi ; 4° Ḥammedi-ben-'Ali-ben-Moḥammed-Et-Tezerkîni ; 5° Aḥmed, plus connu sous le nom de caïd El-Khelîfa, fils d'Aḥmed-ben-'Ali-ben-'Abdallah ci-dessus nommé ; 6° Bâbâ-Ḥammedi-ben-Manṣour : 7° Ḥammedi-ben-El-Fa'-Manṣour-Ech-Chergui ; 8° Aḥmed-Zenka, fils du Kabara-Farma' Abderraḥman-ben-'Ali ; 9° Ḥammedi, fils du caïd Senîber-ben-Manṣour, fils du caïd Ḥammedi-ben-El-Fa'-Manṣour, fils du caïd Moḥammed-ben-'Ali-Ed-Der'i.

Dix pachas (١٦٧) se sont appelés 'Ali : 1° 'Ali-ben-'Abdallah-Et-Telemsâni ; 2° 'Ali-ben-'Abdelqâder ; 3° 'Ali-ben-El-Mobârek-El-Mâssi ; 4° 'Ali-ben-'Abdelaziz-El-Feredji ; 5° 'Ali-ben-Moḥammed-Et-Tezerkîni ; 6° 'Ali-ben-Ibrahim-Ed-Der'i ; 7° 'Ali-ben-Ḥomeïd-El-'Amri ; 8° 'Ali-ben-Moḥammed-ben-Cheikh-'Ali-Ed-Der'i ; 9° 'Ali-ben-El-Mobârek-Ed-Der'i ; 10° 'Ali-ben-Raḥmoun-El-Monebbih.

Neuf[2] pachas avaient pour nom Sa'îd : 1° So'oud-ben-Aḥmed-Adjeroud ; 2° Sa'îd-ben-'Ali-El-Maḥmoudi ; 3° Sa'îd-ben-'Omar-El-Fâsi ; 4° So'oud-Bokarnâ-ben-Moḥammed-ben-'Otsmân ; 5° Sa'îd-Bou-Ziân-El-Khebbâzi ; 6° Sa'îd-ben-'Ali-Et-Tezerkîni ; 7° Sa'îd, fils du caïd Senîber ; 8° Sa'îd, fils du caïd Ḥammedi.

Six pachas se nommaient 'Abderraḥman : 1° 'Abderraḥman, fils du caïd Ḥammedi-ben-Sa'doun ; 2° Abderraḥman-ben-Sa'îd-Ouneḍḍâm ; 3° 'Abderraḥman-ben-Ḥammedi-Kiraï-Ech-Chergui ; 4° 'Abderraḥman, plus connu sous le nom de

1. Les noms de Aḥmed et Ḥammedi sont confondus ensemble. Ce sont en effet deux variantes du même nom.
2. Même en y comprenant les So'oud, cela ne fait que 8.

Zenka, fils de Bou-Zenâd; 5° ʿAbderraḥman, fils du caïd Ḥammedi-ben-ʿAli ; 6° ʿAbderraḥman, plus connu sous le nom de Bâbâ-Seyyid, fils du caïd Ḥammedi-Zenko-ben-Abderraḥman-ben-ʿAli-Ed-Derʿi.

Quatre pachas avaient nom ʿAbdallah : 1° ʿAbdallah, fils du caïd Moḥammed-Ḥâssou; 2° ʿAbdallah, fils du caïd Nâṣir-ben-ʿAbdallah-El-Aʿ-amechi-Ed-Derʿi ; 3° ʿAbdallah, fils du pacha Nâṣir-ben-ʿAli-ben-ʿAbdallah-Et-Telemsâni, et 4° Abdallah-ben-Ḥâdj-Saʿîd-El-ʿImrâni.

Trois pachas ont eu pour nom El-Mobârek : 1° El-Mobârek, fils du pacha Manṣour ; 2° El-Mobârek-ben-Ḥammedi-ben-ʿAli-El-Mobârek-Ed-Derʿi, et 3° El-Mobârek-ben-Moḥammed-El-Gharnâṭi.

Trois pachas portèrent le nom de ʿAmmâr : 1° ʿAmmâr-El-Feta-El-ʿEuldji ; 2° ʿAmmâr-ben-Aḥmed-Adjeroud, et 3° ʿAmmâr, fils du caïd Soʿoud-Bokarnâ-ben-Moḥammed-ben-ʿOtsmân.

Trois pachas s'appelèrent Nâṣir : 1° le caïd Nâṣir-ben-ʿAbdallah-El-Aʿamechi ; 2° Nâṣir-ben-ʿAli-ben-ʿAbdallah-Et-Telemsâni, et 3° Nâṣir-ben-ʿAbdallah, fils du caïd Nâṣir, ci-dessus mentionné.

Trois pachas portèrent le nom de El-Ḥasen[1] : 1° El-Ḥasen-ben-Manṣour-El-Monebbih ; 2° El-Ḥasani, fils du caïd Ḥammedi-ben-ʿAli-Et-Tezerkîni, et 3° El-Ḥasen-ben-Moḥammed-El-ʿAmrî.

Trois pachas eurent pour noms Ibrahîm[2] : 1° Brahîm-ben-Abdelkerîm-El-Djerrâri ; 2° Brahîm-ben-Ḥassoun-Ed-Derʿi et 3° El-Faʿ-Ibrahîm, fils du caïd (١٦٨) Ḥammedi-ben-ʿAli-Et-Tezerkîni.

Trois pachas se nommèrent Ḥaddou : 1° Ḥaddou-ben-

1. Ou : El-Ḥasani, ethnique de El-Ḥasen.
2. Ou : Brahîm, prononciation vulgaire de Ibrahîm.

Yousef-El-Adjenâsi ; 2° Bâ-Ḥaddou-ben-Sâlem-El-Ḥassâni, et 3° Bâ-Ḥaddou-ben-Yaḥya-ben-'Ali-Ed-Der'i.

Quatre pachas s'appelèrent Yaḥya : 1° Yaḥya-ben-Moḥammed-El-Gharnâṭi ; 2° Yaḥya-ben-'Ali-El-Mobârek-Ed-Der'i ; 3° Yaḥya-El-Fechtâni, et 4° Yaḥya, fils du caïd Ḥammedi-ben-'Ali.

Deux pachas se dénommèrent Yousef : 1° Yousef-ben-'Omar-El-Qaṣri, et 2° Yousef-ben-'Abdallah-Ed-Der'i.

Deux pachas furent appelés Senîber : 1° Senîber, fils du caïd Moḥammed-Bouya, et 2° Senîber-ben-Manṣour-Ez-Za'eri.

Deux pachas portèrent le nom de Bâbâ-Seyyid : 1° Bâbâ-Seyyid-ben-Ṭalib-Ḥammedi-Ech-Chergui, et 2° Bâbâ-Seyyid, fils du caïd Ḥammedi-Zenko-ben-'Abderraḥman.

Deux pachas eurent pour nom 'Abdelgheffâr : 1° 'Abdelgheffâr, fils du caïd 'Ali-Et-Tezerkîni ; 2° 'Abdelgheffâr, fils du lieutenant-général Ousâma, fils du caïd 'Ali ci-dessus nommé.

Neuf des pachas étaient des renégats, savoir : 1° Djouder ; 2° Moḥammed-ben-Zergoun ; 3° Maḥmoud-Ṭâba' ; 4° 'Ammâr-El-Feta ; 5° Seliman ; 6° Maḥmoud-Lonko ; 7° Ḥammedi-ben-Yousef ; 8° le caïd Mâmi-ben-Bâ-Redouân, et 9° Ḥammou-ben-'Abdallah.

Dix-neuf[1] pachas étaient originaires du Dra : 1° le pacha Ḥomeïd[2]-El-Ḥayyouni ; 2° le caïd Nâṣir-ben-'Abdallah-El-A'amechi ; 3° le caïd 'Abdallah-ben-Moḥammed-Ḥasen-Ed-Der'i ; 4° le caïd Moḥammed-ben-'Ali-ben-El-Mobârek-Ed-Der'i ; 5° le caïd Yaḥya-ben-'Ali, frère du précédent ; 6° le caïd Brahîm-ben-Ḥassoun ; 7° le caïd Moḥammed-ben-Cheikh-'Ali-Ed-Der'i ; 8° le caïd 'Abdallah, fils du caïd Nâṣir-

1. Le ms. porte : dix-sept ici ; plus loin il y a dix-neuf qui est le nombre indiqué dans l'énumération.

2. C'est par erreur qu'on trouvera quelquefois plus haut : Ḥamîd.

ben-'Abdallah-El-A'amechi ; 9° le caïd 'Ali-ben-El-Mobârek-ben-'Ali-El-Mobârek ; 10° le caïd El-Mobârek-ben-Ḥammedi-ben-'Ali-El-Mobârek-Ed-Der'i ; 11° le caïd 'Ali-ben-Ibrahîm-Ed-Der'i ; 12° le caïd Nâṣir-ben-'Abdallah, fils du caïd Nâṣir-ben-'Abdallah-El-A'amechi ; 13° le caïd Yousef-ben-'Abdallah-Ed-Der'i ; 14° le caïd 'Ali, fils du caïd Moḥammed-ben-Cheikh-'Ali-Ed-Der'i ; 15° le caïd Aḥmed-Zenko-ben-'Abderraḥman-ben-'Ali-El-Mobârek-Ed-Der'i ; 16° le caïd Bâ-Ḥaddou, fils du caïd Yaḥya-ben-'Ali-El-Mobârek ci-dessus nommé ; 17° le caïd Ḥammedi-ben-El-Fa'-Manṣour ; 18° son frère, le caïd Babeker-ben-El-Fa'-Manṣour, fils du caïd Moḥammed-ben-'Ali-El-Mobârek-Ed-Der'i ; 19° le caïd Bâbâ-Seyyid, fils (١٦٩) du caïd Ḥammedi-Zenko-ben-'Abderraḥman-ben-'Ali-Ed-Der'i. Sur ces dix-neuf pachas qui étaient originaires du Dra, sept appartenaient à la division de Fez, savoir : 1° Ḥomeïd-El-Ḥayyouni ; 2° le caïd Nâṣir-ben-'Abdallah-El-A'amechi ; 3° son frère, Brahîm-ben-Ḥassoun ; 4° son fils, le caïd 'Abdallah ; 5° son petit-fils, le caïd Nâṣir-ben-'Abdallah ; 6° le caïd Moḥammed-ben-Cheikh-'Alî-Ed-Der'i ; et 7° son fils, le caïd 'Ali-ben-Moḥammed. Tous les autres pachas étaient de la division de Merrâkech.

Dans la division de Fez, il y eut quarante-deux[1] pachas élus : 1° le pacha Djouder ; 2° Maḥmoud-ben-Zergoun ; 3° Maḥmoud-Ṭâba' ; 4° 'Ammâr-El-Feta ; 5° Seliman ; 6° Maḥmoud-Lonko ; 7° Ḥammedi-ben-Yousef ; 8° Moḥammed-El-Mâssi ; 9° Brahim-El-Djerrâri ; 10° 'Ali-ben-Mobârek-El-Mâssi ; 11° Ḥomeïd-El-Ḥayyouni ; 12° Moḥammed-ben-Mousa ; 13° 'Allâl-El-Ḥarousi[2] ; 14° Ḥammou-ben-'Abdallah-El-'Euldji ; 15° 'Ali-ben-Moḥammed-Et-Tezerkîni ; 16° Nâṣir-ben-'Abdallah-El-A'amechi ; 17° Sa'îd-ben-'Omar ; 18° Mâmi-ben-Bâ-Redouân ; 19° Moḥammed-ben-Cheikh-'Ali-Ed-Der'i ;

1. Il n'y en a que 40 d'indiqués.
2. Le ms. porte ici : El-Djerouâsi, tandis qu'ailleurs on lit : El-Ḥarousi.

20° Zenka-ben-Bou-Zenâd; 21° A'li-ben-Ḥomeïd-El-'Amri; 22° El-Ḥasen-ben-Manṣour; 23° Ḥammedi-ben-'Ali-Et-Tezerkîni; 24° Brahîm-ben-Ḥassoun; 25° 'Abdallah-ben-Nâṣir-ben-'Abdallah-El-A'amechi; 26° 'Ali-ben-Moḥammed-ben-Cheikh-'Ali; 27° Moḥammed-ben-Sa'îd-ben-'Omar; 28° Senta'a-ben-Fâres; 29° Mâmi-ben-'Ali-Et-Tezerkîni; 30° Sa'îd-ben-Ziân; 31° Nâṣir-ben-'Abdallah-ben-Nâṣir-El-A'amechi; 32° Moḥammed-ben-Ḥammedi-ben-'Ali-Et-Tezerkîni; 33° 'Abdelqâder-ben-'Ali-Et-Tezerkîni; 34° 'Abdallah-ben-El-Ḥâdj-ben-Sa'îd-El-'Imrâni; 35° 'Abdelgheffâr-ben-'Ali-Et-Tezerkîni; 36° 'Abderraḥman-ben-Ḥammedi-ben-'Ali-Et-Tezerkîni; 37° El-Ḥasani-ben-Ḥammedi-ben-'Ali; 38° Sa'îd-ben-'Ali-Et-Tezerkîni; 39° El-Ḥasen-ben-'Ali-Et-Tezerkîni; 40° 'Abdelgheffâr, fils du lieutenant-général Ousâma-ben-'Ali-Et-Tezerkîni.

Le nombre (١٧٠) des pachas qui furent pris dans la division de Merrâkech fut de trente-cinq[1] : 1° Ḥammedi[2]-ben-Yousef-El-Adjenâsi; 2° Yousef-ben-'Omar-El-Qaṣri; 3° 'Abderraḥman-ben-Aḥmed-ben-Sa'doun; 4° Mesa'oud-ben-Manṣour-Ez-Za'eri; 5° Yaḥya-ben-Ḥammedi-ben-Ḥaddou-El-Adjenâsi; 6° Moḥammed-ben-Aḥmed-ben-Sa'doun; 7° Moḥammed-Bouya-ben-El-Ḥâdj-Ech-Cheṭouki; 8° 'Ali-ben-'Abdelaziz-El-Feredji; 9° 'Abderraḥmân-ben-Sa'îd-Ouneḍḍâm-El-Andalousi; 10° Moḥammed-ben-'Ali-El-Mobârek-Ed-Der'i; 11° 'Ali-ben-Ibrahim-Ed-Der'i; 12° 'Abdallah, fils du caïd Ḥasen-Ed-Der'i; 13° Yaḥya-ben-'Ali-El-Mobârek-Ed-Der'i; 14° Bâ-Ḥaddou-ben-Sâlem-El-Ḥassâni; 15° El-Mobârek-ben-Manṣour-Ez-Za'eri; 16° son frère, Senîber-ben-Manṣour; 17° Senîber-ben-Moḥammed-Bouya-Ech-Cheṭouki;

1. Il n'y en a que 34. C'est le premier : Ḥaddou-ben-Yousef-El-Adjenâsi, qui aura sans doute été omis par le copiste.

2. Ce nom manque dans le ms. ainsi que celui de ben-Ḥaddou qui devait venir ensuite.

18° El-Mobârek-ben-Ḥammedi-ben-'Ali-El-Mobârek-Ed-Der'i; 19° Yaḥya-ben-Moḥammed-El-Fechtâni; 20° Yousef-ben-'Abdallah-Ed-Der'i; 21° 'Ali-ben-El-Mobârek-ben-'Ali-El-Mobârek-Ed-Der'i; 22° El-Mobârek-ben-Moḥammed-El-Gharnâṭi; 23° 'Ali-ben-Raḥmoun-El-Monebbih; 24° Zenko-ben-'Abderraḥman-ben-'Ali-El-Mobârek-Ed-Der'i; 25° Manṣour-bâcha, fils du caïd Senîber-ben-Manṣour-Ez-Za'eri; 26° Bâ-Ḥaddou-ben-Yaḥya-ben-'Ali-El-Mobârek-Ed-Der'i; 27° Maḥmoud, fils du caïd Moḥammed-Bouya-Ech-Cheṭouki; 28° Moḥammed-Beḥḥou, fils du caïd Senîber-ben-Manṣour-Ez-Za'eri; 29° son frère Ḥammedi, fils dudit caïd Senîber; 30° son frère Sa'îd, né du même frère; 31° Bâbâ-Seyyid, fils du caïd Ḥammedi-Zenko-ben-'Abderraḥman-ben-'Ali; 32° Maḥmoud, fils du caïd Senîber-ben-Moḥammed-Bouya-Ech-Cheṭouki; 33° Ḥammedi-ben-El-Fa'-Manṣour, fils du caïd Moḥammed-ben-'Ali-Ed-Der'i; 34° son frère Babeker-ben-El-Fa'-Manṣour, fils de Moḥammed, ci-dessus nommé.

Vingt-deux pachas furent nommés qui appartenaient à la division des Cherâga : 1° 'Ali-ben-'Abdallah-Et-Telemsâni; 2° 'Ali-ben-'Abdelqâder, 3° So'oud-ben-Aḥmed-'Adjeroud; 4° Sa'îd-ben-'Ali-El-Maḥmoudi; 5° Moḥammed-ben-Moḥammed-ben-'Otsmân; 6° Ḥammedi-ben-'Ali-ben-'Abdallah-Et-Telemsâni; 7° El-Hâdj-El-Mokhtâr-ben-Biyoukhef; 8° 'Ammâr-ben-Aḥmed-'Adjeroud; 9° Nâṣir-ben-'Ali-ben-'Abdallah-Et-Telemsâni; 10° Moḥammed-ben-(١٧١) Aḥmed-El-Koïḥel; 11° 'Abderraḥman-ben-Moḥammed-Kiraï; 12° Dzou 'n-Noun-ben-El-Ḥâdj-ben-Biyoukhef; 13° El-Fa'-Benkâno-ben-Moḥammed-El-Medâseni; 14° So'oud-Bokarnâ-ben-Moḥammed-ben-'Otsmân; 15° El-'Abbâs-ben-Sa'îd-El-'Amri; 16° Bâbâ-Seyyid-ben-Ṭâlib-Ḥammedi-Ech-Chergui; 17° le caïd Ḥammedi-El-Khelîfa, fils du pacha Aḥmed-ben-'Ali-ben-'Abdallah-Et-Telemsâni; 18° Moḥammed-ben-Moḥammed-ben-Seyyidi-Es-Senâouni; 19° 'Abdallah-ben-Nâṣir-ben-'Ali-ben-'Abdallah-

Et-Telemsâni; 20° Bâbâ-Aḥmed-ben-Manṣour-Ech-Chergui; 21° Babeker-ben-Moḥammed-Seyyid; 22° 'Ammâr, fils du caïd So'oud-Bokarnâ-ben-Moḥammed-ben-Moḥammed-ben-'Otsmân.

Les fils de pacha qui occupèrent le pouvoir suprême furent au nombre de dix-huit : 1° Ḥammedi, fils du pacha 'Ali-ben-'Abdallah-Et-Telemsâni; 2° son frère Nâṣir, fils du pacha 'Ali-ben-'Abdallah précédemment nommé; 3° Dzou'n-Noun, fils du pacha El-Ḥâdj-El-Mokhtâr; 4° So'oud-Bokarnâ, fils du pacha Moḥammed-ben-'Otsmân; 5° El-Mobârek, fils du pacha Manṣour; 6° son frère Senîber, fils du pacha Manṣour; 7° Ḥammedi, fils du pacha 'Ali-ben-Moḥammed-Et-Tezerkîni; 8° Senîber, fils du pacha Moḥammed; 9° 'Abdallah, fils du pacha Nâṣir-ben-'Abdallah-El-A'amechi-Ed-Der'i; 10° 'Ali, fils du pacha Moḥammed-ben-Cheikh-'Ali-Ed-Der'i; 11° Moḥammed, fils du pacha Sa'îd-ben-'Omar; 12° Mâmi, fils du pacha 'Ali-Et-Tezerkîni; 13° son frère 'Abdelqâder, fils du même pacha; 14° Bâ-Ḥaddou, fils du pacha Yaḥya-ben-'Ali-El-Mobarek-Ed-Der'i; 15° 'Abdelgheffâr, fils du pacha 'Ali-Et-Tezerkîni; 16° Maḥmoud, fils du pacha Moḥammed-Bouya-Ech-Cheṭouki; 17° Sa'îd, fils du pacha 'Ali ci-dessus nommé; 18° Bâbâ-Seyyid, fils du pacha Aḥmed-Zenko-ben-'Abderraḥman-ben-'Ali-El-Mobârek.

Quinze pachas furent élus qui étaient petits-fils de pacha, c'est-à-dire pacha, fils de pacha, petit-fils de pacha : 1° le pacha Ḥammedi-El-Khelîfa, fils du pacha Aḥmed, fils du pacha 'Ali-ben-'Abdallah-Et-Telemsâni; 2° son cousin[2] paternel 'Abdallah, fils du pacha (١٧٢) Nâṣir, fils du pacha 'Ali-ben-'Abdallah-Et-Telemsâni; 3° Nâṣir, fils du pacha 'Abdallah, fils du pacha Nâṣir-ben-'Abdallah-El-A'amechi-Ed-Der'i; 4° Moḥammed, fils du pacha Aḥmed, fils du pacha

1. C'est par erreur que le texte ms. porte Bouya-Ech-Cheṭouki.
2. Dans le texte il y a à la fois frère et cousin paternel.

'Ali-ben-Moḥammed-ben-'Abdallah-Et-Tezerkîni; 5° Manṣour-Bâcha, fils du pacha Senîber-ben-Manṣour-ben-Mesa'oud-Ez-Za'eri; 6° 'Ammâr, fils du pacha So'oud-Bokarnâ, fils du pacha Moḥammed-ben-Moḥammed-ben-'Otsmân; 7° 'Abderraḥman, fils du pacha Aḥmed, fils du pacha 'Ali-ben-Moḥammed-ben-'Abdallah-Et-Tezerkîni; 8° Moḥammed-Beḥḥou, fils du pacha Senîber-ben-Manṣour-ben-Mesa'oud-Ez-Za'eri; 9° El-Ḥasani[1], fils du pacha Aḥmed, fils du pacha Aḥmed, fils du pacha Senîber-ben-Manṣour-ben-Mesa'oud-Ez-Za'eri; 10° El-Fa'-Ibrahim, fils du pacha Aḥmed, fils du pacha 'Ali-ben-Moḥammed, nommé ci-dessus; 11° Sa'îd, fils du pacha Senîber, fils du pacha Manṣour-ben-Mesa'oud nommé plus haut; 12° Yaḥya, fils du pacha Aḥmed, fils du pacha 'Ali-ben-Moḥammed-ben-'Abdallah-Et-Tezerkîni, mentionné ci-dessus; 13° Sa'îd, fils du pacha Aḥmed, fils du pacha 'Ali, ci-dessus nommé; 14° Maḥmoud, fils du pacha Senîber, fils du pacha Moḥammed-Bouya-ben-El-Ḥâdj-ben-Daoud-Ech-Cheṭouki.

Il n'y eut que trois pachas dont le père de la mère fut lui-même pacha et on n'en connaît que deux qui furent élus dans un âge encore tendre : le pacha Manṣour-ben-Mesa'oud-Ez-Za'eri et le caïd Moḥammed, fils du caïd Ḥammedi-Et-Tezerkîni. Ces trois pachas furent : 'Ammâr, fils du caïd So'oud-Bokarnâ, dont la mère était la fille du pacha 'Ammar-'Adjeroud ; le caïd Bâcha-Manṣour et son frère le caïd Moḥammed-Beḥḥou, tous deux fils du caïd Senîber-ben-Manṣour et dont la mère était la fille du caïd Moḥammed-ben-Cheikh-'Ali-Ed-Der'i.

Un seul pacha fut élu du vivant de son père; ce fut le caïd Aḥmed-ben-'Ali-Et-Tezerkîni. Quant à ceux qui furent élus du vivant de leur mère, je n'en connais que six : 1° le

1. El-Ḥasani était arrière-petit-fils du pacha et trois de ses ancêtres avaient occupé le pouvoir.

caïd Manṣour-Pacha; 2° le caïd Bâ-Ḥaddou, fils du caïd Yaḥya; 3° Sa'îd, fils du caïd 'Ali-Et-Tezerkîni; 4° El-Ḥasani, fils du caïd Ḥammedi; 5° le caïd Ḥammedi, fils du caïd Senîber, et 6° son frère, le caïd Sa'îd.

Vingt-quatre pachas firent des expéditions militaires : 1° le pacha Djouder; 2° Maḥmoud-ben-Zergoun, qui entreprit l'expédition de El-Ḥadjer et y périt; 3° le pacha Maḥmoud-Lonko; 4° 'Ali-ben-'Abdelqâder; 5° So'oud-ben-Aḥmed-'Adjeroud; (١٧٢) 6° le pacha Manṣour; 7° le pacha Moḥammed-ben-'Otsmân; 8° Ḥomeïd-El-Ḥayyouni; 9° le pacha Yaḥya-ben-Moḥammed El-Gharnâṭi; 10° le pacha Moḥammed, fils du caïd Ben-Sa'doun; 11° le pacha 'Ammâr-'Adjeroud; 12° Nâṣir-ben-'Ali-ben-'Abdallah-Et-Telemsâni; 13° Moḥammed-ben-'Ali-El-Mobârek-Ed-Der'i; 14° 'Ali-ben-Ibrahîm-Ed-Der'i; 15° Yaḥya-ben-'Ali-El-Mobârek; 16° Bâ-Ḥaddou-ben-Sâlem-El-Ḥassâni; 17° Senîber-ben-Manṣour-Ez-Za'eri; 18° Ḥammedi-ben-'Ali-Et-Tezerkîni; 19° Senîber, fils du caïd Moḥammed-ben-Bouya; 20° Mâmi-ben-A'li-Et-Tezerkîni; 21° El-Mobârek-ben-Moḥammed-El-Gharnâṭi; 22° Manṣour-pacha, fils du caïd Senîber; 23° son frère Ḥammedi, issu du même père et qui périt à Ṭoghaïa dans l'expédition contre les Touareg; et 24° son frère Sa'îd, fils du caïd Senîber-ben-Manṣour-Ez-Za'eri, ci-dessus indiqué.

Treize pachas succombèrent, dans l'exercice de leurs fonctions, soit de mort naturelle, soit de mort violente; ce furent : 1° Maḥmoud-ben-Zergoun, qui fut tué par les païens au cours de son expédition dans le Ḥadjer; 2° Maḥmoud-Ṭâba', qui mourut dans son lit, empoisonné, dit-on; 3° le pacha 'Ali-ben-'Abdallah-Et-Telemsâni, qui fut tué; 4° Ḥaddou-ben-Yousef-El-Adjenâsi, qui mourut dans son lit; 5° Moḥammed-ben-Aḥmed-El-Mâssi qui fut tué par les soldats: 6° Ali-ben-'Abdelqâder, tué également par les soldats;

7° So'oud-ben-Aḥmed-'Adjeroud, mort dans son lit; 8° 'Abd-erraḥman, fils du caïd Ḥammedi-ben-Sa'doun, mort également dans son lit; 9° le pacha Aḥmed-ben-'Ali-ben-'Abd-allah, mort dans son lit; 10° le pacha Mâmoy-ben-Bâ-Redouân El-'Euldji également mort dans son lit; 11° le pacha Ḥammedi, fils du caïd Yaḥya-ben-'Ali-El-Mobârek-Ed-Der'i, mort dans son lit; 12° le pacha Ḥammedi, fils du caïd Senîber-ben-Manṣour, tué par les Touareg, ainsi qu'il a été dit plus haut, et 13° Moḥammed, fils du caïd Ḥammedi-ben-'Ali-Et-Tezerkîni, mort dans son lit.

Amîns.

Le premier caïd-amin envoyé par Maulaï Aḥmed-Edz-Dzehebi fut le caïd Ḥammou-ben-Ḥaqq-Ed-Der'i; ce fut en cette qualité qu'il vint de Merrâkech, en même temps que Djouder. Il conserva ses fonctions sous le pachalik de Maḥmoud-ben-Zergoun et se rendit ensuite à Merrâkech sur l'ordre écrit que lui adressa le sultan Maulaï Edz-Dzehebi de venir auprès de lui. Voici dans quelles circonstances eut lieu ce rappel :

Le caïd Ḥammedi-ben-El-Ḥaddâd s'était rendu en secret de Tombouctou à Merrâkech sans que (١٧٤) le pacha Maḥmoud eût connaissance de son départ. Ḥammedi, qui avait pris la route de Oualâta, informa le sultan Maulaï Aḥmed de toutes les exactions commises par Maḥmoud, puis il ajouta : « Cet homme n'invoque d'autre autorité que celle de son sabre. Si quelqu'un en sa présence formule un souhait en faveur du sultan et lui demande quelque chose, il répond en montrant son sabre : « Le sultan, le voici[1] ! » En entendant ces paroles, le sultan entra dans une violente colère : « Comment ! s'écria-t-il, je n'administre donc plus le Soudan que grâce au sabre de ce maudit ! »

1. Le passage est fort mal rédigé. Cependant tel paraît bien en être le sens.

Quand les envoyés[1] du pacha et les jurisconsultes étaient arrivés en présence du sultan et que celui-ci avait appris que des richesses immenses avaient été prises dans les maisons des habitants et qu'on ne lui avait envoyé de tout cela que cent mille pièces d'or, sa colère devint encore plus vive. Il écrivit alors à l'amîn, le caïd Ḥammou-ben-Ḥaqq-Ed-Derʿi, de se rendre auprès de lui et donna l'ordre à Bâqâs-Ed-Derʿi de remplir, par intérim, les fonctions d'amîn. Arrivé devant le sultan, le caïd Ḥammou-ben-Ḥaqq présenta ses registres, et comme il y voyait figurer des sommes considérables, le sultan demanda ce qu'elles étaient devenues en exceptant celles qu'il venait de recevoir. L'amîn répondit que le pacha Maḥmoud avait gaspillé cet argent et l'avait dissipé de diverses façons.

Mais des gens au courant[2] des choses rapportèrent au sultan que Ḥammou-ben-Ḥaqq n'avait pas remis en entier l'argent qu'il avait, qu'il avait détourné à son profit une somme de 20.000 pièces d'or et qu'il avait enfoui cette somme dans un jardin qu'il possédait au Dra. Là-dessus le sultan fit arrêter Ḥammou et le mit en prison; puis il écrivit au caïd El-Ḥasen-ben-Ez-Zobéïr qui était à Tombouctou qu'il le nommait amîn dans cette ville, tandis que Bâqâs irait à Dienné y remplir les mêmes fonctions.

Ḥammou resta en prison jusqu'à sa mort. Ce fut alors seulement qu'on trouva l'argent qu'il avait dérobé et que, grâce à la toute-puissance de Dieu et à sa volonté, le sultan rentra en possession de cette somme. Ceci se passait, si je ne me trompe, en l'année 1002 (27 septembre 1593-16 septembre 1594).

Après Ḥammou, dont on vient de parler, les fonctions

1. Le verbe « arriver » manque dans le texte arabe et peut-être y a-t-il d'autres mots omis. Il semble que le sultan du Maroc avait envoyé faire une enquête sur les agissements de l'amîn et que ce sont ces enquêteurs dont il est question ici.

2. Ou : les enquêteurs.

d'amîn furent données à cette époque au caïd El-Ḥasen-ben-Ez-Zobeïr. Il conserva longtemps ce poste. Pendant qu'il était investi de ses fonctions, les troupes le soupçonnèrent fortement de malversations et de dilapidation aux dépens du trésor public du sultan. El-Ḥasen en effet s'était approprié 300 jeunes filles, bien qu'elles fussent incapables de travailler[1]. On lui reprit donc les fonds du sultan et on les déposa dans une des pièces de la demeure royale de la casbah.

Puis le pacha consulta les officiers sur les mesures à prendre à l'égard de El-Ḥasen. Les officiers répondirent alors : « Ce n'est pas à nous de décider là-dessus, le sultan est près de nous, écrivons-lui donc. » Un des officiers et le pacha écrivirent alors chacun de son côté. Le sultan répondit au pacha Seliman en lui enjoignant (١٧٥) de laisser l'amîn agir à sa façon et disposer de l'argent comme il l'entendrait. « Cet argent, ajouta-t-il, est à nous et El-Ḥasen est notre amîn[2]. Les seuls rapports que vous deviez avoir avec lui seront, par exemple, quand vous aurez besoin de 3.000 mitsqâl, qu'il vous en fasse l'avance et que vous les lui rendiez ensuite. » Mais il faut dire que le caïd ʿAzzoûz[3] était venu en aide à El-Ḥasen et l'avait défendu auprès du sultan Maulaï Aḥmed.

Pendant qu'il était amîn, El-Ḥasen eut un différend avec ʿAli-ben-ʿAbdallah. Le gouverneur de Kîso, ʿAli-ben-ʿObeïd[4], s'était réfugié à Tendirma auprès du caïd ʿAli-ben-ʿAbdallah avec l'intention de fixer sa résidence en cette dernière

1. Il faut entendre sans doute que ces jeunes filles appartenaient au trésor public et que l'amîn se les était appropriées comme concubines, au lieu de les vendre, comme il aurait dû le faire puisqu'elles n'étaient pas en état de travailler, soit pour subvenir à leur entretien, soit pour accomplir une tâche quelconque dont le produit eût appartenu à l'État.

2. Il y a ici un jeu de mots : amîn signifie à la fois homme de confiance, loyal et agent financier.

3. Un des caïds de la cour marocaine.

4. Le ms. porte : ʿAbdallah, ce qui est une erreur du copiste.

localité. Les soldats de Tombouctou mandèrent au caïd de renvoyer ce gouverneur. Comme il s'y refusait, le caïd-amîn El-Ḥasen se rendit en personne auprès de 'Ali ; mais il ne put obtenir le renvoi du réfugié. Alors, après une longue discussion, l'amîn finit par dire que l'attribution de la ville de Tendirma qui avait été faite par le sultan au caïd 'Ali n'était pas valable, attendu que c'était à lui, l'amîn du sultan et son fondé de pouvoirs, qu'il appartenait d'infirmer ou de confirmer la nomination d'un gouverneur, même s'il y avait un rescrit du sultan[1].

Or le caïd avait écrit précédemment au sultan Moulaï Abou-Fâres et avait remis sa lettre au caïd Aḥmed-ben-Yousef lorsque celui-ci était allé à Merrâkech. Dans cette lettre le caïd 'Ali faisait connaître au sultan sa situation, disant qu'il était sans cesse occupé par des expéditions; qu'il avait à protéger les frontières du pays et qu'il manquait des ressources nécessaires pour parer à toutes ces éventualités. C'est pour cela qu'il n'avait pu lui envoyer aucun présent par le caïd Aḥmed. Quand le caïd Aḥmed retourna à Merrâkech, le sultan lui remit une lettre pour le caïd 'Ali, lui annonçant le don de la ville de Tendirma, afin qu'il pût se servir des produits de l'impôt foncier de cette localité.

Aussi, lorsque l'amîn El-Hasen eut dit au caïd 'Ali que cette donation n'était pas valable, celui-ci lui répondit : « Si cette donation n'est pas valable, alors qu'il y a un rescrit du sultan, vos fonctions d'amîn n'ont aucune valeur puisqu'elles n'existent également qu'en vertu d'un rescrit qui vous a été envoyé par le sultan. » Enfin ne trouvant aucun moyen d'aboutir, l'amîn revint à Tombouctou et, avec le pacha Maḥmoud, il fit jurer aux soldats qu'aucun d'eux dorénavant n'irait chercher asile auprès du caïd 'Ali. Tous les sol-

1. D'après ce passage, l'amîn aurait été une sorte de fondé de pouvoirs du sultan marocain, non seulement en matière financière, mais aussi au point de vue administratif.

dats prêtèrent le serment qui leur avait été demandé.

Plus tard, Seyyid-ʿAli-Et-Touâti alla trouver le caïd ʿAli et, à force de remontrances, il finit par le calmer, en lui disant : « Ne causez pas d'ennuis, à cause de cette affaire, aux soldats de l'armée, car il se pourrait, si Dieu voulait, qu'il vous arrivât pareille chose demain. » Alors le caïd, se laissant fléchir, renvoya ʿAli-ben-ʿObeïd.

L'amîn, le caïd El-Ḥasen, s'occupa ensuite de la réorganisation de l'armée et du changement des insignes. Il replaça les gens de Fez à l'aile droite, ceux de Merrâkech à l'aile gauche, et il plaça les renégats (١٧٦) et les Andalous sous leurs ordres. Il prétendit qu'il avait reçu à cet égard un ordre du sultan Abou-Fâres. Il nomma Moʿallem-Seliman-El-Arfaoui lieutenant-général de la division de Fez et Ḥaddou-ben-Yousef-El-Adjenâsi lieutenant-général de celle de Merrâkech. Le caïd-amîn El-Ḥasen mourut vers le milieu de l'année 1015 (9 mai 1606-28 avril 1607), après avoir exercé ses fonctions pendant environ treize ans.

Il eut pour successeur comme amîn Ṭâlib-Moḥammed-El-Belbâli qui fut nommé par décision du pacha Maḥmoud-Lonko. Il acheta une partie de la succession de son prédécesseur, serviteurs et choses, et conserva son emploi sept jours. Le huitième jour, arriva le fils du défunt amîn, le caïd ʿAmir-ben-El-Ḥasen qui était envoyé comme amîn par le sultan Maulaï Abou-Fâres ; il prit aussitôt possession de son emploi et enleva à Ṭâlib-Moḥammed tous les objets qu'il avait achetés de la succession de son père.

L'amîn, le caïd ʿAmir, fils du caïd El-Ḥasen précité, succéda à son père à la date que nous venons d'indiquer ; il fut envoyé par le sultan Maulaï Abou-Fâres, fils de Maulaï Aḥmed-Edz-Dzehebi. Il resta en fonctions environ treize ans[1].

1. Ce chiffre de treize ans n'est pas tout à fait exact, ainsi qu'on le voit par les dates indiquées.

Au cours de son administration il fit bâtir la mosquée qui porte son nom et qui est près de la porte de Dâr-el-qiyâda[1]. Le mardi, dernier jour du mois de rebi' Ier de l'année 1027 (27 mars 1618), arrivèrent à Tombouctou le pacha 'Ammâr-El-Feta, ainsi que le caïd Mâmi-Et-Tezerkîni. Ils étaient envoyés par le sultan Maulaï Zîdan à la tête d'un corps d'armée de 400 fusiliers. L'amîn, le caïd Moḥammed-ben-Abou-Bekr, les accompagnait. Ils campèrent à Abrâz dans la matinée de ce jour. Au mois de djomada II (16 mai-14 juin 1618), le pacha 'Ammâr retourna à Merrâkech en compagnie de l'amîn, le caïd 'Amir-ben-El-Ḥasen, celui-ci honoré et respecté sans avoir éprouvé aucun des tourments ou des ennuis qu'avaient eu à souffrir tous ceux qui l'avaient précédé dans les fonctions d'amîn.

Le caïd Moḥammed-ben-Abou-Bekr resta comme amîn à Tombouctou après le départ de caïd 'Amir-ben-El-Ḥasen et depuis ce moment, c'est-à-dire depuis le mois de djomada II de l'année 1027, il resta en fonctions douze ans. Puis le sultan Maulaï 'Abdelmalek-ben-Maulaï-Zîdân ordonna de le faire périr du plus cruel supplice. Il fut tué le samedi, 17 du mois de djomada Ier de l'année 1028 (12 janvier 1629). On l'exécuta sans qu'il fît de résistance sur la place du marché où son corps fut suspendu sur l'ordre du sultan. Auparavant il avait été mis en prison deux jours; il fut tué le troisième jour.

A sa place (١٧٧) le caïd Yousef-ben-'Omar-El-Qaṣri fut nommé amîn par la même lettre dans laquelle le sultan réclamait l'exécution et le supplice de Moḥammed. On avait découvert que celui-ci avait commis des fraudes et des mal versations. Il avait insisté pour faire mettre à mort le caïd Yousef quand ce dernier avait rendu compte des sommes

1. « La maison du caïdat », nom donné, semble-t-il, à la résidence des amîns.

qu'il avait reçues durant son administration et il l'avait cruellement éprouvé en prison, voulant ainsi amener sa mort. Quand les soldats de la division de Merrâkech à laquelle Yousef appartenait, s'aperçurent des intentions de l'amîn, ils s'interposèrent entre les deux personnages et écrivirent à ce sujet au sultan.

La réponse du sultan, qui arriva peu après, contenait l'ordre de faire périr l'amîn aussi cruellement que possible et de donner son emploi au caïd Yousef. L'amîn garrotté fut conduit au supplice qui eut lieu au marché et Yousef y assista monté sur son cheval. Comme l'amîn avait passé la nuit dans la terreur et l'angoisse, le caïd Yousef lui dit : « O seyyid Moḥammed, reprenez vos sens, maintenant qu'il ne vous reste plus qu'à être résigné. » Au moment où on lui trancha la tête, l'amîn s'écria : « O ma mère ! » Puis il mourut et son corps fut suspendu. On le détacha ensuite pour lui faire ses funérailles, dire sur lui les prières funèbres et on l'enterra dans le cimetière de la grande mosquée. Il avait exercé les fonctions d'amîn pendant douze ans.

Le caïd-amin Yousef mourut au commencement de l'année 1041 (30 juillet 1631-19 juillet 1632) ; il fut enterré dans la mosquée de Moḥammed-Naḍḍî ; il avait été amîn pendant deux ans et demi.

Il eut pour successeur l'amîn, le caïd El-ʿImrâni qui fut nommé par décision[1] du pacha de cette époque, ʿAli-ben-Abdelqâder ; il conserva ses fonctions pendant environ trois ans et fut révoqué. Sa révocation eut lieu en l'année 1043 (8 juillet 1633-17 juin 1634).

Son successeur aux fonctions d'amîn fut le caïd Aḥmed-ben-Yaḥya qui fut révoqué par le pacha Mesaʿoud-ben-Man-

1. Auparavant c'était l'empereur du Maroc qui nommait l'amîn. Le rôle de ce dernier fonctionnaire fut dès lors singulièrement amoindri et c'est ce qui explique que l'on n'ait pas gardé souvenir du nom d'un certain nombre d'entre eux.

ṣour. Sur l'ordre du pacha il fut précipité ensuite dans le Fleuve à un endroit appelé Boura-Yendi et y périt englouti, trois jours après sa révocation. Il était resté en fonction cinq ans moins vingt jours.

Le caïd Belqâsem-ben-ʿAli-ben-Aḥmed-Et-Temelli succéda comme amîn au défunt le dimanche, 27 du mois sacré de dzou 'l-ḥiddja, le dernier mois de l'année 1048 (1er mai 1639). Il mourut le 27 du mois de ṣafar le bon, au début de l'année 1062 (8 février 1652), après avoir rempli son emploi pendant treize ans.

Le caïd Nâṣir-ben-ʿAbdallah-El-Aaʿmechi-Ed-Derʿi fut ensuite nommé amîn par décision du pacha Ḥammedi-ben-Ḥaddou-ben-(١٧٩)Yousef-El-Adjenâsi, à l'époque que nous venons d'indiquer, c'est-à-dire en l'année 1062. Il conserva les fonctions d'amîn environ six ans, puis il fut élu pacha à la casbah.

Le successeur du précédent[1] fut le caïd Aḥmed-Douïdech-El-Andalousi. Il fut nommé amîn le 7 du mois de dzou 'l-qaʿda, à la fin de l'année 1082 (6 mars 1672), par décision du pacha de l'époque Moḥammed-ben-ʿAli-El-Mobârek-Ed-Derʿi. Quand il devint amîn il s'était écoulé un espace de seize ans entre le caïd Nâṣir et sa nomination. J'ignore qui fut chargé des fonctions d'amîn durant cet espace de temps. Dieu le sait mieux que personne.

Le caïd Aḥmed-ben-ʿAli-Et-Tezerkîni fut ensuite nommé amîn. Il avait occupé ces fonctions durant deux années entières quand les troupes le déplacèrent pour le nommer pacha. Il fut le dernier amîn. Avec lui s'éteignit cette charge dont personne ne fut investi dorénavant.

1. Il faut remarquer qu'il y a une lacune dans la liste donnée par l'auteur, et que les périodes indiquées pour la durée des fonctions ne sont pas toujours d'une exactitude rigoureuse. Nâṣir ayant été nommé en 1062 et Aḥmed-Douïdech en 1082, cela fait un intervalle maximum de vingt et un ans et non vingt-deux ans, comme l'annonce l'auteur.

Cadis.

Le premier cadi qui fut nommé à Tombouctou par les Marocains[1] fut le cadi Moḥammed-ben-Aḥmed, fils du cadi ʿAbderraḥman. Le pacha Maḥmoud-ben-ʿAli-ben-Zergoun le nomma après avoir fait arrêter les enfants de Seyyidi-Maḥmoud (Dieu lui fasse miséricorde!). Moḥammed avait soixante-cinq ans quand il fut appelé à ces fonctions de cadi qu'il conserva durant quinze ans.

Il eut pour successeur le cadi Moḥammed, fils de Anda-Ag-Moḥammed-ben-Aḥmed-Bouya[2], fils du cadi Anda-Ag-Moḥammed; il fut nommé par le pacha Maḥmoud-Lonko; il était à ce moment âgé de soixante ans et mourut à l'âge de soixante-quatre ans. Il resta donc cadi pendant quatre ans.

Son successeur fut son frère, le cadi Seyyid-Aḥmed-ben-Anda-Ag-Moḥammed; nommé également par le pacha Maḥmoud-Lonko, il était âgé à ce moment de cinquante ans et mourut à l'âge de soixante-dix-sept ans, ayant exercé sa magistrature pendant vingt-sept ans.

Après lui vint le cadi Moḥammed-ben-Moḥammed-ben-Moḥammed-Kiraï. Il avait cinquante ans quand il fut nommé par le pacha ʿAbderraḥman, fils du caïd Aḥmed-ben-Saʿdoun. Il mourut à l'âge de soixante-sept, ayant exercé ses fonctions pendant dix-sept ans.

Le cadi ʿAbderraḥman, fils du jurisconsulte Aḥmed-Moʿyâ, fut ensuite investi des fonctions de cadi par le pacha Ḥaddou. Au moment de sa nomination il avait soixante-treize ans; il mourut à l'âge de quatre-vingt-un ans, si je ne me

1. Le *Tarikh-es-Soudan* donne la liste des cadis qui exercèrent leurs fonctions avant la conquête marocaine. Au début de la conquête on avait conservé le cadi en exercice.

2. La lecture de ce mot est incertaine.

trompe; après avoir exercé sa magistrature huit ou neuf ans, je ne sais au juste. Ce serait neuf ans, s'il est mort à l'âge indiqué ci-dessus.

Maḥmoud, fils du cadi Moḥammed-ben(١٧٩)-Anda-Ag-Moḥammed, plus connu sous le nom de Bokar-Yenki-Idji, fut nommé cadi par le pacha Ḥammou-ben-ʿAbdallah-El-ʿEuldji; il ne resta en fonctions que fort peu de temps.

Moḥammed, fils du jurisconsulte El-Mokhtâr-ben-Moḥammed-Zenkan-ben-El-Faʿ-Abker-El-Meddâḥ, fut également nommé cadi par le pacha Ḥammou ci-dessus dénommé; il exerça sa magistrature pendant vingt-six ans.

Il eut pour successeur son frère utérin, le jurisconsulte, le cadi Ibrahim, fils du jurisconsulte ʿAbdallah, fils du Seyyid-Ahmed-Moʿyâ; il fut nommé par le pacha ʿAli-ben-Ḥomeïd-El-ʿAmri; il était alors âgé de cinquante-neuf ans et il mourut à l'âge de soixante-quatorze ans; sa magistrature dura donc quinze ans.

Son fils qui lui succéda, Seyyid-Aḥmed, fils du jurisconsulte, le cadi Ibrahim, fils du jurisconsulte ʿAbdallah, fils du très docte Seyyid-Aḥmed-Moʿyâ, fut nommé par le pacha Senîber, fils du pacha Manṣour-Ez-Zaʿeri. Il avait trente-huit ans, lors de sa nomination et mourut à soixante-quatorze ans, après une magistrature qui dura trente-sept ans.

Bâbâ-El-Mokhtar, fils du jurisconsulte, le cadi Moḥammed-ben-El-Mokhtâr-ben-Moḥammed-ben-Zenkan-ben-El-Faʿ-Abker-El-Meddaḥ, fut ensuite investi des fonctions de cadi par le pacha Moḥammed, fils du caïd Aḥmed-ben-ʿAli-Et-Tezerkîni; il avait à cette époque soixante-huit ans et mourut âgé de quatre-vingt-quatre ans, étant resté cadi pendant seize ans.

Le fils du frère du précédent, le jurisconsulte, le cadi, ʿAbdallah, plus connu sous le nom de Bâbîr, fils du jurisconsulte, le cadi Seyyid-Aḥmed, fils du cadi Ibrahîm, fils du jurisconsulte ʿAbdallah, fils du seyyid, le très docte Aḥmed-Moʿyâ, fut nommé cadi par le pacha Babeker-ben-El-Faʿ-Manṣour, fils du caïd Moḥammed-ben-ʿAli-El-Mobârek-Ed-Derʿi. Il est encore aujourd'hui en fonctions. Dieu le dirige dans ses jugements; qu'il prolonge son existence; qu'il le maintienne par ses actes et ses paroles dans l'islam; qu'il donne à son âme joie et allégresse; qu'il le préserve du malheur des temps nouveaux; qu'il lui accorde la suprême félicité quand il aura accompli sur terre ce qu'il désire et qu'il le bénisse dans sa postérité, Amen!

Imams.

Le premier imam nommé, du temps des Marocains, à la grande mosquée de Tombouctou, fut l'imam Maḥmoud, fils de l'imam Ṣeddiq; il fut nommé par le cadi Moḥammed-ben-Aḥmed, fils du cadi ʿAbderraḥman, après la mort de son frère, l'imam Aḥmed, en l'année 1005 (25 août 1596-14 août 1597). Le cadi avait écrit à ce sujet à Djouder qui était en ce moment avec l'armée à Asafaï et Djouder agréa sa proposition. L'imam Maḥmoud était alors âgé de soixante-dix ans; il conserva l'imamat (١٨٠) vingt-six ans, car il mourut à l'âge de quatre-vingt-seize ans.

ʿAbdesselâm-ben-Moḥammed-Diko-El-Foulâni fut nommé ensuite imam en l'année 1032 (5 novembre 1622-25 octobre 1623) : il resta en fonctions quatre ans, alors que le pacha était Yousef-ben-ʿOmar et le cadi Seyyid-Aḥmed.

A sa mort, il fut remplacé comme imam par Seyyid-ʿAli-ben-ʿAbdallah-Soraï, fils de l'imam Seyyidi-ʿAli-El-Djozouli, et cela, si je ne me trompe, au mois de redjeb de l'année 1035 (29 mars-28 avril 1626). Il resta en fonctions seize ans et sept mois; il mourut le lundi, 14 du mois sacré de moḥarrem, le premier mois de l'année 1052 (14 avril 1642).

Son successeur fut, à cette époque, l'imam Moḥammed-Oudi'at-Allah, fils de l'imam Aḥmed, fils de l'imam Sa'îd, fils de l'imam Ibrahim, fils de l'imam Aḥmed, fils de l'imam Sa'îd, ci-dessus mentionné ; après lui vinrent successivement : l'imam, fils de l'imam Aḥmed susdit ; son frère l'imam 'Otsmân, fils de l'imam Aḥmed, ci-dessus nommé ; son autre frère germain l'imam Ṣâliḥ ; leur cousin l'imam 'Abdelkâfi, fils de l'imam 'Abderraḥman, fils de l'imam Sa'îd, fils de l'imam Moḥammed-Kidâdo ; l'imam 'Abderraḥman-Ouiqâyat-Allah, fils de l'imam 'Abdesselâm, fils de l'imam Aḥmed, fils de l'imam Sa'îd, fils de l'imam Moḥammed-Kidâdo ; son cousin paternel[1], l'imam Ṣeddiq, plus connu sous le nom de 'Atîq, fils de l'imam Ibrahim, fils de l'imam Aḥmed, fils de l'imam Sa'îd, fils de l'imam Moḥammed-Kidâdo, qui exerce encore aujourd'hui les fonctions d'imam. Dieu prolonge son existence dans ce poste !

Askias.

Les askias nommés par les Marocains ont été au nombre de seize : 1° l'askia Seliman, fils du prince Askia-Daoud-ben-El-Mekki[2]-El-Ḥâdj-Moḥammed-ben-Abou-Bekr ; il fut nommé par le pacha Maḥmoud-ben-'Ali-ben-Zergoun durant l'expédition dite Kikoï en l'année 1000 (19 octobre 1591-8 octobre 1592). Cette nomination se produisit dans les conditions suivantes :

Lorsque Bokar-Kîcha'a, fils de El-Fa'-Donki, fils du Faran 'Omar-Komzâgho, abandonna les gens du Songhaï pour se réfugier auprès du pacha Maḥmoud-ben-Zergoun, et il

1. Il y a à la fois « frère et cousin paternel » dans le texte.
2. Ce mot signifie : originaire de La Mecque. C'est peut-être un simple surnom, quoiqu'il soit usité comme nom.

était le premier à chercher asile auprès des Marocains, le pacha Maḥmoud lui dit : « Je vais te nommer askia. » — « Je ne suis pas digne de ces fonctions, » répondit-il. Puis quand Seliman vint à son tour lui demander asile, le pacha lui dit : « Voilà un askia ! »

Plus tard, ayant appris que Bokar-Kanbouʿ-ben-Yaʿqoub était en prison, Maḥmoud le mit en liberté et quand Bokar fut en sa présence, Kîchaʿa dit : « Voilà un Kormina-Fâri ! (١٨١). Quant à moi, je serai le Benka-Farma. » Le pacha investit alors ces trois personnages de ces trois fonctions. Seliman demeura à son poste pendant treize ans ; il mourut au mois de ṣafar, au début de l'année 1013 (29 juin 28-juillet 1604) sous le pachalik de Maḥmoud-Lonko.

Seliman eut pour successeur l'askia Hâroun, fils de l'askia El-Ḥâdj, fils du prince Askia-Daoud, fils du prince des Croyants El-Ḥâdj-Moḥammed. Il était Balamaʿ lorsqu'il fut nommé askia par le pacha Maḥmoud-Lonko. C'est le pacha Seliman qui avait ordonné de le nommer lorsque l'askia Seliman était mort en l'année 1013 (30 mai 1604-19 mai 1605). Il était au pouvoir depuis quatre ans lorsque les gens du Songhaï se soulevèrent contre lui et lui résistèrent à ʿAnkabo. Il était à ce moment avec le caïd ʿAli-ben-Abdallah-Et-Telemsâni qui était en expédition pour chasser le Hi-Koï Seyyid Kiraï.

Le caïd ʿAli réussit à calmer les révoltés qui laissèrent l'askia en paix. Mais le caïd était à peine arrivé à Tombouctou que les gens du Songhaï se soulevèrent de nouveau contre l'askia et le déposèrent. L'amîn, le caïd ʿAmir emmena l'askia sous sa protection ; il le traita avec les plus grands égards et la plus grande bienveillance jusqu'au jour où il mourut. La déposition de l'askia avait eu lieu en l'année 1017 (17 avril 1608-6 avril 1609) ; il vécut encore après cela huit ans auprès de l'amîn ci-dessus nommé. Il mourut ensuite au mois de moḥarrem, le premier mois de l'année 1025 (20 janvier 1616-9 janvier 1617).

Bokar-Kanbouʿ-ben-Yaʿqoub, fils de l'émir Askia-El-Ḥâdj-Moḥammed fut nommé askia également par Maḥmoud-Lonko, lorsque les gens de Songhaï se révoltèrent contre 'askia Haroun et le déposèrent en l'année 1017 (17 avril 1608-6 avril 1609). Ce fut à ce moment que le pacha Maḥmoud le choisit. Il demeura en fonctions douze ans et fut révoqué par le pacha Moḥammed-ben-Aḥmed-El-Mâssi, en l'année 1028 [1] (19 décembre 1618-8 décembre 1619).

El-Ḥâdj, fils du Benka-Farma Bokar-Kîchaʿa, fils de El-Faʿ-Donko, fils du Faran ʿOmar-Komzâgho, fut ensuite nommé askia par le pacha Moḥammed au début de son pachalik. L'askia Bokar-Kanbouʿ ayant été déposé, le pacha nomma à sa place El-Ḥâdj en cette même année, c'est-à-dire en 1028 (19 décembre 1618-8 décembre 1617). El-Hâdj resta en fonctions trois ans et fut ensuite révoqué.

Moḥammed-Benkan, fils du Balamaʿ Ṣâdeq, fils du prince Askia-Daoud, fut nommé askia par l'amîn, le caïd Ḥammou-ben-ʿAli-Ed-Derʿi après la révocation de l'askia El-Ḥâdj dont il vient d'être parlé, au mois de dzou 'l-ḥiddja de l'année 1030 (17 octobre-16 novembre 1621). A cette époque [2] le caïd Ḥammou n'était pas encore revêtu des insignes de pacha ; il n'occupait pas non plus la Maison haute [3] ; mais il s'était fait construire une autre habitation dans la casbah et c'est là qu'il demeurait. Dès qu'il fut élu pacha, il révoqua (١٨٢) l'askia El-Ḥâdj et nomma à sa place Moḥammed-Benkan, après lui

1. Le ms. porte 1022. Mais cela est une erreur de copiste, puisque l'askia exerça ses fonctions douze ans, et que plus loin il donne la date de 1028 pour la nomination de l'askia suivant.

2. Ce passage est un peu confus. Il semble que l'auteur a voulu dire que le caïd Ḥammou était encore amîn lorsqu'il avait décidé la déposition de El-Ḥâdj et qu'il ne l'exécuta que quand il fut pacha.

3. C'est-à-dire la casbah où se trouvait la demeure officielle du pacha.

avoir fait dire de venir de Tendirma. Moḥammed était accouru aussitôt que le pacha avait été élu. Il fut ensuite révoqué par le pacha ʿAbderraḥman, fils du caïd Ḥammedi-ben-Saʿdoun, qui nomma pour le remplacer l'askia ʿAli-Senba-Zelil qui resta en fonctions pendant cinq mois.

ʿAli-Senba-Zelil, fils du Benka-Farma Bokar-Kîchaʿa, fut nommé askia par le pacha ʿAbderraḥman, fils du caïd Ḥammedi-ben-Saʿdoun-Ech-Chiaḍemi. Celui-ci, aussitôt arrivé au pouvoir, avait révoqué Moḥammed-Benkan et avait confié son poste à ʿAli-Zelil dans la soirée du lundi 27 du mois de redjeb l'unique de l'année 1044 (16 janvier 1635). Il resta au pouvoir cinq mois et fut ensuite révoqué.

Moḥammed-Benkan fut nommé pour la seconde fois askia par le pacha Saʿîd-ben-ʿAli-El-Maḥmoudi après la révocation de l'askia ʿAli-Senba, au mois de ṣafar le bon, au début de l'année 1045 (17 juillet-15 avril 1635). Nul ne fut élevé deux fois à la dignité d'askia pendant la durée du gouvernement marocain, sauf Moḥammed-Benkan. Il conserva ses fonctions jusqu'à sa mort, survenue le samedi dans la nuit du 20 du mois de ramaḍan de l'année 1052 (12 décembre 1642). Il était resté en fonctions vingt et un ans et neuf mois, en y comprenant les cinq mois pendant lesquels ʿAli-Senba fut askia.

El-Ḥâdj, fils de l'askia Moḥammed-Benkan, fut nommé askia par le pacha Mesaʿoud-ben-Manṣour-Ez-Zaʿeri aussitôt après la mort de son père dans cette même année, c'est-à-dire l'année 1052. Il conserva ses fonctions seize ans et fut révoqué en l'année 1067 (20 octobre 1656-9 octobre 1657), tandis qu'il était avec le pacha Moḥammed, fils du caïd Ḥammedi-ben-Saʿdoun, en expédition à Farmân. Au moment où on rentrait à Tombouctou et en cours de route, les gens du Songhaï qui formaient sa suite se soulevèrent contre lui et lui refusèrent obéissance. Les soldats engagèrent les rebelles à se calmer jusqu'au moment où on serait arrivé à

Tombouctou. Les rebelles consentirent à patienter jusqu'à ce moment, puis, dès qu'ils furent à Tombouctou, ils déposèrent cet askia qui était resté seize ans en fonctions.

Daoud, fils de l'Askia-Hâroun, fils de l'askia El-Ḥâdj, fils du prince Askia-Daoud-El-Ḥâdj-Moḥammed, fut nommé askia par le pacha Moḥammed, fils du caïd Ḥammedi-ben-Sa'doun Ech-Chiâḍemi, lorsque les gens du Songhaï se révoltèrent contre l'askia El-Ḥâdj, fils de l'askia Moḥammed-Benkan, au moment de l'expédition de Farmân et quand on était en route pour le retour en l'année 1067 (20 octobre 1656-9 octobre 1651) (١٨٣); il était alors Kormina-Fâri et fut ensuite nommé askia à la date indiquée. Il resta en fonctions treize ans et fut révoqué en l'année 1079 (11 juin 1668-1er juin 1669).

Moḥammed-Ṣâdeq, fils de l'askia Moḥammed-ben-Benkan, fils du Balama' Ṣâdeq, fils du prince Askia-Daoud, fils de El-Ḥâdj-Moḥammed, fut nommé askia par le pacha Nâṣir, fils du pacha 'Ali-ben-'Abdallah-Et-Telemsâni, en l'année 1079 (11 juin 1668-1er juin 1669), au moment où sa division partait pour Ankouma. A ce moment l'askia Daoud était malade et impotent.

Le pacha fit alors venir Moḥammed-Ṣâdeq, qui était à cette époque Benka-Farma, lui donna le cheval[1] et lui promit que, si Dieu donnait la victoire à ses troupes et si tous revenaient sains et saufs sans avoir été touchés par le fer, il lui donnerait en récompense la fonction de askia. Moḥammed accepta cette condition et comme on rentra sain et sauf et avec du butin, le pacha investit Moḥammed des fonctions de askia et lui en confia les insignes[2]. Il resta

1. Ce cheval était-il un signe d'investiture de la fonction de askia? L'auteur ne le dit pas, mais cela semble probable.

2. Ou plus exactement : il lui fit donner l'aubade officielle réservée à ses nouvelles fonctions.

dix-sept ans en fonctions et fut révoqué en l'année 1095 (20 décembre 1683-8 décembre 1684).

Moḥammed, fils de l'askia El-Ḥâdj, fils de l'askia Moḥammed-Benkan, fils du Balama' Ṣâdeq, fils du prince Askia-Daoud-ben-El-Ḥâdj-Moḥammed, fut nommé askia par le pacha 'Ali-ben-Ḥomeïd-El-'Amri, en l'année 1096 (8 décembre 1684-28 novembre 1685), après une querelle et une contestation entre l'askia ci-dessus nommé et le Kormina-Fâri 'Ammâr; cette querelle avait commencé l'année précédente, c'est-à-dire l'année 1095, du vivant du pacha Mâmi-El-'Euldji. Enfin on s'accorda sur son nom et on lui donna les fonctions d'askia, sans que personne des gens du Songhaï ne mît opposition à sa nomination. Il ne lui manquait plus que d'être confirmé par le pacha Mâmi et de recevoir l'investiture de ce dernier, mais à ce moment le pacha était gravement malade de la maladie dont il mourut peu après [1], ce qui retarda l'investiture. Dès que le pacha 'Ali fut installé au pouvoir, il confirma la nomination de l'askia et confirma également celle du jurisconsulte, le cadi Ibrâhîm. Chacun d'eux [2] reçut alors l'aubade ? L'askia resta en fonctions dix-neuf ans et mourut au mois de djomada II, au milieu de l'année 1114 (23 octobre-21 novembre 1702).

'Abderraḥman, fils du Kormina-Fâri 'Omar, fils de l'askia Bokar-Kanbou'-ben-Ya'qoub, fils du prince Askia-El-Ḥâdj-Moḥammed, fut nommé askia par le pacha Mâmi-ben-'Ali-Et-Tezerkîni, aussitôt que celui-ci fut élu pacha, à la fin de redjeb l'unique de l'année 1117 (17 novembre 1705), après un conflit suivi de prise d'armes avec les gens du Songhaï, conflit qui dura trois ans à partir de la mort de l'askia

1. En droit musulman les actes d'une personne atteinte de la maladie qui doit l'emporter dans la tombe ne sont pas toujours valables. Il paraît en avoir été de même ici pour un acte officiel du gouvernement.

2. C'est-à-dire : l'askia et le cadi.

Moḥammed-ben-El-Ḥâdj et dans lequel périrent (١٨٤) nombre de personnes entre autres quelques grands personnages. Ensuite la paix fut conclue et, après accord, on décida de nommer 'Abderrahman askia et celui-ci se présenta[1] au pacha Mâmi.

Aussitôt que 'Abderraḥman eut été nommé, l'askia Bokar reprit à Tombouctou les fonctions de Kormina-Fâri qu'il occupait au moment d'être nommé askia. Il fut donc nommé Kormina-Fâri et chacun d'eux reçut l'investiture de sa nouvelle fonction. Tels sont les faits qui se sont passés. 'Abderraḥman resta en fonctions quatre ans ; il fut révoqué en l'année 1121 (13 mars 1709-2 mars 1710). Le caïd 'Abd-allah-ben-El-Ḥâdj-El-'Imrâni l'emmena alors chez lui dans sa maison, à cause des liens d'amitié qui les unissaient, et le combla d'égards. 'Abderraḥman ne resta pas longtemps en ce monde après sa révocation et il ne tarda pas à mourir (Dieu lui fasse miséricorde !).

Bokar, fils de l'askia Moḥammed-Ṣâdeq, fils de Moḥammed-Benkan, fils du Balama' Ṣâdeq, fils du prince Askia-Daoud-ben-El-Ḥâdj-Moḥammed, fut nommé askia par le pacha Aḥmed-Zenko, fils du Kabara-Farma 'Abderraḥman-ben-'Ali-El-Mobârek-Ed-Der'i; sa nomination eut lieu cette année, c'est-à-dire en 1121 (13 mars 1709-2 1710). Après être resté en fonctions dix ans, il fut révoqué en 1130 (5 décembre 1717-24 novembre 1718).

El-Mokhtâr-ben-Chems, fils de l'askia Isma'îl, fils de l'askia Moḥammed-Bâno, fils du prince Askia-Daoud-ben-El-Ḥâdj-Moḥammed. — Il fut nommé askia, en l'année 1130 (5 décembre 1717-24 novembre 1718), sous le pachalik de Manṣour. Ce fut en effet le pacha Manṣour, fils du caïd

1. Comme on le voit, par ce passage, souvent le pacha ne faisait en quelque sorte que ratifier le choix de l'askia élu par les gens du Songhaï, mais il le révoquait de sa propre autorité.

Senîber-ben-Manṣour-Ez-Za'eri qui le nomma après son départ pour l'expédition dirigée contre Oghmor-Et-Targui au port de Do'aï. Le pacha avait mandé à El-Mokhtâr de venir le trouver et le nomma dès qu'il fut arrivé; il l'emmena avec lui dans son expédition vers Kâgho où il allait pour repousser Oghmor.

El-Mokhtâr revint avec le pacha à Tombouctou ; il y resta quatre ans, puis il s'enfuit en cachette. Voici dans quelle circonstance : quand le caïd 'Abdallah-ben-El-Ḥâdj était allé au bourg de Oukiya avec une partie seulement des troupes, l'autre partie ayant refusé de le suivre. Son but était de chasser de cette localité les fils du caïd Aḥmed-El-Khelîfa qui détroussaient les musulmans sur les routes et il avait emmené avec lui l'askia El-Mokhtâr. Celui-ci déserta à ce moment et abandonna l'armée pour se rendre dans un endroit inconnu.

El-Ḥâdj, fils de l'askia Bokar, fils de l'askia Moḥammed-Ṣâdeq, fils de l'askia Moḥammed-Benkan, fils du Balama' Ṣâdeq, fils du prince Askia-Daoud-ben-El-Ḥâdj Moḥammed, fut élu askia par le pacha 'Abdallah-ben-El-Ḥâdj (١٨٥)-El-'Imrâni, le lundi, 25 du moi de dzou'l-qa'da, à la fin de l'année 1142 (11 juin 1730). Il resta en fonctions dix-neuf ans, mais il ne séjourna que fort peu à Tombouctou, passant la plus grande partie de son temps dans la campagne[1]. Il fut révoqué en l'année 1161 (2 janvier-22 décembre 1748).

Maḥmoud, fils du Kormina-Fari 'Ammâr, fils du Kormina-Fâri 'Abderraḥman, fils du Benka-Farma Bokar-Kîchaa', fils du Faran 'Omar-Komzâgho, fut nommé askia par le pacha Babeker-ben-El-Fa'-Manṣour, fils du caïd Moḥammed-ben-'Ali-El-Mobârek-Ed-Der'i à la fin du mois de dzou'l-qa'da, vers la fin de l'année 1161 (21 novembre 1748).

1. C'est-à-dire : en dehors de Tombouctou et à une assez grande distance de la ville.

C'est lui qui est aujourd'hui en fonctions ; il habite dans la campagne. Toutefois nous avons entendu dire qu'il venait d'être révoqué. Dieu sait mieux que personne si cela est exact.

Ḥâkems.

Il y eut un grand nombre de ḥâkems qui se succédèrent dans la ville de Tombouctou et qui furent choisis dans différentes catégories[1] de la population, mais je n'ai pas pu retrouver le nom du premier ḥâkem, ni la date à laquelle il fut nommé.

Quant à ceux dont je connais l'ordre de succession qu'ils aient été pris dans le Makhzen ou ailleurs, ils sont au nombre de quarante-huit : 1° le caïd Nâṣir-ben-'Abdallah-El-A'amechi-Ed-Der'i ; 2° El-Fa'-El-Ḥasen-ben-Manṣour ; 3° le caïd Sa'îd-Bou-Ziân-El-Khebbâzi ; 4° le lieutenant-général El-Ḥâdj-ben-Sa'îd-El-'Imrâni ; 5° le caïd El-Ḥasen-ben-Manṣour-El-Monebbih ; 6° le lieutenant-général Sousi[2]-El-Merrâkechi ; 7° le caïd Sanṭa'a-ben-Farès-El-Fâsi ; 8° le caïd 'Abdallah, fils du caïd Nâṣir-ben-'Abdallah-El-A'amechi-Ed-Der'i ; 9° son frère, le lieutenant-général Moḥammed-ben-Nâṣir ; 10° son frère, le caïd Brahim-ben-Ḥassoun ; 11° le lieutenant-général Aba, fils du lieutenant-général 'Abdelkerîm-ben-Ḥammedi-ben-Yousef-El-'Euldji ; 12° le ḥâkem 'Abderraḥman, fils du chef des écuries ; 13° le ḥâkem 'Ali, fils du lieutenant-général El-Ḥâdj-Sa'îd-El-'Imrâni ; 14° le lieutenant-général Cheikh, plus connu sous le nom de Cheikh-Bâk ; 15° le caïd 'Abdelqâder-ben-El-Caïd[3]-ben-Moḥammed-Et-Tezerkîni ; 16°

1. Le ḥâkem était un fonctionnaire analogue à nos maires. Il n'était pas toujours choisi parmi les Marocains, ainsi qu'il est dit ici, et certains d'entre eux furent des gens du pays.

2. Ce nom n'est pas absolument certain.

3. Il manque sans doute un nom ici, le nom de 'Ali probablement, à moins

le caïd 'Abdallah-ben-El-Ḥâdj-ben-Sa'îd-El-'Imrâni ; 17° le lieutenant-général Cheikh, fils du caïd Babeker-El-'Imrâni ; 18° le ḥâkem 'Abdallah-ben-Mousa-Ed-Der'i ; 19° le ḥâkem-El-Fa'-'Abderraḥman-ben-'Ali-ben-Yousef-El-'Euldji ; 20° le ḥâkem El-Mobârek-Ed-Der'i, connu sous le nom de 'Idi-Mil-Yello ; 21° le ḥâkem Moḥammed-El-Mord-ben-'Abdallah-Cherrâṭi ; 22° le caïd (١٨٦) Nâṣir, fils du caïd 'Abdallah, fils du caïd Nâṣir-ben-'Abdallah-El-A'amechi-Ed-Der'i ; 23° le ḥâkem El-Fa'-El-Bichr-ben-'Abdallah-Cherrâṭi ; 24° le caïd 'Abdelgheffâr, fils du caïd 'Ali-ben-Moḥammed-Et-Tezerkîni ; 25° le lieutenant-général 'Abdallah, fils du caïd 'Ali nommé ci-dessus ; 26° le lieutenant-général Rebaḥa[1], fils du lieutenant-général El-Ḥâdj-Sa'îd-El-'Imrâni ; 27° le ḥâkem Maḥmoud, fils du caïd El-Ḥasen-ben-Mellouk-El-'Euldji ; 28° le ḥâkem San, fils du lieutenant-général Moḥammed, fils du caïd Nâṣir-ben-'Abdallah-El-A'amechi-Ed-Der'i ; 29° le ḥâkem Moḥammed, fils du lieutenant-général Bâbâ-ben-'Ali-ben-Dja'far-El-'Euldji ; 30° le lieutenant-général Senîber, fils du caïd El-Ḥasen-El-Monebbih ; 31° son frère, le lieutenant-général 'Ali, fils du caïd El-Ḥasen nommé ci-dessus ; 32° le ḥâkem El-Mord, fils du caïd Sa'îd-ben-'Omar-El-Fâsi ; 33° le lieutenant-général Ousâma, fils du caïd 'Ali-ben-Moḥammed-Et-Tezerkîni ; 34° le lieutenant-général Moḥammed, fils du caïd Brahim-ben-Ḥassoun-Ed-Der'i ; 35° le lieutenant-général 'Abdelkerîm, fils du caïd Aḥmed-ben-'Ali-ben-Moḥammed-Et-Tezerkîni ; 36° le ḥâkem Seyyid-ben-Moḥammed-ben-Seyyid-Abd-Zenko[2]-Et-Tingharâsi ; 37° le caïd El-Ḥasani, fils du caïd Ḥammedi-ben-'Ali-ben-Moḥammed-Et-Tezerkîni ;

qu'il faille prendre le mot « caïd » comme non propre, ce qui est peu vraisemblable.

1. Ce nom est peut-être mal orthographié dans le ms. ; ce serait alors Râbaḥ qu'il faudrait lire.

2. Ce nom est peut-être altéré. Après le mot 'Abd on s'attendrait, en effet, à trouver une des épithètes attribuées à Dieu.

38° son oncle paternel, le caïd Sa'îd, fils du caïd 'Ali ci-dessus nommé; 39° le lieutenant-général Qâsem, fils de ḥâkem Moḥammed-El-Mord-ben-'Abdallah-Cherrâṭi; 40° le ḥâkem Rebaḥa, fils du caïd 'Abdallah-ben-El-Ḥâdj-ben-Sa'îd-El-'Imrâni; 41° le ḥâkem Ḥammedi-ben-'Abdallah-Et-Tingharâsi; 42° le caïd 'Abdelgheffâr, fils du lieutenant-général Ousâma, fils du caïd 'Ali-ben-Moḥammed-Et-Tezerkîni; 43° le ḥâkem Moḥammed-Nâna-Idji-ben-'Abderraḥman-ben-El-Ḥâdj-El-'Imrâni; 44° le ḥâkem 'Abderraḥim fils du caïd Ḥammedi-ben-'Ali-Et-Tezerkîni; 45° le ḥâkem Seyyid-Moḥammed-ben-'Abdallah, fils de la fille du caïd 'Ali-ben-Moḥammed-Et-Tezerkîni; 46° le lieutenant-général Bâbâ-ben-Manṣour, fils du caïd 'Ali-ben-Moḥammed-Et-Tezerkîni; 47° le ḥâkem Sa'îd, fils du lieutenant-général 'Abdelqâder-ben-Moḥammed-Mo'yâ-El-Fâsi; 48° 'Ali-ben-'Abderraouf-ben-Ṣâliḥ, fils du caïd Moḥammed-ben-Cheikh-'Ali-Ed-Der'i. On assure que ce dernier fit partie des ḥâkems[1].

Kabara-Farma.

D'après les anciennes informations que j'ai recueillies, les personnages qui occupèrent le gouvernement de Kabara, depuis la venue des Marocains, furent : 1° le Kabara-Farma Barka[2]; 2° le Kabara-Farma Brahim-Djâmi'; 3° son fils, le Kabara-Farma Ḥammou-ben-(١٨٧) Brahim, ci-dessus nommé; 4° son frère, le caïd 'Ali-ben-Brahim-Djâmi'; 5° le caïd Moḥammed-Bouya-Ech-Cheṭouki; 6° le Kabara-Farma Moḥammed-El-Merrâkechi; 7° le caïd Senîber, fils de caïd Moḥammed-ben-Ech-Cheṭouki; 8° le Kabara-Farma 'Abd-erraḥman-ben-'Ali-El-Mobârek-Ed-Der'i; 9° le lieutenant-

1. On ne s'explique guère ce doute de l'auteur, étant donné qu'il devait être vivant à cette époque.
2. Les consonnes sont seules indiquées dans le ms.

général Ḥammedi, fils du Kabara-Farma Ḥammou-ben-Brahim-Djâmi'; 10° le caïd 'Ali-ben-El-Mobârek-ben-'Ali-ben-El-Mobârek-Ed-Der'i; 11° le Kabara-Farma El-Kouch[1]-ben-Moḥammed, fils du caïd Yousef-En-Naṣr; 12° le Kabara-Farma El-Mobârek, fils du caïd Yousef-En-Naṣr; 13° le Kabara-Farma El-Mobârek, fils du caïd Moḥammed-Bouya-Ech-Cheṭouki; 14° le Kabara-Farma Moḥammed, fils du lieutenant-général Sa'id-ben-Sâlem-El-Ḥassâni; 15° le caïd Aḥmed-Zenko, fils du Kabara-Farma 'Abderraḥman-ben-'Ali-El-Mobârek-Ed-Der'i; 16° le lieutenant-général Moḥammed, fils du caïd 'Ali-ben-Brahim-Djâmi'-Ed-Der'i; 17° le Kabara-Farma Qâsem, fils du lieutenant-général Sa'îd-ben-Sâlem-El-Ḥassâni; 18° le Kabara-Farma Sa'îd, fils du caïd 'Ali-ben-Brahim-Djâmi'-Ed-Der'i; 19° le Kabara-Farma El-Kâhiya[2]-ben-'Ammar-ben-'Abdallah-Ech-Cheṭouki; 20° le Kabara-Farma, le caïd Cheikh-ben-'Ali-Daoud-El-Andalousi; 21° le caïd El-Fa'-Maḥmoud, fils du caïd Moḥammed-Bouya-Ech-Cheṭouki; 22° le Kabara-Farma 'Abdallah, fils du Kabara-Farma 'Abderraḥman-ben-'Ali-El-Mobârek-Ed-Der'i; 23° le caïd Brahim, fils du lieutenant-général Seyyid-ben-'Abderraḥman-El-Heddâdji; 24° le lieutenant-général Moḥammed, fils du caïd Bâ-Ḥaddou, fils du caïd Yaḥya-ben-'Ali-Ed-Der'i; 25° le caïd Moḥammed, fils du caïd Senîber-ben-Moḥammed-Bouya-Ech-Cheṭouki; 26° Ben-'Ali-Ed-Der'i; 27° le caïd Bâbâ-Seyyid, fils du caïd Ḥammedi-Zenko-ben-'Abderraḥman-Ed-Der'i; 28° le caïd El-Fa'-Maḥmoud, fils du caïd Senîber, fils du caïd Moḥammed-Bouya-Ech-Cheṭouki; 29° le lieutenant-général 'Ali-ben-El-Djesîm, fils du caïd Yaḥya-ben-'Ali-Ed-Der'i; 30° le

1. Ou : Kouchi, le ms. donnant les deux orthographes.

2. Ce mot qui signifie « lieutenant-général » pourrait ici ne pas être un nom propre, mais alors il y aurait probablement omission d'un nom dans la copie du ms.

Kabara-Farma Yaḥya, fils du caïd 'Ali-ben-Brahîm-Djâmi' Ed-Der'i; 31° le Kabara-Farma Bâbà, fils du caïd Ibrahîm, fils du lieutenant-général Seyyid-ben-'Abderraḥman-El-Heddâdji; 32° Ḥammou, fils du caïd Babeker, fils du gouverneur El-Fa'-Manṣour, fils du caïd Moḥammed-ben-'Ali-Ed-Der'i; 33° le lieutenant-général Moḥammed-Ramḍan, fils du caïd Ḥammedi-Zenko, fils du Kabara-Farma 'Abderraḥman-ben-'Ali-Ed-Der'i; 34° le Kabara-Farma, le caïd 'Ali-ben-Ḥammedi-El-Djesîm, fils du caïd Yaḥya (١٨٨)-ben-'Ali-Ed-Der'i; 35° le Kabara-Farma El-Kouchi-ben-Bâch, beau-fils du caïd Sa'îd-ben-Manṣour-Ez-Za'eri; 36° le Kabara-Farma Moḥammed-Boṭo; page[1] de l'entourage du caïd Sa'îd, dont il vient d'être parlé. Trois Kabara-Farma périrent de mort violente[2].

Les ḥâkems, qui devinrent ensuite pachas, furent : 1° le caïd Nâṣir-ben-'Abdallah-El-A'amechi; 2° le caïd Sa'îd-Bou-Ziân-El-Khebbâzî; 3° le caïd El-Ḥasen-ben-Manṣour-El-Monebbih; 4° le caïd Sentâ'a-ben-Fârès; 5° le caïd 'Abdallah-ben-Nâṣir-Ed-Der'i; 6° le caïd Brahîm-ben-Ḥassoun; 7° le caïd 'Abdelqâder-ben-'Ali-Et-Tezerkîni; 8° le caïd 'Abdallah-ben-El-Ḥâdj; 9° le caïd Nâṣir-ben-'Abdallah-ben-Nâṣir-Ed-Der'i; 10° le caïd 'Abdelgheffâr-ben-'Ali-Et-Tezerkîni; 11° le caïd El-Ḥasen, fils du caïd Ḥammedi-ben-'Ali; 12° le caïd Sa'îd-ben-'Ali-Et-Tezerkîni; 13° le caïd 'Abdelgheffâr, fils du lieutenant-général Ousâma-ben-'Ali-Et-Tezerkîni.

Parmi les Kabara-Farma il en est neuf qui devinrent pachas, ce furent : 1° le caïd 'Ali-ben-Ibrahîm; 2° le caïd Moḥammed-Bouya-ben-El-Ḥâdj; 3° son fils le caïd Senîber-ben-Bouya; 4° le caïd 'Ali-ben-El-Mobârek-ben-'Ali-El-Mobârek; 5° son cousin paternel, le caïd Aḥmed-Zenko, fils de

1. Ou : valet.
2. Le texte dit seulement : « trois », sans ajouter s'il s'agit de pachas ou de Kabara-Farma.

Kabara-Farma 'Abderraḥman; 6° le caïd El-Fa'-Maḥmoud, fils du caïd Moḥammed; 7° le caïd Bâbâ-Seyyid, fils du caïd Zenko-ben-'Abderraḥman; 8° le caïd El-Fa'-Maḥmoud, fils du caïd Senîber; 9° son cousin paternel, le caïd Babeker-ben-El-Fa'-Manṣour, fils du caïd Moḥammed-ben-'Ali-El-Mobârek-Ed-Der'i.

Ici se termine ce recueil achevé, grâce à l'appui de Dieu, qu'il en soit loué, à la date du dimanche, 25 du mois de cha'ban, le brillant de l'année 1164 (19 juillet 1751). J'en témoigne à Dieu ici ma reconnaissance et lui adresse louanges sur louanges.

Louange à Dieu le maître des mondes! Il est mon appui et quelle admirable soutien il est! Dieu répande ses bénédictions sur notre seigneur Mahomet, son prophète, sur sa famille, ses compagnons et qu'il leur accorde le salut! J'ai achevé cette copie après la prière du dohor, le mercredi, 5 du mois de rebi' II de l'année 1314 (13 septembre 1896) de l'hégire du Prophète, Dieu répande sur lui ses bénédictions! O mon Dieu! sois indulgent pour celui qui a écrit ces lignes[1], pour quiconque qui possédera ce livre et ensuite pour tous ceux qu'il te plaira. Amen!

1. Il s'agit du copiste et non de l'auteur dont l'ouvrage se termine au paragraphe précédent.

(١٨٩) HISTOIRE DU SOKOTO[1]

Histoire du prince des Croyants Moḥammed-Bello, fils du prince des Croyants, notre cheikh ʿOtsmân-ben-Moḥammed-ben-Foudi (Dieu soit satisfait de tous!).

Ce prince reçut le serment de fidélité dans l'intérieur de la maison de son père après que celui-ci eut été enterré. Ce fut Boubeker-Moʿallim[2], l'imam de la mosquée, qui lut à la population l'acte par lequel le cheikh[3] l'avait déclaré son successeur au califat.

Aussitôt qu'il eut reçu le serment de fidélité, Moḥammed-Bello se leva, se rendit dans la maison de Ṭandjâd[4] et y demeura; il ne retourna pas dans sa propre demeure avant que les populations du dehors ne fussent venues lui prêter serment d'obéissance.

Ensuite il fit une expédition contre Bekour; mais, dès le début du combat, il fut attaqué brusquement sur ses derrières par Bânâq, esclave du sultan de Zanfara, à la tête de ses soldats. Les troupes musulmanes furent mises en déroute;

1. Ce fragment ne renferme que l'histoire de trois souverains. Il a pour auteur un certain Ḥâdj-Saʿîd.

2. « Moʿallim » signifie littéralement : enseignant, qui enseigne. Ce mot, souvent employé comme titre, a la valeur de notre mot « maître » en français ou encore celle de « patron » quand il s'agit d'artisans.

3. C'est-à-dire le cheikh ʿOtsmân-ben-Moḥammed-ben-Foudi, le fondateur de la dynastie dont il est question dans ce fragment historique.

4. Ṭandjâd est le nom d'un personnage du Sokoto qui fut tué peu après l'avènement de Moḥammed-Bello, ainsi qu'on le raconte ci-dessous.

une partie de leurs femmes esclaves[1] leur fut enlevée; en outre on s'empara d'une certaine quantité des provisions[2] du prince des Croyants. Moḥammed-Bello rentra alors à Sokoto.

Ce fut après le retour de cette expédition que 'Abdesselâm abjura l'islamisme, chassant Mo'allim-Ṣouf, saint personnage doué du pouvoir de connaître l'avenir et San-Qoul-Tâouâï. Tout le pays imita 'Abdesselam et abjura l'islamisme. Aussi le prince des Croyants entreprit-il contre eux matin et soir des expéditions pendant deux mois. Cependant tout d'abord le prince des Croyants ne crut pas à l'abjuration d''Abdesselâm; ce fut seulement le jour où celui-ci se jeta sur Ṭandjâd, le tua et s'empara de tous les siens qu'il acquit la certitude de cette abjuration. Alors il lui déclara la guerre et fit des expéditions contre lui.

Ensuite Nemoud, le sultan de Zanfara, se rendit auprès du prince des Croyants avec toute sa cavalerie qui se joignit à celle du Sokoto et les deux princes entreprirent de (١٩٠) diriger une expédition contre 'Abdesselâm. Quand ils furent proches de la citadalle de Karo, ils choisirent cinquante cavaliers qui s'avancèrent vers la forteresse tandis que le reste de la cavalerie se plaçait en embuscade. Les habitants de Karo voyant le petit nombre de cavaliers qui s'avançaient vers eux sortirent à leur rencontre; les cavaliers prirent aussitôt la fuite en se dispersant. Les gens de Karo les poursuivirent alors et quand ils furent éloignés de la forteresse, les cavaliers en embuscade fondirent sur eux, en leur coupant le chemin de la forteresse et leur tuèrent

1. Je lis سراری, bien que le ms. porte سرار. Ces femmes esclaves étaient sans doute celles que les soldats emmenaient dans leurs expéditions pour faire leur cuisine et s'occuper du campement.

2. Le mot indiqué par le ms. est vraisemblablement erroné. La traduction donnée est donc conjecturale.

10.000 hommes. L'endroit où ce combat eut lieu porte aujourd'hui encore le nom de Lebboudo.

Les gens de Karo voulaient abandonner leur ville, mais 'Abdesselâm les en empêcha et les rassura si bien qu'ils restèrent en place. Alors le prince des Croyants envoya 'Ali-Djeïṭ avec des troupes contre Karo et celui-ci, après un combat qui dura depuis le matin jusqu'au moment de la méridienne, pénétra dans la forteresse. Il la détruisit ensuite et ne laissa debout que la maison de 'Abdesselâm. Le prince, qui était à Sokoto, apercevant de la fumée monta, aussitôt à cheval et arriva au moment où le combat était engagé. « Arrêtez, s'écria-t-il ; faisons la prière du coucher du soleil. Il faudra bien qu'ils sortent maintenant. » Pendant qu'on était occupé à faire la prière du coucher du soleil, 'Abdesselâm quitta la ville ; il fut blessé au moment où il sortait, par un des hommes de 'Ali-Djeït.

Après qu'une partie de la nuit se fut écoulée, le prince demanda si quelqu'un savait ce qu'était devenu 'Abdesselâm. « Prince, répondit celui qui l'avait blessé, je lui ai fait une blessure à l'épaule droite. Si on l'examine et qu'on ne trouve pas à cet endroit la trace de ma flèche, n'acceptez plus jamais le dire d'un Foulâṇi. » 'Abdesselâm s'enfuit vers le pays de Borma où il mourut. Dieu nous préserve d'une telle déchéance !

Le prince était revenu de cette expédition quand le cheikh 'Abdallah quitta Boutîgh pour aller à Ghândo à cause de la grande agitation qui régnait parmi les populations. En effet, le prince l'attaqua aussitôt, comme il l'avait fait pour 'Abdesselâm. Le prince fit ensuite des expéditions contre le sultan de Ghober, le sultan de Zanfara, le sultan de Kobi et tous les pays dont les habitants avaient abjuré l'islamisme.

A cette époque les Blancs (Maures) firent une expédition

contre les soldats de 'Ali-Djeïṭ dans le pays de Karo; ils leur prirent tous leurs biens et ne leur laissèrent absolument rien. Cette année fut appelée par eux l'année de Bettegh.

Le prince fit ensuite une expédition contre Dâkarâ et détruisit cette ville; il avait déjà auparavant envoyé contre elle des troupes nombreuses qui n'avaient pas réussi à s'en emparer. Il tua le sultan de Ghober. Cette année fut appelée l'année de l'investissement du prince par des gens de plume[1]. Ce fut pendant cette expédition qu'il fit un tekhmis[2] de la *hamziya*[3] de El-Bouṣîri, du poème de *Bânet So'âd*[4] de Ka'b-ben-Zoheïr du poème de la *Borda*[5] de El-Bouṣîri également, des poèmes du cheikh 'Otsmân, poèmes composés en langue soudanaise (١٩١).

Ce fut dans cette expédition également qu'il opéra le partage légal du butin, ce qui n'avait jamais été fait auparavant, et qu'il décida de compter dans le partage la valeur des mères d'enfants et le prix des enfants au compte de leurs maîtres, parce que cette partie du butin n'était pas susceptible de partage[6].

1. Mot à mot : « les propriétaires d'encre ». J'imagine que par cette expression l'auteur fait allusion à l'influence que les lettrés avaient prise sur le sultan Moḥammed-Bello.

2. Le *tekhmîs* est un exercice littéraire en honneur chez les Arabes. Il consiste à prendre chaque vers d'un poème et à faire suivre chaque hémistiche de quatre hémistiches et de faire rimer le tout en délayant ou amplifiant l'idée.

3. Poème en l'honneur de Mahomet dont les vers riment en hamza.

4. C'est par ces deux mots que commence ce poème célèbre qui fut récité devant le Prophète et qui valut à son auteur le don d'un manteau de Mahomet.

5. Ce poème en l'honneur de Mahomet a été traduit récemment et commenté par M. René Basset. Paris, 1894.

6. Suivant la loi musulmane, le butin pris sur l'ennemi est réuni après le combat pour être partagé entre tous ceux qui ont pris part à l'action. On prélève tout d'abord le cinquième ou quint qui appartient à l'État et le reste est distribué par parts égales et en nature, la part du cavalier étant le triple de celle du fantassin. Moḥammed-Bello, n'osant pas enlever les esclaves à ceux qui s'en étaient rendus maîtres, les faisait entrer en compte dans la valeur du butin, ce qui était déjà une légère infraction à la loi.

Le partage du butin eut lieu de cette manière après trois expéditions successives, puis les soldats refusèrent de combattre en disant : « Nous ne combattrons pas pour que le produit du butin appartienne à un autre que nous et que chacun prenne une part en disant : Voilà ce qui me revient. » Voyant que ses efforts étaient inutiles, le prince finit par leur accorder de conserver leurs anciennes coutumes qui étaient de ne point partager, bien que cela lui répugnât très fortement. « Avec votre aide, dit-il, j'écarte les maux des musulmans. Mais si je pouvais trouver d'autres que vous pour cet office, je m'en servirais pour vous combattre au nom de Dieu. »

Moḥammed-Bello fit une expédition contre Kîd, dans le pays de Kabi. Tout d'abord, il simula une attaque contre le Ghober, et le sultan de ce pays ainsi que tous les habitants de ces contrées lui envoyèrent demander l'aman ; puis il revint en arrière, se dirigea sur Kîd en passant de nuit près de Sokoto, en sorte que personne ne sut rien de son passage. Alors il mit son frère ʿAtîq et son cousin paternel Moaddeb-Âl à la tête de la cavalerie et leur enjoignit de pousser une pointe rapide pour entrer sur le territoire de Kabi. Ils y pénétrèrent, s'y répandirent de tous côtés et, dans un seul jour, ils razzièrent une étendue de quatre jours de marche ou même davantage. Le prince mit le siège devant Kîd et s'en empara de vive force. Il fit la paix avec Ṭanṭâï[1] de Kabi, Doudjeq de Kour et d'autres bourgs encore.

L'expédition que le sultan fit ensuite fut celle de Boubouch sur le territoire de Kabi. Les gens de Boubouch avaient reçu un renfort de mille hommes de gens de Aough. Sauf sept hommes, personne de ces gens n'échappa à la mort.

1. Ces noms de Ṭanṭâï et de Doudjeq paraissent être des noms de localités ; cependant il se pourrait que ce fussent des noms de personnages ou des titres de fonctions.

Le sultan prit Boubouch de vive force et tua tous les habitants que cette localité renfermait.

Peu de temps avant le départ du sultan pour Boubouch, notre cheikh 'Omar[1] était revenu de l'orient. Il avait laissé sa famille à Kano et était venu à Sokoto. Le sultan lui fit donner 500.000 cauris qu'il devait percevoir[2] du sultan de Kano et il lui donna en mariage sa fille Meryem.

Quand le sultan fut de retour de Boubouch, on lui amena les femmes adultères. Le cheikh 'Omar, l'imam de la mosquée, Khelîl-ben-'Abdallah, et bon nombre d'ulémas enjoignirent de les lapider[3].

Les sultans de Ghober, de Zanfara, de Dzoum, de Nof et tous les Maures se mirent en correspondance entre eux et décidèrent de provoquer une révolte dans tout le pays. Le sultan donna l'ordre aux populations d'apporter tous leurs grains dans les châteaux ; il insista très vivement sur ce point et manifesta sa colère contre tous ceux qui ne se conformèrent point à cette injonction.

Pendant qu'il était occupé à cela, le sultan de Ghober avec Aber, le sultan des Maures, attaqua subitement le bourg de Kâtour ; il le détruisit et en égorgea les femmes (١٩٢) et les enfants. Informé de cette nouvelle, le prince des Croyants se mit en marche ; il exhorta très vivement les gens à faire la guerre sainte et cita dans ses exhortations la sourate du Combat (XLVII), celle de l'Immunité (IX). C'était moi qui lisais les versets et lui qui les commentait.

« Demain, dit-il, ensuite, je partirai en campagne si

1. Le cheikh 'Omar était en quelque sorte le chef spirituel de l'empire dont Mohammed-Bello était le souverain temporel.

2. Cette somme constituait sans doute un à compte sur le tribut payé par le sultan de Kano.

3. La loi musulmane punit l'adultère de la femme du supplice de la lapidation. Il convient d'ajouter que la preuve de l'adultère est presque impossible à faire si l'on se conforme exactement aux prescriptions de la loi. Il faut, en effet, quatre témoins honorables ayant vu l'acte de fornication.

Dieu veut. Sachez, ô populations, que ce que viennent de faire ces gens-là en égorgeant femmes et enfants ne nous est point permis. Toutefois, si Dieu nous donne la victoire, je laisserai égorger par celui qui l'aura pris[1] tout individu âgé de quinze ans. »

Le lendemain de ce jour, le sultan partit pour Ouorno où il demeura quelques jours afin d'y faire tous ses préparatifs. Il manda aux populations de tous les côtés de venir le trouver et se mit en marche dans la soirée du vendredi se dirigeant vers Ghober. Il avait pris rendez-vous avec les gens du Màchriq[2] dans un endroit qui, je crois, se nommait Kagher-'Aîssa. Après avoir opéré en cet endroit sa jonction avec eux, le sultan pénétra sur le territoire de Ghober, n'inquiétant personne des habitants qui fuyaient ni de ceux qui restaient en place, et il donna aux siens l'ordre de ne molester personne. Puis il marcha sur Kagher-n-Al, la capitale du sultan de Ghober.

Moḥammed-Bello dit alors à notre cheikh 'Omar : « Invoque Dieu pour qu'il nous donne la victoire dans cette expédition. La fortune[3] de l'islam et celle de l'infidélité se sont contrebalancées cette année. Si la fortune de l'islam succombe aujourd'hui, il n'y aura plus personne pour la rétablir. » Il entendait par ces dernières paroles que, si son armée était mise en déroute, il mourrait et que, s'il mourait, personne ne serait plus là pour soutenir l'islam.

Quand on fut près de la capitale du sultan de Ghober,

1. Le mot à mot de cette phrase ne donne pas un sens satisfaisant. Je suppose que la loi musulmane interdisant de mettre à mort tout non combattant, le sultan, par représailles, considérera tout enfant de l'âge de quinze ans comme étant en état de porter les armes et pouvant alors être tué au moment de l'action.

2. Nom d'une région située à l'est du Soudan.

3. L'expression employée par l'auteur est صاع qui est le nom de la mesure de capacité des céréales.

Moḥammed-Bello prit le chemin du Sahara et voyagea de nuit pour ne s'arrêter qu'au moment de la méridienne. Tout le monde souffrait de la soif au point que bien des gens faillirent en mourir. Le prince enjoignit alors au cheikh ʿOmar de consulter Dieu[1] pour savoir s'il devait continuer ou retourner sur ses pas. Le cheikh ʿOmar pria Dieu durant la nuit de lui faire connaître ce qu'il devait faire. Alors, au moment de l'aube, le cheikh entendit une voix qui répéta par trois fois : « La victoire est venue ! »

Au moment où le cheikh ʿOmar terminait la prière du matin, Bâbâ-Nasâm vint le trouver et lui dit : « Le prince des Croyants m'envoie vers toi, afin que tu l'informes de ce que tu as vu. Faut-il nous mettre en marche oui ou non ? » — « Marchons ! » répondit le cheikh. Le prince se mit alors en marche et campa à Ghouâkik. En ce moment, tout le monde souffrait de la soif d'une façon très vive. Le prince prit sa lance et la ficha en terre, puis il dit à Mech, le fonctionnaire chargé de l'eau : « Creuse ici. » A peine eut-on creusé un peu que l'eau se mit à sourdre. Chacun reçut l'ordre de creuser à l'endroit où il était et, partout où l'on avait creusé, l'eau jaillit.

Il faut ajouter que notre cheikh avait reçu du sultan l'ordre de faire une invocation, et qu'il avait accompli cette prière; il s'était ensuite prosterné pendant longtemps et avait vu l'eau qui arrivait sous le sol. Alors seulement il avait levé la tête. Tel est le récit qui nous a été fait par ʿAli-Hâchem.

On resta en cet endroit (١٩٢) deux jours. Le lundi, on fit la prière de la fête des sacrifices et le mardi on vit arriver les troupes ennemies composées d'infidèles. Elles s'alignèrent pour le combat et placèrent en avant leurs chefs

1. Ou, en d'autres termes, demander à Dieu de lui indiquer, soit dans un songe, soit de toute autre façon, la décision qu'il y avait à prendre. Les musulmans ont souvent recours à ce moyen dans les circonstances difficiles.

dans la crainte qu'ils ne s'enfuissent. Alors quelques-uns des Maures qui étaient avec le prince lui dirent : « O Bello, il est venu cet homme que nous t'avions décrit, c'est Aber, le sultan des Maures. » Irrité de ces paroles, le prince dit à ces Maures : « Sortez de mon armée ! »

Alors les musulmans se mirent à former leurs rangs et le combat s'engagea. Dieu accorda la victoire aux musulmans et les infidèles furent mis en déroute. Vingt-cinq mille d'entre eux périrent dans ce combat. Âl, le sultan de Ghober, fut pris ; Roud, le sultan de Kachena, fut tué ; Aber, le sultan des Maures, prit la fuite. Plus tard, au début du règne de ʿAtîq, il fut tué. Cette journée fut appelée la journée de Dâgh.

Le prince donna l'ordre à ses gens de dévaster tout le pays des Maures, puis il revint sans s'être emparé d'aucun des habitants de Ghober et laissant femmes et enfants vaquer à leurs occupations. « Si quelqu'un d'entre vous, dit-il aux siens, s'empare d'une personne quelconque, je lui tranche la tête. » On marcha jusqu'à ce qu'on arriva à Kagher-n-Âl. Là le prince fit appeler tous les gens de Ghober et leur dit : « Choisissez quelqu'un pour être votre chef. » Ils choisirent Foudi, le fils du prince. Ce dernier investit son fils des fonctions de chef de Ghober et lui enjoignit de ne prendre des habitants autre chose que ce que leur prenait le sultan de Ghober.

Mais Foudi eut une conduite scandaleuse. Il fut tyrannique, débauché, impie, uniquement occupé aux jeux et aux divertissements. Il faisait venir sa mère pour assister à ces divertissements et lui en faisait voir les acteurs[1]. Il s'emparait des filles de ses sujets, les entraînait dans sa demeure et se livrait sur elles à tous ses caprices. Les gens de Ghober se plaignirent de sa conduite et on verra plus loin comment

1. Ces divertissements étaient sans doute de nature obscène.

cela se termina lorsque nous parlerons du prince des Croyants ʿAtîq.

Le prince retourna ensuite vers Zanfara ; les sultans du Bokour prirent la fuite devant lui et le prince entra dans Bokour qu'il répara et où il installa son frère ʿAtîq avec Baṭqel, Dousiro et quelques gens de ʿAli-Djeït. Après cela il rentra à Sokoto.

Parmi les expéditions de Moḥammed-Bello figure l'expédition de Kelem-Bîn qui eut lieu dans les circonstances suivantes : L'oncle paternel du prince, ʿAbdallah s'était conduit à son égard d'une façon qui ne convenait pas. Le prince n'y fit point attention jusqu'au moment où les débris de l'armée de ʿAbdesselâm se réfugièrent à Kelem-Bîn, château situé près de Ghando.

Auparavant les fuyards avaient erré dans le pays et avaient guerroyé contre le cheikh ʿAbdallah. Tout l'entourage de ce dernier avait abjuré la foi musulmane et ʿAbdallah avait été serré de près pendant trois ans. A ce moment Omm-Khelîl écrivit au prince des Croyants une lettre qui contenait ces mots : « Toi (١٩٤) tu attends que l'on tue ton oncle paternel et c'est nous qui en serons responsables[1]. »

Alors le prince équipa ses troupes et comme son cousin paternel Khelîl lui demandait dans quel endroit elles devaient se porter, il lui dit : « Garde le secret. » C'était un jeu de mots[2]. Khelîl n'avait pas compris ces paroles et il avait pensé que les troupes marcheraient contre le château de Katem ? Mais le prince se porta sur Kelem-Bîn en passant par Ghândo où il n'entra pas et où il interdit à ses troupes d'en-

1. L'auteur a voulu dire que le sultan n'osait point punir lui-même son oncle ʿAbdallah, mais qu'il eût désiré que d'autres se chargeassent de ce soin, sauf à les désavouer ensuite et à leur reprocher ce forfait.

2. Les mots traduits par : « garde le secret » ressemblent en arabe au mot *katem*. Ils signifient aussi « cache » et dans la pensée du sultan c'est cela qu'il voulait dire.

trer à cause de la misère qui éprouvait les habitants de cette ville depuis trois ans. Puis il campa sur la place de Kelem-Bîn où son oncle paternel 'Abdallah vint le trouver.

Le prince voulait conclure un arrangement amiable entre les gens de Kelem-Bîn et son oncle paternel; mais celui-ci s'y opposa en disant : « Ces gens-là sont des infidèles. » — « Mais, mon oncle, répondit le prince, ces gens-là sont nos frères, ce ne sont pas des infidèles. » Comme 'Abdallah voulait soutenir la cause de 'Abdesselâm et qu'il était en relations avec le chef du château, il refusa[1]. Le prince manda alors son frère 'Atîq, El-Bokhâri et Moḥammed, fils de 'Abdallah. Il leur donna l'ordre de commencer le combat et se fit apporter de l'eau pour faire ses ablutions. Il n'avait pas terminé ses ablutions qu'on lui apportait la tête de Ṭarbouya, le chef du château.

Le prince rendit la liberté à tous ceux des prisonniers qui récitèrent la fatiha et qui firent convenablement leurs ablutions[2]. Les autres furent réduits en esclavage, c'est-à-dire tous ceux qui ne purent accomplir exactement ces deux pratiques religieuses. Ensuite il se mit en route sans entrer à Ghando et sans y laisser pénétrer un seul de ses soldats.

Sous son règne, Moḥammed-Bello envoya son frère 'Atîq à la tête d'une armée contre Zanfara. On devait razzier le pays et saccager les cultures. Cela fait, les troupes revinrent, mais elles furent poursuivies par les infidèles qui les atteignirent dans une route encaissée qui descendait vers une rivière profonde. 'Atîq avait déjà franchi la rivière ainsi qu'un grand nombre de ses soldats lorsque le combat s'engagea. 'Abdelqâder-ben-Ech-Cheikh trouva la mort dans cette ren-

1. Tout ce passage est fort obscur dans le texte.

2. Réciter le premier chapitre du Coran ou *Fatiha* et savoir faire ses ablutions sont les deux actes les plus importants de la pratique de la religion musulmane.

contre après avoir tué de sa main douze de ses ennemis. Comme ses soldats l'engageaient à entrer dans la rivière et à la franchir, ainsi que l'avaient fait les autres, 'Abdelqâder refusa et dit : « Je ne veux point bousculer les gens et leur causer de dommages[1]. »

Avant de partir pour cette expédition, 'Abdelqâder avait vu en songe le Prophète de Dieu (que sur lui soient les bénédictions de Dieu et le salut !) et le cheikh 'Abdelqâder (Dieu soit satisfait de lui !). Ces deux personnages étaient venus à Sokoto, le Prophète de Dieu étant descendu dans la maison du cheikh 'Otsmân, tandis que le cheikh 'Abdelqâder était descendu dans la maison du cheikh 'Omar.

'Abdelqâder s'était alors rendu dans la maison de son père ; il avait fait visite au Prophète de Dieu et avait vu là la demeure qu'il occupait dans le paradis. Son père lui avait dit ensuite : « Viens avec moi ; je veux te montrer ton homonyme, celui dont je t'ai donné le nom. » Ils allèrent tous deux dans la maison du cheikh 'Omar et trouvèrent le cheikh 'Abdelqâder dans la chambre de ma mère, la sainte dame Setour. Le cheikh était assis sur le sol, le visage tourné du côté du cheikh 'Omar (١٩٥). Notre cheikh m'a raconté maintes fois que, le plus souvent, les saints s'étaient montrés à lui ou à d'autres dans la chambre de notre mère Setour.

A de fréquentes reprises j'ai entendu répéter aux gens que le prince des Croyants Moḥammed-Bello disait souvent : 'Abdelqâder est le principal des martyrs[2] de la famille du cheikh 'Otsmân. Et au sujet de cette aventure, 'Abdelqâder-ben-Ech-Cheikh a dit entre autres choses : « Après avoir vi-

1. Je ne saisis pas ce que signifie ce passage.

2. Les musulmans se servent du mot شهيد « témoin » pour désigner toute personne qui meurt de mort violente, soit dans un combat, soit dans une épidémie. Le plus souvent ils l'appliquent à celui qui succombe en défendant la communauté religieuse menacée par les infidèles.

sité la meilleure des créatures[1], j'ai vu le cheikh 'Abdelqâder-El-Djilâni en personne dans la maison de Ḥâdj en compagnie du disciple du cheikh Aḥmed-Et-Tidjâni.

Ce fut sous le règne de Moḥammed-Bello que parut, au Bornou, Moḥammed-El-Kânemi, surnommé Kâlenba. Les sultans vaincus se groupèrent autour de lui et il promit à tous de leur rendre leurs royaumes s'il parvenait à vaincre le prince des Croyants. Kâlenba réunit en conséquence des masses nombreuses d'hommes et forma une armée considérable avec les populations des frontières du Ouadaï, les Arabes du pays du Baghirmi et les indigènes de ce dernier pays. Son influence fut grande et son pouvoir immense. Il se porta avec de véritables montagnes d'hommes vers Kano et adressa de là au prince des Croyants une lettre dans laquelle il y avait des ignominies qu'il est inutile de rapporter. On y trouvait aussi ces mots : « Contre toi certes je remplirai le pays de chevaux au poil ras et d'hommes imberbes[2] ; je t'en chasserai vil et méprisé. »

Au dos de cette lettre, Moḥammed-Bello traça les mots suivants : « Au nom de Dieu le clément, le miséricordieux ! Dieu me suffit et quel admirable soutien il est ! Il n'y a de force et de puissance qu'en Dieu le Haut, le Puissant. Je remets le soin de toutes mes affaires à Dieu, car il est clairvoyant pour ce qui touche à ses adorateurs. Salut ! »

Quand le messager porteur de la lettre fut parti, le prince des Croyants dit : « J'espère que Dieu ruinera la puissance de cet homme par la main du plus humble des disciples du cheikh. » Il envoya alors dire au sultan de Bouchi, Ya'qoub, de venir se joindre à lui, et Ya'qoub se mit en marche avec toutes ses troupes.

Dès qu'on connut la nouvelle de la marche de Ya'qoub,

1. C'est un des surnoms donnés au prophète Mahomet.
2. En d'autres termes : de jeunes guerriers montés sur des chevaux de race.

quelqu'un qui en connaissait la valeur dit à Kâlenba : « O sultan du Bornou, cet homme qui vient vers toi, ne le combats pas au milieu de ton propre pays, mais fais que le combat ait lieu sur la frontière. » Kâlenba retourna aussitôt vers la frontière du pays de Kano, poursuivi par Ya'qoub. Les gens de Bouchi étaient contrariés de cette marche, mais Ya'qoub qui les précédait en personne leur dit : « Je ne quitterai pas la trace de l'homme qui a vu nos demeures, avant que je n'aie vu les siennes. Hâtez-vous ou marchez lentement, il n'importe. »

Un détachement de cavalerie se porta en avant et attaqua l'armée de Kâlenba; celui-ci tourna les talons et alla camper dans un marécage[1], en disant : « Je ne pense pas que sur un pareil terrain personne tente de m'attaquer. » (١٩٦) Ya'qoub voulait attaquer Kâlenba dans cet endroit où il venait s'installer, mais ses gens l'en empêchèrent et il alla camper sur un autre point.

Le lendemain matin, les troupes de Kâlenba engagèrent l'action. La bataille fut extrêmement vive. Bendouâk[2]-Ḥasen, le général des troupes de Ya'qoub, fut tué; le sultan des Zekzek, Ya-Mousa, ainsi que le Galadima[3] Djâfen prirent la fuite et nombre de soldats de Ya'qoub furent tués. On apporta à Kâlenba l'épée de Bendouâk en lui disant que c'était celle de Ya'qoub. Aussitôt il monta à cheval; il se rendit à l'endroit où gisait le corps de Bendouâk et y fit dresser sa tente. Alors quelques-uns de ses gens lui dirent qu'en lui rapportant que Ya'qoub avait été tué on lui avait fait un pur mensonge, que Ya'qoub n'avait pas encore pris part au combat.

Comme Ya'qoub était assis, sans s'inquiéter de rien, un

1. Mot à mot : « Dans l'eau ».
2. Bendouâk est peut-être un titre ici.
3. Le Galadima est une sorte de gouverneur d'une ville.

des siens vint le trouver et lui dit : « O sultan de Bouchi, le sultan de Zekzek et tous les siens ont fait la prière du coucher du soleil, — c'était une façon détournée d'annoncer leur fuite[1], — et Bendouâk-Hasen et tous les siens ont bu de l'eau » — ce qui voulait dire qu'ils avaient été tués. A cette nouvelle Ya'qoub donna l'ordre à son chef-timbalier de battre du tambour, ce qui fut fait aussitôt; puis il se mit en marche à pied, après avoir placé deux cents hommes pour garder ses concubines et les empêcher de se disperser avant que Kâlenba ne parvînt jusqu'à elles dans le cas où lui Ya'qoub serait tué et afin qu'on ne crût pas qu'il était un pauvre personnage[2].

Ya'qoub continua ensuite sa marche et arriva à l'endroit où était Kâlenba et l'action s'engagea de nouveau vivement. Il prit lui-même une flèche et voulut la lancer. « O sultan de Bouchi, lui dit Bendouâk-Adim, tu te vantes en voulant lancer une flèche avant de marcher sur ma tête.[3] » — « Pas du tout, répondit Ya'qoub, ce que j'en fais, c'est parce que j'ai retrouvé ma vigueur. » Ya'qoub lança sa flèche contre la tente où était Kâlenba ; la flèche se planta dans la tente qui fut ébranlée. Tous ceux qui y étaient sortirent, prirent la fuite, abandonnant en même temps que la tente les tambours, les livres et tous les instruments qu'elle contenait.

S'avançant alors vers la tente, Ya'qoub y entra, prit les joueurs de tambours de Kâlenba et leur donna l'ordre d'en battre comme ils le faisaient pour Kâlenba ; son but était de faire venir vers la tente tous ceux de gens de Kâlenba qui

1. Par superstition les musulmans évitent souvent de dire les choses en termes propres quand il s'agit d'un événement malheureux.

2. Le nombre des concubines étant d'autant plus grand qu'on jouit d'une plus haute considération, Ya'qoub tenait à ce qu'on vît bien qu'il en avait beaucoup.

3. C'est-à-dire que le sultan ne prenait part au combat qu'en cas désespéré lorsque son entourage s'était vainement sacrifié pour lui.

avaient pris la fuite. On battit donc le tambour de la façon indiquée et les gens de Kâlenba arrivèrent de tous côtés. On les tua tous. Ya'qoub passa la nuit en cet endroit ; puis, pendant trois jours, il se mit à la poursuite de Kâlenba sans réussir à l'atteindre. Il revint alors sur ses pas.

Ici se termine tout ce que nous savons de certain sur les expéditions de Moḥammed-Bello. Il en fit un grand nombre d'autres sur lesquels nous n'avons aucun renseignement précis et c'est pourquoi nous n'en parlerons pas.

Quelques détails particuliers sur Moḥammed-Bello. — Après son avènement, ce prince (Dieu soit satisfait de lui !) vécut vingt-deux ans. Sous son règne, le pays du Haousa fut très florissant. Il y répandit la science et les savants de divers pays y affluèrent de tous côtés (١٩٧). Il avait une vive sollicitude pour eux, les voyait d'un œil très favorable et les comblait des plus grandes faveurs. Qu'il arrivât de l'est, de l'ouest, du midi ou du nord, le savant, qui venait trouver le prince, n'était jamais accueilli qu'avec les plus grands égards. Le prince le gardait auprès de lui et ne s'en séparait dans aucun cas.

Il consacra beaucoup de temps à composer des ouvrages : chaque fois qu'il avait achevé une de ses œuvres il la faisait connaître au public et la lui faisait lire ; puis il se remettait de nouveau à composer un autre volume. Les nombreux sujets qu'il traita étaient des réponses à des questions ou des controverses relatives à la loi. Si on lui soumettait une question il en faisait aussitôt l'objet d'une publication. S'il apprenait que tel et tel personnages étaient en divergence sur un point, il composait aussitôt un traité sur la matière. Il encourageait ses enfants, ses frères, les enfants de ses frères à s'instruire et, s'ils s'en abstenaient, il les blâmait très vivement.

Un jour, je lui ai entendu dire les paroles suivantes :

« Les gens du Haousa pervertissent nos enfants quand ils leur disent que leur famille est une famille de saints et d'ascètes et qu'ils les détournent de l'instruction[1]. Cela n'est qu'un mensonge, une illusion, une erreur et une fausseté, car la science ne se conserve que par l'instruction et les ulémas sont plus près de la science que nul autre. »

Il mettait chacun des savants à sa juste place; il était équitable et modeste. Il ne se nourrissait que du produit de son travail, sans se faire en aucune façon entretenir par le trésor public. Au début de leur sainte campagne, il disait à son père : « O cheikh, les ressources licites[2] sont insuffisantes; il faut néanmoins que toi tu uses dans la mesure du nécessaire de cet argent : quant à moi je gagnerai ma vie, car je suis encore un jeune homme. » Il apprit un métier et, grâce à lui, il put se passer du trésor public. C'est pourquoi il ne maudit jamais une seule personne sans qu'elle devînt aussitôt comme du blé mangé en vert[3]. C'est du moins ce que nous a raconté 'Ali-Hâchem.

Il était bon pour le peuple et plein d'indulgence pour tous; calme, patient, il ne s'occupait point des richesses que les gens possédaient. Administrateur habile, il inspectait les cadis, annulait les jugements qu'ils avaient rendus en se laissant entraîner par leurs passions; il ne les laissait jamais en repos dans leurs fonctions. Aussi les cadis dirent-ils à son frère 'Atîq : « Ne contrecarre pas nos jugements comme le faisait ton frère. » — « Si vous jugez avec équité, leur

1. On sait que, chez les musulmans d'Afrique surtout, les descendants d'un saint personnage passent pour hériter de la vénération témoignée à leur ascendant. Cette croyance populaire n'est pas orthodoxe, ainsi que le déclare Moḥammed-Bello. Elle a surtout le grave inconvénient d'encourager l'ignorance et l'inconduite dans cette sorte de noblesse religieuse.

2. Produits des impôts légaux, quint du butin, etc.

3. C'est-à-dire sans que la situation de cette personne devînt aussitôt fâcheuse.

répondit 'Atîq, je ne les contrecarrerai jamais. Soyez donc du côté du droit où qu'il soit. »

Voici son portrait : Rouge, grand, chauve, la barbe longue et touffue. Il portait toujours un voile qui ne quitta jamais son visage. Il resta malade pendant sept mois. Lorsque la maladie devint grave, il manda son fils 'Alî qui était à Senâki. Quand il fut venu, il lui fit les recommandations suivantes : « Ne cherche pas à être roi après moi[1] ; si (١٨٩) Dieu t'accorde la royauté, donne la première place aux ulémas de bien, les auxiliaires du Clément et méfie-toi des ulémas méchants qui sont les suppôts de Satan. Honore le plus humble des Foulânî comme tu honores le plus puissant d'entre eux. »

J'ai entendu le cheikh 'Omar raconter le fait suivant : « J'entrai, dit-il, chez le prince des Croyants Moḥammed-Bello, pendant la nuit du mardi qui précéda celle du mercredi au cours de laquelle il mourut. Je venais lui faire mes derniers adieux. — Va, me dit-il, emmène ma fille où tu voudras aller et si quelqu'un veut t'en empêcher, ce sera affaire de lui à moi en présence de Dieu. »

Le vizir m'a raconté qu'il entra chez le prince le mercredi. « Comment oses-tu entrer, lui cria le prince, sans m'en avoir demandé l'autorisation. Sors d'ici ! » — « Je demande pardon à Dieu, lui répliquai-je, de la faute que j'ai commise. » — « Puis j'ajoutai, dit le vizir : Ne m'autorisez-vous pas à exécuter les ordres de 'Alî. » — « Je ne t'autorise, reprit-il, ni à exécuter ses ordres, ni ceux d'aucun autre que lui. » — « Alors, ajoutai-je, entre les mains de qui nous laissez-vous ? » — « Je vous laisse entre les mains de Dieu, dit-il[2]. » — « Mais, repris-je, le cheikh vous a

1. On sait que chez les Arabes le fils ne succède pas nécessairement au père. En principe c'est le frère aîné qui occupe le trône devenu vacant.

2. Mahomet n'ayant pas désigné son successeur, aucun prince ne devrait procéder à cette désignation. En réalité, d'ailleurs, c'est la communauté mu-

confié le pouvoir souverain. » — « Le cheikh me connaissait, dit le prince, tandis que moi je ne connais aucun d'entre vous comme le cheikh me connaissait. Je ne recommande personne pour jouir du pouvoir royal ; je serais à cause de cela l'objet de tourments dans le purgatoire. Non, non ! Toutefois gardez-vous de la discorde et toi sois le premier à prêter serment de fidélité à celui sur lequel l'accord se sera fait par les trois clans[1], le clan de Ken, celui de Oulrab, et celui de Seḥseḥeb, car celui-là sera le prince et quiconque lui contreviendra sera un rebelle. »

Son fils Ma'âdz m'a dit, à ce sujet, que son père Bello avait envoyé un Maure à Farzân[2] pour lui rapporter un coffre de la longueur de sa taille. Le Maure resta une année avant de rapporter ce coffre. « Alors, ajouta Ma'âdz, mon père m'ordonna de le lui préparer[3] ; je l'arrangeai, puis le mis de côté. Mon père vécut encore cinq jours après cela, puis il mourut. »

Ma'âdz m'a également fait ce récit : « Lorsque mon père était à ses derniers moments, il m'aperçut assis : « Que fais-tu là ? me dit-il, sors d'ici ! » Je sortis et l'entendis prononcer ces paroles : O Sidi 'Abdelqâder, ô cheikh 'Otsmân, voici votre jour venu. Après avoir répété ces mots à plusieurs reprises, il ajouta : « Il n'y a d'autre divinité que Dieu, Moḥammed est l'envoyé de Dieu[4]. » (Que Dieu répande sur lui ses bénédictions et lui accorde le salut !) Après cela il ne prononça plus une seule parole.

sulmane représentée par ses chefs principaux qui a le droit de choisir le souverain lorsque le trône devient vacant.

1. Ce mot est traduit par conjecture. Le texte porte : « drapeau ».

2. Il faut sans doute lire : « Fezzân ».

3. Il semble que Moḥammed-Bello, contrairement à l'usage, ait voulu être enterré dans un cercueil. Le texte ne s'explique pas sur l'arrangement dont il est ici question au sujet du coffre.

4. Au moment de mourir le fidèle doit prononcer cette formule et, s'il n'est plus en état de le faire, un des assistants la prononce en son nom.

Moḥammed-Bello mourut le jeudi, à l'heure de l'asr; il fut enterré avant le coucher du soleil. Il avait cinquante-huit ans et il laissa onze fils : 'Ali-El-Kebîr, 'Ali-es-Seghîr, 'Atîq, Ibrahim-Ghando, Ma'adz et son frère germain Sa'îd, Yousef, 'Abderraouf (١٩٩), Foudi et son frère germain Al-Iṭo et Yaḥya. Il avait eu treize filles dont je ne me rappelle pas les noms.

Parmi les personnages qui moururent sous son règne, on peut citer Mo'allim-Sa'îd, que le prince avait logé dans son palais pour s'entretenir avec lui, par amour de la science et pour lui faire honneur, car c'était un savant éminent; Moud-Mâ-Mâra, grand savant; ce fut lui qui engagea une controverse avec le cheikh 'Abdallah sur cent vingt passages du *Ṣaḥîḥ* de El-Bokhâri. Le cheikh 'Abdallah lui donna raison sur tous les points sauf deux ; l'oncle paternel du prince, le cheikh 'Abdallah (Dieu soit satisfait de lui, lui assure un asile honorable et fasse du paradis sa demeure dernière !) ; Ibrahim-Ghemez ; Mo'allim-Isḥâq ; Ḥamdan, fils du cheikh Djebrîl et Moḥammedin[1] auquel le cheikh 'Otsmân assura le paradis; son frère Senba le saint; son frère El-Ḥasen; son frère 'Abdelqâder ; 'Omar-Gharb, le chérif ḥasani ; Moḥammed, fils du cheikh 'Abdallah; Moḥammed-Es-Seghir, fils du cheikh 'Abdallah-Foudiya ; Moḥammed le secrétaire ; son oncle paternel Moḥammed-ben-Foudiya ; Mo'allim-Ṣouf-El-Ḥaousi ; 'Abdesselâm-El-Ḥaousi et Mo'allim-'Ali le jurisconsulte.

Les sultans qui moururent sous le règne de Moḥammed-Bello furent le sultan de Zekzek, Yâ-Mousa; le sultan de Kano, Seliman; le sultan de Boubo, Yaro ; le sultan de Bornou, 'Ali; le sultan de Nof, Mo'allim-Dedjeṭ ; le sultan de Dellel, Bes-Boubeker-'Omâdj et le sultan de El-Abtâk.

1. Ce nom semble être le pluriel de Moḥammed.

Quant aux femmes qui moururent à cette époque, ce furent : Zâmi-Gharka, mère de El-Bokhâri ; Inna-Gharka, mère de Bello et d'autres encore.

Histoire des princes des Croyants, 'Atîq[1], fils du cheikh 'Otsmân.

Il y eut divergence au sujet de son élévation au trône. Voici comment la chose m'a été racontée par des personnes de l'entourage du général 'Ali-Djeïṭ. Lorsque l'on apprit la fâcheuse nouvelle de la mort du prince des Croyants Moḥammed-Bello, 'Ali-Djeïṭ se trouvait dans la ville de Anâm, tandis que son fils Abou'l-Ḥasen et les principaux personnages de Ken se trouvaient à Bandza. 'Ali-Djeïṭ les fit tous mander et quand ils furent auprès de lui il leur dit : « Allons à Ouorno. » — « Vous faites allusion, lui répondit Abou'l-Ḥasen, à celui que vous voulez élever au pouvoir. » — « Nous avons El-Bokhâri parmi nous, répondit 'Ali-Djeïṭ, et nous sommes tous d'accord pour l'élire. »

Alors les notables personnages déclarèrent qu'ils ne voulaient pas enlever l'autorité royale de la famille de Inna-Gharka, qui était à la fois la mère de Bello et celle de 'Atîq. « Quant à moi, ajouta Abou'l-Ḥasen, je n'irai pas prêter serment de fidélité à El-Bokhâri du moment qu'il existe 'Atîq et des enfants de Bello. » Mais le général 'Ali persista à vouloir choisir El-Bokhâri ; il partit pour Ouorno et, en son nom et au nom des chefs de l'armée, il envoya chercher El-Bokhâri.

Les cavaliers se succédaient l'un après l'autre (٢٠٠) vers El-Bokhâri, tandis que ce ne fut que le lendemain qu'on

1. Prononcé 'Atiqou par l'addition d'une voyelle finale, addition très fréquente dans le langage du Soudan.

dépêcha un messager à 'Atîq et ce messager partit à pied. « Inutile de parler, dit 'Atîq au messager, je sais pourquoi tu es venu. » Alors il convoqua tous les siens et leur dit : « Nous venons de recevoir la triste nouvelle de la mort du prince des Croyants. Je vais me rendre à Ouorno ; mais que personne n'y vienne avec moi à l'exception d'un tel et d'un tel. » Il adressa une prière à Dieu en disant : « Si mon élévation au pouvoir souverain doit être avantageuse pour mon salut éternel et pour mon bonheur en ce monde, que Dieu me le donne ; sinon qu'il le détourne de moi ! »

'Atîq se rendit ensuite à Ouorno et y trouva tout le monde disposé en faveur de El-Bokhâri. Il descendit dans sa maison sans que personne fût venu au devant de lui. Ensuite on lui dit hyppocritement : « Certes, nous vous attendions. » — « Non, répondit-il, vous ne m'attendiez pas ; vous en attendiez un autre, mais devriez-vous attendre mille ans, il ne viendra pas s'il plaît à Dieu. »

Puis, comme un long temps s'était déjà écoulé, les soldats dirent à 'Abdelqâder-ben-Tofa : « Va chercher ton oncle paternel[1] et amène-le nous de force, fût-ce dans son cercueil. » 'Abdelqâder partit ; il fit monter son oncle sur un cheval, mais arrivé sur le marché de la ville, l'oncle tomba de cheval et s'écria : « Hélas ! Dieu s'est prononcé en faveur de 'Atîq. » 'Abdelqâder revint aussitôt à Ouorno. 'Ali-ben-Bello engagea vivement tous les soldats à se prononcer et dit : « Si un individu parmi les musulmans vient à mourir ces jours-ci avant qu'un prince ait été proclamé[2], la faute en retombera sur vous. » Personne ne tint compte de ce propos.

1. El-Bokhâri.

2. Ou : « avant d'avoir prêté serment de fidélité à un prince. » Je ne saisis pas bien ce qu'on pourrait reprocher à ce musulman ou le tort que cela lui ferait au point de vue religieux.

Le cheikh 'Omar envoya un messager aux soldats et le chargea de faire une déclaration aux cinq principaux personnages : le général de l'armée, Ghidâdo, Dousiro, le cadi El-Ḥâdj et l'imam de la mosquée, Boubeker. Cette déclaration était ainsi conçue : « Si nous devons choisir nous-mêmes un souverain parmi eux en leur disant de nous l'amener, ce serait leur faire injure et leur adresser un reproche. Qu'ils choisissent donc eux-mêmes celui que Dieu leur inspirera ! »

Le cheikh s'entretint à ce sujet avec Bouṭefel qui, à son tour, en parla aux chefs. Ceux-ci se rendirent alors auprès de 'Ali et un long échange de paroles eut lieu entre eux. Enfin, 'Ali finit par leur dire : « Vous voulez donc nous imposer la famille de 'Abdesselâm ! — et en disant cela il faisait allusion à El-Bokhâri et aux gens de Ghândo — « s'il en est ainsi ce sera le commencement d'un conflit avec mon oncle paternel, car si vous laissez ces deux personnages dans une même localité, en prêtant serment de fidélité à l'un d'eux, la discorde éclatera aussitôt. Ne vous souvenez-vous donc plus des paroles qu'a dites le cheikh dans sa qasida : *En maï-magbatchi kao touo wa djawa labana — I wa-né aldjanou iya tabba alhaqiqa*[1].

'Ali-Hâchem m'a raconté le fait suivant : lorsque la population eut secoué ses mains de la terre du tombeau du prince des croyants Bello, le vizir Ghidâdo dit : « Les gens de cette famille ont quitté aujourd'hui ce tapis[2]. » — « O Ez-Zeghrâni, lui répondit le chef des tapissiers du prince des Croyants, ô vizir, voulez-vous donc enlever aux gens ce que Dieu leur a donné ou leur donner ce que Dieu leur a ôté. » Le vizir

1. D'après M. Delafosse, ce vers haousa signifie : « Si le maître de la destruction apporte la nourriture, qui tirera le lait ? — Certes, quel démon peut toucher la vérité ? »

2. En d'autres termes : la branche à laquelle appartenait la famille de Bello ne régnera plus désormais.

se montra très dur en paroles vis-à-vis de lui et faillit même (٢٠١) le battre. Toutefois il le laissa tranquille. Yaro partit alors, se rendit dans sa ferme et ne revint pas avant que 'Atîq eût été proclamé souverain.

Le premier qui plaça sa main dans celle de 'Atîq fut Boubeker, l'imam de la mosquée; puis ce fut le tour de Ghidâdo et enfin celui de tout le monde. Khelîl-ben-'Abdallah n'assista pas à la prestation du serment de fidélité. Il n'arriva que plus tard et eut un long entretien avec les chefs de l'armée.

Lorsque la prestation du serment de fidélité fut terminée, les premières paroles que prononça 'Atîq furent les suivantes : « Soyez fidèles du fond du cœur au serment que vous m'avez prêté. Si vous voyez que je m'écarte de la loi, ramenez-moi au droit chemin à coups de fouet s'il le faut. Quant à moi, je ramènerai au droit chemin quiconque d'entre vous en déviera, fût-ce 'Ali-ben-Bello. » Il ajouta ensuite : « Aujourd'hui les choses sont tombées au point qu'il est impossible de les relever. Car le bouc ne saurait porter un fardeau aussi lourd que celui que portait un chameau. Toutefois je ferai tout ce dont je serai capable. »

'Atîq (Dieu lui fasse miséricorde!) prit de fréquentes mesures pour ordonner le bien et interdire le mal; il réforma de nombreux abus qui s'étaient produits dans l'administration par suite de la façon dont avait gouverné le prince des Croyants Moḥammed-Bello. La première chose qu'il fit fut de mettre à mort tout joueur de tambour de basque pris en train de jouer de cet instrument. Bientôt cette habitude disparut et l'on n'entendit plus jamais le bruit de tambour de basque ou des autres instruments au moment de la sortie des troupes. Sous son règne la musique disparut à tel point qu'on eût cru qu'elle n'avait jamais existé. Cette proscription lui attira la haine des gens de plaisirs et des sultans et en même temps l'affection des ulémas et des saints personnages[1].

Il honora les savants et en fit ses familiers. Celui qu'il fréquenta le plus fut Boubeker, l'imam de la mosquée. 'Ali-El-Djeïṭ n'était reçu chez lui qu'après l'imam de la mosquée qui avait ainsi la préséance sur le général, préséance qu'avaient également le cheikh Isma'îl-El-Haousi, 'Abdallah-Fodouono, le cheikh Moḥammed-El-Aïm, Mo'allim-Ibrahim-Tedeni-Cherkin, Mo'allim-'Otsmân-Ez-Zeghrâni et Khelîl-ben-'Abdallah-Foudiya. Tous ces personnages, il les comblait de bienfaits et leur donnait les biens les plus précieux.

L'anecdote suivante montrera le souci qu'il avait d'empêcher les choses défendues par la religion : Une fois il entendit une femme zeghrâniya qui élevait la voix pendant qu'il faisait une tournée après le coucher du soleil. Il demanda qui était cette femme, et comme on lui répondit que c'était une Zeghrâniya, il dit : « Si elle ne baisse pas le ton, je lui tords le cou. » La femme ayant appris cela s'enfuit dans la maison de cheikh 'Otsmân et se réfugia auprès de la mère de Aḥmed-Er-Refâ'i. Il fit si bien que l'on ne commençait plus à faire quoi que ce soit, même s'il s'agissait d'un jeu ou d'un divertissement, sans prononcer ces mots : « Il n'y a d'autre divinité que Dieu[2]. »

La première année de son avènement il voulut se rendre à Zanfara pour y recevoir le serment des gens de l'Est et faire une expédition. Boṭefel s'y opposa en disant : « Ces gens-là sont favorables à El-Bokhâri; si (٢٠٢) tu vas chez eux et que tu n'obtiennes pas leur serment, ils trouveront un prétexte de prêter serment de fidélité à El-Bokhâri. »

1. On sait que la religion musulmane proscrit la musique. Mais cette prohibition a été de tous temps bien rarement observée.

2. D'ordinaire la formule usitée est : « Au nom de Dieu le Clément, le Miséricordieux ». Cette formule a un emploi analogue à celui du signe de la croix chez les chrétiens.

En conséquence 'Atîq ne se mit pas en route; il envoya Boṭefel pour recevoir le serment des gens du Bornou, du Kachena, du Dour, du Bouchi et des musulmans de Zanfara. Après avoir reçu ce serment Boṭefel tomba malade et ramena les principaux chefs de ces peuplades à Sokoto. Les autres retournèrent dans leur pays.

Cette même année, 'Atîq voulut entreprendre une expédition contre le pays de Dzauma au moment de la grande chaleur de l'été. Arrivé au château de Ghernegh, il envoya Abou'l-Ḥasen, le fils de 'Ali-Djeïṭ, démolir un des châteaux de Dzauma. Abou'l-Ḥasen revint retrouver 'Atîq qui voulut rentrer à Sokoto. Mais, au moment du départ, la plupart des soldats qui étaient avec lui s'éloignèrent et il ne lui resta qu'un petit nombre de fidèles. Rentré à Sokoto, 'Atîq dit à ses soldats : « Vous avez fait avec moi, au moment du retour de cette expédition, une chose que les infidèles n'auraient jamais faite vis-à-vis de leur sultan et, à plus forte raison, que n'auraient pas dû faire des musulmans. Si, à ce moment, les infidèles m'avaient poursuivi ils se seraient emparés de ma personne. »

La seconde année de son règne 'Atîq fit une expédition contre la ville de Damri dans le pays de Zanfara. Après un combat on pénétra dans la citadelle de Damri et on s'empara du fils du sultan. On l'amena à 'Atîq qui lui fit trancher la tête, puis on abandonna le château sans avoir réussi à s'y maintenir.

Cette même année, ou l'année précédente, un prodige fut opéré par le cheikh 'Omar dans les circonstances suivantes : Comme le prince des Croyants 'Atîq était revenu à Sokoto, les troupes des infidèles attaquèrent la ville de Ghernegh et s'établirent entre la ville et l'eau qui l'alimentait. On informa de ce fait le prince des Croyants qui envoya de suite chercher le cheikh 'Omar. J'étais avec le cheikh en compagnie de ʿAli-Hâchem et de son frère l'intelligent Aḥmed, quand arriva l'eunuque du prince des Croyants qui, s'adressant au cheikh, lui dit : « Le prince des Croyants vous fait savoir que les habitants de Ghernegh souffrent beaucoup de la soif ; il vous prie de demander à Dieu qu'il leur envoie de l'eau, que cette eau sourde du sein de la terre et qu'elle descende du ciel. »

Après nous avoir congédiés, le cheikh se tourna vers Dieu et, la nuit même, la pluie tomba du ciel, mais sans s'étendre d'aucun côté à un seul pied au-delà de la ville. Les troupes infidèles abandonnèrent aussitôt le siège et ce fut alors que notre cheikh béni retourna au Maghrib[1].

Durant la troisième année, ʿAtîq fit une expédition contre Gherbâd dans le pays de Zanfara et je l'accompagnai dans cette campagne. Après avoir saccagé les champs et brûlé les récoltes et les villages, on arriva devant Gherbâd qui est une citabelle fortifiée. Le prince adressa une allocution à ses troupes et leur dit : « Demain, si Dieu veut, vous livrerez bataille bon gré mal gré ; sinon je périrai sans vous en combattant, car je vais me tenir en avant du talus du fossé. Ne faites pas comme vous avez fait l'année dernière. » Les troupes combattirent vigoureusement, si bien qu'il (٢٠٢) périt un grand nombre d'hommes d'entre elles et une grande quantité de chevaux. Certains soldats disaient : « Nous avons combattu vaillamment jusqu'à la mort, mais ce prince n'est pas favorisé du Ciel. » On abandonna le château sans s'en être emparé.

Ce fut également à cette époque que Meyâgh, le sultan du Ghober, avec le sultan du Kachena et les Maures assaillirent Foudiya-ben-Bello dans le château de Ṭanchâouer ; ils démo-

1. Ou : « du côté de l'ouest », si ce mot n'est pas un nom de localité dans ce passage. Il ne faut pas confondre ce Maghrib, province du Soudan, avec le Maghreb, la grande région du nord de l'Afrique.

lirent le château et pillèrent tout ce qu'il contenait. Foudiya refusa de sortir de sa maison tant que le sultan de Ghober ne lui eût pas fait dire qu'il pouvait sortir, qu'il ne voulait point le tuer parce qu'il était le fils de leur sœur. Alors Foudiya sortit avec son frère germain Mâl-Iṭo et le fils de son oncle paternel Khelîl-ben-El-Ḥasen.

Ce qui avait motivé cette attaque c'était l'excessive tyrannie, l'oppression et les abus qu'exerçait Foudiya dans le pays. Une des choses les plus graves qu'il commettait à l'égard des gens de Ghober, c'était de s'emparer de leurs filles, de les entraîner dans sa maison et de se livrer sur elles à des actes que, malgré leur qualité d'infidèles, les sultans de Ghober n'auraient jamais commis. Il faut ajouter à cela qu'il contrevenait souvent aux ordres du prince des Croyants 'Atîq.

Pendant la quatrième année, le prince partit pour le Ghober à la tête de 60.000 cavaliers et d'une quantité innombrable de fantassins. Le sultan du Ghober et celui du Kachena se portèrent à sa rencontre et le combat s'engagea. Le prince fut trahi par les siens ; les deux ailes de son armée et une partie du centre abandonnèrent le champ de bataille, en sorte qu'il ne lui resta que fort peu de monde. Il voulut lancer lui-même une flèche, mais Qaser, homme grossier et mal embouché plus encore que ne l'avait été Senba précédemment, lui dit : « Laisse-nous donc avec ta flèche, ô prince des Croyants. Si tu étais avec ces gens-là tu serais en fuite maintenant. »

Cela dit, Qaser poussa un cri, et, monté sur son cheval, il fondit sur les infidèles. Comme l'un des fils d'un personnage lui disait à ce moment : « Prends garde aux immondices[1] », Qaser lui répondit : « Aujourd'hui il n'y a que celui qui ne connaît pas son père qui prendra de telles précau-

1. La traduction de ce dernier mot n'est pas absolument certaine.

tions. » Or il se trouvait que le fils en question était soupçonné être un bâtard.

L'armée à ce moment fondit sur les infidèles et, Dieu faisant descendre sur elle la victoire, elle mit les infidèles en déroute. Les musulmans qui avaient lâché pied revinrent le lendemain de ce jour. Puis, après avoir séjourné en cet endroit pendant quelques jours, le prince des Croyants rentra à Sokoto.

Parmi les aventures qui se produisirent entre ce Qaser et 'Ali-Bello on cite la suivante : Un jour, Qaser pénétra dans l'intérieur de la maison de 'Ali-Bello. « O Qaser, lui dit 'Ali, tu es donc un eunuque. » — « Si jamais un eunuque n'avait pénétré dans cette maison, répliqua Qaser, tu n'y serais toi-même jamais entré. » — « Tu es un maudit, s'écria alors 'Ali. » — « Est-ce que tu en doutais par hasard? » répliqua Qaser. — « Alors tu veux donc te faire tuer? s'écria 'Ali. Va-t'en, car je veux te laisser tranquille comme l'ont fait mes ancêtres. »

Au cours de la cinquième année, le prince se mit ne marche sur le Ghober (٢٠٤) au milieu de l'automne. Il campa sur le territoire du Zanfara et là il eut une altercation avec Abou 'l-Ḥasen à qui il dit : « Quiconque honore la barbe de son père et n'honore point la mienne. Dieu gâtera son sort. » — « Les barbes de nos ancêtres, répondit Abou 'l-Ḥasen, sont seules cause que nous connaissons les barbes de ceux dont nous connaissons les barbes. » — « Je te tords le cou, si tu ne te tais pas, » répliqua 'Atîq. — « Si, répliqua Abou 'l-Ḥasen, tu touchais à ce cou[1], tes sujets ne baisseraient plus la tête devant toi et installeraient ce cou dans le palais du prince des Croyants. »

'Atîq continua sa marche vers le pays du Ghober et

1. Le mot traduit par « cou » s'emploie également pour dire « personne, individu ».

trouva que le sultan du Ghober et le sultan infidèle du Kachena avaient bâti deux forteresses se faisant face de façon à s'entr'aider mutuellement dans un combat contre le prince des Croyants s'il venait à attaquer l'un d'eux. Quand il fut arrivé sur le territoire de ces sultans, 'Atîq forma une colonne sous le commandement de son fils Aḥmed, de Dorbi, le sultan du Kachena[1] et de Maḥmoud, sultan du Zanfara; il la dirigea contre le sultan du Kachena, l'infidèle Ṭar-Mofîṭ, et se porta en personne avec ses troupes contre Meyâgh, le sultan du Ghober.

Dieu fit que les infidèles furent défaits, mis en fuite et dispersés de tous côtés. La cavalerie les poursuivit dans toutes les directions. Après cela, 'Atîq aurait voulu détruire la forteresse, mais les soldats n'y consentirent point et refusèrent de se battre, en sorte que la forteresse ne fut pas prise. Durant les quelques jours qu'il séjourna en cet endroit il fit diverses razzias sur le territoire du Ghober et sur celui du Kachena; ce fut à ce moment qu'il tomba malade.

Au début de la maladie de 'Atîq, ainsi que je l'ai su, car j'étais présent lorsque son fils Aḥmed racontait ce qui s'était passé à 'Ali-Djeïṭ, qui lui avait posé cette question : « Dites-moi donc comment votre père est tombé malade, comment il est mort et pourquoi vous l'avez laissé en expédition alors qu'il était malade sans le ramener dans sa maison? » Aḥmed répondit : « La maladie avait commencé avant son départ pour l'expédition. Un jour que je me présentai chez lui au moment où il était abattu par les vomissements : « J'ai quelque chose à te demander, fis-je alors. » Levant la tête vers moi, il me dit : « Que veux-tu? » — « Je voudrais, lui répliquai-je, que mes frères habitassent à Bokour ou dans tout autre forteresse du pays du Zanfara et, quant à moi, je vou-

1. S'il n'y a pas d'erreur dans le texte il y avait donc à ce moment deux sultans du Kachena; un musulman et un idolâtre qui se disputaient le pays.

drais demeurer ici pour m'occuper à ta place des choses importantes et des affaires publiques. » — « *Fem! fem!* » me répondit-il. » C'était ce qu'il disait aux domestiques lorsqu'il avait fini de vomir en leur présence[1]. Je m'en allai, puis revins vers lui et lui demandai ce que signifiait ce mot. « Il dit ensuite : Attends jusqu'à ce que je sois revenu de cette expédition. Mais dès maintenant je te recommande d'être bon pour tes deux mères[2]. Sois encore meilleur pour elles que tu ne l'as été jusqu'ici. »

'Atîq partit après cela pour son expédition, étant déjà malade sans que personne en sût rien jusqu'à ce que Mo'allim-Tofa fit la chose suivante : (٢٠٥) Il faisait la lecture en public du *Dhiyâ-essolṭân*[3]. « Il convient, disait-il, qu'un prince ait telles et telles qualités » et, en disant cela, il se tournait vers le sultan[4] et le désignait. — « Les choses, dit 'Ali-Djeïṭ à Aḥmed, se sont passées conformément à ce qu'avait annoncé le prince des Croyants Moḥammed-Bello. N'avait-il pas dit, un jour : Les braises que j'ai éteintes, quiconque les rallumera sera tué par leur fumée. »

Dans la nuit, où la maladie le visita, 'Atîq fit mander Areṭ[5]-Seḥseḥeb et les chefs de l'armée et quand ils furent là : « Je veux, leur dit-il, vous informer des devoirs de ce monde et de la vie future. Cette année, je veux débarrasser les musulmans de la méchanceté du sultan du Ghober et de celui du Kachena, en sorte que les musulmans n'aient plus dorénavant rien à craindre d'eux avant que n'arrive ce qui doit

1. La phrase est assez obscure pour qu'on ne puisse décider sûrement si c'était le sultan ou ses domestiques qui prononçaient ces mots soudanais : *fem! fem!*

2. Probablement : sa mère et sa nourrice, à moins que cette expression ne soit métaphorique.

3. Le titre et le contenu de cet ouvrage rappellent le سراج الملوك le « flambeau des rois ».

4. Pour faire remarquer sans doute qu'il ne possédait point ces qualités.

5. Ce mot pourrait être un titre désignant le chef du clan de Seḥseḥeb.

fatalement arriver[1]. » Les assistants comprirent le sens de ces paroles et fondirent en larmes. « Sortez, tous, s'écria-t-il alors, vous êtes des gens de rien! » Tous sortirent aussitôt.

Les soldats de l'armée voulaient partir et s'éloigner de 'Atîq. Informé de cela, il donna l'ordre aux Djelaouïza[2] de frapper tout individu qui partirait. Les Djelaouïza firent ce qui leur avait été ordonné et se battirent avec les fils de Ouoro à tel point qu'ils brisèrent le crâne de quelques-uns de ses valets; puis ils revinrent auprès du prince qui fut très irrité de cela. Alors arriva Mo'allim-Tofa tout en larmes : « O 'Atîq, lui dit-il, si nous abhorrons votre gouvernement, c'est que vous nous montrez comme aujourd'hui votre tyrannie. Vos esclaves ont frappé mes valets et ils ont brisé mes vases. » Le prince pleura et dit : « Amenez-moi de suite celui que vous voulez comme souverain et je serai le premier à lui prêter serment de fidélité. » Mais on l'empêcha d'en rien faire et alors il invoqua Dieu en disant que s'il était le fils des reins[3] du cheikh 'Otsmân, Dieu ne le repousserait pas plus que la famille de ce dernier.

Au moment du crépuscule, 'Atîq fut repris de vomissements et la maladie s'aggrava rapidement. Les chefs de l'armée voulaient ramener les enfants de Moḥammed-Bello à Ouorno afin de trouver un moyen d'élever au trône Aḥmed-'Atîq ou Aḥmed-Er-Refâ'i. Ils donnaient pour prétexte qu'ils ne voulaient pas se laisser devancer par les infidèles s'ils emmenaient le prince des Croyants vers le Zanfara. Les enfants de Bello refusèrent de partir, s'apercevant du but de cette manœuvre, et un conflit faillit éclater. Mais le calme se rétablit; on porta le prince à dos d'homme sur une civière et il mourut en route. On l'enterra à Kâtour.

1. Par ces derniers mots il faisait allusion à sa mort.
2. Ce mot paraît être un pluriel du nom de certains fonctionnaires de la cour du sultan.
3. Expression pour dire le propre fils.

Quand la maladie était devenue grave, ʿAtîq avait appelé son fils Aḥmed et lui avait fait ses recommandations, en lui disant : « Ne cherche pas à régner après moi, car si tu le fais tu seras la cause d'une effusion de sang parmi les musulmans et cette effusion sera telle que le sang servira de breuvage aux mouches. Maintenant je me trouve dégagé vis-à-vis de toi dans ce monde et dans l'autre et je demande à Dieu le très-haut qu'il ne te fasse pas voir mon visage au jour de la Résurrection.

« Tu sais qui est chargé de payer les dettes que j'ai contractées pour acheter les chevaux (٢٠٦) nécessaires à la guerre sainte ainsi que les engins de guerre. Quant à mes dettes personnelles, ce sera à toi de les acquitter de tes propres deniers. Tu devras quitter Bokour et aller résider auprès de l'imam[1], car, si tu t'éloignes de lui, les intrigants s'interposeront entre lui et toi.

« Ne réclame rien de ma succession aux mères[2] qui sont dans ma maison, car je ne laisse rien comme succession, pas même une aiguille. Ne leur fais rien dont tu puisses rougir. Sois bon pour tes frères et pour tes sœurs. Applique-toi à l'enseignement des enfants et marie-les dès qu'ils auront l'âge de puberté. Donne tout ce que tu as par-devers toi, chevaux et argent, à celui qui me succédera au trône. »

ʿAtîq (Dieu lui fasse miséricorde !) était vertueux ; il aimait les honnêtes gens et était bon pour eux. Il haïssait les méchants, se tenait sur ses gardes à leur égard et ne se servait jamais d'aucun d'eux. En aucune occasion je n'ai vu ou entendu dire qu'il eût accepté les services d'un seul malhonnête homme. Il était très timide, ne fixant jamais son regard

1. L'imam dont il s'agit ici est le souverain.
2. Par ce mot « mères » il faut entendre toutes les femmes légitimes ou concubines dont le prince avait eu des enfants et qui, à ce titre, étaient ses héritières.

sur le visage de quelqu'un par timidité. Il donnait comme quelqu'un qui ne craint pas la pauvreté ; sa générosité atteignait les plus hauts degrés ainsi que sa magnanimité et sa bravoure. C'était au point que son frère lui disait : « Bello était le plus généreux des fils du cheikh ; 'Atîq était plus élevé[1] de sa personne. »

Voici le portrait de 'Atîq (Dieu lui fasse miséricorde !). Rouge, petit de taille, la tête penchée, — il ne la relevait jamais que fort peu — ne quittant jamais son sabre, sa lance et son arc. Jamais on ne le voyait autrement que tenant à la main deux de ces objets sur les trois et cela, même à l'intérieur de sa maison.

Parmi les pressentiments de 'Atîq, on raconte que, au moment où il allait partir pour l'expédition durant laquelle il mourut, Mo'allim-Mân vint pour prendre congé de lui. Mo'allim-Mân était né la même année que 'Atiq. « Je vous fais mes adieux pour l'éternité, dit Mo'allim-Mân, car vous ne me retrouverez plus vivant. » — « Vous me montrez mon destin, répondit 'Atîq, car moi aussi je ne reviendrai pas et à plus forte raison ne pourrai-je vous revoir. » 'Atîq mourut le mardi dans la nuit, et Mân mourut dans la matinée du jeudi.

Sous le règne de 'Atîq moururent les personnages suivants : Boṭefel ; sa sœur germaine Faṭim-Inna, femme du général en chef de l'armée ; Moḥammed-Fâti-Kabenko, savant remarquable ; El-Bokhâri, fils du cheikh 'Otsmân ; l'imam de la mosquée de Ouorno ; l'imam de la mosquée de Bello à Sokoto ; Moudi-El-Aïm, frère germain du ministre et le sultan du Zanfara.

Sous son règne également, le ministre Ghidâdo fut atteint d'aliénation mentale ; il faisait des choses de toute sorte et

1. Ou : « avait des sentiments plus élevés ». Allusion au zèle religieux de 'Atîq.

des actes extravagants. Ce fut au point qu'il engagea le prince des Croyants 'Atîq à tuer un des enfants de Bello et à laisser la vie à l'autre en lui disant : « Si tu ne fais pas cela, ton empire s'effondrera. » 'Atîq ne suivit pas ce conseil.

Histoire du prince des Croyants 'Ali, fils du prince des Croyants Moḥammed-Bello.

Aussitôt que la triste nouvelle de la mort du prince (٢٠٧) des Croyants, 'Atîq, arriva à Sokoto, le général en chef convoqua les principaux personnages pour tenir conseil. Le cadi El-Ḥâdj se prononça en faveur de 'Aïssa, tandis que l'imam de la mosquée indiquait Aḥmed-Er-Refâ'i. On se sépara sans avoir rien décidé. Ceci se passait avant l'arrivée des troupes, car une partie des troupes avait prêté serment de fidélité à Aḥmed-Er-Refâ'i sur l'invitation de Moaddeb-'Ali et de Mo'allim-Tofa.

On demanda avec insistance à Abou'l-Ḥasen de recevoir le serment de fidélité[1]; mais il s'excusa en disant qu'il avait encore son père. On sollicita également 'Abdelqâder, fils du vizir, pour qu'il reçût serment de fidélité ; il fit valoir la même excuse qu'avait donnée Abou 'l-Ḥasen. En réalité, tous deux étaient secrètement partisans de 'Ali-Bello.

Quand Abou 'l-Ḥasen fut retourné auprès de son père, celui-ci ainsi que ses frères lui demandèrent des nouvelles de ce qui s'était passé et s'aperçurent qu'il était favorable à Aḥmed-Er-Refâ'i. « Si tu es favorable à Aḥmed-Er-Refâ'i, lui dit alors 'Omar, demande-lui pour nous ce que nous au-

1. Ce passage est peu clair. On pourrait, à la rigueur, comprendre que Abou'l-Ḥasen et 'Abdelqâder furent sollicités de prêter serment à Ahmed-Er-Refâ'i, mais alors l'excuse proposée n'aurait aucun sens.

rions à lui demander nous-mêmes, car les fils de Ouoroua, ses oncles maternels, nous enlèveront tout ce que nous possédons. »

Le général en chef de l'armée alla ensuite trouver les chefs pour tenir conseil avec eux. Moḥammed-Mouïidj voulait y prendre part, mais le général en chef le lui interdit. On tint donc conseil. L'imam de la mosquée prit la parole en ces termes : « Quiconque ne penche pas en faveur de ʿAḥmed-Er-Refâʿi est le jouet du démon. » Le général en chef s'étant levé ensuite, on voulut l'obliger à se rasseoir, mais il refusa et dit : « La déclaration de l'imam de la mosquée nous suffit. »

Cela fait, il rentra chez lui, assembla ses enfants et leur dit : « Indiquez-moi qui vous préférez. » Les enfants lui ayant répondu que c'était ʿAli-Bello, il envoya aussitôt l'ordre à ʿAli et à Ghidâdo, qui tous deux étaient à Ouorno, de venir au conseil le mercredi, et cela parce qu'il supposait que Khelîl-ben-ʿAbdallah arriverait le jeudi. Or tous deux arrivèrent le mercredi. Aussitôt que Khelîl fut arrivé, Ghidâdo alla à sa rencontre et lui dit : « Gardez-vous de briser le bâton des musulmans[1]; nous sommes tous d'accord pour choisir ʿAli-ben-Bello. » ʿAli avait placé auprès de Ghidâdo un espion du nom de El-Amîn et cet espion, après avoir entendu ces paroles, revint trouver ʿAli et lui rapporta ce qu'il venait d'entendre.

Khelîl, en arrivant, s'était rendu à la mosquée et y avait prié deux rekaʿa, puis il demanda[2] à l'imam de la mosquée un entretien particulier ; celui-ci lui répondit qu'en ce moment cela lui était impossible. Quand la prière du dohor fut terminée, le vizir se leva pour faire la khotba. Alors

1. Locution qui signifie : « briser la puissance des musulmans ».
2. Si l'on s'en tient au texte, c'est l'imam qui demanda un entretien particulier. Mais je suppose qu'au lieu de سأله il faut lire : سأل.

arrivèrent : Aḥmed-Er-Refâ'i avec ses partisans se croyant sûr d'être élu au pouvoir, puis Aḥmed-'Atîq avec ses partisans également. Enfin, le général en chef vint à son tour et s'assit pendant que le vizir faisait son prône et annonçait au peuple ce que le cheikh avait dit, à savoir : que celui qui ne se soumettrait pas à la décision prise par les trois clans serait un rebelle ; ces trois clans étaient celui du général en chef, celui de Mouïdj et celui de Areṭ-Seḥseḥeb.

Quand tout le monde fut réuni, (٢٠٨) le vizir dit à Moaddeb-'Âl : « Si vous avez quelque chose à dire, dites-le. » — « Nous n'avons rien à dire, » répondit celui-ci. Puis, s'adressant à Khelîl, Moaddeb-'Âl lui dit : « Parle ! » — « Quel que soit celui sur le nom duquel l'assemblée se prononcera je me rangerai à son avis » répliqua-t-il. Alors, s'adressant à 'Ali-Djeïṭ, le vizir lui dit : « La décision t'appartient, car tu es le général en chef de l'armée ; c'est toi qui as déjà décidé au sujet de Ech-Cheïkh, au sujet de Bello et au sujet de 'Atîq. Décide donc encore à présent. Quant à moi, je serai l'humble serviteur de celui à qui vous aurez donné la couronne. »

Prenant alors la parole, le général en chef de l'armée dit : « Où est 'Ali-Bello ? qu'on l'amène ici ! » 'Ali-Bello, qui se tenait loin en arrière des autres, fut aussitôt amené et le général en chef lui prêta serment d'obéissance ; successivement le vizir, Khelîl-ben-'Abdallah, 'Abdelqâder et toute la population prêtèrent serment de fidélité au nouveau souverain.

La prestation de serment terminée, le vizir exulta de joie et s'écria : « Par Dieu ! je ne suis pas fou. Il me semble aujourd'hui que j'ai encore vingt ans et l'état dans lequel j'étais venait de la crainte que m'inspirait 'Atîq. » Quarante jours ou deux mois après l'avènement de 'Ali-Bello, le vizir fit des démarches pour le faire déposer parce que le prince avait refusé de le laisser disposer du trésor public, ainsi qu'il le faisait habituellement.

Il s'entendit donc avec Aḥmed-'Atîq, Areṭ-Seḥseḥeb, Moaddeb-'Âl, Mo'allim-Tofa et une foule d'autres personnes; puis il se rendit auprès du général en chef de l'armée et lui dit : « Nous allons déposer ce jeune homme, car c'est un perturbateur. » — « J'entends, répliqua le général; mais attendez que j'examine la question. » Puis le général manda au vizir de ne plus venir le trouver, et ajouta que, s'il avait quelque affaire à lui exposer, il lui en fît part par message.

Moaddeb-'Âl vint à son tour répéter ce qu'avait dit le vizir. « Tu n'es pas comme les autres, lui répondit le général, car toi tu es un de ceux qui ont connu le cheikh[1] et sa science ; tu sais comment toute cette affaire a commencé. Par Dieu, si vous ne renoncez pas à vos projets je remplirai certainement ce château d'hommes aux oreilles sanglantes et toi tu seras le premier à périr. » Le général envoya alors son fils Aḥmed-Zerrouq auprès d''Ali-Bello lui mandant de se rendre à Sokoto en toute hâte. 'Ali-Bello étant accouru, tout le monde se calma. Il révoqua le vizir et mit à sa place son fils 'Abdelqâder.

Quand 'Ali-Bello avait été couronné, Aḥmed, le fils de Ḥammedi, dont 'Ali-Bello avait épousé la femme qu'il avait ensuite répudiée, vint le trouver et lui dit : O prince des Croyants, vous savez maintenant que cette femme est ma mère et vous l'avez répudiée! Et il voulut, en vain, le faire revenir sur cette répudiation[2].

Aḥmed[3] demanda ensuite à être autorisé à écrire aux

1. Le cheikh 'Otsmân, le fondateur de la dynastie.

2. Il manque quelque chose à cette phrase dans le texte qui dit simplement : « Et il le lui refusa ». La traduction donnée est donc conjecturale.

3. Le sujet de cette phrase est un pronom. Je pense que ce pronom se rapporte à Aḥmed, fils de Ḥammedi, mais il se pourrait qu'il y eût une lacune dans le ms.

populations qui étaient sous son autorité du temps de Moḥammed-Bello et qui lui avaient été enlevées par ʿAtîq, celui-ci les ayant placées sous l'autorité de Moaddeb-ʿÂl. « C'est vrai, répondit le prince, que Moaddeb-ʿAl a été autorisé à cela. Mais je vous refuse, car moi, qui suis le fils de Bello, je dois suivre la même voie que lui. »

Chacun des chefs écrivit aux populations qu'il administrait pour les faire venir prêter serment de fidélité. Tous les gens des diverses contrées ne devaient, en effet, se présenter chez le prince des Croyants qu'avec celui qui était leur introducteur. Chaque sultan[1] avait quelqu'un qui l'introduisait.

Durant (٢٠٩) cette année, le prince expulsa Moḥammed-Moud de sa maison et y établit ses esclaves; il agit ainsi parce que Moḥammed était l'ami intime de ʿAtîq. Moḥammed-Moud se rendit à Ghandi et alla loger avec Ibrahîm-ben-Bello, car le père de ce dernier lui avait donné la ville de Ghandi avec ses revenus. Ibrahîm eut une querelle avec les esclaves du trésor public que son père avait logés avec lui. Il vint trouver ʿAli et se plaignit des esclaves, mais sa plainte ne fut pas accueillie et il s'en retourna déçu, en disant: « Je ne retournerai jamais à Ouorno tant que ʿAli ne sera pas mort. » Ibrahîm mourut peu de jours après. Au moment de ses funérailles Moḥammed-Moud exprima le vœu de ne pas lui survivre. En effet Ibrahîm était mort un lundi et, le lundi suivant, Moḥammed-Moud mourait également.

Ce fut cette année-là que Meyâgh, le sultan du Ghober, se porta sur les frontières du pays du Zanfara. Le prince des Croyants, à la tête de ses troupes, se porta de son côté à la rencontre de Meyâgh. Mais, dès que ce dernier eut connaissance de ce mouvement, il prit la fuite, abandonnant ses ustensiles et ses tapis[2]. Le prince des Croyants arriva alors,

1. Le mot de sultan s'applique ici à tous les chefs ou gouverneurs de districts.
2. Par tapis il faut entendre ce qui servait de trône au sultan du Ghober.

et s'assit sur les tapis de Meyâgh; puis l'armée poursuivit les troupes débandées du sultan; elle s'empara d'une partie de ses chevaux, tua quelques hommes et revint ensuite.

La seconde année de son règne, le prince fit une expédition contre le sultan du Ghober; il atteignit Zanfara et y rencontra les troupes du Kano, du Kachena et du Bouchi. Les populations de ces contrées l'informèrent qu'il trouverait peu d'eau sur sa route. Le prince révoqua Dorbi, le sultan du Kachena, et mit à sa place son frère Moḥammed-Bello; il s'empara des biens de Dorbi qui s'enfuit dans le Ghober; puis le prince revint sur ses pas. Dès que le sultan du Ghober eut appris que le prince retournait en arrière, il prit le chemin du Sahara, tomba sur les villages de Abdalo, y commit les plus grands ravages et étendit ses incursions depuis là jusqu'à Ghober.

Pendant la troisième année du règne du prince, le sultan de Ghober tomba sur les villages de Sâlâm et ceux qui l'avoisinaient et les dévasta complètement. Il prit les livres de ʿAbdelqâder-ben-Tofa et ses concubines, pendant que ce dernier était à Sokoto. De tous côtés les populations se portèrent vers lui[1]. Or, à ce moment, pendant que Abou 'l-Ḥasen, qui se trouvait à Ouorno, reprochait aux gens de Ouorno d'être avec le prince des Croyants, les infidèles faisaient des incursions de tous côtés. Il se mit alors en marche avec les gens de Ouorno ; mais, quand les deux troupes furent en présence, les gens de Ouorno prirent la fuite, abandonnant traîtreusement Abou 'l-Ḥasen afin qu'il fût blâmé à son tour comme il les avait blâmés eux-mêmes. Il n'avait avec lui personne des siens, car il était venu seulement pour faire visite au prince des Croyants.

1. On ne dit pas nettement si c'était en faveur du prince ou contre lui. La préposition semble bien indiquer le premier sens, mais il arrive souvent à l'auteur de ne pas employer les prépositions que l'usage impose.

Au cours de la quatrième année du prince, (٢١٠) Aḥmed-'Atîq se rendit à Ghoumez, résidence royale de son frère 'Omar, mais celui-ci refusa de le laisser entrer dans le château. Alors Aḥmed laissa ses troupes en face du château et employa un stratagème. Il se déguisa en Maure et pénétra par une autre porte que celle où se trouvaient les troupes, ayant avec lui son héraut[1]. Arrivé à la mosquée, il fit annoncer son nom. 'Omar laissa aussitôt ce qu'il était en train de faire et vint le trouver.

Les troupes de Aḥmed entrèrent dans le château. Aḥmed déposa 'Omar et mit à sa place son frère Senba qui ne le remplaça pas et qui d'ailleurs n'était ni un homme équitable, ni une personne avisée. Aussi le sultan de Telât trouva-t-il moyen de le tromper. Il lui fit mander de lui envoyer un renfort de troupes, de choisir les plus braves de ses guerriers, les plus intelligents et les plus habiles. Senba envoya les troupes qu'on lui avait demandées. Mais le sultan de Telât avait fait dire au sultan de Ghober de venir. Celui-ci arriva avec une armée considérable, composée de Maures et d'autres, puis, en passant près du château du sultan de Telât, il se fit donner des haches et marcha ensuite sur Ghoumez[2] où il livra un terrible combat à la suite duquel il détruisit ce château.

Dès que le sultan de Telât eut appris que le château de Ghoumez avait été détruit, il réunit toutes les troupes de Senba qu'il avait avec lui et leur dit : « J'ai appris que le sultan de Ghober a détruit votre château, rentrez chez vous. » Ils rentrèrent chez eux et trouvèrent les choses telles que le sultan les leur avait dites. Ils partirent ensuite pour Bokour. Le nombre des personnes tuées et des descendants de Foudiya qui furent pris était de trente.

1. Le mot veut dire : « celui qui souffle ». Il se pourrait que ce personnage fût porteur d'un instrument de musique.

2. Le texte porte : « Ghober », ce qui est une erreur du copiste.

Lorsque Aḥmed-ʿAtîq reçut la nouvelle que le sultan de Telât avait trahi son frère Senba, il se présenta chez le prince des Croyants et lui fit le récit de ce qui s'était passé en disant : « Le sultan de Telât a trahi, faites frapper le tambour. » On battit le tambour et Aḥmed-ʿAtîq se mit en route cette même nuit. Le prince des Croyants rassembla des troupes et mit à leur tête Inna-Bard et Sed en leur enjoignant de se rendre à Bokour ou à Qandi[1] et s'ils trouvaient qu'aucun dégât n'y avait été commis, de lui envoyer un messager afin qu'il leur envoyât du renfort.

Au lieu d'agir ainsi, les officiers se rendirent à Ghour qui était une petite forteresse. Ils y furent surpris par le sultan du Ghober qui leur livra un combat acharné dans lequel le général en chef, Areṭ-Seḥseḥeb et les principaux personnages de l'armée furent tués. L'armée musulmane, mise en déroute, se dispersa honteusement de tous les côtés. Les gens du Zanfara, ceux de Dzaumi et les populations de toutes ces régions abjurèrent l'islamisme.

Aḥmed-ʿAtîq n'était pas parti avec les troupes mises en déroute. Il était seulement entré (٢١١) à Ghour qui était près de la forteresse, au moment de la défaite, sans que le sultan du Ghober en eût connaissance. Les gens de Ghour avaient voulu le trahir, mais il quitta leur ville et se rendit à Bokour où il enjoignit à la population d'émigrer, en sorte que tout le pays fut désert jusqu'aux environs de Sokoto, ce qui était une véritable calamité.

Pendant la cinquième année du règne du prince, le vizir ʿAbdelqâder adressa des lettres au Bornou à El-Bokhâri-ben-Senba-Daqmes, sultan de Ṭeïdji, et à ʿAbderraḥman, sultan de Ketâqom, à cause des plaintes nombreuses de leurs sujets.

1. C'est vraisemblablement le même nom qui est écrit plus haut Ghandi. La confusion du ق et du est غ fréquente dans la prononciation et dans l'orthographe des Soudanais.

D'ordinaire le vizir descendait à Ṭeïdji; cette fois il descendit à Ketâqom. Il envoya à El-Bokhâri l'ordre de venir le trouver; mais celui-ci refusa. Après un échange de messages, El-Bokhâri vint enfin avec ses troupes. Le vizir lui enjoignit d'entrer dans la ville, il refusa en disant : Sors, toi. Le vizir ayant refusé à son tour, El-Bokhâri demeura hors de la ville avec ses troupes jusqu'au soir, puis il partit. A peine était-il parti qu'on cria derrière lui : El-Bokhâri a apostasié. On le poursuivit, et on tua ceux qui restaient en arrière. Il fit alors volte-face et mit en fuite les assaillants qui furent contraints de rentrer dans la forteresse.

El-Bokhâri se remit en marche. Il rassembla ses gens et leur dit : « Vous venez de voir comment le vizir s'est conduit à mon égard; il veut me brouiller avec le prince des Croyants. Comme je crains pour ma personne, je vais fuir seul. Quant à ceux d'entre vous qui aiment le prince des Croyants, qu'ils demeurent ici. » El-Bokhâri partit avec ses esclaves et ses pages. Il avait acheté toute la succession de son père avec des armes[1].

Le vizir retourna ensuite à Kano. Il y arriva au moment de la mort de Dabo, sultan de Ken ; il lui donna pour successeur son fils 'Otsmân[2] qui était fort gros et ne sortait que rarement et qui confia le pouvoir à des gens qui n'en étaient pas dignes. C'est à cause de cela que El-Bokhâri trouva le moyen de détruire Ken; le détail de ces événements serait long à raconter.

El-Bokhâri envoya ensuite au vizir cinq chevaux, des tuniques et des burnous. Le vizir n'accepta pas ce cadeau en disant : « Si tu ne viens pas me trouver comme l'a or-

1. La traduction est aussi vague que le texte qui peut donner les deux sens : « moyennant des armes données en paiement » ou « ainsi que les armes provenant de la succession ».

2. Ici encore l'auteur ne s'est pas exprimé clairement. 'Otsmân était le fils de Dabo, mais le texte permettrait de croire qu'il était le fils du vizir.

donné le prince des Croyants, je n'accepterai rien de toi. » Tout ceci provenait de l'amour que le vizir avait pour l'argent, car les gens de Kano lui avaient donné un pot-de-vin pour qu'il guerroyât contre El-Bokhâri. Le vizir revint ensuite à Ouorno avec la succession du sultan de Kano qui formait une fortune très considérable.

Au cours de la sixième année de son règne, le prince envoya Aḥmed, fils du vizir, avec le sultan de Ketâqom, le sultan du Bornou, les gens du sultan du Kâno à la tête d'une armée considérable pour combattre El-Bokhâri. Ils fondirent sur lui et le mirent en déroute. El-Bokhâri envoya ensuite l'ordre à Abb-ʿOmar de venir le renforcer avec ses troupes, et tous les gens de la région s'unirent à lui pour attaquer les musulmans. Enfin il se retira et rentra à Ṭeïdji, résidence (٢١٢) royale de son père.

Pendant la septième année de son règne, le prince envoya le vizir avec des troupes composées des gens du Sokoto et du Zanfara, du sultan du Zekzek et des gens du Kano contre El-Bokhâri; elles l'attaquèrent à Ṭeïdji, mais furent mises en déroute. Ḥasen-ben-Debbo, le fils et la fille de Ech-Cheikh, dix-sept des enfants des sultans de Kano, le fils du sultan du Zekzek et trois propres fils du sultan du Kano furent tués dans cette affaire. El-Bokhâri prit mille chevaux aux musulmans. Le détail de tout cela serait long à raconter.

La cause de tous ces événements était l'iniquité du vizir et son amour de l'argent. Le père de El-Bokhâri lui avait recommandé de ne point donner ce sultanat à son fils El-Bokhâri, mais au fils de son frère germain qui convenait mieux à ces fonctions que El-Bokhâri et qui était plus vertueux, El-Bokhâri étant un homme corrompu. Le vizir n'avait tenu aucun compte de cette recommandation, parce que El-Bokhâri lui envoyait des cadeaux précieux et des armes superbes. C'est à cause de cela qu'il l'avait nommé et que El-Bokhâri devint ce qu'il devint. Le vizir, qui me faisait souvent des confidences, me disait : « Tout ceci, c'est moi qui en suis la cause et l'on peut m'appliquer avec vérité ces paroles du Coran : « Il se peut que vous abhorriez une « chose[1], etc. »

Pendant la huitième année du règne du prince, les habitants de Kabi apostasièrent et attaquèrent Aḥmed-Er-Refâ'i près de Seilâm qu'ils saccagèrent. Aḥmed-Er-Refâ'i rassembla sa famille dans une maison et dit : « Je vous confie à la garde de Dieu, à celle du cheikh 'Abdelqâder et à celle du cheikh 'Otsmân-Foudiya. » Aussi, grâce à Dieu et à la protection de ces deux saints, aucun des membres de sa famille ne fut pris, tandis qu'on égorgea nombre d'ulémas dans la mosquée, entre autres : 'Ali-Bedjâghil, grand savant et prédicateur, et Djelâl-ed-Dîn, fils du saint 'Abderraḥman-El-Kabaouï, maître en exégèse coranique.

Aḥmed-Er-Refâ'i combattit ce jour-là avec un vif acharnement et ses oncles maternels les fils de Ouoroua se portèrent à son secours ; mais arrivés au Fleuve, ils s'arrêtèrent. Alors Moḥammed-Ouoroua s'avança vers eux et leur dit : « Comment? vous voyez la fumée s'élever de la maison du cheikh et vous restez là immobiles. Vous allez voir aujourd'hui que nous sommes bien les fils de Ouoroua. » Il entra alors dans le Fleuve et les autres le suivirent ; ils atteignirent l'armée, lui tuèrent cinq cents hommes et lui reprirent les prisonniers qu'elle avait entre les mains, en sorte qu'il ne lui en resta plus qu'un petit nombre.

La ville de Seïlâm avait été donnée par Bello à son fils Moḥammed-Moud ; puis 'Atîq la lui avait enlevée pour la donner à Aḥmed-Er-Refâ'i à cause des infractions qu'avaient commises à son égard les fils de Bello. Dans cette journée

1. Sourate II, verset 213.

les gens de Kabi tuèrent la mère de Moḥammed-Moud, fille du sultan du Ghober.

Dix jours après cette bataille (٢١٣), le prince marcha contre Kabi à la tête des habitants de Sokoto seulement. Dès que les gens de Kabi connurent sa marche contre eux, ils rassemblèrent de nombreuses troupes près de Mîr. Le prince les attaqua en cet endroit dans la soirée du jeudi et un petit engagement eut lieu. Tandis que le prince des Croyants était assis, ʿAbdelqâder-Tandjagho vint vers lui et lui dit : « Si tu ne te lèves pas de suite, tu ne passeras pas la nuit ici. » — « Tu mens, lui répondit le prince, je passerai la nuit ici, et demain, s'il plaît à Dieu, je détruirai Mîr et Aough. »

Le lendemain matin, le prince fit les préparatifs du combat. Il plaça le drapeau de Konni d'un côté, celui de Oulerb d'un autre côté, celui de Seḥseḥeh d'un troisième côté et donna son drapeau à Aḥmed-ʿAtîq, restant lui avec ses esclaves et les palefreniers. Le combat s'engagea et Dieu fit descendre sur eux la victoire. Les infidèles, mis en déroute, furent poursuivis par la cavalerie jusqu'à Aough, mais ils empêchèrent l'ennemi d'entrer dans la forteresse. L'infanterie rejoignit le prince des Croyants et, accompagnée de lui, elle s'empara du château de Mîr que l'on démolit avant le retour de la cavalerie.

Le prince vint camper à Mîr. La population de Aough, ayant émigré, fut poursuivie par la cavalerie qui fit parmi elle un grand nombre de prisonniers. Ce château de Aough avait été bâti par le prince des Croyants, l'askia El-Ḥâdj-Moḥammed ; c'était la résidence de ses bergers, à ce que l'on assure. Au moment de la construction de ce château l'askia choisit cinq cents lecteurs du Coran qui récitèrent la sourate *Ya-sin*[1] sur tout le pourtour des remparts. De son

1. La sourate XXXIV du *Coran*.

temps le cheikh[1] avait dirigé cinquante et une expéditions contre ce château sans réussir à s'en emparer. Il fit un traité avec les gens de Aough qui causèrent également de grands dommages aux troupes de Bello. Le récit détaillé de ces faits serait long.

Pendant la dixième année du règne du prince, le sultan du Ghober, celui du Kachena, Tan-Mo'îṭ, ainsi que les Maures attaquèrent un des châteaux du Zanfara et renouvelèrent l'attaque huit fois sans réussir à s'en emparer. Alors ils campèrent près de cette localité et firent des incursions chaque jour, pensant que le prince des Croyants ne pourrait arriver jusqu'à eux à cause du peu d'eau qu'on trouvait sur la route. Néanmoins ils faisaient des reconnaissances pour savoir ce qui se passait.

Le prince se mit en route, mais soixante musulmans périrent de soif; alors il manda aux châteaux du Zanfara d'apporter de l'eau à ses troupes. Dès que le sultan du Ghober connut la marche du prince, il convoqua le sultan du Kachena et lui fit part de la nouvelle. Ils décidèrent du battre en retraite tous les deux. Le sultan du Ghober envoya aux gens de Katan-Kendo un messager qui leur dit en son nom : « Je veux faire une expédition contre des châteaux (٢١٤) éloignés, afin d'aller chercher des approvisionnements de bouche pour nos troupes. Je voudrais laisser une partie de mes troupes parmi vous. »

Cette proposition ayant été agréée, les troupes de Katan-Kendo s'installèrent dans leurs forteresses, eux et les troupes du Ghober entourant l'eau de tous côtés, afin de la garder. Mais, le prince des Croyants, les ayant surpris à l'improviste, les dispersa de la façon la plus honteuse. Les gens de Katan-Kendo retournèrent sur leurs pas afin de rentrer dans

1. Il s'agit ici du cheikh 'Otsmân, le fondateur de la dynastie dont il est question dans ce fragment historique.

leurs forteresses ; ils furent alors poursuivis par les musulsans qui pénétrèrent en même temps qu'eux dans leurs châteaux et c'est ainsi que furent pris tous les châteaux de Katan-Kendo qui étaient au nombre de quatre-vingt-dix-neuf. Ils étaient situés vers les sommets des montagnes et depuis seize cents ans personne ne les avait conquis, à ce que l'on prétend.

Au retour de cette expédition le sultan du Ghober attaqua Ṭoghal, localité où se trouvait Nânna-ben-Foudiya ; il la saccagea et y prit les deux fils du prince des Croyants qu'il emmena avec lui à Ghober et qu'il rendit ensuite au prince. Dans cette affaire également, on tua le gendre du prince qui avait épousé sa fille Maryem. Ce fut aussi cette même année que les Maures chassèrent ʿAbdelqâder, sultan d'Adzeb, et prirent pour chef son cousin paternel Aḥmed. Comme ʿAbdelqâder s'était plaint au prince des Croyants, celui-ci manda les Maures et, quand ils furent en sa présence, il annula ce qu'ils avaient fait et rendit le pouvoir à ʿAbdelqâder en leur enjoignant de lui obéir; il les renvoya ensuite dans leur pays.

Cette année encore, les gens du Zanfara attaquèrent Ghandi où se trouvaient les esclaves du trésor public[1]. Les esclaves mirent en fuite les assaillants, leur tuèrent cent hommes et, les ayant repoussés dans le Fleuve, ils en firent prisonniers quatre-vingts; de ces prisonniers ils en envoyèrent quarante au prince des Croyants.

Dans cette année, ou dans la onzième du règne du prince, on apprit que Dorbi, le sultan du Kachena, qui avait apostasié, était venu au Kachena avec les troupes des infidèles de ce pays et qu'ils s'étaient emparés de tout ce que les musulmans possédaient dans les villages du Kachena. Le prince

1. Les esclaves appartenant au domaine public; c'était ceux qui avaient fait partie du quint du butin, quint qui revenait à l'État.

se rendit au Kachena et s'y installa dans la demeure royale. Dès qu'ils connurent son arrivée, les gens du Kachena lui firent dire qu'ils n'avaient pas apostasié, qu'ils avaient simplement chassé son fils de leur pays et que si on leur accordait l'aman ils le lui amèneraient. Le prince leur ayant accordé l'aman, ils lui amenèrent son fils qu'il emmena avec lui à Ouorno et auquel il donna des sommes considérables. « Je ne te donne pas le sultanat du Kachena, lui dit-il, mais je te donnerai de quoi te suffire. » Il lui donna en effet le territoire de Râb, un certain nombre de chevaux et de plus une maison à Ouorno.

Lors de son retour de cette expédition, le prince fit mettre une porte de fer à l'entrée du grand vestibule et une porte de cuivre blanc[1] au vestibule intérieur par lequel il entrait chez lui. Il fit cela en imitation de ce qu'il avait vu aux portes des vestibules du Kachena qui étaient ainsi.

Durant ces années, le prince reçut la visite du chérif El-Ḥabîb qui vint de Tombouctou et qui (٢١٥) jouait dans cette ville un rôle analogue à celui que joue El-Bekkaï chez nous. « O prince, dit le chérif, je ne mentirai pas comme le font les gens vis-à-vis de toi. Je ne suis pas venu ici faire un pèlerinage au tombeau du cheikh 'Otsmân, ni à celui de Moḥammed-Bello à cause de leur sainteté. Je ne suis pas venu davantage pour te faire une simple visite. Je ne suis qu'un chérif et viens uniquement te demander de l'argent. » — « J'ai pour toi, lui répondit le prince, plus d'affection que je n'en ai pour tous ceux qui sont venus me demander quelque chose. » Et il lui fit donner cinq chevaux à prendre sur la succession de 'Abdelkerîm, sultan du Zekzek, deux cents esclaves à prendre dans l'Adamaoua et aussi des provisions de bouche.

1. Sans doute du cuivre jaune par opposition au cuivre rouge.

Il lui remit ensuite une lettre destinée à Ḥammedi, le sultan du Zekzek. Celui-ci, sans se préoccuper de la lettre, lui avait donné dix chevaux, puis, examinant cette lettre, il vit qu'il ne s'agissait que de cinq. Il envoya alors quelqu'un sur les traces de chérif pour lui réclamer les cinq chevaux donnés en trop. Quand ce messager l'eut rejoint, le chérif lui dit : « Je n'ai accepté tous ces chevaux que comme valant cinq chevaux de prix. » Comme le messager refusait de lui laisser les cinq chevaux d'excédent, le chérif lui dit : « Si tu me laisses pas j'ôte mon turban et mon bonnet[1]. » — « Tu enlèverais même ton pantalon, répliqua le messager que je ne te lâcherais pas. » Il lui enleva donc tout ce qu'il venait de dire et s'en retourna avec les cinq chevaux; mais quand il arriva il trouva que le sultan Ḥammedi était mort[2].

Le chérif continua sa route vers l'Adamaoua pour y prendre les esclaves; arrivé chez le sultan de l'Adamaoua, celui-ci lui donna les esclaves qu'on lui avait enjoint de remettre et en ajouta cinquante comme don personnel. Le chérif emmena les esclaves à Kano où il en échangea quelques-uns contre les choses dont il avait besoin, puis il se rendit chez Abb-'Omar où il troqua le reste contre des chevaux.

Ensuite il insinua à Abb-'Omar de piller Kano. Abb-'Omar lui fit don de un million de cauris à prendre à Kano. Le chérif se rendit alors à Kano, prétendant qu'il voulait y faire du commerce, puis il ourdit des machinations avec certaines personnes; mais le sultan de Kano s'aperçut de ses intrigues un jour qu'il faisait une promenade avec lui hors du château. Il interdit alors au chérif d'y rentrer et celui-ci alla informer de cela le prince des Croyants qui d'ailleurs avait entendu parler de tous ces événements.

1. C'est une honte pour un musulman et en particulier pour un chérif que de se montrer tête nue en public.

2. Cette mort était un châtiment providentiel. Ḥammedi était puni par le Ciel de la façon dont il avait agi à l'égard d'un chérif.

Le prince manda ensuite au sultan de Kano de lui apporter tout l'argent et de n'en rien garder, pas même une parcelle. Le sultan apporta cet argent au prince qui le remit en entier au chérif[1]. « O prince des Croyants, lui dit le chérif, laisse-moi retourner à Kano. » — « Habite partout où tu voudras dans nos États, répondit le prince, sauf toutefois à Kano. » Le chérif se rendit alors à Adar puis à Djinder[2] où il laissa sa famille; enfin de là il se rendit chez Abb-'Omar.

Ce fut sur ces entrefaites qu'un conflit éclata entre Abb-'Omar et son frère 'Abderraḥman. Ce dernier s'enfuit à Menagha (٢١٦) et se réfugia dans la forteresse de cette localité. Abb-'Omar, à la tête de 8.000 cavaliers et d'un grand nombre de fantassins, se mit à sa poursuite et vint camper en dehors de la forteresse, puis il envoya douze de ses pages pour en faire sortir son frère. Le récit complet de tous les détails serait fort long.

Les habitants de Bornou trahirent Abb-'Omar et prêtèrent en secret serment de fidélité à son frère 'Abderraḥman. Alors 'Abderraḥman sortit de la forteresse et quand les deux armées furent en présence, El-Ḥâdj-Bechîr envoya son page donner l'ordre à ceux de 'Abderraḥman de ne point fouler le sultan[3] sous les sabots de leurs chevaux. Le page envoyé fut tué et El-Ḥâdj, qui vit cela, crut à une trahison qu'il redoutait, sachant bien quels étaient les sentiments intimes de 'Abderraḥman[4]. En conséquence, il prit la fuite, poursuivi par la cavalerie de 'Abderraḥman, le reste des troupes allant rejoindre 'Abderraḥman qui entra à Kaokao, sa résidence royale.

1. C'est-à-dire : le million de cauris.

2. On pourrait prononcer « Zinder », le *djim* se transformant souvent en *j* puis en *z*.

3. Tous les gouverneurs des provinces prenaient le titre de sultan; il s'agit ici de Abb-'Omar.

4. Ce nom n'est pas dans le texte qui ne contient qu'un pronom pouvant, à la rigueur, se rapporter à El-Ḥâdj.

El-Ḥâdj-Bechîr s'enfuit vers le fleuve de Ach, mais En-Nîṭ l'empêcha de traverser lui-même le fleuve après qu'il l'eût fait passer à tous ses bagages. On l'arrêta en cet endroit et on l'y garda jusqu'à ce qu'un messager de ʿAbderraḥman vînt lui donner l'ordre de le rejoindre. Il refusa de se soumettre à cette injonction tant qu'il n'aurait pas vu l'ordre écrit de la main même de ʿAbderraḥman et apporté par son fils qui était resté dans sa maison avec ʿAbderraḥman. Son fils étant venu porteur de l'écrit de la main de ʿAbderraḥman il se rendit auprès de ce dernier. « Puisque, dit ʿAbderraḥman, tu as fait désirer à Abb-ʿOmar de tuer mon frère, nous allons vider à nous deux la querelle. » Ils entrèrent en lutte[1] et El-Ḥâdj-Bechîr fut tué. Ce dernier, en effet, avait souvent excité Abb-ʿOmar contre certaines personnes et l'avait brouillé avec un grand nombre de gens. Il était le commensal de Abb-ʿOmar et ne le quittait ni la nuit ni le jour, si bien que Abb-ʿOmar crut trouver en lui un conseiller fidèle jusqu'au jour où il arriva ce qui vient d'être dit.

ʿAbderraḥman, à la suite de cela, dit à son frère Abb-ʿOmar : « Prends le sultanat, car moi j'ai voulu seulement tuer ce perturbateur qui a semé le trouble entre toi et moi comme aussi entre toi et d'autres personnes. » Comme Abb-ʿOmar refusait, ʿAbderraḥman reprit : « Garde le pouvoir pour toi, car pour ma part je n'y suis point apte. » Puis il quitta la résidence royale et se mit à étudier les livres.

ʿAbderraḥman envoya quelqu'un assurer de sa loyauté le prince des Croyants et lui dire qu'il combattrait El-Bokhâri ; puis il manda à El-Bokhâri de renoncer à ses errements. El-Bokhâri lui répondit par des paroles injurieuses. Alors ʿAbderraḥman se mit à prendre tout ce que les gens du Bornou possédaient comme femmes libres et concubines du

1. Le mot employé dans le texte signifie d'ordinaire « avoir un procès devant un magistrat ».

pays de Haoussa et les conduisit au prince des Croyants. Cette mesure le fit prendre en aversion par les gens du Bornou qui le détestaient déjà à cause de son avarice. Ils usèrent de stratagème à son égard et lui enjoignirent d'envoyer des troupes à Kerkeri[1] et d'autres à Loghono; puis quand tous ces fidèles furent partis (٢١٧), ils le trahirent et retournèrent à Abb-'Omar.

'Abderraḥman ne se doutait de rien lorsqu'il entendit battre du tambour dans le château où se trouvait Abb-'Omar, tandis qu'il se trouvait dans un autre château. Il marcha contre eux, et ceux-ci sortant à leur tour, un combat s'engagea dans l'intervalle des deux châteaux. 'Abderraḥman eut quatre chevaux tués sous lui, puis il fut pris et conduit devant Abb-'Omar. « Ne t'avais-je pas dit, dit alors Abderraḥman à Abb-Omar : Prends le pouvoir, et tu as refusé. » 'Abderraḥman fut ensuite placé dans un endroit où on le tint sous bonne garde, puis il fut étranglé; on l'enterra après sa mort. La cause de son trépas fut l'imprécation du prince des Croyants 'Ali qui, informé par Moḥammed-Senba-Ṭangheribi du départ des troupes de Abb-'Omar vers Kano, s'était écrié : « Dieu nous suffira contre lui ! » Dieu en effet lui suffit contre lui, comme on vient de le voir.

Dans la douzième année de son règne, le prince fit avec son oncle paternel Khelîl-ben-'Abdallah une expédition contre Arghongho. Il ne réussit pas à s'emparer de cette localité. Il épousa la fille de 'Abdallah-Foudiya qui avait été tout d'abord la femme de Boubeker Âl Foudiya, puis celle de Khelîl-ben-El-Ḥasen, fils du cheikh 'Otsmân, après que Aḥmed-'Atîq eût voulu l'épouser et qu'il en eût été empêché par sa mère qui redoutait les maléfices de Boubeker-Âl. Ce fut cette année-là que je quittai le prince pour retourner dans le Maghrib.

1. On pourrait lire : Koukeri, au lieu de Kerkeri.

Sous le règne du prince, Ḥamza-El-Ḥaousi apostasia. C'était, à ce que je crois, un homme de Kano très savant et grand magicien. Il se réfugia dans le pays de El-Ḥidjara entre Kano et Bouchi et les habitants de cette contrée le prirent pour chef. Les gens du sultan du Kano et les troupes du sultan du Bouchi ayant marché contre lui, il les mit en déroute les uns et les autres. Les gens du Bouchi l'ayant attaqué une seconde fois, il les défit également. Enfin le sultan de Bouchi marcha en personne contre lui et dit à ses gens : « Vous, vous êtes de ceux qui avancent et qui reculent ensuite ; mais moi, dès que j'apercevrai Ḥamza, il faudra ou que je le tue et alors je serai toujours sultan du Bouchi, ou qu'il me tue et alors c'est lui qui sera sultan du Bouchi. » Il marcha ensuite contre Ḥamza et le tua. Les gens du pays retrouvèrent la sécurité aussitôt après la mort de Ḥamza.

Telles sont les expéditions du prince que j'ai connues ; voici maintenant son portrait (Dieu lui fasse miséricorde !). Avant d'être au pouvoir souverain, il était d'une forte corpulence, mais ensuite il devint maigre. Il était noir de peau, de taille moyenne ; ses dents étaient espacées et il riait beaucoup. Son visage était beau et sa barbe longue et superbe. Il était aimable, bienfaisant, et n'opprimait personne, ayant en horreur la tyrannie et ceux qui en faisaient usage. Personne ne pouvait, par ses discours, l'exciter contre un malheureux. Très fin, très éloquent, personne n'était en état de discuter avec lui sans qu'il le vainquît par un argument topique. Il était très éveillé en toutes choses, connaissant bien la marche normale des affaires et les causes des catastrophes.

Que de fois je lui ai entendu dire : Tel malheur nous arrive parce que nous avons fait telle et telle chose (٢١٨) et telle chose que nous avons faite nous a valu telle mésaventure. Parent dévoué, il faisait du bien à tous les enfants de son oncle paternel[1]. Il s'occupa de les marier tous, de les aider dans leurs affaires et de leur donner des conseils. Il aimait les docteurs de la religion qui sont les auxiliaires de Dieu, détestant les docteurs de l'erreur qui sont les suppôts du diable. Il ne cessait d'enseigner nuit et jour. Il avait la plus grande horreur de l'effusion du sang et évitait avec soin de le répandre. Il ne faisait périr que celui que la loi condamnait et il avait atteint le plus haut degré de l'équité.

Voici un fait entre autres qui indique l'horreur qu'il éprouvait à verser le sang: Un jour que j'étais avec lui, on amena un homme des Foulânes du Ḥaousa-Azned. Cet homme, qui se trouvait avec l'armée du Ghober, avait été pris. S'adressant alors au cadi 'Abdallah et à 'Otsmân l'imam de la mosquée, le prince leur dit: « Examinez le cas de cet homme et tout ce que vous me direz de faire à son sujet je le ferai. » Les deux magistrats se retirèrent et après s'être consultés ils revinrent vers le prince. « Tuez-le », dit le cadi ; « Pardonnez-lui pour cette fois s'écria l'imam, peut-être qu'il s'amendera. » Le prince prit l'avis de ce dernier et laissa l'homme partir. Celui-ci retourna parmi les soldats du Ghober; il fut de nouveau pris et amené devant le prince qui, cette fois, donna l'ordre de le mettre à mort, ordre qui fut exécuté.

Autre fait: Il avait nommé de nouveau Bendouâk, qu'il avait précédemment révoqué à Ghiyâq. Bendaouâk avait demandé la protection du chérif 'Abdallah-Ed-Dâ'i, puis un échange de paroles avait eu lieu entre eux à la suite duquel ils se querellèrent, parce que Bendaouâk s'était présenté dans un état tel qu'il n'avait plus sa raison. Aussitôt le chérif écrivit au prince des Croyants pour lui enjoindre de

1. L'expression peut également indiquer tous les parents sans exception.

tuer cet homme et de ne pas accepter son repentir. Dans cette lettre, se trouvait ce passage du Coran : « Le repentir n'est pas[1], etc... » Quand, sur son ordre, j'eus lu la lettre, le prince me dit : « O Ḥâdj-Sa'îd[2], dis au chérif que je n'ai pas le pouvoir de tuer un homme et que je ne puis faire périr que celui que la loi condamne. »

Voici un exemple de son équité : Un jour, j'étais avec le prince qui siégeait pour une affaire de la caravane de gens de Adar ; on prétendait que ces gens s'étaient rendus par le chemin du Sahara à Zanfara pour y apporter du sel et qu'en route on les avait contraints de se rendre dans le pays des musulmans. Or, il se trouva que ces gens se dirigeaient vers le pays des musulmans, qu'on les avait pillés et qu'on leur avait enlevé tout ce qu'ils avaient et c'est alors qu'ils étaient revenus sur leurs pas. Le prince, ayant appris quelle était la vérité dans cette affaire et sachant ce que les populations avaient fait subir aux gens de cette caravane, siégea sept jours pour cette affaire, sans rentrer chez lui la nuit ni le jour, sinon pour un besoin pressant, jusqu'à ce qu'il eut réussi à faire rendre à ces gens tout ce qui leur avait été pris, moins une barre de sel qu'on soupçonnait avoir été prise par un homme des habitants du Kachena.

Le père de l'accusé dit alors au prince des Croyants : « Tuez mon fils, car c'est un mécréant et un scélérat. » Le prince des Croyants hésitait à prendre une telle mesure parce que le père avait émigré du Kachena (٢١٩) à Ouorno et que c'était un homme très pieux. L'accusé avait, en effet, pris

1. *Coran*, chap. IV, verset 22. Voici la traduction complète de ce verset : « Le repentir n'a aucune valeur pour celui qui commet sans cesse de mauvaises actions et qui s'écrie, à l'approche de la mort : Je me repens. Il n'est d'aucune utilité à ceux qui meurent infidèles. Nous avons préparé pour ceux-ci un châtiment douloureux. »

2. C'est la seule indication qu'on ait sur le nom de l'auteur de ce récit.

cette barre de sel; il l'avait cachée dans son champ après l'avoir brisée et en avoir mis les morceaux dans un vase sur lequel il avait versé des grains. Quelque temps après, il avait fait emporter le vase par son domestique, un jour de vendredi, lorsque, en passant devant la porte du palais du prince des Croyants, le domestique fit un faux pas. Le vase tomba à terre, se brisa et le sel se répandit sur le sol. Les gens ayant poussé un cri à cette vue, le prince des Croyants prit le sel et le rendit à son propriétaire.

Durant cette même séance de conseil, on apporte au prince la nouvelle que Seyyid, le sultan du Zekzek, commettait toutes sortes d'abominations dans le pays, qu'il tuait les gens sans aucun droit légal, qu'il gaspillait les fonds du trésor public en jeux, amusements et fredaines avec des filles étrangères auquel il donnait de grosses sommes, enfin qu'il faisait une foule de choses dont le détail serait long et inconvenant à rapporter.

Cette nouvelle accrut la colère du prince, qui était déjà irrité; aussi, quand Kerkoua, le porteur du bouclier de son père, vint le trouver et lui dit : « Comment vous êtes là tranquillement assis, alors que vos fils ruinent les marchés des musulmans! » Il manda le vizir et lui donna l'ordre de lui amener immédiatement ses fils pour qu'il les mît à mort. Les enfants du prince, ayant eu connaissance de son dessein avant l'arrivée du vizir, s'enfuirent à Ghando et y demeurèrent jusqu'au jour où leur oncle paternel Khelîl, fils du cheikh ʿAbdallah, les ramena auprès du prince. Celui-ci prit un homme âgé qui se trouvait avec eux et avait entre les mains six cents cauris et ordonna de le mettre à mort, ce qui fut fait.

Sous le règne du prince et pendant que j'étais là, il mourut un certain nombre de personnages éminents : entre autres, l'imam de la mosquée Boubeker-Moʿallim; le cadi Morouṭ,

'Amr[1]-Anda; Mo'allim-Sa'ad, un grand savant; Ibrahîm, le porte-drapeau[2]; son fils Isma'îl-Ouaïro-Ez-Zeghrâni, officier de la literie et des provisions; Abouḥ, le muezzin bien connu; Ḥammedi, chef du marché; Nanna-ben-Foudiya; 'Otsmân, son gendre, qui avait épousé sa fille Meryem; sa mère Lâdi; sa fille Meryem qui savait le Coran par cœur; le général en chef de l'armée 'Ali-Djeïṭ; le vizir Ghidâdo; Moaddeb-Moḥammed-El-Aïm; le cadi El-Ḥâdj; 'Abdallah-Feroouou et Ḥoseïn-Ṭanbodda qui, chaque soir, lisait au prince après l'acha cinq hizb[3] du Coran.

Après la mort de ce dernier, le prince me confia sa place de lecteur et me fit habiter dans sa demeure. Chaque nuit, je lisais au prince cinq hizb du Coran jusqu'à ce que j'eusse lu le livre en entier. Puis je me reposai quelques jours et reprenai ma lecture. Cet usage avait été déjà celui de son père, de son oncle paternel et de son grand-père.

Moururent également sous le règne du prince : Areṭ-Seḥseḥeb; l'imam de la mosquée El-Ḥâdj-'Ali; Moḥammed-Maudi; Mo'allim-Tofa; 'Ali-Hâchem, un éminent savant et le grand ami de notre cheikh 'Omar; 'Abderraḥman, fils de Mo'allim-Meyyid; Ibrahim-ben-Bello; Foudiya-ben-Moḥammed-Bello (٢٢٠); Ṣenba-ben-'Atîq; Boubeker-ben-Âl-Foudiya; Khelîl-ben-El-Ḥasen-ben-Ech-Cheikh; Maria, mère de 'Aïssa-ben-Ech-Cheikh; Ḥodzi, mère de 'Abdelqâder-ben-Ech-Cheikh; Doused[4]; 'Aïcha-bent-'Omar-Balkem[5], femme du prince des Croyants Bello et mère de ses deux fils Ma'âdz et Sa'îd; Mâdza, de race maure, femme du prince égale-

1. Ou : 'Omar-ou-Anda. Il paraît peu vraisemblable que l'auteur ait connu l'orthographe عمرو pour le nom de 'Amr.

2. Ou : l'officier chargé des drapeaux.

3. Le Coran est divisé en 60 parties dites *ḥizb*. Il fallait donc douze jours pour en faire la lecture en entier.

4. Peut-être : Dousira.

5. La lecture de ce nom est incertaine.

ment ; Ya'qoub, sultan du Bouchi, et son fils Ibrahîm dont le prince hérita[1] ; Dâb, le sultan de Kano, dont le prince hérita ; 'Otsmân, un fils de ce dernier, dont le prince hérita ; Senba-Deghmes[2], le sultan de Ṭeïdji, dont le prince hérita ; 'Abdelkerîm, le sultan du Zekzek, dont le prince hérita, ainsi que des deux successeurs de ce dernier, Ḥammedi et Moḥammed II ; Ṭanqakaouaououa, sultan de Ketâghom[3], dont le prince hérita ainsi que de son successeur 'Abderraḥman ; le sultan de l'Adamaoua dont le prince hérita ; Maḥmoud, le sultan du Zanfara, dont le prince hérita ; Yousef, le sultan du Bornou et son successeur Aḥmed dont le prince hérita ; deux sultans de Adar, dont le prince hérita ; 'Abdelqâder, le sultan de 'Adzeb, dont le prince hérita, etc.

Ici se termine tout ce qu'il m'a été possible de rassembler sur l'histoire des princes du Sokoto et leurs conquêtes. Je reconnais avoir commis un grand nombre d'omissions faute de mémoire. Tout ce qui est exact dans ce récit c'est à Dieu qu'il faut l'attribuer : tout ce qui en est erroné doit être imputé à moi-même. Dieu me suffit, quelle admirable providence ! Dieu répande ses bénédictions sur notre seigneur Mahomet qui a ouvert ce qui était fermé et qui a mis le sceau à tout ce qui avait précédé sa mission. Il est celui qui a fait triompher la vérité par la vérité et qui nous a dirigés, ô mon Dieu, vers ta voie droite. Que les bénédictions soient également sur sa famille autant qu'elle le mérite, c'est-à-dire en nombre immense !

1. L'auteur veut sans doute dire que le sultan incorpora dans ses États le territoire de tous les feudataires qu'il énumère ci-dessous. Toutes ces principautés devinrent dès lors de simples provinces de l'empire et perdirent leur autonomie.

2. Plus haut ce mot a un ق, tandis qu'ici il a un غ.

3. Ici encore le غ a été substitué au ق.

APPENDICE

Au lieu d'adopter l'ordre chronologique, l'auteur du *Tedzkiret-en-Nisiân* a préféré ranger la biographie de ses personnages dans l'ordre alphabétique. Il m'a semblé qu'il serait plus commode pour le lecteur français d'avoir sous les yeux la liste de tous les pachas dans l'ordre où ils se sont suivis et c'est pourquoi j'ai dressé le tableau ci-dessous dans lequel j'ai indiqué la date de l'avènement et celle de la déposition ou cessation des fonctions des différents chefs qui ont exercé le pouvoir souverain à Tombouctou depuis l'arrivée du pacha Djouder en 1590 de notre ère jusqu'en l'année 1750.

Les dates ne seront pas toujours fixées d'une manière bien rigoureuse. Quelquefois on ne mentionne que l'année, le mois ou la décade du mois. En outre, il est arrivé souvent qu'un pacha n'a été élu que quelques jours ou même quelques mois après son prédécesseur immédiat, sans qu'on puisse dire qu'il y eut un véritable interrègne. Enfin certains personnages mentionnés dans ce tableau ne sont pas l'objet d'une notice spéciale de l'auteur. C'est ainsi qu'on ne trouve aucun détail sur Babeker-ben-Moḥammed-Seyyidi qui est simplement mentionné comme ayant été déposé en mars 1711. Quant aux cinq derniers personnages, ils ont occupé le pouvoir après que l'auteur avait eu terminé son premier travail; leurs noms, pour cette raison, ne figurent que dans la liste récapitulative que l'auteur a tenue à jour jusqu'à sa mort sans vouloir cependant remanier son ouvrage en leur consacrant un article à leur rang alphabétique.

Tableau chronologique

DES PACHAS DE TOMBOUCTOU DEPUIS L'ARRIVÉE DE DJOUDER EN 1590 JUSQU'EN L'ANNÉE 1750

Nº d'ordre.	Nom du pacha.	Durée de ses fonctions.
1	*Djouder.*	Nov. 1590 — 17 août 1591.
2	*Maḥmoud*-ben-'Ali-ben-Zergoun.	17 août 1591 — 12 mars 1595.
3	*Manṣour* - ben - 'Abderraḥmân.	12 mars 1595 — 9 nov. 1596.
4	*Maḥmoud*-Ṭâba'[1].	28 déc. 1597 — 11 mai 1598[2].
5	*'Ammâr*-El-Feta.	Février 1599 — 19 mai 1600.
6	*Selimân.*	19 mai 1600 — juillet 1604.
7	*Maḥmoud*-Lonko.	Juillet 1604 — 11 oct. 1612.
8	*'Ali*-ben-'Abdallah.	11 oct. 1612 — 13 mars 1617.
9	*Aḥmed*-ben-Yousef-El-'Euldji.	13 mars 1617 — juillet 1618.
10	*Ḥaddou* - ben - Yousef - El - Adjenâsi.	Juillet 1618 — 17 janv. 1619.
11	*Moḥammed*-ben-Aḥmed-El-Mâssi.	17 janv. 1619 — 4 nov. 1621[3].
12	*Yousef*-ben-'Omar-El-Qaṣri.	29 janv. 1622 — 6 mai 1627.
13	*Ibrahîm* - ben - 'Abdelkerim-El-Djerrâri.	6 mai 1627 — 8 mai 1628.
14	*'Ali*-ben-'Abdelqader.	8 mai 1628 — 20 juillet 1632.
15	*'Ali* - ben - El - Mobârek - El-Mâssi.	20 juil. 1632 — 17 oct. 1632.
16	*So'oud* - ben - Aḥmed - 'Adjeroud-Ech-Chergui.	17 oct. 1632 — fin août 1634.

1. Le *Tarikh-es-Soudân* remplace ce nom de Maḥmoud par celui de Moḥammed. Durant l'intervalle qui s'écoula entre la mort de Manṣour et l'arrivée au pouvoir de ce pacha, ce fut Djouder qui exerça le commandement, ainsi qu'il le fit encore avant l'arrivée du pacha 'Ammâr-El-Feta.

2. C'est par suite d'une faute d'impression que le *Tarikh-es-Soudân* donne la date de 1597 au lieu de celle de 1598.

3. Le caïd Ḥammou-ben-'Ali-Ed-Der'i exerça les fonctions de pacha du 4 novembre 1621 au 29 janvier 1622, mais il ne fut pas régulièrement investi de ces fonctions.

N° d'ordre.	Nom du pacha.	Durée de ses fonctions.
17	*ʿAbderraḥmân*, fils du caïd Ḥammedi-ben-Saʿdoun-Ech-Chiâḍemi.	Fin août 1634 — fin juil. 1635.
18	*Saʿîd*-ben-ʿAli-El-Maḥmoudi.	Fin juil. 1635 — 22 oct. 1637.
19	*Mesʿaoud*-ben-Manṣour-Ez-Zaʿeri.	22 oct. 1637 — fin avril 1643.
20	*Moḥammed*-ben-Moḥammed-ben-ʿOtsmân.	Fin avril 1643 — 10 nov. 1646.
21	*Aḥmed*-ben-ʿAli-ben-ʿAbdallah-Et-Telemsâni.	10 nov. 1646 — 14 févr. 1647.
22	*Ḥomeïd*[1]-ben-ʿAbderraḥmân-El-Ḥayyouni.	14 févr. 1647 — 24 oct. 1648.
23	*Yaḥya*-ben-Moḥammed-El-Gharnâṭi.	24 oct. 1648 — 15 oct. 1651.
24	*Ḥammedi*[2]-ben-Ḥaddou-ben-Yousef-El-Adjenâsi.	16 oct. 1651 — 18 août 1654.
25	*Moḥammed*-ben-Mousa.	18 août 1654 — 15 mai 1655.
26	*Moḥammed*-ben-Aḥmed-Saʿdoun-Ech-Chiâḍemi.	15 mai 1655 — 26 mars 1657.
27	*Moḥammed*-ben-El-Ḥâdj-ben-Daoud-Ech-Cheṭouki, (le caïd Bouya.)	1657 — août 1660[3].
28	*ʿAllâl*-ben-Saʿîd-El-Ḥarousi.	Août 1660 (un jour).
29	*El-Ḥâdj-El-Mokhtâr*-ben-Biyoukhef-Ech-Chergui.	Août 1660 — novembre 1660.
30	*Ḥammou*-ben-ʿAbdallah-El-ʿEuldji.	Novembre 1660 — fév. 1661.
31	*ʿAli*-ben-ʿAbdelaziz-El-Feredji.	Février 1661 — 3 janv. 1662.
32	*ʿAli*-ben-Bachouṭ-Moḥammed-ben-ʿAbdallah-Et-Tezerkîni (Ibn-Akhrâz).	3 janv. 1662 — 3 avril 1662.
33	*ʿAmmâr*-ben-Aḥmed-ʿAdjeroud-Ech-Chergui.	Fin déc. 1662[4] — 28 août 1666.

1. Ou: Ḥamîd.
2. Ou: Aḥmed. Ces deux noms se substituent souvent l'un à l'autre.
3. Le ms. dit tantôt 1070, tantôt 1071; c'est cette dernière date que j'ai adoptée.
4. Il y aurait eu un interrègne de huit mois entre ʿAli et ʿAmmâr. Ces périodes d'interrègne se représentent assez souvent à partir de cette époque.

Nº d'ordre.	Nom du pacha.	Durée de ses fonctions.
34	*Moḥammed*-ben-El-Ḥâdj-ben-Dâoud-Ech-Cheṭouki (caïd Bouya).	28 août 1666 — 21 mars 1667[1].
35	*Nâṣir*-ben-ʿAbdallah-El-Aʿamechi-Ed-Derʿi.	21 mars 1667 — 19 sept. 1667.
36	*ʿAbderraḥmân*-ben-Saʿîd-El-Andalousi (Ibn-Saʿîd Ouneḍḍâm).	28 sept. 1667 — 8 oct. 1668.
37	*Nâṣir*-ben-ʿAli-ben-ʿAbdallah-Et-Telemsâni.	8 oct. 1667 — 20 oct. 1669[2].
38	*Moḥammed*-ben-Aḥmed-El-Koïḥîl-Ech-Chergui.	6 sept. 1671 — 28 fév. 1672.
39	*Moḥammed*-ben-ʿAli-El-Mobârek-Ed-Derʿi.	28 fév. 1672[3] — 28 août 1673.
40	*ʿAbderraḥmân*-ben-Moḥammed-Kiraï-Ech-Chergui.	3 sept. 1673 — 12 oct. 1673.
41	*ʿAli*-ben-Brahîm-Ed-Derʿi.	15 oct. 1673 — 10 nov. 1675.
42	*Saʿîd*-ben-ʿOmar-El-Fâsi.	18 nov. 1675 — 23 juin 1678.
43	*ʿAbdallah*-ben-Moḥammed-ben-El-Caïd-Ḥassou-Ed-Derʿi.	6 août 1678 — 22 juin 1679.
44	*Dzou 'n-Noun*-ben-El-Ḥâdj-El-Mokhtâr-Ech-Chergui.	22 juin 1679 — 16 août 1680.
45	*Moḥammed*-ben-Bâ-Reḍouân-El-ʿEuldji.	19 août 1680 — 22 août 1680.
46	*Yaḥya*-ben-ʿAli-El-Mobârek-Ed-Derʿi.	2 septembre 1680 — août 1681.
47	*Dzou 'n-Noun*-ben-El-Ḥâdj-El-Mokhtâr-Ech-Chergui.	Août 1681[4] — mars 1682.

1. Cette date n'est pas donnée dans la notice qui se contente de dire que Moḥammed n'exerça le pouvoir que peu de temps. Il est vraisemblable qu'elle doit être avancée de beaucoup.

2. Cette date est incertaine. Selon certains auteurs, Nâṣir aurait eu pour successeur Ibn-Saʿîd-Ouneḍḍâm, tandis que dans la liste donnée il est son prédécesseur. Il est possible qu'Ibn-Saʿîd ait à la fois précédé Nâṣir et lui ait succédé. Cette hypothèse permettrait de combler la lacune de plus de deux ans qui existe entre Nâṣir et Moḥammed.

3. L'auteur donne les deux dates du 28 février et du 29 mars, ajoutant qu'il opine pour la première.

4. D'après sa notice biographique, Dzou 'n-Noun aurait occupé le pachalik cette fois-là du mois de janvier 1682 au mois d'août de la même année. Mais la

Nº d'ordre.	Nom du pacha.	Durée de ses fonctions.
48	*Moḥammed* - ben - Cheikh - 'Ali-Ed-Der'i.	26 mars 1682 — octobre 1682.
49	*Bâ-Ḥaddou*-Sâlem-El-Ḥassâni.	Février 1683 — nov. 1683.
50	*El-Fâ-Benkano*-Ech-Chergui-ben-Moḥammed-El-Modâseni.	Novembre 1683[1] (3 jours).
51	*Zenka*-'Abderraḥmân-ben-Bou-Zenâd-El-Fâsi.	20 nov. 1683 — mai 1684.
52	*Moḥammed* - ben - Bâ - Redouân.	20 juin 1684 — 13 oct. 1684.
53	*'Ali*-ben-Ḥomeïd-El-'Amri.	Octobre 1684 — octobre 1685.
54	*El-Mobârek*-ben-Manṣour-ben-Mes'aoud-Ez-Za'eri.	Novembre 1685 — mars 1686.
55	*So'oud*-Bokarnâ-ben-Moḥammed-ben-'Otsmân.	Avril 1686 — novembre 1686.
56	*El-Ḥasen*-ben-Manṣour-El-Monebbih.	17 nov. 1686 — avril 1687.
57	*'Abdallah*-ben-Moḥammed-ben-El-Caïd-Ḥassou-Ed-Der'i.	1er mai 1687[2] — janvier 1688.
58	*El-'Abbâs*-ben-Sa'îd-El-'Amri.	Janvier 1688 — 29 avril 1688.
59	*Manṣour*-ben-Mes'aoud-ben-Manṣour Ez-Za'eri (Senîber).	Mai 1688 — novembre 1689.
60	*Aḥmed*-ben-'Ali-Et-Tezerkîni.	Nov. 1689 — 14 juillet 1690.
61	*So'oud*-Bokarnâ-ben-Moḥammed-ben-Otsmân.	14 juillet 1690 — janv. 1691.
62	*Senîber*-ben-Moḥammed-Bouya-Ech-Cheṭouki.	13 janv. 1691 — 28 mai 1691.
63	*Ibrahîm*-ben-Ḥassoun-Ed-Der'i.	4 déc. 1691 — nov. 1692.

date précise du 26 mars 1682 indiquée pour l'avènement de Moḥammed permet de croire qu'il y a une erreur dans le ms.

1. La biographie de El-Fa'-Benkano dit qu'il fut élu le 29 mai 1683. Il semble bien que le copiste a commis une erreur en changeant le nom du mois.

2. Au lieu de 1090 que porte la notice, il faut lire 1098 ; le copiste aura omis le nom des unités.

Nº d'ordre.	Nom du pacha.	Durée de ses fonctions.
64	*Bâbâ-Seyyid*-ben-Ṭâlib-Ḥammedi-Ech-Chergui.	Décembre 1692 — juin 1693.
65	*El-Mobârek*-ben-Manṣour-Ez-Zaʿeri.	Août 1693 — fin nov. 1693.
66	*Ibrahîm*-ben-Ḥassoun.	Déc. 1693 — 21 août 1694.
67	*Dzou'n-Noun*-ben-El-Ḥâdj.	Sept. 1694 — (13 ou 17 jours).
68	*Aḥmed*-ben-Aḥmed-ben-ʿAli-ben-ʿAbdallah-Et-Telemsâni (Aḥmed-El-Khelîfa).	Nov. 1694 — 16 fév. 1695.
69	*Senîber*-ben-Moḥammed-Bouya-Ech-Cheṭouki.	16 fév. 1695 — octobre 1695.
70	*ʿAbdallah*-ben-Nâṣir-ben-ʿAbdallah-El-Aʿamechi-Ed-Derʿi.	Janvier 1696 — fin mai 1696.
71	*Ḥammedi*-ben-ʿAli-ben-ʿAbdallah-Et-Tezerkîni.	3 juin 1696 — 6 avril 1697.
72	*El-Mobârek*-ben-Ḥammedi-ben-ʿAli-El-Mobârek-Ed-Derʿi.	15 juin 1697 — octobre 1697.
73	*Moḥammed*-ben-Moḥammed-Seyyidi-Ech-Chergui-Es-Senâouni.	Novembre 1697 — (1 jour).
74	*ʿAli*-ben-Moḥammed-ben-Cheikh-ʿAli-Ed-Derʿi.	Novembre 1697 — juin 1698.
75	*Yaḥya*-ben-Moḥammed-Zenkana-El-Fichtâni.	Juin 1698 — août 1698.
76	*ʿAbdallah*-ben-Nâṣir-ben-ʿAbdallah-Et-Telemsâni.	Août 1698 — octobre 1698.
77	*Manṣour*-ben-Mesʿaoud-ben-Manṣour-Ez-Zaʿeri (Senîber).	11 sept. 1698 — juillet 1700.
78	*Ḥammedi*-ben-ʿAli-Et-Tezerkîni.	Sept. 1700 — mars 1701.
79	*ʿAbdallah*-ben-Nâṣir-ben-ʿAli-ben-ʿAbdallah-Et-Telemsâni.	Juillet 1701 — sept. 1701.
80	*Yousef*-ben-ʿAbdallah-Ed-Derʿi.	Octobre 1701 — janv. 1702 [1].

1. Si l'on s'en rapporte à la notice biographique, Yousef aurait été déposé au mois de janvier 1703; Moḥammed n'aurait donc pu lui succéder le 29 mai 1702. Aussi je suppose qu'il faut lire : janvier 1702.

Nº d'ordre.	Nom du pacha.	Durée de ses fonctions.
81	*Moḥammed*-ben-Sa'îd-ben-'Omar-El-Fâsi.	29 mai 1702 — janvier 1703.
82	*Aḥmed*-ben-Manṣour-Ech-Chergui.	Mai 1703 (20 jours).
83	*'Ali*-ben-El-Mobârek-ben-'Ali-El-Mobârek-Ed-Der'i.	Mai 1703 — juillet 1703.
84	*Santâ'a*-ben-Fâris-El-Fâsi.	Août 1703 — octobre 1703.
85	*Mâma* (ou *Mâmi*)-ben-'Ali-Et-Tezerkîni.	Fév. ou mars 1704 — 24 juin 1704.
86	*Moḥammed*-ben-Sa'îd-ben-'Omar.	9 août 1704 — 29 août 1704.
87	*Moḥammed*-ben-Moḥammed-Seyyidi-Ech-Chergui.	Octobre 1704 — janvier 1705.
88	*Yaḥya*-ben-Moḥammed-Zenkana-El-Fichtâni.	Février 1705 — mars 1705.
89	*'Abdallah*-ben-Nâṣir-ben-'Ali-ben-'Abdallah-Et-Telemsâni.	Avril 1705 — juin 1705.
90	*Sa'îd*-ben-Bouzîân-El-Khebbâzi.	Août 1705 — octobre 1705.
91	*Mâma*-ben-'Ali-Et-Tezerkîni.	Octobre 1705 — mars 1707.
92	*El-Mobârek*-ben-Moḥammed-El-Gharnâṭi.	Avril 1707 — août 1707.
93	*Nâṣir*-ben-'Abdallah-ben-Nâṣir-ben-'Abdallah-El-A'amechi-Ed-Der'i.	25 nov. 1707 — mars 1708.
94	*'Abdallah*-ben-Nâṣir-ben-'Ali-ben-'Abdallah-Et-Telemsâni.	26 mars 1708 — 30 mai 1708.
95	*'Ali*-ben-Raḥmoun-El-Monebbih.	Sept. 1708 — novembre 1708.
96	*Moḥammed*-ben-Ḥammedi-ben-'Ali-Et-Tezerkîni.	7 février 1709 — 7 juil. 1709.
97	*Ḥammedi*-Zenko-ben-'Abderraḥmân-ben-'Ali-El-Mobârek.	Août 1709 — 12 avril 1710.
98	*Yaḥya*-ben-Moḥammed-Zenkana-El-Fichtâni.	Juillet 1710 — sept. 1710.

N° d'ordre.	Nom du pacha.	Durée de ses fonctions.
99	*'Ali*-ben-Moḥammed-ben-Cheikh-'Ali-Ed-Der'i.	Septembre 1710 — sept. 1710.
100	*Babeker*-ben-Moḥammed-Seyyidi.	Septembre 1710 — mars 1711.
101	*Yousef*-ben-'Abdallah-Ed-Der'i.	Mars 1711 — juin 1711.
102	*'Abdelqâder*-ben-'Ali-Et-Tezerkîni.	Septembre 1711 — fév. 1712.
103	*'Abdallah*-ben-Nâṣir-ben-'Ali-Et-Telemsâni.	Février 1712 (1 jour).
104	*'Ali*-ben-El-Mobârek-Ed-Der'i.	Février 1712 — avril 1712.
105	*Manṣour*-ben-Mes'aoud-ben-Manṣour-Ez-Za'eri.	4 juin 1712 — fin sept. 1712.
106	*Mâma*-ben-'Ali-Et-Tezerkîni.	Janvier 1713 — avril 1713.
107	*'Ali*-ben-Raḥmoun-El-Monebbih.	Mai 1713 — août 1713.
108	*'Abdallah*-ben-El-Ḥâdj-ben-Sa'îd-El-'Imrâni.	Août 1713 — janvier 1714.
109	*'Ammâr*-ben-So'oud-Bokarnâ-ben-Moḥammed-ben-'Otsmân-Ech-Chergui.	Janvier 1714 — février 1714.
110	*Bâ-Ḥaddou*-ben-Yaḥya-ben-El-Mobârek-Ed-Der'i.	Février 1714 — août 1714.
111	*'Abdallah*-ben-El-Ḥâdj-El-'Imrâni.	Octobre 1714 — janvier 1715.
112	*Bâ-Ḥaddou*-ben-Yaḥya-ben-El-Mobârek-Ed-Der'i.	Février 1715 — avril 1715.
113	*Moḥammed*-ben-Ḥammedi-ben-'Ali-Et-Tezerkîni.	Août 1715 — octobre 1715.
114	*'Ali*-ben-Moḥammed-ben-Cheikh-'Ali-Ed-Der'i.	Janvier 1716 — mars 1716.
115	*'Abdallah*-ben-El-Ḥâdj-El-'Imrâni.	17 mars 1716 — fin juin 1716.
116	*Manṣour*-ben-Mes'aoud-ben-Manṣour-Ez-Za'eri.	5 juillet 1716 — 14 oct. 1719.
117	*Bâ-Ḥaddou*-ben-Yaḥya-ben-El-Mobârek-Ed-Der'i.	14 octobre 1719 — 7 oct. 1721.

N° d'ordre.	Nom du pacha.	Durée de ses fonctions.
118	*'Abdelgheffâr*-ben-'Ali-Et-Tezerkîni.	Octobre 1721 — mars 1722.
119	*'Abdallah*-ben-El-Ḥâdj-El-'Imrâni.	23 mars 1722 — 14 juil. 1722.
120	*'Abdallah*-ben-El-Ḥâdj-El-'Imrâni.	13 nov. 1722 [1] — 21 mars 1723.
121	*Maḥmoud*-ben-El-Caïd-Moḥammed-Bouya-ben-El-Ḥâdj-ben-Dâoud-Ech-Cheṭouki.	9 juin 1726 [2] — 18 juil. 1726.
122	*'Abderraḥmân*-ben-Ḥammedi-ben-'Ali-Et-Tezerkîni.	12 sept. 1726 — janvier 1727.
123	*'Abdallah*-ben-El-Ḥâdj-El-'Imrâni.	21 oct. 1727 [3] — 11 nov. 1727.
124	*Bâ-Ḥaddou*-ben-Yaḥya-ben-'El-Mobârek-Ed-Der'i.	19 nov. 1727 — 29 juin 1728.
125	*Yousef*-ben-'Abdallah-Ed-Der'i.	14 juillet 1729 — 11 août 1729.
126	*'Abdallah*-ben-El-Ḥâdj-El-'Imrâni.	19 mars 1730 — mi-juil. 1730.
127	*Moḥammed*-Beḥḥou-ben-Senîber-ben-Manṣour-Ez-Za'eri.	18 sept. 1732 — 3 nov. 1732.
128	*El-Ḥasani*-ben-Ḥammedi-ben-'Ali-Et-Tezerkîni.	28 mai 1733 — juin 1733 [4].
129	*Moḥammed*-ben-Ḥammedi-ben-'Ali-Et-Tezerkîni.	11 nov. 1734 — 23 janv. 1735.
130	*Sa'îd*-ben-'Ali-Et-Tezerkîni.	13 mai 1735 — 2 juillet 1735.
131	*Ḥammedi*-ben-Senîber-ben-Manṣour-Ez-Za'eri.	16 mars 1736 — 18 juin 1736.
132	*Sa'îd*-ben-'Ali-Et-Tezerkîni.	2 juillet 1736 — 3 nov. 1736.
133	*Ḥammedi*-ben-Senîber-ben-Manṣour-Ez-Za'eri.	9 février 1737 — 23 mai 1737.

1. 'Abdallah se succéda à lui-même après quelques mois d'interrègne.

2. L'interrègne entre 'Abdallah et Maḥmoud est de plus da trois ans.

3. La notice dit que la durée de ce pachalik fut d'un mois plein. On voit que cela n'est pas absolument exact.

4. Cette date n'est pas indiquée, on dit seulement qu'entre El-Ḥasani et Moḥammed il y eut un interrègne de un ans et cinq mois.

N° d'ordre.	Nom du pacha.	Durée de ses fonctions.
	—	—
134	*Moḥammed*-ben-Ḥammedi-ben-'Ali-Et-Tezerkîni.	19 sept. 1737 — 11 avril 1738.
135	*El-Fa'-Ibrahîm*-ben-Manṣour-ben-Moḥammed-ben-'Ali-El-Mobârek-ed-Der'i.	21 avril 1738 — 16 juin 1738.
136	*Ḥammedi*-ben-Manṣour-ben-Moḥammed-ben-'Ali-El-Mobârek-Ed-Der'i.	18 juin 1738 — 22 août 1738.
137	*El-Fa'-Ibrahîm*-ben-Ḥammedi-ben-'Ali-Et-Tezerkîni.	2 sept. 1738 — 27 oct. 1738.
138	*Sa'îd*-ben-Senîber-ben-Manṣour-Ez-Za'eri.	6 nov. 1738 — 22 avril 1740.
139	*Yaḥya*-ben-Ḥammedi-ben-'Ali-Et-Tezerkîni.	19 mai 1740 — 7 juin 1740.
140	*Bâbâ-Seyyid*-ben-Ḥammedi-Zenko-ben-'Abderraḥmân-ben-'Ali-Ed-Der'i.	6 août 1740 — 10 déc. 1740.
141	*El-Ḥasen*-ben-Moḥammed-El-'Amri.	6 mars 1741 — 1er juin 1741.
142	*Sa'îd*-ben-Senîber-ben-Manṣour-Ez-Za'eri.	4 juil. 1741 — 24 oct. 1741.
143	*Sa'îd*-ben-Senîber-ben-Manṣour-Ez-Za'eri.	2 nov. 1741 — 16 juin 1742.
144	*Sa'îd*-ben-Ḥammedi-ben-'Ali-Et-Tezerkîni.	21 juin 1742 — 31 août 1742.
145	*Sa'îd*-ben-Ḥammedi-ben-'Ali-Et-Tezerkîni.	18 sept. 1742 — 3 nov. 1742.
146	*Sa'îd*-ben-Senîber-ben-Manṣour-Ez-Za'eri.	1er déc. 1743 — 22 avril 1745.
147	*Bâbâ-Seyyid*-ben-Ḥammedi-Zenko-ben-'Abderraḥmân-ben-'Ali-Ed-Der'i.	22 mai 1745 — 15 sept. 1745.
148	*El-Fa'-Maḥmoud*-ben-Senîber-ben-Mohammed-Bouya-Ech-Cheṭouki.	15 avril 1746 — 19 avril 1746.
149	*'Abdelgheffâr*-ben-Ousâma-ben-'Ali-Et-Tezerkîni.	6 mars 1748 — 27 juillet 1748.
150	*Babeker*-ben-El-Fa'-Man-	

N° d'ordre.	Nom du pacha.	Durée de ses fonctions.
	—	—
	ṣour - ben - Moḥammed - ben-ʿAli-El-Mobârek-Ed-Derʿi.	30 oct. 1748 — 22 déc. 1748.
151	*Babeker*-ben-El-Faʿ-Manṣour-ben-Moḥammed-ben-ʿAli-El-Mobârek-Ed-Derʿi.	19 janv. 1750 — 29 nov. 1750.
152	*Saʿîd*-ben-Ḥammedi-ben-ʿAli-Et-Tezerkîni[1].	
153	*ʿAli*-ben-ʿAbderraouf-ben-Ṣâliḥ-ben-Moḥammed-ben-Cheikh-ʿAli-Ed-Derʿi.	
154	*ʿAli*-ben-ʿAmmâr-ben-Soʿoud-Bokarnâ-Ech-Chergui.	
155	*Bâ-Ḥaddou*-ben-Babeker-ben-el-Faʿ-Manṣour-ben-Moḥammed-ben-ʿAli-El-Mobârek-Ed-Derʿi.	
156	*ʿAli*-ben-Manṣour-ben-ʿAli-Et-Tezerkîni, surnommé Bâbâ.	

1. Les notices biographiques ne font pas mention de ce pachalik ni de ceux qui suivirent parce qu'ils se produisirent après la rédaction de l'ouvrage. Il est cependant probable que l'auteur les aura indiqués dans sa liste récapitulative en marge de son manuscrit. Rien n'empêche aussi de supposer qu'ils ont été ajoutés par un copiste.

INDEX ALPHABÉTIQUE

DU

TEDZKIRET-EN-NISIAN

NOTA. — Les noms géographiques sont en *italiques*. Les chiffres **gras** indiquent l'article spécial consacré à un personnage.

A

Aba-ben-'Abdelkerîm-ben-Ḥammedi-ben-Yousef-El-'Euldji, ḥâkem, 297.

'Abd-ben-Ḥammedi-ben-'Ali-Et-Tezerkîni, 244.

'Abdallah-ben-'Abderraḥmân-ben-'Ali-El-Mobârek-Ed-Der'i, Kabara-Farma, 18, 27, 79, 88, 198, 199, 226, 227, 235, 236, **300**.

'Abdallah-ben-Abokeni-ben-Moḥammed-ben-El-Mokhtâr-ben-Moḥammed-Zenkan-ben-El-Fa'-Abeker-El-Meddâḥ, 97.

'Abdallah-ben-'Aïcha, 79.

'Abdallah-ben-'Ali-ben-Moḥammed-Et-Tezerkîni, lieutenant-général et ḥâkem, 206, **298**.

'Abdallah-ben-'Abdellaṭîf-ben-'Ali-Et-Tezerkîni, 131, 132.

'Abdallah-ben-El-Caïd-Nâṣir-ben-'Ali-ben-'Abdallah-El-A'amechi-Ed-Der'i, ḥâkem et pacha, **59**, 147, 257, 297.

'Abdallah-ben-El-Ḥâdj-ben-Sa'îd-El-'Imrâni, caïd, ḥâkem et pacha, 19, 28, 30, 39, 53, **63**, 66, 68, 69, 86, 90, 101, 202, 225, 235, 244, 253, 298.

'Abdallah-Kenba-Idji, 204.

'Abdallah-Konba-ben-Konba, 16, 17.

'Abdallah-ben-Senîber-ben-Mes'aoud-Ez-Za'cri, 180.

'Abdallah-ben-Moḥammed-ben-El-Caïd-Ḥassou-Ed-Der'i, surnommé Ibn-El-Caïd-'Abdallah-Ḥassou, caïd et pacha, **57**, 203, 243, 258.

'Abdallah-ben-Moḥammed-Bouya (la maison de), 160.

'Abdallah-ben-Mousa-Ed-Der'i, ḥâkem, 151, **297**.

'Abdallah-ould-Arḥama, 221.

'Abdallah-ben-Nâṣir-Ed-Der'i.

— Voy. ʿAbdallah-ben-El-Caïd-Nâṣir-ben-ʿAbdallah-El-Aʿamechi-Ed-Derʿi.
ʿAbdallah-ben-Seyyid-Aḥmed-ben-Ibrahîm-ben-ʿAbdallah-ben-Aḥmed-Moʿyâ, surnommé Babîr, cadi de Tombouctou, 136, **287**.
ʿAbdelazîz-ben-Seyyid-El-Heddâdji, 92.
ʿAbdelgheffâr-ben-ʿAli-ben-Moḥammed-Et-Tezerkîni, caïd, ḥâkem et pacha, 66, 76, 79, 81, 82, 83, 84, 85, **90**, 192, 199, 201, 205, **298**.
ʿAbdelgheffâr-ben-El-Ḥâdj-El-Mobârek, 230.
ʿAdelgheffâr-ben-Ousâma-ben-ʿAli-ben-Moḥammed-ben-ʿAbdallah-Et-Tezerkîni, surnommé San-Hoʿaï, ḥâkem et pacha, **94**, 195, 198, 238, 239, **299**.
ʿAbdelkâfi-ben-ʿAbderraḥmân-ben-Saʿîd-ben-Moḥammed-Kidâdo, imam de Tombouctou, 69, **289**.
ʿAbdelkerîm-ben-Aḥmed-ben-ʿAli-ben-Moḥammed-Et-Tezerkîni, ḥâkem, **298**.
ʿAbdelkerîm-ben-El-Ḥasen-El-ʿEuldji, lieutenant-général, 11.
ʿAbdelkerîm-ben-Ṭâleb-Ibrahîm-ben-El-Ḥâdj-Moḥammed, 19.
ʿAbdelmalek-ben-Et-Tingharâsi, 88, 201.
ʿAbdelmoumenin-ben-Seyyid-Moḥammed-El-Moṣṭefa, 173.
ʿAbdelqâder-ben-ʿAbderraḥmân-ben-Ḥammedi-ben-ʿAli, 177, 178.
ʿAbdelqâder-ben-ʿAli-ben-Boṣa, lieutenant-général, 96.
ʿAbdelqâder-ben-ʿAli-ben-Moḥammed-ben-ʿAbdallah-Et-Tezerkîni, pacha, **62**.
ʿAbdelqâder-ben-El-Caïd-ben-Moḥammed-Et-Tezerkîni, ḥâkem, **297**.
ʿAbdelqâder-ben-El-Ḥâdj-Bou-Ṭâher, 88, 202.
ʿAbdelqâder-ben-El-Ḥasen, lieutenant-général, 6.
ʿAbdelqâder-ben-El-Ḥasen-Semmi, 16.
ʿAbdelqâder-ben-Moḥammed-Benko-Idji, 208.
ʿAbdelqâder-Sama-Idji, 204.
ʿAbdelqâder-ben-Seyyid-ben-ʿAbderraḥmân-El-Heddâdji, 180.
ʿAbdelqâder-ben-Yousef-ben-ʿAbdallah-Ed-Derʿi, 92.
ʿAbderrahîm-ben-Aḥmed (ou Ḥammedi)-ben-ʿAli-Et-Tezerkîni, ḥâkem, 129, 130, 131, 197, 219, 253, **299**.
ʿAbderraḥmân, chef des écuries et ḥâkem, **297**.
ʿAbderraḥmân, homme du Gharb, 208.
ʿAbderraḥmân-ben-Abâ-ben-El-Ḥâdj, 39.
ʿAbderraḥmân-ben-Aḥmed-Moʿyâ, cadi de Tombouctou, 5, **286**.
ʿAbderraḥmân-ben-El-Caïd-Aḥmed-ben-Saʿdoun-Ech-Chiâdemi, pacha, **55** (*Tarikh-es-Soudân*, p. 392), 286.
ʿAbderraḥmân-ben-ʿAli-El-Mobârek-Ed-Derʿi, Kabara-Farma, **299**.

ʿAbderraḥmân-ben-ʿAmmâr, askia, 15, 153.
ʿAbderraḥmân-ben-Bâchouṭ-Bou-Zenâd, surnommé Zenka, pacha, **58**.
ʿAbderraḥmân-ben-El-Ḥâdj-ben-El-Amîn-Kânou, 6.
ʿAbderraḥmân-ben-Ḥammedi (ou Aḥmed)-ben-ʿAli-ben-Moḥammed-ben-ʿAbdallah-Et-Tezerkîni, pacha, 87, **90**, 201.
ʿAbderraḥmân-ben-Ḥammedi (ou Aḥmed)-Zenka-ben-ʿAbderraḥmân-ben-ʿAli-El-Mobârek-Ed-Derʿi, surnommé Bâbâ-Seyyid, pacha, **94**.
ʿAbderraḥmân-ben-Moḥammed-Kiraï-Ech-Chergui-El-Andalosi, pacha, **57**, 257.
ʿAbderraḥmân-ben-ʿOmar-ben-Bokar-Kanbouʿ-ben-Yaʿqoub-ben-El-Ḥâdj-Moḥammed, askia, **294**, 295.
ʿAbderraḥmân-Ouiqayat-Allah-ben-ʿAbdesselâm-ben-Aḥmed-ben-Saʿîd-ben-Moḥammed-Kidâdo, imam de Tombouctou, **289**.
ʿAbderraḥmân-ould-Dzonkoul, 62.
ʿAbderraḥmân-ben-Saʿîd-El-Andalosi, surnommé Ibn-Saʿîd-Ouneḍḍâm, pacha, **56**, 255, 256.
ʿAbderraḥmân-ben-Zobeïr, 148.
ʿAbdesselâm-ben-Ḥammedi-ben-ʿAli-Et-Tezerkîni, 131.
ʿAbdesselâm-ben-Moḥammed-Diko-El-Foulâni, imam de Tombouctou, **288**.
ʿAbdo, 244 note.
Abeker-ben-Moḥammed-ben-El-Mokhtâr-ben-Moḥammed-Zenkan-ben-Bokar, 154.
Abel, 139.
Abou-ʿAbdallah-Moḥammed-El-ʿIrâqi, auteur cité, 140.
Abou-Bekr-Ech-Cherif, 68.
Abou-Bekr-ben-Moṣṭafa-El-Ouankori, 13.
Abou 'l-ʿAbbâs-Aḥmed-ben-Maḥmoud-Baghyoʿo-ben-Ibrahîm-ben-Aḥmed-Baghyoʿo-El-Ouankori, 237.
Abou 'l-Kheir, ḥâkem des legha, 227, 228.
Abou 'l-Kheir-ben-Aboua, 160.
Abou-Zeïd-El-Ḥâdj-ʿAbderraḥmân-ben-Ismaʿïl-Boro-ben-Moḥammed-Koured, jurisconsulte, 236.
Abraham, 139.
Abrâz, localité, 89, 123, 138, 156, 157, 158, 159, 160, 173, 174, 203, 229, 240, 283.
Achour-Koï-Idj, nom d'une disette, 191.
Achoura-ould-Benkânou, 208.
ʿAd, 139.
Adâgh, localité, 41.
Adâgha, localité, 168.
ʿAdjeroud ou ʿAdjeroued, 6, note.
Ag-Cheikh-ben-Kâli-Dono (ou Kaliden)-Et-Targui, chef touareg, 62, 228, 232, 253.
Aghendel, localité, 92, 93.
Aghrîb, 109 note.
Agomâr, 100 note.
Aḥmed (le cadi), 16. — Voy. Seyyid-Aḥmed-ben-Ibrahîm-ben-Seyyid-Aḥmed-Moʿyâ.
Aḥmed-ben-ʿAli-ben-ʿAbdallah-Et-Telemsâni, surnommé Aḥ-

med-El-Khelîfa, pacha, 76, 100, 147, **148**, 150, 151, 152.
Ahmed-ben-'Ali-ben-'Abdallah-Et-Telemsâni, surnommé 'Ammi, pacha, **143** (*Tarikh-es-Soudân*, p. 423).
Ahmed-ben-'Ali-ben-Mohammed-ben-'Abdallah-Et-Tezerkîni, caïd, amîn et pacha, 21, 22, 41, 60, 99, **146**, 151, 204, 243, 253, **285**.
Ahmed-ben-Bâ-Haddou-ben-Sâlem-El-Hassâni-El-Merrakechi, lieutenant-général, 33, 230.
Ahmed-ben-Bâbâ-Kedâdj, 93.
Ahmed-ben-El-Benna, 208.
Ahmed-Bouso-ben-Mohammed-ben-Ahmed-ben-Mahmoud-ben-Abou-Bekr-Baghyo'o-El-Ouankori, 14.
Ahmed-ben-Cherif, 11.
Ahmed-Douïdech-El-Andalousi, amîn, 6, 8, **285**.
Ahmed-ben-El-Hâdj-El-'Amiri, 156.
Ahmed-El-Khelîfa (les fils de), 205, 207, 209, 220. — Voy. Ahmed-ben-'Ali-ben-'Abdallah-Et-Telemsâni.
Ahmed-ben-El-Fa'-Mahmoud-ben-Bâbâ, 92.
Ahmed-ben-El-Fa'-Mâmi-ben-Yahya (la maison de), 160.
Ahmed-ben-El-Fa'-Mansour-ben-Mohammed-ben-'Ali-El-Mobârek-Ed-Der'i, lieutenant-général et pacha, 23, 24, 111, 162, 176, **189**, 191, 198, 237, 245, 252.
Ahmed-ben-Mansour-Ech-Chergui, surnommé Bâ-Ahmed, pacha, 152.
Ahmed-El-Mardjâni, professeur de l'auteur, 155.
Ahmed-ben-Mohammed-Kourdi, 6.
Ahmed-Mo'yâ'-ben-Ibrahîm-ben-'Abdallah-ben-Seyyidi-Ahmed-Mo'yâ, 34, 154.
Ahmed-ben-'Otsmân-ben-Ahmed-ben-Mohammed-ben-Mohammed-ben-Tâchefin-El-Oueddâni, imam, 136, 188.
Ahmed-Rouaïdesi (ou Douïdech), lieutenant-général et amîn, 6, 8, **285**.
Ahmed-ben-Seddîq, imam de Tombouctou, **288**.
Ahmed-ben-Senîber-ben-Mes'aoud-ben-Mansour-Ez-Za'eri, pacha, **155**, 161, 162, 167, 168, 174, 176, 177, 178, 195.
Ahmed-Souâq, 91.
Ahmed-Touri-ben-El-Hâdj-Mohammed-Touri, 12.
Ahmed-ben-Yahya, amîn, **284**.
Ahmed-ben-Yousef-El-'Euldji, caïd et pacha, **143**, 281 (*Tarikh-es-Soudân*, p. 338).
Ahmed-Zenko-ben-'Abderrahmân-ben-'Ali-El-Mobârek-Ed-Der'i, caïd, Kabara-Farma et pacha, 66, 69, 193, **260**, **300**. — Voy. Zenko.
Aïch, tribu, 159.
'Aïcha-bent-Mohammed-Baghyo'o-ben-Abou-Ishâq-Ibrahîm-ben-Ahmed-ben-Mahmoud-Baghyo'o-El-Ouankori, 140.
Akhâou, 223.
'A-Koï-El-Hasen, chef touareg, 187.

Akomâr, 100 note, 157. — Voy. *Agomâr*.
Akrâm-ben-El-Aouel, 61 note.
Akzâm-ben-El-Al, chef touareg, 61.
Alfa' ou El-Fa', 20 note.
'Ali, esclave, 70.
'Ali, héraut, 224.
'Ali, gouverneur de Cheïbi, 17.
'Ali. — Voy. Senîber-ben-'Abdallah, lieutenant-général, 257.
'Ali, le khalife, 139.
'Ali-ben-'Abdelazîz-El-Feredji, pacha, **55**.
'Ali-ben-'Abdallah-Et-Telemsâni, caïd et pacha, **55**, 191, 280, 281, 282 (*Tarikh-es-Soudân*, p. 335).
'Ali-ben-'Abdelqâder-Ech-Chergui, pacha, **55**, 284 (*Tarikh-es-Soudân*, p. 348).
'Ali-ben-'Abderraouf-ben-Ṣâliḥ-ben-Moḥammed-ben-Cheikh-'Ali-Ed-Der'i, ḥâkem, **299**.
'Ali-ben-Bâchouṭ-Moḥammed-ben-'Abdallah-Et-Tezerkîni, surnommé Ibn-Akhrâz, pacha, **55**, 56.
'Ali-ben-Brahîm-Djami'-Ed-Der'i, Kabara-Farma, **299**.
'Ali-Châmi-ben-El-Kahiya-ben-Bach-'Ali, 123, 165, 166, 182.
'Ali-ben-El-Caïd-Moḥammed-ben-Cheikh-'Ali-Ed-Der'i, pacha, **59**, 64, 193, 222.
'Ali-ben-El-Djesîm-ben-Yaḥyâ-ben-'Ali-Ed-Der'i, caïd, lieutenant-général et Kabara-Farma, 22, 25, 116, 122, 125, 126, 135, 138, 142, 144, 187, 188, 189, 237, 253, **300**. — (les fils de), 208.
'Ali-ben-El-Ḥâdj-Sa'îd-El-'Imrâni, ḥâkem, **297**.
'Ali-ben-El-Ḥasen-El-Monebbih, ḥâkem, **298**.
'Ali-El-Mobârek-ben-'Ali-ben-El-Mobârek-Ed-Der'i, Kabara-Farma, **300**.
'Ali-El-Oufrâni, 230.
'Ali-El-Qasṭelâni (les fils de), 179.
'Ali-Et-Tezerkîni (les fils et les petits-fils de), 204.
'Ali-ben-Ḥammedi-El-Djesîm-ben-Yaḥya-ben-'Ali-Ed-Der'i, Kabara-Farma, **301**.
'Ali-ben-Ḥammedi-ben-Ḥaddou-El-Adjenâsi, lieutenant-général, 254, 256.
'Ali-ben-Ḥomeïd (ou Ḥamîd)-El-'Amri, pacha, **58**, 242, 287.
'Ali-ben-Ibrahîm-Ed-Der'i, caïd et pacha, 52, **57**, 98.
'Ali-ben-Mobârek-ben-'Ali-ben-El-Mobârek-Ed-Der'i, pacha, 26, **61**, 100, 152. — (les fils de), 215, 249.
'Ali-ben-Mobârek-El-Mâssi, pacha, **55** (*Tarikh-es-Soudân*, p. 379).
'Ali-ben-Moḥammed-Cheikh-'Ali, caïd, 7, 151.
'Ali-ben-Moḥammed-ben-'Otsmân, lieutenant-général, 256.
'Ali-ben-'Obeïd, gouverneur de Kîso, 280, 282.
'Ali-ben-Raḥmoun-El-Monebbih, caïd et pacha, 16, 60, **61**, 63, 136.
'Ali-ben-Sa'îd-ben-Yaḥya, lieutenant-général et caïd, 35, 36, 37, 66.

'Ali-Senba-Zelil-ben-Bokar-Kîchâ'a, askia, **292**.
'Ali-Soudoubo, chef foulâni, 212.
'Ali-ben-Yaḥya-El-Gharnâṭi, 69.
'Ali-ben-Yousef-ben-'Abdallah-Ed-Der'i, 92.
Alimîdân, fraction touareg, 62.
'Allâl-ben-Sa'îd-El-Ḥarousi, pacha, 6, **55**, 242.
Alteq, surnom donné à une année, 192.
'Amar, 15, note.
Amazagha, localité, 189.
Amîns (liste des), 278.
'Amir-ben-El-Ḥasen-ben-Ez-Zobeïr, amîn, **282**, 283, 290. — (la mosquée de), 115.
'Ammâr, Djinni-Koï, 11.
'Ammâr, Kormina-Fari, 13, 15, 58.
'Ammâr-ben-Aḥmed-'Adjeroud-Ech-Chergui-Er-Râchedi, pacha, 6, **56**.
'Ammâr-El-Feta, pacha, **55**, 283 (*Tarikh-es-Soudân*, p. 277).
'Ammâr-ben-Sa'îd (ou So'oud)-Bokarnâ-ben-Moḥammed-ben-Moḥammed-ben-'Otsmân-El-Ya'qoubi-Ech-Chergui, pacha, **89**, 222.
'Ammâro-Dououâi, 11.
'Ammer, 97.
Amtakel-Ouma-Dâïa, bourg, 196.
Amzagho, localité, 7, 8, 61, 84.
An-Irbodo, localité, 22.
An-Oukiya, 126.
Ana-Faghaṣa, nom d'une disette, 191.
Anasa-ben-Chenbekfi-Et-Targui, chef touareg, 42.
Ankabo, localité, 147, 290.
Ankoba, localité, 236.
Ankouma, localité, 255, 293.
A'omar ou 'Omar, 23, note.
'Aouâli, contrée, 102.
Aouelimidden, fraction touareg, 62 note.
Araouân, ville, 29, 48, 63, 102, 105, 135, 157, 159, 162, 190.
Arḥam-Farma, titre, 143.
Arḥam-Ghayy, 155.
Aribodo ou An-Irbodo, 22 note.
Arikona, îles, 120.
Arkora, ou *Arkoza*, ville, 36, 37 note, 37.
Aṣafaï, localité, 288.
Askias (liste des), 289.
Askia-Boubo-Kaïna, marché, 73.
'Atîq, surnom de l'imam Ṣeddîq-ben-Ibrahîm-ben-Aḥmed-ben-Sa'îd-ben-Moḥammed-Kidâdo, 289.
Aṭrâm, ville, 105.
Azaouâd, contrée, 105 note, 159.
Azaouâl, contrée, 105.
Azlaï, marchands de sel, 89, 202.
Azzouz, caïd de Merrâkech, 280.
'Azrâ, ḥâkem, 34.

B

Bâ-Aḥmed, surnom du pacha Aḥmed-ben-Manṣour-Ech-Chergui, 152.
Bâ-Ḥaddou-ben-Ṣâlem-El-Ḥassâni, lieutenant-général et pacha, **220**, 242, 257.
Bâ-Ḥaddou-ben-Yaḥya-ben-'Ali-El-Mobârek-Ed-Der'i, caïd et pacha, 16, 27, 33, 50, 51, 64, 66, 74, 78, 79, 80, 81, 82, 83, 84, 85,

90, 194, 196, 215, **222**. — (la maison de), 160. — (la famille de), 197.
Bâbâ, imam de Tombouctou, 188.
Bâbâ-ben-'Abdallah-ben-El-Ḥadj-ben-Sa'îd-El-'Imrâni, 74, 75, 76.
Bâbâ-'Abderraḥmân-ben-Seyyid-El-Heddâdji, 113.
Bâbâ-Aḥmed, imam, 121.
Bâbâ-Aḥmed, surnom du pacha Aḥmed-ben-Manṣour-Ech-Chergui, 61. — Voy. aussi Bâ-Aḥmed.
Bâbâ-Aḥmed-ben-El-Ḥâdj-Senîber-ben-Aḥmed-Cheḍâdo-El-Filâli, 230.
Bâbâ-Aḥmed-ben-El-Mosṭefa-ben-'Abdallah-El-Kouri, imam, 108.
Bâbâ-ben-'Ali-ben-Dja'far (les petits-fils de), 179.
Bâbâ-ben-Bouya, imam, 113.
Bâbâ-Bouzeïd (la maison de), 160.
Bâbâ-ben-Brahîm-ben-Seyyid-ben-'Abderraḥmân-El-Heddâdji, Kabara-Farma, **301**.
Bâbâ-ben-Brahîm-ben-Seyyid-'Ali, Kabara-Farma, **253**.
Bâbâ-Cherâg (ou Cherâga)-ben-Sana-Torkâdj, 87, 235.
Bâbâ-Djem, forgeron, 68.
Bâbâ-ben-El-Fa'-Moḥammed-Baghyo'o, imam, 125.
Bâbâ-El-Mokhtâr-ben-Moḥammed-ben-El-Mokhtâr-ben-Moḥammed-ben-Zenkan-ben-El-Fa'-Abker-El-Meddaḥ, cadi de Tombouctou, 18, 105, 124, 134, 158, 183, 188, 228, 248, **287**.
Bâbâ-Ḥammedi-ben-Manṣour-Ech-Chergui-Es-Senâouni, pacha, **222**.
Bâbâ-Laṭouâdj, imam, 121.
Bâbâ-ben-Manṣour-ben-'Ali-ben-Moḥammed-Et-Tezerkîni, lieutenant-général, 95, 299.
Bâbâ-ben-Moḥammed-El-'Arbi, surnommé Konnasou, 208.
Bâbâ-ben-Moḥammed-ben-Moḥammed-Baghyo'o, imam, 133.
Bâbâ-Monîr, conseiller, 48, 49.
Bâbâ-ben-Mo'ya, imam, 208.
Bâbâ-ben-Nâṣir-ben-'Abdallah-ben-Nâṣir-El-A'amechi, lieutenant-général, 179, 245.
Bâbâ-Saï (ou Sayyo)-ben-Abker (ou Beker)-ben-Moḥammed-Saï-ben-Moḥammed-Djem, cadi du Mâsina, 83, 135.
Bâbâ-Sa'îd-ben-Aḥmed-ben-Sa'îd-ben-Kidâdo, imam, 99.
Bâbâ-Sa'îd-ben-Ḥammedi-Zenka, 111.
Bâbâ-Seyyid, caïd des Cheraga, 70, 73, 74, 107, 122, 126, 127, 128, 129, 133, 134.
Bâbâ-Seyyid, surnom du pacha 'Abderraḥmân-Zenka, 94, 97.
Bâbâ-Seyyid, surnom de Manṣour-ben-Ṭâleb-Aḥmed-Ech-Chergui, 12, 221.
Bâbâ-Seyyid-Cherâg, 74, note.
Bâbâ-Seyyid-ben-'Abdallah-ben-'Abderraḥmân, conseiller, 165, 245.
Bâbâ Seyyid-ben-Ḥammedi (ou Aḥmed)-Zenko-ben-'Aderraḥmân-Ed-Der'i, Kabara-Farma et pacha, 54, **237**, 252, 254, **300**.
Bâbâ-Seyyid-ben-Moḥammed-

ben-Seyyid-Kolen, muezzin, 120.
Bâbâ-Seyyid-ben-Senîber, lieutenant-général, 33.
Bâbâ-Seyyid-ben-Ṭâlib-Ḥammedi-Ech-Chergui, pacha (voy. Manṣour), 222.
Bâbâ-Seyyid-ben-Zenka, lieutenant-général, 21.
Bâbâboua-El-Kheir, 131.
Babeken, 143 note.
Babeker, soldat, 208.
Babeker-ben-El-Fa'-Manṣour-ben-Moḥammed-ben-'Ali-El-Mobârek-Ed-Der'i, pacha, 127, 128, 134, 135, 187, 194, **238**, 239, 240, 242, 288.
Babîr, surnom de l'imam 'Abdallah-ben-Seyyid-Aḥmed-Abou-Isḥâq-ben-Ibrahîm-ben-'Abdallah-ben-Seyyid-Mo'yâ, cadi de Tombouctou, 136, 241.
Babîr-Faṭadj, 170, 171.
Babîr-ben-Seyyidi-Ahmed-Mo'yâ-ben-Aḥmed-ben-Ibrahîm-ben-'Abdallah-ben-Seyyidi-Aḥmed-Mo'yâ, mufti de Tombouctou, 188.
Bâch ou Bâchi, 237 et note.
Bâch-Benba, caïd, 64, 66.
Bâch-ben-El-Mobârek, caïd, 66, 67, 74.
Bâchâ-ben-El-Mobârek-ben-Manṣour, 92.
Bâchi, nom d'une disette, 100, 191.
Bâchour-Koï-Idji, 57.
Badiko (ou Badikko)-ben-Fondoko-Sini, 170 et note.
Bambara, 35, 71, 110, 213, 246.
Bana-Farma-Koï, titre, 143.
Bânâ-Fâsa, 14.
Bâqâs-Ed-Der'i, amîn intérimaire, 279.
Bara, bourg, 35, 110, 116, 170, 209.
Bara-Koï, titre, 37, 38, 39.
Bari-Bouri, nom d'une disette, 191.
Baro-Cheïbi-Ḥaousa, localité, 24.
Barka, Kabara-Farma, 299.
Bâsour-Koï-Idji, 57 note.
Baṭala, 99, note.
bechna, plante, 32, 117.
Bedr, 139.
Bekonnasou, 208, note.
Bel-Qâsem-ben-'Ali-ben-Aḥmed-Et-Temelli, amîn, **285**.
Belbouli, 244, note.
Ben-'Abdallah-ben-'Ali, lieutenant-général, 256.
Ben-'Ali-Ed-Der'i, Kabara-Farma, **300**.
Ben-'Ammâr-ben-'Abdallah-Ech-Cheṭouki, lieutenant-général, 180.
Ben-El-Gheffâr-ben-'Ali-Et-Tezerkîni, lieutenant-général, 17.
Ben-El-Ḥâdj-ben-Ḥammedi-ben-'Ali, lieutenant-général, 15.
Ben-Manṣour-ben-'Ali-ben-Moḥammed-Et-Tezerkîni, caïd, 110, 182, 183.
Ben-Nâser-Idji, 39.
Benba, localité, 22, 91, 92, 93, 168, 184, 220, 221, 229, 233, 235.
Beni-Sa'doun (division des), 70, 94, 107, 238.
Beniyi, 16 note.
Benka, bourg, 29, 142, 170, 184, 206.
Benkachi, ville, 113.
Benko, localité, 15, 234.

Benkoua ou *Benkou*, 23 note.
Berâbîch, 100, 156, 158, 161.
Bîdân, nom arabe des Maures, 213.
Bilâl-ben-Mousa, ara-koï ou chef des âniers, 34.
Billi-Ḥasen-Djaḥchi, 80.
Bîna, localité, 145.
Biro-Koï, chérif, 62.
Biyouqef, 242 note.
Bokar, soldat, 208.
Bokar, Doʿai-Farma, 165, 166.
Bokar-Kanbouʿ-ben-Yaʿqoub-ben-Askia-El-Ḥâdj-Moḥammed, askia, 290, **291**.
Bokar-Kîchaʿa-ben-El-Faʿ-Donki-ben-ʿOmar-Komzâgho, chef songhaï, 289, 290.
Bokar-ben-Moḥammed-Ṣâdeq-ben-Moḥammed-Benkan-ben-Askia-Dâoud-ben-El-Ḥâdj-Moḥammed, askia, **295**.
Bokar-Yendi-Idji, surnom du cadi Maḥmoud-ben-Moḥammed-ben-Anda-Ag-Moḥammed, 287.
Bokarnâ-ben-Moḥammed-ben-Moḥammed-ben-ʿOtsmân, pacha, **220**.
Bokoubîr, localité, 29.
Bonankobo, bourg, 121.
Boryo-ben-ʿAli-ben-Saʿïd-ben-Yaḥya-El-Gharnâṭi, lieutenant-général, 180, 219.
Boubeker. — Voy. Babeker.
Boubeker-El-Ḥeddjâmi, 132.
Boubo-Kaïna, marché, 73.
Boubo-ben-El-Mord, 208.
Bouki, bourg, 229.
Bouna, bourg, 212.
Bouro-Kandi. — Voy. Ech-Cheikh-Bouro-Kandi, 227.
Bouro-Yendi, localité, 285.
Bouya, surnom de Moḥammed-ben-El-Ḥâdj-ben-Dâoud-Ech-Cheṭouki, 5, 6, 7.
Bouya-ben-Yousef-ben-Mâmi-Ati-ben-Tsoum-ʿOtsmân, imam, 155.
Brahîm-ben-ʿAbdelkerîm-El-Djerrâri, pacha, **220** (*Tarikh-es-Soudân*, p. 347).
Brahîm-ben-Boumo-Qâṭ, 81.
Brahîm-Djamiʿ-Ed-Derʿi, Kabara-Farma, **299**.
Brahîm-Boṭomâch-El-Ouerdzâdzi (le fils de), 180.
Brahîm-ben-Ḥammedi-ben-ʿAli-ben-Moḥammed-Et-Tezerkîni, surnommé El-Faʿ-Ibrahîm, pacha, **236**.
Brahîm-ben-Ḥassoun-Ed-Derʿi, ḥâkem et pacha, **221**, 297.
Brahîm-ben-Seyyid-ben-ʿAbderraḥmân-El-Heddâdji, Kabara-Farma, 79, 180, 201, **300**.
Brahîm-ben-Seyyid-San-Moʿaï (ou Sanamoghaï)-ben-Moḥammed-ben-Ḥammedi, caïd, 177, 178.

C

Cadis (liste des), 286.
Caïn, 139.
Cheïbi, bourg, 17, 18, 22, 24, 129, 131, 132, 184, 209.
Cheikh, surnommé Cheikh-Bâk, ḥâkem, **297**.
Cheikh-ben-ʿAli-Dâoud-El-Andalousi, Kabara-Farma, **300**.
Cheikh-ben-Babeker-El-ʿImrâni, ḥâkem, **298**.

Cherâga (division de), 25 note, 34, 39, 70 note, 73, 90, 130, 131, 170, 181, 210, 248, 256, 259, 260.
Chergui, 6 note.
Chetouka, 52 note.
Chîbi. — Voy. Cheïbi.

D

Da'a ou *Da'aï*, port, 218. — Voy. *Do'aï*.
Dâdji, 235.
daïra, nom de la garde, 21 note, 33 note.
danaï, nom d'une plante, 118.
Daoud-ben-Hâroun-ben-El-Ḥâdj-ben-Askia-Daoud-ben-El-Ḥâdj-Moḥammed, askia, 5, 255, **293**.
dâr-el-qiyâda, palais du pacha, 283.
Deba, ville, 35, 36, 37, 38, 39.
Dienné, ville, 11, 24, 29, 48, 63, 64, 83, 96, 102, 103, 112, 113, 116, 118, 131, 141, 150, 151, 201, 204, 214, 216, 217, 218, 219, 279.
Dirma, localité, 110, 112, 116, 138, 142, 236.
Dirma-Koï, titre, 112.
Dja'far-Benka, localité, 23.
Djaouer, localité, 56.
Djelâdji, prince du Mâsina, 72.
Djeloun ou Djelloun, 46, note.
Djem, 68.
Djem-Kiraï, 68.
djemâl ou djemmâl, 151 et note.
Djindjo, localité, 106, 107, 108, 109, 112, 209, 210.
Djinni-Koï, 214, 217, 218, 219.
Djouder, pacha, 3, 17 note, 86, 150, 191, 203, 288.
Djouder-ben-El-Mobârek-ben-El-Ḥasen, 106, 107, 109, 112.
Djouder-Kanghoniya, marché de Tombouctou, 4.
Djouroya', colline, 246.
Do'aï, port, 170, 171, 182, 218 note, 296.
Do'aï-Farma, titre, 165.
Doboro, localité, 38, 39.
Donko, bourg du Bambara, 18.
Doronaka, bourg, 202.
Dra, province du Maroc, 222, 223, 225 note.
Draouï, 225.
Dzou 'n-Noun-ben-El-Ḥâdj-ben-Biyoukhef-El-Ya'qoubi-Ech-Chergui, lieutenant-général et pacha, 9, 149, 257, **258**.
Dzou 'n-Noun-ben-Moḥammed-ben-El-Ḥâdj-ben-Biyoukhef-El-Ya'qoubi-Ech-Chergui, 181.
Dzou-Zebîb, nom d'une année, 8.

E

Ech-Cheikh-'Ali-ben-Dahman, 106.
Ech-Cheikh-ben-Babeker-El-'Amri, lieutenant-général, 221, 233, 252.
Ech-Cheikh-Bouro-Kandi, chef des legha, 227. — Voy. Bouro-Kandi.
Ech-Chifa, ouvrage cité, 85.
El-'Abbâs-ben-Moḥammed-Bou-ya-Ech-Cheṭouki, 234.
El-'Abbâs-ben-Sa'îd-El-'Amri, pacha, 9, 99, **243**.
El-'Abbâs-Ech-Cherif-ben-Baghyo'o-ben-Moḥammed-Kou-red, 230.

El-ʿAfiya-ould-Maro-Benbara, chef bambara, 246.
El-Amîn-ben-Abou-Bekr-Foulân, 195.
El-Amîn-ben-San-Teregh-Idji, arʿa-mondzo, 208.
El-ʿAmiri, tribu, 101, 102, 105, 106.
El-Amṭi, 101 note.
El-ʿArab-ben-El-Caïd-Mâmi, 11.
El-Bâchâ-ben-El-Mobârek, 26.
El-Bokhâri, auteur cité, 27.
El-Bâqi-ben-Alel, chef touareg, 71, 72.
El-Djozouli (la mosquée de), 51, 158.
El-Faʿ ou Alfaʿ, titre, 20 note.
El-Faʿ-Abdallah-ben-Ab-Mouya-Ouankareb, 113.
El-Faʿ-Abdallah-ben-Ibrahîm-ben-Moḥammed-Ouankorba, 34.
El-Faʿ-ʿAbdallah-ben-Moḥammed-ben-Bâbâ-ʿAbderraḥmân-ben-Aḥmed, 45.
El-Faʿ-ʿAbderraḥmân-ben-ʿAli-ben-Yousef-El-ʿEuldji, ḥâkem, **298**.
El-Faʿ-Aḥmed-ben-ʿAbderraḥmân-ben-Aḥmed-ben-Moḥammed-Koured, imam, 133.
El-Faʿ-ʿAli-ben-El-Faʿ-Moḥammed-Moudi, 70.
El-Faʿ-ʿAli-Fadelâdji, 97.
El-Faʿ-Bati, conseiller, 127.
El-Faʿ-Beniya (ou Boniya)-ben-Ḥammedi (ou Aḥmed)-El-Khalîf (ou El-Khelîfa), 16, 204.
El-Faʿ-Benkâno (ou Benkânou)-ben-Moḥammed-Ech-Chergui, pacha, 58, **242**, 259.
El-Faʿ-Bokar (la mosquée de), 113.
El-Faʿ-Boniya. — Voy. El-Faʿ-Beniya.
El-Faʿ-El-Amîn-ben-Moḥammed-Ṣoud, 5.
El-Faʿ-El-Bichr-ben-ʿAbdallah-Cherrâṭi, ḥâkem, **298**.
El-Faʿ-El-Ḥasen-ben-Manṣour, ḥâkem, **297**.
El-Faʿ-Eṣ-Ṣeddîq-ben-Moḥammed-Baghyoʿo-ben-Koured, 120.
El-Faʿ-Ibrahîm, surnom de Ibrahîm-ben-Ḥammedi-ben-ʿAlî-Et-Teẓerkîni, lieutenant-général et pacha.
El-Faʿ-El-Imâm (la maison de), 122.
El-Faʿ-Maḥmoud (les fils de ou la tribu de), 187.
El-Faʿ-Maḥmoud-ben-ʿAmmâr, askia, **239**.
El-Faʿ-Maḥmoud-ben-Moḥammed-Senîber-ben-Moḥammed-Bouya, caïd et pacha, 177, 190, **254**.
El-Faʿ-Maḥmoud-ben-Moḥammed-Bouya-ben-El-Ḥâdj-Ech-Cheṭouki, pacha et Kabara-Farma, **244**, **300**.
El-Faʿ-Mâmi (le fils de), 180.
El-Faʿ-Moḥammed-ben-Aḥmed-Ech-Cherif, caïd, 214.
El-Faʿ-Moḥammed-ben-Babeker-El-Kabari, 143.
El-Faʿ-Moḥammed-ben-El-Amîn-Ṣoud, 21.
El-Faʿ-Tâgh-ben-El-Faʿ-ʿAli-ben-Moḥammed-Kourdi (ou Koured), 21.
El-Faʿ-Yousef-ben-Bouti, 154.

El-Feq-Tandaï (bataille de), 55.
El-Fichtâli, 193 note.
El-Filâli-ben-'Aïssa-El-Berbouchi, 62.
El-Ḥabîb-Bâbâ-ben-Sa'd-ben-El-Ḥabîb-Bâbâ-ben-El-Hâdi-El-Oueddâni, 13.
El-Ḥâdj-'Abdallah-ben-El-Ḥasen, 81.
El-Hâdj-'Abdallah-ben-'Ali-ben-Ṭâleb-Ibrahîm, 79.
El-Ḥâdj-'Abderraḥmân-ben-Isma'îl-Youro, jurisconsulte, 67.
El-Ḥâdj-Aḥmed-ben-Ḥammou, 81.
El-Ḥâdj-Aḥmed-ben-Djelloul, 46.
El-Ḥâdj-Aḥmed-ben-'Omar, 97.
El-Hâdj-'Ali-Ma'touq, 106.
El-Ḥâdj-ben-Babeker, askia, 246.
El-Ḥâdj-ben-Bokar-Kîcha'a-ben-El-Fa'-Donko-ben-'Omar-Komzâgho, askia, **291**.
El-Ḥâdj-ben-Bokar-ben-Moḥammed-Ṣâdeq-ben-Boubeker-ben-Ṣâdeq-ben-Daoud-ben-Askia-El-Ḥâdj-Moḥammed, askia, 5, 88, 109, 121, 186, 189, 202, **296**.
El-Ḥâdj-Bou-Ṭâher, 81, 82, 87, 88. — (les enfants de), 201.
El-Ḥâdj-El-Mobârek, muezzin, 98.
El-Ḥâdj-El-Mokhtâr-ben-Biyoukhef-Ech-Chergui-El-Ya'qoubi, pacha, 143, **242**.
El-Ḥâdj-Ḥâfedz, 106.
El-Ḥâdj-Mesa'oud-ben-El-Ḥâdj-Ṣâlaḥ-El-Yefrâni, 103, 104.
El-Ḥâdj-Mes'aoud-ben-El-Ḥâdj-Ṣolḥi, 123.
El-Ḥâdj-Milâd (la maison de), 129.
El-Ḥâdj-ben-Moḥammed-Benkan, askia, **292**.
El-Ḥâdj-Moḥammed-Er-Resmouki, 142.
El-Ḥâdj-ben-Sa'îd-El-'Imrâni, ḥâkem, 255, 257, **297**.
El-Ḥâdj-Yousef-ben-Aḥmed-ben-El-Ḥâdj, 106.
El-Ḥâkem, auteur cité, 140.
El-Ḥasen (ou El-Ḥasani)-ben-Ḥammedi (ou Aḥmed)-ben-'Ali-ben-Moḥammed-ben-'Abdallah-Et-Tezerkîni, lieutenant-général, ḥâkem et pacha, 18, 53, 177, 178, 206, 209, **244**, 249, 298.
El-Ḥasen-ben-Ez-Zobeïr, amîn, 279, 280, 281, 282.
El-Ḥasen-ben-Ḥoseïn, caïd et lieutenant-général, 22, 167, 184.
El-Ḥasen-ben-Manṣour-El-Monebbih, ḥâkem et pacha, **243**, 297.
El-Ḥasen-ben-Mellouk, caïd, 7.
El-Ḥasen-ben-Moḥammed-El-'Amri, pacha, 115, 116, **252**, 253.
El-Ḥasen-ben-Nâṣir-ben-'Ali-ben-'Abdallah-Et-Telemsâni, 208.
El-Ḥarîr, caïd, 91, 92.
El-'Imrâni, amîn, 284.
El-Kâhiya, petit-fils de Brâhim, le lieutenant-général, 180.
El-Kâhiya-ben-'Ammar-ben-'Abdallah-Ech-Cheṭouki, Kabara-Farma, **300**.
El-Kâhiya-ben-Ech-Cheikh-El-'Amri, lieutenant-général, 135, 157.
El-Khelîfa, caïd, 180, 259.
El-Khelîfa-ben-'Abdellaṭif-ben-Bahroun, 86.
El-Khelîfa-ben-Tira', caïd, 214.

El-Kherafa (la maison de), 175.
El-Kouch-ben-Moḥammed-ben-Yousef-ben-Naṣr, Kabara-Farma, **300**.
El-Kouchi-ben-Bâch, Kabara-Farma, **301**.
Elneïti-Belboul, 244.
El-Mebârr-Bouri-Kendi, chef des legha, 46.
El-Mo'atezz, le calife, 139.
El-Mobârek-ben-Bâkarna, lieutenant-général, 33.
El-Mobârek-Ed-Der'i, surnommé 'Idi-Mil-Yello, ḥâkem, 298.
El-Mobârek-El-Qâta, 231.
El-Mobârek-ben-Ḥammedi (ou Aḥmed)-ben-'Ali-El-Mobârek-Ed-Der'i, pacha, 12, 191, **243**.
— (les enfants de), 226.
El-Mobârek-ben-Manṣour-ben-Mes'aoud-Ez-Za'eri, pacha, 66, 98, **242**.
El-Mobârek-ben-Mes'aoud-ben-Manṣour. — Voy. El-Mobârek-ben-Manṣour-ben-Mes'aoud.
El-Mobârek-ben-Moḥammed-ben-'Ali-El-Mobârech-Ed-Der'i, 180.
El-Mobârek-ben-Moḥammed-Bouya-Ech-Cheṭouki, Kabara-Farma, 300.
El-Mobârek-ben-Moḥammed-El-Gharnâṭi, caïd et pacha, 73, **243**, 258.
El-Mobârek-ben-Nâṣir-ben-'Abdallah-ben-Nâṣir, 179.
El-Mobârek-ben-Ṣâliḥ, caïd, 238.
El-Mobârek-ben-Ṣolḥ-ben-Moḥammed-ben-Cheikh-'Ali-Ed-Der'i, caïd, 136, 137, 138.
El-Mohtadi, le calife, 139.
El-Mokhtâr-ben-Aḥmed-ben-Sa'îd-ben-Moḥammed-Kidâdo, imam, 14.
El-Mokhtâr-ben-Chems-ben-Isma'ïl-ben-Moḥammed-Bâno-ben-Dâoud-ben-Askia-El-Ḥâdj-Moḥammed, askia, 42, 77, 85, **295**, 286.
El-Mokhtâr-ben-El-Amîn-ben-Tâgh, architecte, 83.
El-Mokhtâr-ben-Moḥammed-Qanbel, cadi, 155.
El-Moqtader, le calife, 139.
El-Mord-ben-Sa'îd-ben-'Omar-El-Fâsi, ḥâkem, 208, **298**.
El-Mordo-ben-'Ammâr, Kabara-Farma, 29.
El-Moṣṭefa-ben-'Abdallah-Kiraï-El-Oueddâni, 188.
El-Moṣṭefa-ben-Moḥammed-ben-Moḥammed-Seyyidi, 181.
El-Ouâfi-ben-Ṭâlibina, cadi, 63, 157, 159, 162.
El-Oueddâni, auteur cité, 140.
Er-Râchîd-billah, le calife, 139.
Eṣ-Ṣeddîq-ben-Mâmi, 62.
Ez-Za'eri, 26 note.
Ez-Zeghri pour Ez-Za'eri, 26 note.

F

Famâgh, chef ouankoré, 113.
Fara-Koï (âniers), 141, 250.
Faran-Kânouna, 109, 112.
Faraman, village, 5.
Farmân, village, 214. — (expédition de), 292, 293.
Farmân-Tá'o, localité, 207.
Fasaï, 14 note.
Fatrâdj, 170 note.

fergh, 139.
Ferkedi, 229.
Fez (division de), 25 note, 33, 39, 53, 70 note, 95, 122, 133, 134, 135, 136, 137, 138, 142, 145, 147, 151, 164, 176, 179, 199, 200, 201 note, 203, 204, 205, 206, 207, 208, 209, 214, 215, 220, 240, 245, 249, 260, 284.
Fezzâni, 78 note.
Fichtala (tribu), 59 note, 193 note.
Fintiker, marché, 73.
Fondoko, 156.
Fondoko-Djelâdji, prince du Mâsina, 72.
Foulâni (ou Peuls), 110, 111, 119, 120, 133, 153, 155, 170, 211, 212, 229.

G

Ghâl-Belboun, général, 78.
Ghâli-Mousa (fraction touareg), 55, 172, 187, 244.
Ghanber-El-Aṭrech, 39.
Gharb, province du Maroc, 208.
Ghenâm, tribu, 157.
Gherîb, populations du Sahel, 109.
Ghomân-ould-Ag-Cheikh-Et-Targui, chef touareg, 252, 253, 254.
Ghomni-Kobya, bourg, 206.
Ghonba, 16 note.
Gondâm, localité, 98, 145, 160.
Gourma, localité, 91, 116, 120, 186, 213, 229.

H

Hadi-ben-El-Berbouch-El-Kerbâ, lieutenant-général, 135.
hadja, 181 et note.
Ḥaddou-ben-Yousef-El-Adjenâsi, lieutenant-général et pacha, **143** (*Tarikh-es-Soudân*, p. 341), 282, 286.
Ḥaḥa (division de), 230.
Ḥâkems (liste de), 297.
Ḥâma, localité, 106 note.
Ḥamedyouch, surnom de Ḥammedi-ben-Moḥammed-ben-ʿAmir, 180.
Ḥamîd. — Voy. Ḥomeïd.
ḥamladj, 151.
Ḥammedi-ben-ʿAbdallah-Et-Tinghârasi, ḥâkem, 22, 52, 232, **299**.
Ḥammedi-ben-ʿAbderraḥmân-ben-ʿAli-El-Mobârek-Ed-Derʿi, surnommé Zenko, pacha, **153**.
Ḥammedi-ben-ʿAli-Dzi 'l-Ouâli, 179.
Ḥammedi-ben-ʿAli-ben-Moḥammed-ben-ʿAbdallah-Et-Tezerkîni, pacha. — Voy. Aḥmed-ben-ʿAli, etc.
Ḥammedi-ben-Dzou 'n-Noun-ben-El-Ḥâdj, 230.
Ḥammedi-ben-El-Caïd-Senîber-ben-Manṣour, conseiller, 54, 80, 81, 91, 92, 93, 101.
Ḥammedi-ben-El-Faʿ-Manṣour-ben-Moḥammed-ben-ʿAli-El-Mobârek-Ed-Derʿi. — Voy. Aḥmed-ben-El-Faʿ-Manṣour...
Ḥammedi-ben-El-Faʿ-Mâmi-ben-Yaḥya-El-Gharnâṭi, 180.
Ḥammedi-ben-Et-Tingharâsi. — Voy. Ḥammedi-ben-ʿAbdallah-Et-Tingharâsi.
Hammedi-Foulâni, Fondoko de Mâsina, 119.

Ḥammedi-ben-Ḥaddou-ben-Yousef-El-Adjenâsi, pacha, **143** (*Tarikh-es-Soudân*, p. 442), 285.
Ḥammedi-ben-Ḥammou-ben-Brahîm-Djami'-Ed-Der'i, lieutenant-général et Kabara-Farma, 79, 244, **300**.
Ḥammedi-Kok, 180.
Ḥammedi-Kouri, 107, 109.
Ḥammedi-ben-Manṣour-ben-Moḥammed-ben-'Ali, caïd, 115.
Ḥammedi-ben-Moḥammed-ben-'Amir, surnommé Hamedyouch, 180.
Ḥammedi-ben-Bâbâ-ben-'Abderraḥmân-ben-Aḥmed-El-Modjtehid, jurisconsulte, 236.
Ḥammedi-ben-Senîber-ben-Fekhi, 179.
Ḥammedi-ben-Senîber-ben-Mes'aoud, le pacha. — Voy. Aḥmed-ben-Senîber-ben-Mes'aoud.
Ḥammedi-ben-Seyyid-ben-'Abderraḥmân-El-Heddâdji, 180.
Ḥammedi-ben-Tingharâsi. — Voy. Ḥammedi-ben-'Abdallah-Et-Tingharâsi.
Ḥammou-ben-'Abdallah-El-'Euldji, pacha, 55, **143**, 287.
Ḥammou-ben-Babeker-ben-El-Fa'-Manṣour-ben-Moḥammed-ben-'Ali-Ed-Der'i, Kabara-Farma, **301**.
Ḥammou-Ḥaddâd, 79.
Ḥammou-ben-Ḥaqq-Ed-Der'i, amîn, 278, 279.
Ḥammou-ben-Ibrahîm (ou Brahîm)-Djami'-Ed-Der'i, Kabara-Farma, 6, **299**.
moud, 114 note.
Han, 184.
Ḥaouaïlakanaï, fraction de Touareg, 172, 187 note.
Haouaïnakanaï, fraction de Touareg, 187.
Ḥaouṣa, contrée, 116, 120, 175, 186, 213, 229.
Ḥâroun-ben-El-Ḥâdj-ben-Dâoud-ben-El-Ḥâdj-Moḥammed, askia, **290**.
Ḥassoun, 57 note.
ḥils, plante, 153.
Ḥomeïd-ben-'Abderraḥmân-El-Ḥayyouni, pacha, **143** (*Tarikh-es-Soudân*, p. 425).
Hondomi, île, 184.
Ḥoseïn, caïd, 73.

I

Ibn-Akhrâz, surnom de 'Ali-ben-'Abdelazîz.
Ibn-El-Caïd-'Abdallah-Ḥassou, surnom du pacha 'Abdallah-ben-Moḥammed-ben-El-Caïd-Ḥassou-Ed-Der'i.
Ibn-Ḥodeïz, chef maure, 161, 162, 163.
Ibn-Sa'îd-Ouneḍḍam, surnom du pacha 'Abderraḥmân-ben-Sa'îd-El-Andalosi.
Ibn-Ṭâhar. — Voy. Moḥammed-ben-Ṭâhar-Et-Targui.
Ibrahîm-ben-'Abdallah-ben-Aḥmed-Tâgh-ben-Ibrahîm-ben-Aḥmed-ben-Moḥammed-Baghyo'o-El-Ouankori, 141.
Ibrahîm-ben-'Abdallah-ben-Seyyid-Aḥmed-Mo'ya, cadi de Tombouctou, 10, 12, 58, 84, 198, **287**.

Ibrahîm-ben-El-Caïd-Ḥammedi-ben-'Ali-Et-Tezerkîni, lieutenant-général et pacha, 22, 53, 106, 168, 184, 189, **236**, 245, 253. — Voy. El-Fa'-Ibrahîm.
Ibrahîm-ben-Ḥassoun, 12, 259. — Voy. Brahîm-ben-Ḥassoun le pacha.
Ibrahîm-ben-Seyyid, caïd, 245.
'Idi-Mil-Yello, surnom du ḥâkem El-Mobârek-Ed-Der'i, 298.
Ifrâni, 103 note.
Ilah-Bana-ben-Moḥammed-ben El-Ḥâdj-ben-Benkan-ben-Ṣâdeq-ben-Dâoud-ben-Askia-El-Ḥâdj-Moḥammed-ben-Abou-Bekr, Bana-Farma, 154.
'Ilâl, 242 note.
Imâms (liste des), 288.
'Imrân, tribu, 159, 160.
In-Irbodo ou An-Irbôdo, 22 note.
Indâli, localité, 113.
Isḥâq-ben-Askia-Dâoud, askia, 4.
'Iyâḍ, auteur cité, 85.

J

Jardin (bataille du), 161.

K

Kab-Bo'o, nom d'un sabre, 150.
Kabara (port de), 7, 8, 18, 21, 22, 24, 25, 27, 29, 52, 54, 65, 66, 67, 72, 79, 84, 88, 106, 107, 108, 111, 115, 122, 124, 129, 130, 141, 142, 144, 153, 163, 165, 166, 168, 169, 170, 182, 187, 188, 189, 193, 194, 198, 199, 200, 201, 202, 203, 206, 210, 214, 222, 223, 226, 229, 231, 235, 237, 244, 250, 251, 252, 253.
Kabara-Farma (liste des), 299.
Kachena, région, 95, 151.
Kâgho, ville, 41, 91, 167, 184, 220.
Kalidden, chef touareg, 253.
Kamkam-Ya'rod, localité, 159, 161, 162.
Kana-Fâri, titre, 239 et note.
kanaï, sorte de mil, 29 note, 32 note.
Kandaï, 55 note.
Kaokao, localité, 10, 40.
Kaouered ou Kourdi, 6 note.
Karamaï-Ouenmâ, bourg, 246.
Karbaï-Hornou, surnom d'un amîn, 192.
Karondzaka-Barâ, localité, 246.
kas, nom de vêtement, 118.
Kati-Cherif, localité, 5.
Kecheikh, pour Ag-Cheikh, 162 note.
Kel-Souq, fraction touareg, 100 note.
kelb-el-ḥachîch, nom d'une plante, 118.
Kelli, 148.
Kensa, bourg, 77, 85.
Kerân, localité, 35.
kerketoun, nom d'un objet, 72.
Kesa, 118 note.
Ketouân, fraction touareg, 119, 120, 172, 181, 212.
Khadidja, sœur de l'imâm Bâbâ-ben-Mo'yâ, 208.
Khebbâzi, 101 note.
Khech, tribu, 157.
khomachi, nom d'une étoffe, 96.
Kid, 206 note.
Kidâdo, prince du Mâsina, 72.
Kidza, bourg, 110.

Kiki (combat de), 185.
Kikoï, pays, 29. — (expédition dite), 289.
Kir-Seniba, bourg, 206.
Kiraï, 26.
Kisimo-Benko (ou Benkou ou Bengho), quartier de Tombouctou, 28, 50, 73, 114, 160, 223, 226, 227, 248.
Kîso, bourg, 29, 53, 91, 115, 117, 135, 142, 168, 170, 184, 196, 206, 213, 280.
Kobi, localité, 112.
Kodenkeba, localité, 116.
Koïra-Ṭâ'a, bourg, 122.
Koïra-Ta'o, bourg, 186.
kola (noix de), 19.
Kolosouqo, fraction touareg, 100.
Konba, localité, 112, 113.
Konba'a, localité, 214.
Kondâm ou Gondâm, 98 note.
Konnasou, surnom de Bâbâ-ben-Moḥammed-El-'Arbi, 208.
Korâro, contrée, 146.
Korondzofiya (voy. *Koronzofiya*), bourg, 39 note.
Koronkoï-Farma, titre, 29.
Koronzofiya, bourg, 39, 42.
Kouchi, 300 note.
Koukiya, localité, 145.
Kouna, ville, 151, 152.
Kouni, localité, 244.
Koura-Koraï, localité, 206.
Kourd ou Kourdi, 6 note.

L

legha (esclaves noirs), 29 note, 31, 43, 46, 47, 48, 49, 50, 124, 126, 170, 227, 234.
leghbou, nom d'un objet, 80.
Linki, 15.

M

Mada'a, village, 213.
Madi, localité, 97.
Mâdj ou Mâdji, 14 note.
Ma'doko, localité, 7, 14, 71.
Maghcharen-Koï, titre du chef des Touareg, 78.
Maghrîb, région du Soudan, 102, 108, 119, 142, 190, 192, 232.
Maḥfouḍ. — Voy. Oulâd-El-Maḥfouḍ.
Maḥi, 14 note.
Maḥmoud-ben-'Ali-ben-Zergoun, pacha, 4 (*Tarikh-es-Soudân*, p. 225), 278, 279, 281, 286, 289.
Maḥmoud-ben-'Ammâr-ben-'Abderraḥmân-ben-Bokar-Kîchâ'a-ben-'Omar-Komzâgho, askia, **296**.
Maḥmoud-ben-El-Amîn-ben-Aḥmed-ben-Moḥammed-Tâchefîn-El-Oueddâni, imam, 121.
Maḥmoud-ben-El-Caïd-Moḥammed-Bouya-ben-El-Ḥâdj-ben-Dâoud-Ech-Cheṭouki, caïd et pacha, **52**, 90, 179.
Maḥmoud-ben-El-Caïd-Senîber-ben-El-Caïd-Moḥammed-Bouya-Ech-Cheṭouki, Kabara-Farma et pacha, 21, **54**, 94.
Maḥmoud-ben-El-Ḥasen-ben-Mellouk-El-'Euldji, ḥâkem, **298**.
Maḥmoud-ben-El-Mosṭefa-ben-'Abdallah, imam, 121.

Maḥmoud-Lonko-El-ʿEuldji, pacha, **4** (*Tarikh-es-Soudân*, p. 291), 282, 286, 290, 291.
Maḥmoud-ben-Moḥammed-ben-Anda-Ag-Moḥammed, surnommé Bokar-Yendi-Idji, cadi de Tombouctou, **287**.
Maḥmoud-ben-Nâna-Kemel, 230.
Maḥmoud-ben-Ṣeddîq, imam de Tombouctou, **288**.
Maḥmoud-Ṭâbaʿ-El-ʿEuldji, pacha, **4** (*Tarikh-es-Soudân*, p. 271).
Maʿi-ben-Yaḥya-El-Gharnâṭi, 69.
Makhzen, 237 et note, 239, 240.
Makhzen-Tendi (colline de). — Voy. *Nekbet-Makhzen-Tendi*, 223.
Mâmâ. — Voy. aussi Mamoy et Mâmi, 9 note.
Mâmâ (ou Mâmi)-ben-ʿAli-Et-Tezerkîni, surnom de Moḥammed-ben-ʿAli-ben-Moḥammed-ben-ʿAbdallah-Et-Tezerkîni, 14, 62, 191, 192, 243, 283.
Mâmi-ben-ʿAbderraḥîm, caïd, 131, 132.
Mamoy (ou Mâmi)-Berouân, surnom du pacha Moḥammed-ben-Bâ-Redouân-El-ʿEuldji, 9, 58. 191, 201, 221.
Maʿn-ʿAl-El-Foulâni, 221.
Maʿn-ould-Faṭima-bent-ʿAli, 93.
mankour, 117.
Manṣour-ben-Mesʿaoud-ben-Manṣour-Ez-Zaʿeri, surnommé Senîber, caïd et pacha, **9**, 26 note, 66, 67, 68, 69, 70, 71, 72, 73, 74, 75, 76, 78, 79, 80, 81, 82, 83, 84, 90, 191, 196, 197, 198, 199, 200, 201, 214, 215, 216, 226, 227, 228, 229, 232, 233, 234, 235, 251, 252.
Manṣour, petit-fils de El-Ḥasen-El-Monebbih, 179.
Manṣour-ben-Ṭâleb-Aḥmed-Ech-Chergui, pacha, **12**.
Manṣour-ben-Yousef-ben-ʿAbdallah-Ed-Derʿi, 180.
Marché (la mosquée du), 133.
Maro, chef bambara, 71, 246.
Martounosa, 138.
Mâsina, région, 72, 119, 135.
Massa (divison de), 206.
Maulaï-ʿAbdallah-ben-Maulaï-Ḥammedi-Boudi, chérif, 47, 48, 66.
Maulaï-ʿAbdallah-ben-Maulaï-Nâṣir-ben-Maulaï-Ismaʿîl, 102, 103, 109, 114, 248.
Maulaï-ben-ʿAbdelhadi, 223, 224.
Maulaï-ʿAbdelmalek-ben-Maulaï-Zîdân, sultan du Maroc, 283.
Maulaï-ʿAbderraḥmân, 48.
Maulaï-ʿAbderraḥmân-ben-Maulaï-Aḥmed, 107.
Maulaï-Abou-Fârès, sultan du Maroc, 281, 282.
Maulaï-Aḥmed-ben-Cherif, 48.
Maulaï-Aḥmed-Ed-Dzehebi, sultan du Maroc, 145, 278, 280, 282.
Maulaï-Akhâf, 83.
Maulaï-ʿAli-ben-El-Khelîfa, chérif, 179.
Maulaï-ʿAli-ben-Maulaï-Ḥammedi, 47, 48.
Maulaï-Bou-Beker-ben-Ḥammedi, 48, 66.
Maulaï-Dzehebi, 23, 24.
Maulaï-Edz-Dzehebi, 106, 107, 108.
— (ses fils), 248.
Maulaï-El-ʿArbi, 48.

Maulaï-El-Kebîr-ben-'Abderraḥmân, chérif, 66, 223, 224.
Maulaï-Er-Rechîd, envoyé du sultan, 48, 258.
Maulaï-Hâchem-ben-Maulaï-Aḥmed-Boudi, 47.
Maulaï-Ḥammedi, 48, 62, 66.
Maulaï-Ḥammedi-Eṭ-Ṭaouïl, 223, 224.
Maulaï-Isma'ïl, sultan du Maroc, 31, note. — (son armée), 119.
Maulaï-ben-Maulaï-El-Kebîr-ben-'Abderraḥmân, 85.
Maulaï-Moḥammed-ben-Aḥmed, 48.
Maulaï-Moḥammed-ben-Maulaï-Er-Rechîd, 23, 24.
Maulaï-Moḥammed-ben-Maulaï-Ḥammedi, 47, 48.
Maulaï-Moḥammed-Ṣaḥeb-Tsâlets, 97.
Maulaï-Sa'îd, 48, 106, 107, 108.
Maulaï-Sa'îd-ben-Qâsem-El-Andalosi, 23, 24.
Maulaï-Selimân(la maison de), 128.
Maulaï-Selimân-ben-Dâoud, 107.
Maulaï-Zîdân, sultan du Maroc, 283.
mechouâr, 18.
Meïmoun, caïd, 70.
Mena-Meker, askia, 14.
Menkoli-Ghongho (ou Konko) (bataille de), 181, 213.
Menna-Kaïna-Yindi, localité, 171.
Merrâkech (division de), 4, 25 note, 33, 39, 53, 70 note, 95, 116, 127, 129, 133, 135, 137, 138, 144, 151, 164, 176, 179, 180, 190, 200, 201, 204, 214, 230, 240, 245, 249, 253, 254, 256, 257, 260, 278, 281, 282, 283, 284.
Merzouq, cheikh, 106.
Mes'aoud-ben-Manṣour-Ez-Za'eri, caïd et pacha, 4 (*Tarikh-es-Soudân*, p. 396), 15, 20, **26**, 64, 65, 191.
Mesni, localité, 228.
Mina-Kikoï, nom d'une disette, 63.
Mini-Koï, nom d'une disette, 191.
Minni-Kaïna-Yendi, localité, 141.
Mo'aï, 132 note.
Mo'aï-ben-Ya'qoub-ben-Moḥammed-Ṣâdeq-ben-Dâoud-ben-Askia-El-Ḥâdj-Moḥammed-ben-Abou-Bekr, Bana-Farma-Koï, 143.
Mo'allem-Selimân-El-Arfaouï, lieutenant-général, 282.
Moḥammed de Merrâkech, 231.
Moḥammed-ben-'Abdallah-Ech-Cheṭouki, caïd et lieutenant-général, 144, 145, 146, 201.
Moḥammed-ben-'Abdeldjebbâr, 182.
Moḥammed-ben-Abou-Bekr, amîn, 283, 284.
Moḥammed-ben-Aḥmed-ben-'Abderraḥmân, cadi de Tombouctou, **286**, 288.
Moḥammed-ben-Aḥmed-Et-Tezerkîni, caïd, 182, 185. — (la maison du caïd), 199.
Moḥammed-ben-Aḥmed-El-Khelîfa, lieutenant-général, 87, 106.
Moḥammed-ben-Aḥmed-El-Koïhil-Ech-Chergui, pacha, **7**.
Moḥammed-ben-Aḥmed-El-Mâssi, pacha, **7** (*Tarikh-es-Soudân*, p. 342).
Moḥammed-ben-'Ali, Mondzo, 120.
Moḥammed-ben-'Ali-ben-Brahîm

Djami'-Ed-Der'i, Kabara-Farma, 300.
Moḥammed-ben-'Ali-El-Mobârek-Ed-Der'i, pacha, 8, 57, 285.
Moḥammed-ben-'Ali-ben-Ibrahîm, Kabara-Farma, 194.
Moḥammed-ben-'Ali-ben-Moḥammed-ben-'Abdallah-Et-Tezerkîni, surnommé Mama-ben-'Ali-Et-Tezerkîni, pacha, 14, 62, 191, 192, 243, 283.
Moḥammed-ben-Anda-Ag-Moḥammed-ben-Aḥmed-Bouya-ben-Anda-Ag-Moḥammed, cadi de Tombouctou, 286.
Moḥammed-ben-Bâ-Ḥaddou-ben-Yaḥya-ben-'Ali-Ed-Der'i, lieutenant-général et Kabara-Farma, 53, 177, 185, 186, 187, 189, 198, 202, 216, 217, 218, 219, 245.
Moḥammed-ben-Bâ-Reḍouân-El-'Euldji, surnommé Mamoy-Berouân, pacha, 9, 58, 191, 201, 221.
Moḥammed-ben-Bâbâ-ben-'Ali-ben-Dja'far-El-'Euldji, ḥâkem, 298.
Moḥammed-Baghyo'o, jurisconsulte, 224.
Moḥammed-Baḥḥou (le caïd), surnom de Moḥammed-ben-El-Caïd-Manṣour-ben-El-Pacha-Senîber-ben-Manṣour-Ez-Za'eri, lieutenant-général et pacha.
Moḥammed-Benba-Djiyya, 235.
Moḥammed-Benkan-ben-Ṣâdeq-ben-Askia-Dâoud, askia, 291, 292.
Moḥammed-ben-Bobba, 166.
Moḥammed-Boulidi, 8.
Moḥammed-Boṭo, Kabara-Farma, 301.
Moḥammed-Bouya ou le caïd Bouya, surnom du pacha Moḥammed-ben-El-Ḥâdj-ben-Dâoud-Ech-Cheṭoukî.
Moḥammed-ben-Brahîm-Boṭomâch-El-Ouerdzâdzi, 180.
Moḥammed-ben-Brahîm-ben-Ḥassoun-Ed-Der'i, lieutenant-général et ḥâkem, 230, 298.
Moḥammed-ben-Cheikh-'Ali-Ed-Der'i, pacha, 9, 220.
Moḥammed-ben-Dzou'n-Noun-ben-El-Ḥâdj, 230.
Moḥammed-ben-Ech-Cheikh-'Ali, lieutenant-général, 259.
Moḥammed-ben-Eḍ-Ḍoroubouti-ben-El-Kouch', lieutenant-général, 180.
Moḥammed-El-Amîn-ben-Seyyid-Aḥmed, jurisconsulte, 85.
Moḥammed-El-'Ankebout, bachouṭ, 39.
Moḥammed-ben-El-Caïd-Manṣour-ben-El-Pacha-Senîber-ben-Manṣour-Ez-Za'eri, surnommé caïd Moḥammed-Baḥḥou, lieutenant-général et pacha, 17, 20, 53, 245.
Moḥammed-ben-El-Djesîm-ben-Yaḥya-ben-'Ali-El-Mobârek, 180.
Moḥammed-El-Fa'-Idji, 97.
Moḥammed-ben-El-Ḥâdj-ben-Dâoud-Ech-Cheṭouki, pacha, 5, 55, 56, 254, 299.
Moḥammed-ben-El-Ḥâdj-Ḥammedi-ben-Ṭaïeb, 201.
Moḥammed-ben-El-Ḥâdj-ben-Moḥammed-Benkan-ben-Ṣâdeq-

ben-Askia-Dâoud-ben-El-Ḥâdj-Moḥammed, askia, 11, 15, 58, **294**.
Moḥammed-ben-El-Ḥâdj-Ṭaïeb (le frère de), 223.
Moḥammed-ben-El-Ḥoseïn, chef maure, 161, 162, 163.
Moḥammed-ben-El-Khelîfa, lieutenant-général, 77.
Moḥammed-ben-El-Khenîch, 119.
Moḥammed-El-Merrâkechi, Kabara-Farma, **299**.
Moḥammed-ben-El-Mokhtâr-ben-Moḥammed-Zenkan-ben-El-Fa'-Abker-El-Meddâḥ, cadi de Tombouctou, **287**.
Moḥammed-El-Mokhtâr-ben-'Omar, chef touareg, 141.
Moḥammed-El-Morâd-ben-'Ameur, lieutenant-général, 176.
Moḥammed-El-Mord-ben-'Abdallah-Cherrâti, ḥâkem, **298**.
Moḥammed-El-Mouloud-ben-'Amor, lieutenant-général, 179.
Moḥammed-El-Mouloud-ben-'Ammâr-ben-'Abd-ben-'Ammâr, 180.
Moḥammed-ben-El-Qaïd-Aḥmed-ben-Sa'doun-Ech-Chiâḍemi, pacha, **5** (*Tarikh-es-Soudân*, p. 483).
Moḥammed-Es-Solenki, lieutenant-général, 8.
Moḥammed-ben-Et-Tingharâsi, 49, 51, 52, 65, 85, 232.
Moḥammed-Fodou-ben-'Abdallah-ben-El-Ḥâdj, lieutenant-général, 19.
Moḥammed-ben-Ḥammedi-ben-'Ali-ben-Moḥammed-ben-'Abdallah-Et-Tezerkîni, caïd et pacha, **16**, 59, 66, 101, 204, 236, 251, 252, 260, 287. — (la maison du caïd), 248.
Moḥammed-ben-Ḥammedi-El-Khelîfa, lieutenant-général, 281, 209, 210. — (les fils de), 202.
Moḥammed-ben-Ibrahîm, 13, 63.
Moḥammed-ben-Ibrahîm-ben-Ḥassoun, lieutenant-général, 33, 223.
Moḥammed-ben-Maḥmoud-Qanbali, cadi de Tendirma, 222.
Moḥammed-ben-Moḥammed-ben-Abou-Bekr-Ṣâdeq, 5.
Moḥammed-ben-Moḥammed-Baghyo'o-ben-Moḥammed-Koured, jurisconsulte, 197, 236.
Moḥammed-ben-Moḥammed-ben-'Otsmân-Ech-Chergui, pacha, **4** (*Tarikh-es-Soudân*, p. 403).
Moḥammed-ben-Moḥammed-ben-Moḥammed-Kiraï, cadi de Tombouctou, **286**.
Moḥammed-ben-Moḥammed-Seyyidi, pacha, **12**, 13 note, 59, 193.
Moḥammed-ben-Mouloud, caïd de Benba, 233.
Moḥammed-ben-Mousa, pacha, **5** (*Tarikh-es-Soudân*, p. 480).
Moḥammed-Nâna-Idji-ben-'Abd-erraḥmân-ben-El-Ḥâdj-El-'Imrâni, ḥâkem, **299**.
Moḥammed-Naḍḍi (mosquée de) 284.
Moḥammed-ben-Nâṣir-ben-'Abdallah-El-A'amechi-Ed-Der'i, ḥâkem, **297**.
Moḥammed-ben-Nâṣir-ben-'Abdallah-ben-Nâṣir, 165, 167.

Moḥammed-Oudi'at-Allah-ben-Aḥmed-ben-Sa'îd-ben-Ibrahîm-ben-Aḥmed-ben-Sa'îd, imam de Tombouctou, **289**.
Moḥammed-ben-Ousâma, 132.
Moḥammed-Qanbel, cadi, 155. — Voy. Moḥammed-ben-Maḥmoud-Qanbali.
Moḥammed-Ramḍan-ben-Aḥmed (ou Ḥammedi)-Zenko-ben-'Abderraḥmân-ben-'Ali-Ed-Der'i, lieutenant-général et Kabara-Farma, 95, 127, **301**.
Moḥammed-ben-Rouḥ, lieutenant-général, 249, 250, 251, 252.
Moḥammed-Ṣâdeq-ben-Moḥammed-ben-Benkan-ben-Ṣâdeq-ben-Askia-Dâoud-ben-El-Ḥâdj-Moḥammed, Kabara-Farma et askia, 57, 153, 255, **293**.
Moḥammed-ben-Sa'îd-ben'Omar-El-Fâsi, pacha, **13**, 152.
Moḥammed-ben-Sa'îd-ben-Sâlem-El-Ḥassâni, Kabara-Farma, **300**.
Moḥammed-Sama-ben-El-Ḥâdj, 208.
Moḥammed-ben-Senîber-ben-Moḥammed-Bouya-Ech-Cheṭouki, caïd et Kabara-Farma, 5, 6, 7, 79, 177, 179, 245, **300**.
Moḥammed-Sorgho-ben-El-Mobârek-Boubo-El-Fâsi, ḥâkem, 29, 34.
Moḥammed-Tâ-ben-'Abdelkerîm-ben-'Abderraḥmân-ben-Aḥmed-Mo'yâ, 12.
Moḥammed-ben-Ṭa'a-ben-Yousef-ben-'Abdallah-Ed-Der'i, 180. — (le fils de son oncle paternel), 179.
Moḥammed-ben-Ṭâhar-Et-Targui, jurisconsulte, 57, 233, 234.
Moḥammed-Tenânṭa'a, 64.
Moḥammed-ben-Yaḥya-ben-'Abdallah-ben-Nâṣir-El-A'amechi, 179.
Moḥammed-ben-Yousef-ben-'Abdallah-Ed-Der'i, 180.
Moïse, 139.
Mostadrek, ouvrage cité, 140.
Mousa, askia, 109.
Mousa, odebachi, 39.

N

Nâna-Bîn-bent-'Abderraḥmân-ben-Sa'îd-ben-Ḥammedi-Kidâdo-El-Foulâni, 19.
Nâna-Fâṭima-Tâgh-bent-Moḥammed-ben-Seyyidi-ben-Seyyid-Aḥmed-Bâbâ, 21.
Nâna-Ḥafṣa-bent-El-Fa'-Aḥmed-Zerrouq-ben-Aḥmed-Mo'yâ-ben-'Abdallah-ben-Aḥmed-Mo'yâ, 20.
Nâna-Heri-bent-'Abdallah-ben-Nâṣir-El-A'amechi, 137.
Nâna-Kemi, 97.
Nâna-Khidj-bent-El-Fa'-Aḥmed-ben-Aḥmed-Bouso-ben-Moḥammed-Baghyo'o-ben-Aḥmed-ben-Maḥmoud-Baghyo'o-El-Ouankori, 98.
Nâna-Mouchi-bent-Moḥammed-Bouya, 20.
Nâna-Mo'yâ-Bâbâ-'Ali-Idji, 132.
Nâna-Omm-El-'Aïd-bent-Seyyid-Aḥmed-ben-Ibrahîm, 20.
Nâna-Omm-Ḥabîba-bent-'Ali-ben-Moḥammed-Et-Tezerkînî, 113.

Nâna-Omm-bent-Moḥammed-ben-Seyyidi-ben-Aḥmed-Bâbâ, 114.
Nâna-Raḥma-bent-'Ali-Et-Tezerkîni, 20.
Nâna-Sita-bent-'Abderraḥîm-ben-'Ali-Et-Tezerkîni, 120.
Nâṣir-ben-'Abdallah-El-A'amechi-Ed-Der'i, caïd, amîn, ḥâkem et pacha, 56, 60, 66, 201, **254**, 285, 297.
Nâṣir-ben-'Abdallah-ben-Nâṣir-ben-'Abdallah-El-A'amechi-Ed-Der'i, ḥâkem et pacha, 42, **258**, 298.
Nâṣir-ben-'Ali-ben-'Abdallah-Et-Telemsâni, lieutenant-général et pacha, 7, **255**.
Nâṣir-ben-El-Fa'-Mâmi-ben-'Abdallah-ben-Nâṣir-El-A'amechi, lieutenant-général, 179.
nefaqa, 117.
Neḥâr, tribu, 159.
Nekba de Omm-'Aïcha-ou-Iddâdji, colline, 159, 162.
Nekbet-Akomar, colline, 100.
Nekbet-El-Makhzen-Tendi, colline, 151, 231.
Nekbet-Hâma (ou *Hâmi*), colline, 106, 161.
Nonbo'o, ville, 133.
Nouḥ-Cherif, 187.

O

Oghmor-ben-Alil (ou Alel)-Et-Targui, chef touareg, 23, 43, 71, 72, 108, 133, 142, 161, 162, 163, 172, 173, 174, 175, 181, 185, 195, 247, 248, 296.
'Omar, 23 note.
'Omar-El-Fa', 182.
Omm-Salîm-bent-Ṣâliḥ, 86.
'Orromarya, localité, 229.
'Otsmân, le calife, 139.
'Otsmân-ben-Aḥmed-ben-Sa'îd-ben-Ibrahîm-ben-Aḥmed-ben-Sa'îd, imam de Tombouctou, 16, **289**.
'Otsmân-ben-Bâbâ, 92.
'Otsmân-ben-Seyyid, 230.
Ouâkara, localité, 201.
Oualâta, ville, 24, 102, 248, 278.
Ouanḍâm-Kâri, nom d'une selle, 150.
Ouankoré (l'armée des), 112, 113.
Ouaoubîr, bourg, 209.
Ouerendagh. — Voy. Silti-Ouerendagh, 246.
Oufrâni, 103 note.
Oukiya, bourg, 76, 77, 89, 107, 148, 149, 152, 203, 207, 208, 209, note, 210, 220, 238, 296.
Oulâd-'Ali-Et-Tezerkîni (quartier des), 127.
Oulâd-'Ali-El-Mobârek, 123, 124, 125, 126, 127, 128, 129, 130, 133.
Oulâd-'Amîr, tribu, 156, 160.
Oulâd-Chebel, tribu, 170.
Oulad-El-Maḥfouḍ, tribu, 156, 159, 160.
Oulâd-Ghorko, tribu, 57.
Ouldi-Alân, fraction touareg, 42, 43. — Voy. *Ouldi-Alen*.
Ouldi-Alel (ou Alil), fraction touareg, 196.
Ouldi-Alen, fraction touareg, 91, 93, 211.
Oulîdi, 8 note.
Oulimiddân, fraction touareg, 228, 232, 252.
Ourâkous, localité, 144.

'Ourorba, tribu foulâni, 212.
Ousâma, lieutenant-général, 197.
Ousâma-ben-'Ali-ben-Moḥammed-Et-Tezerkîni, ḥâkem, **298**.
Ouṭana, 5.
Ouṭoulo, 9.

P

Pharaon, 139.

Q

qadaḥ, mesure de capacité, 63, 117.
Qâder, 91, 92.
qanach, plante, 118.
qarouï, mesure de capacité, 95.
Qâsem-ben-Moḥammed-El-Mord-ben-'Abdallah-Cherrâti, ḥâkem, **299**.
Qâsem-ben-Sâ'îd-ben-Sâlem-El-Ḥassâni, Kabara-Farma, **300**.

R

Râbaḥ (ou encore Râbiḥ, et Râbbaḥ)-ben-El-Ḥâdj-ben-Sa'îd-El-'Imrâni, lieutenant-général et ḥâkem, 52, 101, 179, **298**.
Raḥba, 84 note.
Raḥbet-Daï, localité, 84.
Râs-el-mâ, localité, 42, 78.
Rebaḥa-ben-'Abdallah-ben-El-Ḥâdj-ben-Sa'îd-El-'Imrâni, ḥâkem, **299**.
Rebbaḥ-ben-El-Ḥâdj. — Voy. *Râbaḥ*.
Rough-El-Foulâni-El-Mâsini, 99.
Roum (étoffes de), 96.

S

Sa'd, imam, 174.
Saḥel, région, 109.
Ṣaḥîḥ, ouvrage cité, 27, 237, 248.
Sa'îd-ben-'Abdelqâder-ben-Moḥammed-Mo'yâ-El-Fâsi, ḥâkem, **299**.
Sa'îd-ben-'Ali-ben-Brahîm-Djâmi'-Ed-Der'i, Kabara-Farma, **300**.
Sa'îd-ben-'Ali-ben-Moḥammed-Et-Tezerkîni, ḥâkem, **299**.
Sa'îd-ben-'Ali-El-Maḥmoudi, pacha, **98** (*Tarikh-es-Soudân*, p. 394).
Sa'îd-ben-'Ali-ben-Moḥammed-ben-'Abdallah-Et-Tezerkîni, caïd, ḥâkem et pacha, 53, 80, **101**, 155, 161, 162, 163, 177, 178, 179, 200, 250. — (la maison de), 160.
Sa'îd-ben-Bou-Ziân-El-Khebbâz-El-Lemṭi, ḥâkem et pacha, 15, **101**, 297.
Sa'îd-ben-El-'Abbâs-El-'Amri-Ech-Chergui, lieutenant-général, 111.
Sa'îd-ben-El-Ḥâdj-El-'Imrâni, 39.
Sa'îd-ben-El-Ḥâdj-Ouchouch, 182, 183.
Sa'îd-ben-Ḥammedi-ben-Moḥammed-ben-'Abdallah-Et-Tezerkîni, lieutenant-général et pacha, 122, 124, 125, 126, 127, 128, 130, 131, **134**, 239, 250.
Sa'îd-Kolen, cheikh, 244.
Sa'îd-ben-Manṣour, pacha. — Voy. Sa'îd-ben-Senîber-ben-Mes'aoud-ben-Manṣour.
Sa'îd-ben-Moḥammed-ben-El-

Amîn-ben-Moḥammed-Moudi, 113.
Sa'îd-ben-Moḥammed-Fezzân, 78.
Sa'îd-ben-Moḥammed-ben-Moḥammed-Koured, auteur cité, 140.
Sa'îd-ben-'Omar-El-Fâsi, pacha, 57, **98**.
Sa'îd-ben-Qâsem-El-Andalousi, 219.
Sa'îd-ben-Senîber-ben-Mes'aoud-ben-Manṣour, pacha, **106**, 122, 123, 124, 125, 126, 127, 128, 134, 135, 138, 141, 182.
Ṣâliḥ, le prophète, 139.
Ṣâliḥ-ben-'Abderraouf-ben-Ṣâliḥ-ben-Moḥammed, 179.
Ṣâliḥ-ben-Aḥmed-ben-Sa'îd-ben-Moḥammed-Kidâdo, imam de Tombouctou, 225, **289**.
San, 87 note.
San-ben-'Abderraḥmân-ben-Ḥammedi-ben-'Ali, 178.
San-ben-'Ali-ben-Moḥammed-ben-Cheikh-'Ali-Ed-Der'i, 179.
San-Djinou-ben-Kâgho-Moumin, 230.
San-El-Fa'-ben-'Abdallah-ben-Aḥmed-Tâgh-ben-Ibrahîm-ben-Aḥmed-ben-Maḥmoud-Baghyo'o-El-Ouankori, 141.
San-Ho'aï, surnom du pacha 'Abdelgheffâr-ben-Ousâma, 94.
San-Moghaï (ou Sanamoghaï)-ben-Bâkh, 230.
San-ben-Moḥammed-ben-Nâṣir-ben-'Abdallah-El-A'amechi-Ed-Der'i, ḥâkem, **298**.
Sana-Torkâdj, lieutenant-général, 87.
Sanamoghaï-ben-Ousâma-ben-'Ali-Et-Tezerkîni, lieutenant-général, 131, 135, 138, 142, 190.
Sankoré (quartier et mosquée de), 27, 58, 73, 85, 98, 124, 154, 183, 216, 231.
Sanmagha ou Sanamoghaï, 131 note.
Sanqara ou *Sanqari*, localité, 11, 26, 146, 187.
Sanṭa'a (ou Senṭa'a)-ben-Fârès-El-Fâsi, ḥâkem, **297**.
Sari-Kaïna ou Saryakaïna, quartier, 69, 70, 72.
Sari-Kîni, 69 note.
Sarti-Kinen, localité, 97.
Saryakaïna ou Saraïkaïna ou Sari-Kaïna, quartier de Tombouctou, 69, 70, 72, 123, 126, 129, 133, 194, 197, 198, 199, 200.
Sayyo, 135 note.
Ṣeddîq-ben-Ibrahîm-ben-Aḥmed-ben-Sa'îd-ben-Moḥammed-Kidâdo, surnommé 'Atîq, imam de Tombouctou, **289**.
Sedret-el-'Idâm, localité, 159.
Seïri, Fondoko, 156.
Selimân, pacha, **98** (*Tarikh-es-Soudân*, p. 288), 280.
Selimân-ben-Dâoud-ben-El-Mekki-El-Ḥâdj-Moḥammed-ben-Abou-Bekr, askia, **289**, 290.
Selimân-ben-San-Teregh-Idji, ar'a-mondzo, 208.
Senba-Mousa-El-Foulâni, 187.
Senîber, 53 note.
Senîber (le caïd), surnom du pacha Manṣour-ben-Mes'aoud-ben-Manṣour-Ez-Za'eri.
Senîber-ben-'Abdallah-Sanḥ, lieutenant-général, 230.

Senîber, surnom de El-Ḥabîb-Bâbâ-ben-Sa'd-ben-El-Ḥabîb-Bâbâ-ben-El-Ḥâdi-El-Oueddâni, 13.
Senîber-ben-El-Ḥâdj-Moḥammed-ben-Ṭâleb-Ibrahîm-Ed-Der'i, 10, 12.
Senîber-ben-El-Ḥasen-El-Monebbih, ḥâkem, **298**.
Senîber-ben-Mes'aoud-Ez-Za'eri, pacha, **99**, 146, 148, 191, 287.
Senîber-ben-Moḥammed-Bouya-ben-El-Ḥâdj-ben-Dâoud-Ech-Cheṭouki, pacha, 12, **99**, 152, 191, 221.
Senîber-ben-Qâder, 79.
Senṭâ'a, 64 note.
Senṭâ'a-ben-'Abdallah-ben-Moḥammed-Bouya, 180.
Senṭâ'a-ben-El-'Arbi-Ṣeddîq, 208.
Senta'-ben-Fâris, pacha, 14, **100**, 221.
Serkilla-Djînou, localité, 71.
Seyyid-'Abdallah-El-Kounti, 174.
Seyyid-'Abd-El-Ouahhâb, 159.
Seyyid-'Abdelqâder, 83.
Seyyid-Abou'l-Qâsem-Et-Touâti (mausolée de), 67, 132, 158.
Seyyid-Aḥmed-Aghâdou, 63.
Seyyid-Aḥmed-ben-Anda-Ag-Moḥammed, cadi de Tombouctou, 10, 27, 65, 78, 84, 88, **286**.
Seyyid (ou Seyyidi)-Aḥmed-ben-Ibrahîm-ben-'Abdallah-ben-Seyyid-Aḥmed-Mo'yâ, cadi de Tombouctou, 198, 199, 202, 216, 224, **287**, 288.
Seyyidi-Aḥmed-Mo'yâ (mausolée de), 130, 141, 166, 232.
Seyyid-Aḥmed-ben-Qâd-El-Kounti, 173, 174.
Seyyid-'Ali, Kabara-Farma, 34, 35, 52.
Seyyid-'Ali-Et-Touâti, 282.
Seyyid-'Ali-ben-'Abdallah-Soraï-ben-Seyyidi-'Ali-El-Djozouli, imam de Tombouctou, **288**.
Seyyid-Boubeker-ben-El-Ḥâdj-Ḥammouda-El-Ghedâmsi, 114.
Seyyid-El-Hemmadâdji, lieutenant-général, 148.
Seyyid-El-Ouâfi (tombeau de), 166.
Seyyid-Kiraï, Hi-Koï, 290.
Seyyid-Maḥmoud (mausolée de), 154.
Seyyid-Moḥammed-ben-'Abdallah, ḥâkem, 127, 182, 183, **299**.
Seyyid-Moḥammed-ben-Chayyib, 88.
Seyyid-Moḥammed-ben-Tingharâsi. — Voy. Mohammed-ben-Et-Tingharâsi.
Seyyid-Moḥammed-ben-Ouâfi-ben-Ṭâlibina-ben-Seyyidi-Aḥmed-Aghâdo, 154.
Seyyid-ben-Moḥammed-ben-Seyyid-'Abd-Zenko-Et-Tingharâsi, ḥâkem, **298**.
Seyyid-Ṣeddîq-El-Kontâoui, 231.
Sidi-Aḥmed-Bâbâ (les enfants de), 45.
Sidi-Maḥmoud (les enfants de), 45.
Sidi (ou Seyyidi)-Yaḥya (mosquée de), 70, 115, 122, 188, 240.
Silti et Silti-Ouerendagh, chef bambara, 246.
Siltiyo, 246 note.
Si'ya-Kiroï, localité, 66.
Songhaï, contrée, 4, 5, 13, 71, 77.
So'oud-ben-Aḥmed-'Adjeroud-Ech-Chergui, pacha, **98** (*Tarikh-es-Soudân*, p. 379).

So'oud-Bokarnâ-ben-Moḥammed-ben-'Otsmân-El-Ya'qoubi-Ech-Chergui, pacha, **98**, 99, 243.
Soud-Kehmel, campement, 211.
Soudoub, tribu, 11.
Souqi, 100.
Sousi-El-Merrâkechi, ḥâkem, **297**.

T

Ṭa' ou Ṭâgh, 21 note.
Tadmekket, fraction touareg, 15, 40, 41, 54, 61, 72, 86, 91, 92, 93, 133, 141, 172, 195, 211, 213, 244, 247.
Tafilelt, région, 48.
Tâgh, lieutenant-général, 92.
Ṭâher, Maghcharen-Koï, 244.
Ṭala, nom d'une expédition, 99.
Ṭalḥaouï-ben-Mousa, lieutenant-général, 6.
Ṭali, nom d'une disette, 191.
Ṭâlib-ben-'Ali-El-Moueddzin, lieutenant-général, 257.
Ṭâlib-Moḥammed-El-Belbâli, amîn, 282.
Ṭâouadi, 157 note.
Ṭâouodeni, 157 note.
Ṭâouodi, localité, 157.
târi, 117.
Tâta-Ghangha, île, 129.
Ta'ya, 21.
Tekrour, région, 29, 120, 145.
Tenâ-Neṭâ'a, 64 note.
Tendi-Four, localité, 155.
Tendibi, 100.
Tendirma, ville, 131, 155, 206, 222, 280, 281, 292.
Tendoua, bourg, 110.
Tenka-Bokar, Kormina-Fâri, 15.
Tinaouer, localité, 58, 60, 61, 79, 80, 81, 83, 84.
Tinghalhaï, 11.
Toghaï, localité, 41.
Toghayya, ville, 171, 172, 175, 181, 184, 189.
Toghayya-Han (bataille de), 184.
Tombouctou, ville, 4, 16 note, 17, 18, 22 note, 24 note, 25, 39, 40, 41, 48, 53, 57, 62, 63, 64, 65, 73, 76, 77, 78, 79, 80, 82, 83, 84, 86, 87, 88, 89, 92, 96, 100, 102, 105, 106, 107, 108, 109, 110, 111, 115, 116, 118, 119, 122, 123, 124, 130, 131, 135, 141, 142, 145, 148, 151, 153, 154 note, 155, 156, 159, 160, 161, 162, 163, 164, 165, 166, 167, 168, 171, 173, 174, 175, 181, 182, 184, 185, 187, 188, 189, 190, 193, 196, 199, 200, 202, 204, 206, 210, 211, 218, 219, 220, 226, 227, 229, 230, 231, 232, 233, 234, 239, 247, 248, 250, 252, 257, 279, 281, 286.
Tonkala'a, marché, 73.
Touareg, 10, 15, 24, 40, 41, 42, 43, 54, 55, 61, 62, 71, 72, 78, 86, 91, 92, 93, 100, 120, 130, 133, 141, 142, 161, 162, 163, 165, 168, 170, 171, 172, 173, 174, 177, 181, 184, 185, 189, 192, 194, 195, 196, 198, 211, 212, 213, 218, 228, 229, 232 234, 244, 247.
Tseldj-Mâmi-Aṭlou, caïd, chef des écuries, 230.
Tsemoud, 139.

Y

Yaḥya-ben-'Ali-ben-El-Mobârek-Ed-Der'i, lieutenant-général et pacha, **192**, 256, 257, 259.

Yaḥya-ben-'Alî-ben-Brahîm-Djâmi'-Ed-Der'i, Kabara-Farma, 301.
Yaḥya-ben-El-Fa'-Cheïbi-Idji, 208.
Yaḥya-El-Fechtân (ou Fechtâni), pacha. — Voy. Yaḥya-ben-Moḥammed-Zenkana-El-Fichtâni.
Yaḥya-El-Hindi, lieutenant-général, 33, 109, 111, 219.
Yaḥya-ben-Ḥammedi-ben-'Alî-ben-Moḥammed-ben-'Abdallah-Et-Tezerkînî, pacha, 94, **220**, 237.
Yaḥya-El-Gharnâṭi, lieutenant-général, 151.
Yaḥya-ben-Moḥammed-El-Gharnâṭi, pacha, **192** (*Tarikh-es-Soudân*, p. 437).
Yaḥya-ben-Moḥammed-Zenkana-El-Fichtâni, pacha, **193**.
Yam, Fondoko, 156.
Ya'ro, localité, 159 note.
Ydouritib, localité, 148.
Yem-Raḥma, 21.
Yendobogho, localité, 54, 124, 196, 200, 201, 214.
Yousef-ben-'Abdallah-Ed-Der'i, pacha, 13, 52, 62, 66, 73, 85, 137, **194**, 220, 232.
Yousef-ben-'Omar-El-Qaṣri, pacha, **192** (*Tarikh-es-Soudân*, p. 344), 288.
Yousef-ben-'Omar-El-Qaṣri, amîn, **283**, 284.
Yousef-ben-Ya'qoub, le Mérinide, 21 note.

Z

Zaères, tribu, 26 note.
Zagha, nom d'une expédition, 244.
Zanko ou Zenko, surnom du pacha Ḥammedi-ben-'Abderraḥmân-ben-'Ali-El-Mobârek-Ed-Der'i, 153.
Zeghrâni, 153.
Zeïdâni, nom d'un tambour, 150.
Zengha-ben-'Abdallah-ben-Nâṣir-ben-'Abdallah-El-A'amechi, 179.
Zengha-ben-Senṭâ'a, 179.
Zenîber, 9 note.
Zenka-ben-'Abdelkerîm-ben-Sa'îd-ben-'Omar-El-Fâsi, caïd, 136, 137.
Zenka-ben-'Abderraḥmân-ben-Bou-Zenâd-El-Fâsi, pacha, 9, **259**.
Zenko-ben-'Abderraḥmân-ben-'Ali, pacha, **260**.
Zeriya, 118.
Zo'aïr, 26 note.

INDEX ALPHABÉTIQUE

DE

L'HISTOIRE DU SOKOTO

NOTA. — Les mots en *italiques* indiquent les noms géographiques. Les chiffres **gras** marquent les articles spéciaux consacrés à un personnage.

A

Abb-ʿOmar, 346, 352, 353, 354, 355.
ʿAbdallah (le cheikh), 305, 312, 313, 322.
ʿAbdallah, cadi de Sokoto, 357.
ʿAbdallah-Ed-Dâʿi, chérif, 357.
ʿAbdallah-Feroouou, 360.
ʿAbdallah-Fodoouou, 327.
ʿAbdallah-Foudiya (la fille de), 355.
Abdalo, village, 342.
ʿAbdelkerîm, sultan du Zekzek, 351, 361.
ʿAbdelqâder, sultan de ʿAdzeb, 350, 361.
ʿAbdelqâder (le cheikh), 322, 339, 340, 347.
ʿAbdelqâder-ben-Ech-Cheikh, 313, 314, 321, 360.
ʿAbdelqâder-El-Djilâni, 315.
ʿAbdelqâder-Tandjagho, 348.
ʿAbdelqâder-ben-Tofa, 324, 337, 342.
ʿAbderraḥmân, sultan de l'Adamaoua, 361.
ʿAbderraḥmân, sultan du Ketâqom, 344.
ʿAbderraḥmân, frère de Abb-ʿOmar, 353, 354, 355.
ʿAbderraḥmân-ben-Moʿallim-Meyyid, 360.
ʿAbderraouf, fils de Moḥammed-Bello, 322.
ʿAbdesselâm, 304, 305, 312, 313. — (la famille de), 325.
ʿAbdesselâm-El-Ḥaousi, 322.
Aber, sultan des Maures, 308, 311.
Abouḥ, muezzin, 360.
Abou 'l-Ḥasen-ben-ʿAli-Djeïṭ, 323, 328, 331, 337, 342.
Adamaoua, contrée, 351, 352, 361.
Adar, pays, 353, 358, 361.
ʿAdzeb, contrée, 350, 361.
Aḥmed, sultan du Bornou, 361.

Aḥmed-ben-'Atîq, 332, 333, 334, 335, 338, 339, 340, 343, 344, 348, 355.
Aḥmed-Er-Refâ'i, 334, 337, 338, 347. — (sa mère), 327.
Aḥmed-Et-Tidjâni, 315.
Aḥmed-ben-Ḥammedi, 340.
Aḥmed-Zerrouq, 340.
'Aïcha-bent-'Omar-Balkem, femme de Moḥammed-Bello, 360.
'Aïssa-ben-Ech-Cheikh, 337, 360.
Al, sultan du Ghober, 311.
Al-Ito, fils de Moḥammed-Bello, 322.
'Ali-Bedjâghil, savant, 347.
'Ali-Djeïṭ, général du Sokoto, 305, 306, 312, 323, 327, 332, 333, 339, 360.
'Ali-El-Kebîr, fils de Moḥammed-Bello, 322.
'Ali-Es-Seghîr, fils de Moḥammed-Bello, 322.
'Ali-Hâchem, savant, 310, 319, 329, 360.
'Ali-ben-Moḥammed-Bello, 320, 324, 325, 326, 331, **337**, 338.
Anâm, ville du Sokoto, 323.
Aough, château, 307, 348, 349.
Areṭ-Seḥseḥeb, 333, 339, 340, 344, 360.
Arghongho, localité, 355.
'Atîq (ou 'Atiqou)-ben-'Otsmân, 307, 311, 312, 313, 319, 320, 322, **323**, 341, 347.

B

Bâbâ-Nasâm, 310.
Baghirmi, contrée, 315.
Bânâq, esclave, 303.
Bandza, ville du Sokoto, 323.
Bânet-So'ad, poème cité, 306.
Baṭqel (ou Boṭefel), 312.
Bekour (ou *Bokour*), pays, 303.
Bello. — Voy. Moḥammed-Bello.
Bendaouâk, 357.
Bendouâk-Adim, 317.
Bendouâk-Ḥâsen, général du Bouchi, 316, 317.
Bes-Boubeker-'Omâdj, sultan du Dellel, 322.
Bettegh (année dite), 306.
Bokour, localité, 303, 312, 332, 335, 343, 344.
Borda, poème cité, 306.
Borma, pays, 305.
Bornou, contrée, 315, 316, 322, 328, 346, 354, 361.
Boṭefel, 325, 327, 328, 336.
Boubeker-ben-Al-Foudiya, 355, 360.
Boubeker-Mo'allim, imam de Sokoto, 303, 325, 326, 327. — (mosquée de), 359.
Boubo, pays, 322.
Boubouch, localité, 307, 308.
Bouchi, pays, 315, 316, 317, 328, 342, 356, 361.
Boutîgh, localité, 305.

D

Dâb, sultan de Kano, 361.
Dabo, sultan de Ken, 345.
Dâgh (bataille de), 311.
Dâkarâ, ville, 306.
Damri, ville, 328.
Dellel, pays, 322.
Djâfen, galadima, 316.
Djelâl-ed-Dîn-ben-'Abderraḥmân-

El-Kebaouï, savant exégète, 347.
Djelaouïza, 334.
Djinder, localité, 353.
Dhiyâ-es-solṭân, ouvrage cité, 333.
Dorbi, sultan du Kachena, 332, 342, 350.
Doudjeq, localité, 307.
Dour, pays, 328.
Doused, 360.
Dousiro, 312, 325.
Dzauma, pays, 328, 344.
Dzoum, pays, 308.

E

Ech-Cheikh, 339, 346.
El-Abtâk, pays, 322.
El-Amîn, espion, 338.
El-Bekkaï, 351.
El-Bokhâri-ben-'Otsmân, 313, 323, 324, 325, 327, 336.
El-Bokhârî-ben-Senba-Daqmes, sultan de Teïdji, 344, 345, 346, 349, 354.
El-Bouṣîri, auteur cité, 306.
El-Ḥabîb, chérif de Tombouctou, 351.
El-Ḥâdj, cadi de Sokoto, 325, 337, 360.
El-Ḥâdj-Bechîr, 353, 354.
El-Ḥâdj-Moḥammed, askia, 348.
El-Ḥasen, 322.
El-Ḥidjara, région, 356.
En-Nît, 354.

F

Farzân, localité, 321.
Faṭim-Inna, sœur de Boṭefel, 336.
Fezzân, pays, 321 note.
Foudi ou Foudiya-ben-Moḥammed-Bello, 311, 322, 329, 330, 343, 360.

G

Ghândi, localité, 341, 350. — Voy. *Qandi*.
Ghândo, localité, 305, 312, 325, 359.
Gherbâd, citadelle du Zanfara, 329.
Gheregh, château, 328, 329.
Ghidâdo, vizir du Sokoto, 325, 326, 336, 338, 360.
Ghiyâq, localité, 357.
Ghober, contrée, 305, 306, 308, 309, 311, 329, 330, 331, 332, 333, 341, 342, 343, 344, 349, 350, 357.
Ghoudkik, localité, 310.
Ghoumez, résidence royale, 343.
Ghour, localité, 344.

H

Ḥâdj-Sa'îd, auteur de l'Histoire du Sokoto, 303 note, 358.
Ḥamdan-ben-Djebrîl, 322.
Ḥammedi, chef du marché, 360.
Ḥammedi, sultan du Zekzek, 352, 361.
Ḥamza-El-Ḥaousi, magicien de Kano, 356.
Ḥamziya, poème cité, 306.

Ḥaousa, pays, 318, 319, 355.
Ḥaousa-Azned, pays, 357.
Ḥasen-ben-Debbo, 346.
Ḥodzi, mère de 'Abdelqâder-ben-Ech-Cheikh, 360.
Ḥoseïn-Tanboddo, lecteur du Coran, 360.

I

Ibrahîm, porte-drapeau, 360.
Ibrahîm-ben-Bello, 360.
Ibrahîm-Ghando, fils de Moḥammed-Bello, 322, 341.
Ibrahîm-Ghemez, 322.
Inna-Bard, 344.
Innna-Gharka, mère de Bello, 323.
Isma'îl-El-Ḥaousi, 327.
Isma'îl-Ouaïro-Ez-Zeghrani, officier de la literie, 360.

K

Ka'b-ben-Zohaïr, auteur cité, 306.
Kabi, localité, 347, 348.
Kachena, pays, 311, 328, 329, 330, 332, 333, 342, 349, 350, 351, 358.
Kagher-'Aïssa, localité, 309.
Kagher-n-'Ali, capitale du Ghober, 309, 311.
Kalenba, surnom de Moḥammed-El-Kânemi.
Kano, localité, 308, 316, 322, 342, 345, 346, 352, 353, 355, 356.
Kaokao, résidence royale, 353.
Karo, citadelle, 304, 305, 306.
Katan-Kendo, localité, 349, 350.
Katem, château, 312.
Kâtour, bourg, 308, 334.
Kelem-Bîn, château près de Ghando, 312, 313.
Ken, 321, 323.
Ken, localité, 345.
Kerkeri, localité, 355.
Kerkoua, porteur du bouclier, 359.
Ketâghom ou *Ketâqom*, localité, 344, 345, 346, 361.
Khelîl-ben-'Abdallah-Foudiya, imam, 308.
Khelîl-ben-El-Ḥasen-ben-Cheikh-'Otsmân, 312, 326, 327, 338, 339, 355, 359, 360.
Kîd, localité, 307.
Kobi, pays, 305, 307.
Konni, 348.
Koukeri, 355 note.
Kour, localité, 307.

L

Lâdi, mère de 'Ali-Bello, 360.
Lebboudo (combat de), 305.
Loghono, localité, 355.

M

Ma'adz-ben-Moḥammed-Bello, 321, 322, 360.
Machriq, région du Soudan, 309.
Mâdza, femme de Moḥammed-Bello, 360.
Maghrib, région du Soudan, 329, 355.
Maḥmoud, sultan du Zanfara, 332, 361.
Mâl-Iṭo-ben-Khelîl-ben-El-Ḥasen, 330.
Mân. — Voy. Mo'allim-Mân.

Maria, mère de 'Aïssa-ben-Cheikh, 360.
Mech, fonctionnaire chargé de l'eau, 310,
Menagha, localité, 353.
Meryem, fille du sultan Moḥammed-Bello, 308, 350, 360.
Meyâgh, sultan du Ghober, 329, 332, 341, 342.
Mîr, localité, 348.
Moaddeb-'Al, cousin de Moḥammed-Bello, 307, 337, 339, 340, 341.
Moaddeb-Moḥammed-El-Aïm, 327, 360.
Mo'allim-'Ali, jurisconsulte, 322.
Mo'allim-Dedjeṭ, sultan du Nof, 322.
Mo'allim-Ibrahîm-Tedeni-Cherkin, 327.
Mo'allim-Isḥâq, 322.
Mo'allim-Mân, 336.
Mo'allim-'Otsmân-Ez-Zeghrâni, 327.
Mo'allim-Sa'd, savant, 360.
Mo'allim-Sa'id, 322.
Mo'allim-Souf-El-Ḥaousi, saint personnage, 304, 322.
Mo'allim-Tofa, 333, 334, 337, 340, 360.
Moḥammed, secrétaire de Moḥammed-Bello, 322.
Moḥammed II, sultan du Zekzek, 361.
Moḥammed-ben-'Abdallah, 313, 322.
Moḥammed-Bello-ben-'Otsmân-ben-Moḥammed-ben-Foudi, sultan du Sokoto, **303**, 323, 326, 333, 334, 341, 342, 347, 351.
Moḥammed-El-Aïm, 327.
Moḥammed-El-Kânemi, surnommé Kalenba, 315, 316, 317, 318.
Moḥammed-Es-Seghîr-ben-'Abdallah-Foudiya, 322.
Moḥammed-Fâti-Kabenko, savant, 336.
Moḥammed-ben-Foudiya, 322.
Moḥammed-Maudi, 360.
Moḥammed-Moud, 341, 347.
Moḥammed-Mouïdj, 338, 339.
Moḥammed-Ouoroua, 347.
Moḥammed-Senba-Tangheribi, 355.
Moḥammedin, 322.
Morouṭ-'Âmr-Anda, cadi, 359.
Moud-Mâ-Mâro, savant, 322.
Moudi-El-Aïm, 336.

N

Nânna-ben-Foudiya, 350, 360.
Nemoud, sultan du Zanfara, 304.
Nof, pays, 388, 322.

O

'Omar (le cheikh), 308, 309, 310, 314, 320, 325, 328, 337.
'Omar-ben-'Atîq, 343.
'Omar-Gharb, chérif, 322.
Omm-Khelîl, 312.
'Otsmân, imam de Sokoto, 357. Il épouse la fille du sultan 'Ali-Bello, 314, 321, 360.
'Otsmân, sultan de Ken, 345.
'Otsmân (cheikh), auteur cité, 306.
'Otsmân-ben-Dâb, 361.

'Otsmân-ben-Moḥammed-ben-Foudi, 303, 347.
Ouadaï, pays, 315.
Oulrab, 321.
Ouorno, localité, 309, 323, 324, 334, 336, 341, 342, 346, 351, 358.
Ouoroua (les fils de), 347.

Q

Qandi, localité, 344. — Voy. *Ghandi*.
Qâser, 330, 331.

R

Râb (territoire de), 351.
Roud, sultan du Kachena, 311.

S

Sa'îd-ben-Moḥammed-Bello, 322, 360.
San-Qoul-Tâouâï, 304.
Sed, 344.
Seḥseḥeb, 321, 348. Voy. Areṭ.
Seïlâm, localité, 347.
Selimân, sultan de Kano, 322.
Senâki, localité, 320.
Senba-ben-'Atîq, 322, 330, 343, 360.
Senba-Deghmes, sultan de Teïdji, 361.
Setour, dame, 314.
Seyyid, sultan du Zekzek, 359.
Sokoto, ville et pays, 303, 304, 305, 307, 308, 312, 314, 328, 331, 336, 337, 342, 344, 346, 348, 361.

T

Tan-Mo'îṭ, sultan du Kachena, 349.
Tanchâouer, château, 329.
Tandjâd, 304. — (sa maison), 303.
Tanqakaouaououa, sultan du Ketâghom, 361.
Ṭanṭaï, 307.
Ṭar-Mofîṭ, sultan du Kachena, 332.
Tarbouya, chef de Kelem-Bîn, 313.
Teïdji, localité, 344, 345, 346, 361.
Telât, pays, 343, 344.
Toghaï, localité, 350.
Tombouctou, ville, 351.

Y

Ya-Mousa, sultan du Zekzek, 316. 322.
Yaḥya-ben-Moḥammed-Bello, 322.
Ya'qoub, sultan du Bouchi, 315, 316, 317, 318, 361.
Yaro, sultan de Boubo, 322, 326.
Yousef, sultan du Bornou, 361.
Yousef-ben-Moḥammed-Bello, 322.

Z

Zâmi-Gharka, mère de El-Bokhâri-ben-'Otsmân, 323.
Zanfara, pays, 303, 304, 305, 308, 312, 313, 327, 328, 329, 331, 332, 334, 336, 341, 342, 344, 346, 349, 350, 358, 361.
Zekzek, pays, 316, 317, 322, 346, 351, 352, 359, 361.
Zinder, 353 note.

LISTE PAR ORDRE ALPHABÉTIQUE

DES PACHAS

DONT LA BIOGRAPHIE EST DONNÉE PAR LE TEDZKIRET-EN-NISIAN

Pages.

'Abdallah-ben-El-Caïd-Nâṣir-ben-'Ali-ben-'Abdallah-Et-Telemsâni 59
'Abdallah-ben-El-Caïd-Nâṣir-El-A'amechi 59
'Abdallah-ben-El-Hâdj-ben-Sa'îd-El-'Imrâni 63
'Abdallah-ben-Moḥammed-ben-El-Caïd-Ḥassou-Ed-Der'i . . 57
'Abdelgheffâr, fils du caïd 'Ali-ben-Mohammed-ben-'Abdallah-Et-Tezerkîni. 90
'Abdelgheffâr, fils du lieutenant-général Ousâma, fils du caïd 'Ali-ben-Moḥammed-ben-'Abdallah-Et-Tezerkîni, surnommé San-Ho'aï. 94
'Abdelqâder-ben-'Ali-ben-Moḥammed-ben-'Abdallah-Et-Tezerkîni 62
'Abderraḥmân-ben-Bachouṭ-Bou-Zenâd, surnommé Zenka (voy. aussi Zenka) 58
'Abderraḥmân-ben-El-Caïd-Aḥmed-ben-Sa'doun-Ech-Chiâḍemi. 55
'Abderraḥmân, fils du caïd Ḥammedi-ben-'Ali-ben-Moḥammed-ben-'Abdallah-Et-Tezerkîni 90
'Abderraḥmân, fils du caïd Ḥammedi-Zenko, fils du Kabara-Farma 'Abderraḥmân-ben-'Ali-El-Mobârek-Ed-Der'i. . . 94
'Abderraḥmân-ben-Moḥammed-Kiraï-Ech-Chergui-El-Andalosi 57
'Abderraḥmân-ben-Sa'îd-El-Andalosi, surnommé Ibn-Sa'îd-Ouneḍḍâm 56
Aḥmed, fils du pacha Aḥmed, fils du pacha 'Ali-ben-'Abdallah-Et-Telemsâni, surnommé caïd Aḥmed-El-Khalîfa . . 149

Pages.

Aḥmed-ben-'Ali-ben-'Abdallah-Et-Telemsâni, surnommé le pacha Ammi. 143
Aḥmed, fils du caïd 'Ali-ben-Moḥammed-ben-'Abdallâh-Et-Tezerkîni 146
Aḥmed-ben-El-Fa'-Manṣour, fils du caïd Moḥammed-ben-'Ali-El-Mobârek-Ed-Der'i. 189
Aḥmed-ben-Manṣour-Ech-Chergui, surnommé Bâ-Aḥmed. . 152
Aḥmed, fils du caïd Senîber-ben-Mesa'oud-ben-Manṣour-Ez-Za'eri 155
Aḥmed-ben-Yousef-El-'Euldji 143
'Ali-ben-'Abdelazîz-El-Feredji 55
'Ali-ben-'Abdallah-Et-Telemsâni. 55
'Ali-ben-'Abdelqâder-Ech-Chergui 55
'Ali-ben-Bachouṭ-Moḥammed-ben-'Abdallah-Et-Tezerkîni, surnommé Ibn-Akhrâz 55
'Ali-ben-Ḥomeïd-El-'Amri 58
'Ali-ben-Ibrahîm-Ed-Der'i 57
'Ali-ben-Mobârek, fils du lieutenant-général 'Ali-ben-Mobârek-Ed-Der'i 61
'Ali-ben-Mobârek-El-Mâssi 55
'Ali-ben-El-Caïd-Moḥammed-ben-Cheikh-'Ali-Ed-Der'i. . . 59
'Ali-ben-Raḥmoun-El-Monebbih 61
'Allâl-ben-Sa'îd-El-Ḥarousi. 55
'Ammâr-ben-Aḥmed-'Adjeroud-Ech-Chergui-Er-Râchedi . . 56
'Ammâr-El-Feta 55
'Ammâr, fils du caïd Sa'îd-Bokarnâ, fils du pacha Moḥammed-ben-Moḥammed-ben-'Otsmân-El-Yâqoubi-Ech-Chergui . . 89
Bâbâ-Ḥammedi-ben-Manṣour-Ech-Chergui-Es-Senâouni. . . 222
Bâbâ-Seyyid, fils du caïd Ḥammedi-Zenko, fils du Kabara-Farma 'Abderraḥmân-Ed-Der'i. 237
Bâbâ-Seyyid-ben-Ṭâlib-Ḥammedi-Ech-Chergui 222
Babeker, fils du gouverneur El-Fa'-Manṣour, fils du caïd Moḥammed-ben-'Ali-Ed-Der'i 238
Bâ-Ḥaddou-ben-Sâlem-El-Ḥassâni. 220
Bâ-Ḥaddou, fils du caïd Yaḥya-ben-'Ali-El-Mobârek-Ed-Der'i. 222
Bokarnâ, fils du pacha Moḥammed-ben-Moḥammed-ben-'Otsmân 220
Brahîm-ben-'Abdelkerîm-El-Djerrâri 220
Brahîm-ben-Ḥassoun-Ed-Der'i. 221
Brahîm, fils du caïd Ḥammedi-ben-'Ali-ben-Moḥammed-Et-Tezerkîni 236

Pages.

Djouder 3
Dzou'n-Noun-ben-El-Ḥâdj-ben-Biyoukhef-El-Ya'qoubi-Ech-Chergui 258
El-'Abbâs-ben-Sa'îd-El-'Amri. 243
El-Fa'-Benkâno-ben-Moḥammed-Ech-Chergui. 242
El-Fa'-Maḥmoud, fils du caïd Moḥammed-Bouya-ben-El-Ḥâdj-Ech-Cheṭouki 244
El-Fa'-Maḥmoud, fils du caïd Moḥammed-Senîber, fils du caïd Moḥammed-Bouya. 254
El-Ḥâdj-El-Mokhtâr-ben-Biyoukhef-Ech-Chergui-El-Ya'qoubi. 242
El-Ḥasani, fils du caïd Ḥammedi-ben-'Ali-Et-Tezerkîni. . . 244
El-Ḥasen-ben-Manṣour-El-Monebbih 243
El-Ḥasen-ben-Moḥammed-El-'Amrî, frère du lieutenant-général Ech-Cheikh-El-'Amrî. 252
El-Mobârek-ben-Ḥammedi-ben-'Ali-ben-El-Mobârek-Ed-Der'i. 243
El-Mobârek, fils du pacha Manṣour-ben-Mesa'oud-Ez-Za'eri. . 242
El-Mobârek-ben-Moḥammed-El-Gharnâṭi 243
Ḥaddou-ben-Yousef-El-Adjenâsi 143
Ḥammedi, fils du Kabara-Farma 'Abderraḥmân-ben-'Ali-El-Mobârek-Ed-Der'i, surnommé Zenko 153
Ḥammedi-ben-Ḥaddou-ben-Yousef-El-Adjenâsi 143
Ḥammou-ben-'Abdallah-El-'Euldji 143
Ḥomeïd-ben-'Abderraḥmân-El-Ḥayyouni 143
Maḥmoud-ben-'Ali-ben-Zergoun 4
Maḥmoud-Lonko-El-'Euldji 4
Maḥmoud-ben-El-Caïd-Moḥammed-Bouya-ben-El-Ḥâdj-ben-Dâoud-Ech-Cheṭouki 52
Maḥmoud-ben-El-Caïd-Senîber-ben-El-Caïd-Moḥammed-Bouya-Ech-Cheṭouki 54
Maḥmoud-Tâbâ'-El-'Euldji. 4
Manṣour-ben-Mesa'oud-ben-Manṣour-Ez-Za'eri, surnommé Senîber 9
Manṣour-ben-Mesa'oud-ben-Manṣour-Ez-Za'eri 26
Manṣour, fils de Ṭalib-Aḥmed-Ech-Chergui, surnommé Bâbâ-Seyyid 12
Mesa'oud-ben-Manṣour-Ez-Za'eri. 4
Moḥammed-ben-Aḥmed-El-Mâssi. 4
Moḥammed-ben-Aḥmed-ben-Koïhil-Ech-Chergui. 7
Moḥammed, fils du lieutenant-général 'Ali-ben-El-Mobârek-Ed-Der'i 8

Pages.
Moḥammed-ben-'Ali-ben-Moḥammed-ben-'Abdallah-Et-Tezerkîni 14
Moḥammed-ben-Bâ-Reḍouân-El-'Euldji, surnommé Mâmoy-Berouân 9
Moḥammed-ben-Cheikh-'Ali-Ed-Der'i 9
Moḥammed-ben-El-Ḥâdj-ben-Dâoud-Ech-Cheṭouki 5
Moḥammed-ben-El-Caïd-Aḥmed-ben-Sa'doun-Ech-Chiâḍemi . 5
Moḥammed, fils du caïd Ḥammedi-ben-'Ali-ben-Moḥammed-ben-'Abdallah-Et-Tezerkîni 16
Moḥammed-ben-El-Caïd-Manṣour-ben-El-Pacha-Senîber-ben-Manṣour-Ez-Za'eri 53
Moḥammed-ben-Moḥammed-ben-'Otsmân-Ech-Chergui. . . 4
Moḥammed-ben-Moḥammed-Seyyidi. 12
Moḥammed-ben-Mousa 5
Moḥammed-ben-Sâ'îd-ben-'Omar-El-Fâsi 13
Nâṣir-ben-'Abdallah-El-A'amechi-Ed-Der'i. 254
Nâṣir-ben-'Abdallah, fils du caïd Nâṣir-ben-'Abdallah-El-A'amechi-Ed-Der'i. 258
Nâṣir, fils du pacha 'Ali-ben-'Abdallah-Et-Telemsâni. 255
Sâ'îd-ben-'Ali-El-Maḥmoudi 98
Sâ'îd, fils du caïd 'Ali-ben-Moḥammed-ben-'Abdallah-Et-Tezerkîni. 101
Sâ'îd-ben-Bouziân-El-Khebbâz-El-Lemti. 101
Sâ'îd, fils du caïd Ḥammedi-ben-'Ali-ben-Moḥammed-ben-'Abdallah-Et-Tezerkîni 134
Sâ'îd-ben-'Omar-El-Fâsi. 98
Sâ'îd, fils, du caïd Senîber, fils du pacha Mesa'oud-ben-Manṣour 106
Santâ'-ben-Fâris 100
Seliman (le pacha). 98
Senîber-ben-Mesa'oud-Ez-Za'eri 99
Senîber, fils du caïd Moḥammed-Bouya-ben-El-Ḥâdj-ben-Dâoud-Ech-Chetouki 99
So'oud-ben-Aḥmed-'Adjeroud-Ech-Chergui. 98
So'oud-Bokaruâ-ben-Moḥammed-ben-'Otsmân-El-Ya'qoubi-Ech-Chergui. 98
Yaḥya-ben-'Ali-ben-El-Mobârek-Ed-Der'i. 192
Yaḥya, fils du caïd Ḥammedi-ben-'Ali-ben-Moḥammed-ben-'Abdallah-Et-Tezerkîni 220
Yaḥya-ben-Moḥammed-El-Gharnâṭi 192

Pages.
Yaḥya-ben-Moḥammed-Zenkana-El-Fichtâni 193
Yousef-ben-'Abdallah-Ed-Der'i 194
Yousef-ben-'Omar-El-Qaṣri. 192
Zenka-'Abderraḥmân, fils du bachouṭ Bou-Zenâd-El-Fâsi . . 259
Zenko, fils du Kabara-Farma 'Abderraḥmân-ben-'Ali. . . . 260

ERRATA

DE LA TRADUCTION DU TEDZKIRET-EN-NISIAN

ET DE L'HISTOIRE DU SOKOTO

Lisez :	Au lieu de :	Ligne :	Page :
1680	1679	6	9
septembre	novembre	30	12
biographique	bibliographique	30	14
1705	1704	3	15
1705	1704	6	id.
1675	1676	21	57
1714	1744	12	64
1722	1732	18	76
1722	1728	26	86
1728	1727	10	87
1740	1739	8	114
18 octobre 1659	1659-6 septembre 1660	26	143
25 novembre 1688	1688-13 octobre 1679	22	146
Et-Telemsâni	El-Telemsâni	1	149
El-ʿAmir	El-ʿAmri	17	160
جاجة	جاحة	33	181
Mousa	Moussa	3.4.6	187
Sanamoghaï	San-Moʿaï	1	190
San-Moghaï	Sa-Moghaï	29	id.
3	21	9	194
9	19	10	id.
cadi	caïd	8	202
224	424	titre courant	224
Bâchi	Bâch	25	234
1728	1720	11	236
Zenko	Zenka	15	237
Saʿîd	Saʿd	31	238
Maḥmoud	Mesʿaoud	31	289
1707	1787	11	244
avec ʿAli-Djeït	à ʿAli-Djeit	21	332
Al	ʿAli	16	337

TABLE DES MATIÈRES

	Pages.
INTRODUCTION	I
TRADUCTION DU TEDZKIRET-EN-NISIAN OU BIOGRAPHIES DES PACHAS DU SOUDAN	1
HISTOIRE DU SOKOTO	303
APPENDICE. Tableau chronologique des pachas de Tombouctou. .	363
INDEX ALPHABÉTIQUE du Tedzkiret-en-Nisiân	375
— — de l'Histoire du Sokoto	403
LISTE par ordre alphabétique des pachas dont la biographie est donnée par le Tedzkiret-en-Nisiân	409
ERRATA de la traduction du Tedzkiret-en-Nisiân et de l'Histoire du Sokoto	414

ANGERS. — IMPRIMERIE ORIENTALE A. BURDIN ET Cie, RUE GARNIER 4.

Page. صحيفة	Ligne. سطر	Au lieu de : خطا	Lisez : صواب
١٦٨	١٢	سبعة عشر	تسعة عشر
١٦٩	١٧	ثم عبد عبد الرحمن	ثم عبد الرحمن
١٧٢	١٢	يوى	بوى
١٧٤	٤	الماعون	الملعون
١٧٥	١٢	مشتقاته	(?) مشقاته
١٧٥	٢١	وردّس	وردّ
١٧٨	١٢	احمد بن ابن احمد بن	احمد بن
١٧٩	١٣	بابير الفقيه	بابير بن الفقيه
١٧٩	١٧	سرّ	شرّ
١٨٠	٢٢	هو كن	هو كرمن
١٨١	٨	الامير	الامين
١٨١	١٥	الثانى	الثامن
١٨١	١٦	عمّار	عمر
١٨١	١٧	عزل ثمّ	ثمّ عزل
١٨١	١٩	الامير	الامين
١٨٢	١٤	ابنه	(?) ابيه
١٨٣	٨	الشرّ	الشرط
١٨٣	١٢	بين كن	بين كرمن
١٨٤	٣	السكينة	التسكية
١٨٤	٨	الامير ابن اسكيا	الامير اسكيا
١٨٤	٢١	صادف اسكيا	صادق بن اسكيا
١٨٤	٢٢	صادف	صادق
١٨٥	٥	كيشاع من	(?) كيشاع بن
١٨٥	٥	عمار كزاغ	عمر كزاغ
١٨٨	١	الكوشى من	الكوشى بن
١٨٨	٨	الله الغفّار	الغفّار

Page. صحيفة	Ligne. سطر	Au lieu de : خطا	Lisez : صواب
١٣٧	١٧	داوى.	دراوى
١٣٨	١٧	طلب.	طلق
١٣٨	٢٠	تلفهم.	(?) طلقهم
١٤١	٢	مضور	منصور
١٤١	١٨	بن وشيخ	وشيخ
١٤٢	٩	عاملون	حاملون
١٤٣	٣	ابناء	ابنا
١٤٣	٨	جدار.	جدًّا
١٤٣	٢٠	لهذا البله	لهذا البلد
١٤٤	١١	فى محلة	فى محلته
١٤٤	١٦	للقائد.	القائد
١٤٨	١١	ابراهيم ابى.	ابراهيم ابن
١٤٩	١٩	ميه	فيه
١٥٠	١٣	الجمارى	(?) الجمّى
١٥١	١٥	ورندع	ورندغ
١٥٢	١٣	يصادق	يصادف
١٥٢	١٤	ما هو	هو
١٥٣	١	الشرق	الشراق
١٥٣	١٠	الكلاهية	الكاهية
١٥٤	٥	الخدافين.	القذافين
١٥٤	٩	باجاله وامره	(?) باحالة امره
١٥٤	١٠	جامع.	(?) جائع
١٥٥	٢١	على كبراء كبر	على كبر
١٥٦	٦	الخميس	الخمسين
١٥٩	١٦	غرّ	عزّ
١٦٠	١٨	بنك	ببكر
١٦١	٢١	التشرق.	الشرق
١٦٦	٢٢	القائد وجد	القائد جد
١٦٧	١٧	ابن عمّار	عمّار

Page. صحيفة	Ligne. سطر	Au lieu de : خطا	Lisez : صواب
١٠٤	١٢	شغولهم	شؤونهم
١٠٦	١٤	فبائله او	قبائله و
١٠٧	٤	ارزال	ارذال
١٠٧	٨	خروجها	خرجوها
١٠٧	١٥	برقاد	بن قاد
١٠٨	٣	وظن الناس به وخافوا	وظب الناس به وخالفوا
١١٤	٧	تخلف القران وال الى	تحلف القران وال الاّ
١١٤	١٢	واجابوا	وما اجابوا
١١٥	١٣	امرسى	مرسى
١١٦	٨	وطلبه	وطبله
١١٧	٨	البش	البشن
١١٧	١٠	ويقية	وبقيث
١٢١	٤	جاء منصور القائد	جاء القائد منصور
١٢١	٧	داره	دار
١٢١	٩	المعزول والقائد	المعزول القائد
١٢١	١٥	افحموا	اقتحموا
١٢١	٢٠	يعرون	يعرفون
١٢٢	١	وخرج	وجرح
١٢٢	١٩	يحي	يجيء
١٢٥	٤	شيئًا الى	(?) شيئًا الاّ
١٢٥	٥	ويتبعوه	(?) ولم يتبعوه
١٢٥	١٠	قصبة	(?) قصد
١٢٦	٢	اج عبد	اج وعبد
١٢٦	٣	القائد بن احمد	القائد احمد
١٢٧	٦	الحظّ	الحطّ
١٢٨	٥	سابّ	شابّ
١٣٤	٣	الحظّ	الحطّ
١٣٤	٦	فى البلد الا	فى البلد لا
١٣٦	٢	ما خلى	(?) ما خلع

Lisez : صواب	Au lieu de : خطا	Ligne. سطر	Page. صحيفة
نان امّ	نازام	١٦	٧١
باللباسات	باللباشات	١٥	٧٣
البشن	البش	٢٠	٧٣
لبس	ليس	٧	٧٤
تلفوا	تلقوا	١٠	٧٧
القاضى	لقاضى	٢١	٧٧
سيّد	سعيد	٢١	٧٩
حد بن البربوش الكريا	جد بن البربوش للكريا	٤	٨٤
اسمعا	اسمعاً	٢٠	٨٦
خيرًا و	خيرًا او	٦	٨٧
نشنه	نشم	٢١	٧٩
امتنعوا	امتعوا	١	٩٠
غنموا	عنموا	٥	٩١
فشقّ	فسقّ	١	٩٢
القايم	القديم	١٢	٩٣
والتباشات	والتباشان	١٧	٩٣
ومحشر	وحسر	٥	٩٥
العراب	الغراب	١	٩٧
عن ارضاه	عن ارض	٧	٩٨
وادركاهم	وادكارهيم	١٣	٩٨
وثبتوهم	وثبوتم	٢١	٩٨
الاّ بنبار	الى بنبار	١٣	٩٩
غنموا	وغنموا	١٨	٩٩
وامّا	وما	٢٠	٩٩
مرسى للقاء قادمين	مرسى قادمين	٧	١٠٢
قلوبهم	نقلوبهم	١٠	١٠٣
الامر لاحد	الامر لمحمّد	١٤	١٠٣
عزم عليه	عزم علية	٢	١٠٤

ERRATA ET CORRECTIONS DU TEXTE ARABE DU TEDZKIRET-EN-NISIAN

Page. صحيفة	Ligne. سطر	Au lieu de : خطا	Lisez : صواب
٤	١٥	بعده	بعد
١٤	٧	الامير صوو	الامين صود
١٨	٥	الفاسي وحاط	الفاسي بلا نوبة وحاط
١٨	٦	مطلب	مطلبها
١٨	١٠	عشى	عشر
٢٥	١٨	اشار	اسر
٢٦	٢	قبيلتى	قبيلته
٢٦	١٢	الجمعة والجمعة لاجلهم	الجمعة لاجلهم
٣١	٦	ما كنا فيه	ما هنّأ فيه
٣١	١٢	حوطة	حومة
٣١	١٧	وحقّوا اتباعه	وحقّق اتباعه
٤٢	١٧	يجبىء	يجيء
٤٩	٩	ايّ	اى
٥٠	١٣	الغاية	الغابة
٥١	١١	اخاة احد	اخاه حد
٥١	١٥	بن	بل
٥١	١٦	اطواله	اطواره
٥٣	١٥	فورايته	قواربته
٦٥	١٧	صدره	صار
٦٧	١٤	صادق	صادف
٦٧	١٧	فى جنجو بنفسه وقبض جد كورى	وقبض جد كورى فى جنجو بنفسه
٦٩	١٢	العدم	لعدم
٧[illegible]	٥	زند	زنك

VI. MIRADJ-NAMÈH. Récit de l'ascension de Mahomet au Ciel. Texte turc-oriental, publié, traduit et annoté d'après le manuscrit ouïgour de la Bibliothèque nationale, par PAVET DE COURTEILLE, de l'Institut. In-8, avec fac-similés du manuscrit en chromolithographie . . . . 15 fr.

VII, VIII. CHRESTOMATHIE PERSANE, composée de morceaux inédits avec introduction et notes, publiée par CH. SCHEFER, de l'Institut. 2 volumes in-8 . . . . 30 fr.

IX. MÉLANGES ORIENTAUX. Textes et traductions, publiés par les professeurs de l'Ecole des langues, à l'occasion du sixième Congrès international des Orientalistes (Leyde, 1883). In-8, planches et fac-similé . . . . 25 fr.

Notice historique sur l'École des langues. — Quatre lettres écrites de 1470 à 1475, par Abou 'l-Hassan Aly, par H. Derenbourg. — Trois chapitres du Khitay Namèh, par Ch. Schefer. — Notice sur l'Arabie méridionale, par Barbier de Meynard. — L'incendie de Singapour en 1828, par G. Favre. — Inscriptions d'un reliquaire arménien, par A. Carrière. — Fragments inédits de littérature grecque, par E. Miller. — Mémorial de l'antiquité japonaise, par L. de Rosny. — Kim van kieu Truyen, par A. des Michels. — La Bulgarie au XVIIIe siècle, par L. Leger. — Notice sur Nicolas Spatar Milescu, par Em. Picot. — Essai d'une bibliographie des ouvrages publiés en Chine par les Européens au XVIIe et au XVIIIe siècles, par H. Cordier. — Un épisode du poème épique de Sindâmani, par J. Vinson.

X, XI. LES MANUSCRITS ARABES DE L'ESCURIAL, décrits par HARTWIG DERENBOURG, de l'Institut. Tome I : Grammaire, Rhétorique, Poésie, Philologie et Belles-Lettres, Lexicographie, Philosophie. Gr. in-8. . . . . . 15 fr.
— Tome II : Morale et Politique, Histoire naturelle, Géographie, Histoire, Divers, Supplément, Mélanges. Gr. in-8. . . . . 15 fr.

XII. OUSAMA IBN MOUNKIDH (1095-1188). Un émir syrien au premier siècle des Croisades, par HARTWIG DERENBOURG. Avec le texte arabe de l'autobiographie d'Ousâma, publié d'après le manuscrit de l'Escurial.
Première partie. Vie d'Ousâma. En 2 fascic. In-8 . . . . . . 20 fr.
Deuxième partie. Texte arabe. In-8 . . . . 15 fr.
Couronné par l'Académie des Inscriptions et Belles-Lettres. — Prix Saintour.

XIII. CHRONIQUE DITE DE NESTOR, traduite sur le texte slavon-russe, avec introduction et commentaire critique, par L. LEGER. In-8 . . . . . 15 fr.

XIV, XV. KIM VAN KIEU TAN TRUYEN. Poème annamite, publié, traduit et annoté par ABEL DES MICHELS. 2 volumes en 3 parties. In-8 . . . 40 fr.

XVI, XVII. LE LIVRE CANONIQUE DE L'ANTIQUITÉ JAPONAISE. Histoire des dynasties divines, traduite sur le texte original et accompagnée d'une glose inédite composée en chinois et d'un commentaire perpétuel, par LÉON DE ROSNY. Deux fascicules in-8. Chaque fascicule. . . . . 15 fr.
I. La Genèse. — II. Le règne du Soleil. — III. L'Exil.
— Troisième fascicule. (*Sous presse.*)
Couronné par l'Académie des Inscriptions et Belles-Lettres. — Prix Stanislas Julien.

XVIII. LE MAROC, de 1631 à 1812. Extrait de l'ouvrage intitulé Ettordjemân Elmo'arib 'an douel Elmachriq ou'l Maghrib, de Aboulqâsem ben Ahmed Ezziâni. Texte arabe et traduction par O. HOUDAS. In-8 . . . . 15 fr.

XIX. NOUVEAUX MÉLANGES ORIENTAUX, publiés par les professeurs de l'École des langues orientales vivantes, à l'occasion du Congrès des Orientalistes tenu à Vienne en 1886. In-8, fac-similé . . . . 15 fr.

Tableau du règne de Mouizz eddin Aboul Harith Sultan Sindjar, par Ch. Schefer. — Considérations sur l'histoire ottomane, par A.-C. Barbier de Meynard. — Essai sur l'écriture maghrébine, par O. Houdas. — Ousâma ibn Mounkidh, par H. Derenbourg. — Entretien de Moïse avec Dieu sur le Sinaï, par P. Favre. — Voyages de B. Vatace en Europe et en Asie, par E. Legrand. — Les noces de Maxime Tzernoïévitch, par A. Dozon. — Contes populaires annamites, par A. des Michels. — Note pour servir à l'histoire des études chinoises en Europe, par H. Cordier. — Spécimen de paléographie tamoule, par J. Vinson. — Une version arménienne de l'histoire d'Asseneth, par A. Carrière. — Notice sur l'imprimeur Anthime d'Ivir, par E. Picot. — Des différents genres d'écriture employés par les Japonais, par L. de Rosny.

XX. L'ESTAT DE LA PERSE en 1660, par le P. RAPHAEL DU MANS. Publié et annoté par CH. SCHEFER, de l'Institut. In-8 . . . . 20 fr.

TROISIÈME SÉRIE

I. LA FRONTIÈRE SINO-ANNAMITE, description géographique et ethnographique, d'après des documents officiels chinois traduits par G. DEVÉRIA, de l'Institut. In-8, illustré, avec planches et cartes. . . . . . . 20 fr.
Couronné par l'Académie des Inscriptions et Belles-Lettres. — Prix Stanislas Julien

II. NOZHET-ELHADI. Histoire de la dynastie saadienne au Maroc (1511-1670), par Mohammed Esseghir ben Elhadj ben Abdallah Eloufrânî. Texte arabe, publié par O. HOUDAS. In-8. . . . . 15 fr.

III. — Le même ouvrage. Traduction française, par O. HOUDAS. In-8. . 15 fr.

IV. ESQUISSE DE L'HISTOIRE DU KHANAT DE KHOKAND, par NALIVKINE, traduit du russe par A. DOZON. In-8, carte. . . . . 10 fr.

V, VI. RECUEIL DE TEXTES ET DE TRADUCTIONS, publiés par les Professeurs de l'Ecole des langues orientales vivantes, à l'occasion du Congrès des Orientalistes de Stockholm. 2 vol. in-8. . . . . 30 fr.

Quelques chapitres du Seldjouq Namèh, publiés et traduits par Ch. Schefer. — L'Ours et le Voleur, comédie en dialecte turc azeri, publiée et traduite par Barbier de Meynard. — Proverbes malais, par A. Marre. — Cérémonies religieuses des Tchérémisses, par

A. Dozon. — Histoire de la conquête de l'Andalousie, par Ibn Elqouthiya, publié par O. Houdas. — La Compagnie suédoise des Indes orientales au XVIIIe siècle, par H. Cordier. — Du sens des mots chinois *Giao Chi*, nom des ancêtres du peuple annamite, par A. des Michels. — Chants populaires des Roumains de Serbie, par Em. Picot. — Les Français dans l'Inde (1736-1761), par J. Vinson. — Notice sur J. et T. Zigomalas, par E. Legrand, etc.

VII. SIASSET NAMÈH. Traité de Gouvernement, par Nizam oul Moulk, vizir du sultan Seldjoukide Melikchâh. Texte persan et traduction française, par Ch. Schefer, de l'Institut. Tome I en 2 parties. Texte persan. — Supplément. In-8. Chaque fascicule . . . . 15 fr.

VIII. — Tome II. Traduction française et notes. In-8 . . . . 15 fr.

IX, X. VIE DE DJELAL-EDDIN MANKOBIRTI, par El-Nesawi (VIIe siècle de l'hégire). Tome I. Texte arabe, publié par O. Houdas. In-8. . . . . 15 fr.
Tome II. Traduction française et notes, par O. Houdas. In-8. . . 15 fr.

XI. CHIH LOUH KOUOH KIANG YUH TCHI. Géographie historique des Seize royaumes fondés en Chine par des chefs tatares (302-433), traduite du chinois et annotée par A. des Michels. Fasc. I et II, in-8. Chaque . 7 fr. 50

XII. CENT DIX LETTRES GRECQUES, de François Filelfe, publiées intégralement pour la première fois, d'après le *Codex Trivulzianus* 873, avec introduction, notes et commentaires, par Emile Legrand. In-8. . . . 20 fr.

XIII. DESCRIPTION TOPOGRAPHIQUE ET HISTORIQUE DE BOUKHARA, par Mohammed Nerchakhy, suivie de textes relatifs à la Transoxiane. Texte persan publié par Ch. Schefer, de l'Institut. In-8 . . . . 15 fr.

XIV. ESSAI DE MAMUEL PRATIQUE DE LA LANGUE MANDÉ OU MANDINGUE, par Maurice Delafosse. In-8 (*sous presse*).

XV. LES FRANÇAIS DANS L'INDE, Dupleix et Labourdonnais. Extraits des Mémoires d'Anandarangappoullé, divân de la Compagnie des Indes (1736-1761), publié par J. Vinson. In-8, portraits et cartes. . . . . . 15 fr.

XVI. KHALIL ED-DAHIRY. Description de l'Égypte et de la Syrie. Texte arabe, publié par Ravaisse. In-8 . . . . 12 fr.

XVII. — Le même, traduction française In-8. (*En préparation.*)

XVIII à XX. BIBLIOGRAPHIE COREENNE. Tableau littéraire de la Corée, contenant la nomenclature des ouvrages publiés jusqu'en 1890, ainsi que l'analyse des principaux d'entre ces ouvrages, par Maurice Courant. 3 vol. in-8, figures et planches. Chaque volume . . . . 25 fr.
Couronné par l'Académie des Inscriptions et Belles-Lettres. — Prix Stanislas Julien.

QUATRIÈME SÉRIE

I. CATALOGUE DE LA BIBLIOTHÈQUE DE L'ÉCOLE DES LANGUES ORIENTALES VIVANTES, publié par E. Lambrecht, secrétaire de l'Ecole. Tome I. Linguistique : I. Philologie. — II. Langue arabe. In-8, p. XII-624 . . 15 fr.

II-VII. CATALOGUE DE LA BIBLIOTHÈQUE DE L'ÉCOLE DES LANGUES ORIENTALES VIVANTES. Tomes II à VII (*en préparation*).

VIII. LES POPULATIONS FINNOISES DES BASSINS DE LA VOLGA ET DE LA KAMA, par Jean Smirnov. Etudes d'ethnographie historique, revues et traduites du russe par Paul Boyer. — Première partie : Groupe de la Volga, ou groupe bulgare. I. Les Tchérémisses. II. Les Mordves. In-8 . 15 fr.

IX. — Le même. Seconde partie : Groupe de la Kama, ou groupe permien. I. Les Votiaks. II. Les Permiens. In-8 (*sous presse*).

X. OUMARA DU YÉMEN (XIIe siècle), sa vie et son œuvre. Tome I. Autobiographie et récits sur les vizirs d'Egypte. — Choix de poésies. Texte arabe publié par Hartwig Derenbourg. In-8 . . . . 16 fr.

XI. — Le même. Traduction française. In-8 (*sous presse*).

XII. DOCUMENTS ARABES RELATIFS A L'HISTOIRE DU SOUDAN. I. Tarikh es-Soudan. Histoire du Soudan, par Abderrahman ben Abdallah Et-Tonboukti. Texte arabe et traduction française, par O. Houdas, avec la collaboration de M. Benoist, élève diplômé de l'École des Langues orientales vivantes. I. Texte arabe. In-8 . . . . 16 fr.

XIII. — II. Traduction française. In-8 . . . . 16 fr.

XIV. DESCRIPTION DES ILES DE L'ARCHIPEL GREC, par Christophe Buondelmonti. Version grecque par un Anonyme, publiée avec une traduction française et un commentaire par Emile Legrand. Première partie, ornée de 52 cartes. Gr. in-8 . . . . 20 fr.

XV. — Le même. Seconde partie. In-8 (*sous presse*).

XVI. LE LIVRE DE LA CRÉATION ET DE L'HISTOIRE D'ABOU ZÉID AHMED BEN SAHL EL-BALKHI. Texte arabe publié et traduit d'après le manuscrit de Constantinople, par Cl. Huart. Tome I. In-8 . . . . . 20 fr.

XVII-XVIII. — Le même ouvrage. Tome III. In-8 (*sous presse*).

XIX. DOCUMENTS ARABES RELATIFS A L'HISTOIRE DU SOUDAN. Tedzkiret en-Nisian fi Akhbâr Molouk es-Soudân. I. Texte arabe édité par O. Houdas, avec la collaboration de M. Edm. Benoist. In-8. . . . . 15 fr.

XX. — II. Traduction française. In-8 . . . . 15 fr.

CINQUIÈME SÉRIE

I-II. DICTIONNAIRE ANNAMITE-FRANÇAIS (Langue officielle et langue vulgaire), par M. Jean Bonet. 2 vol. in-8. . . . . 40 fr.

Angers. — Imprimerie orientale A. Burdin et Cie, 4, rue Garnier.